狩野直禎先生
米寿記念

三国志論集

三国志学会

狩野直禎先生　近影

狩野直禎先生米寿記念　三国志論集／目　次

執筆者紹介

狩野直禎先生米寿記念　三国志論集

明君か？　梟雄か？——『三国志演義』の劉備像——

沈伯俊（著）
伊藤晋太郎・倉持リツコ（訳）

『三国志演義』における劉備は、諸葛亮・関羽・曹操を除けば、作者が最も力を注いで描いた人物の一人であり、理想的な「明君」像として描かれている。しかしながら、長い間、少なからざる読者や研究者の間では、劉備の人物像は高く評価されてこなかった。中には批判的な論評を唱える者さえいる。多くの文学史・小説史において『三国志演義』に論及する時、劉備に対して払うべき注意が十分ではなく、軽く触れるだけで済まされることが多い。多くの研究者は、劉備というキャラクターは「個性に乏しく、人間味がない」と考えている。果たしてどのように劉備というキャラクターを見るべきなのか。羅貫中の作り上げた劉備の人物像についてどう評価すべきなのか。これは非常に学術的な価値のある問題であり、芸術作品の創造の法則に関わる問題でもある。

一　明君と梟雄——劉備の二面性

歴史上の劉備は、曹操・孫権と対等に天下を三分した英傑として、また、蜀漢の初代皇帝として、「明君」と褒め

たたえられることもあれば、「梟雄」と称されることもある。

「明君」としての一面についていえば、劉備の生涯の行ないは、近代以前の人々が「明君」に抱く最も重要な二つの期待に基本的に適っている。一つは、仁徳をもって民を慈しみ、世を立て直そうとする理想を抱いている点。二つ目は、賢人を敬い、人材を礼遇し、人の長所・短所を見極め、使い分けることに長けている点。史書にはこの二点について、いずれも多くの記載がある。

「仁徳をもって民を慈しむ」点についていえば、劉備の人生の大半は東奔西走、挫折失敗の繰り返しであったため、人民に仁政を施す機会はそれほど多くなかった。しかし、劉備は「人心を得るものは天下を得る」という道理をよく心得ていたので、寛容な態度と仁義をもって人に接することを重視した。そこが民を苦しめて偉ぶり、暴虐をほしいままにし、殺戮を好む他の軍閥とは歴然と異なる。それが人心を掌握出来た理由である。『三国志』先主伝に劉備が平原の相（執政官）だった時のことが記されている。郡民の劉平は劉備に不満を抱き、劉備を殺そうとして刺客を放った。しかし、「刺客は殺すに忍びず、事実を話して立ち去った（『華陽国志』劉先主志には、「刺客はその人徳に感服して、事実を告げて立ち去った（客服其徳、告之而去）」とある）。劉備はそれほどまでに人心を得ていた（客不忍刺、語之而去。其得人心如此）」。裴松之の注は王沈『魏書』を引いて、「この時、民は飢饉に苦しみ、略奪暴行を働いていた。劉備は外敵の侵入を防ぎ、領民には施しを十分に与えた。身分の低い者と同じ蓆に座り、同じ食器で食事をし、隔たりなく接した（是時人民饑饉、屯聚鈔暴。備外禦寇難、内豊財施、士之下者、必與同席而坐、同簋而食、無所簡擇）」と補足している。そのため「多くの民衆は劉備に従った（眾多歸焉）」。劉備が荊州牧の劉表に身を寄せていた時、「劉備を頼る荊州の豪傑は日増しに多くなった（荊州豪傑歸先主者日益多）」。建安十三年（二〇八）七月、曹操は南征し、荊州を攻めた。八月に劉表は病死し、息子の劉琮がその地位を継いだ。九月、曹操が新野に進

軍すると、劉琮は抵抗しようとせず、使者を遣わして、投降を願い出た。この時になって、樊城に駐屯していた劉備はようやくその知らせを受けた。諸葛亮は劉琮を攻めて荊州を奪い取ることを勧めたが、劉備は「それは忍びない（吾不忍也）」と答えた。樊城から南へ撤退する時、「劉琮の部下と大勢の荊州の人々が劉備に身を寄せた。当陽に着いた時には、従う人々の数は十万余り、輜重は数千台にのぼり、一日に十里余りしか進めなかった（〔劉〕琮左右及荊州人多歸先主。比到當陽、眾十餘萬、輜重數千兩、日行十餘里）」。民衆を見捨てて、速やかに江陵を確保するようにと進言する者がいたが、劉備は「大事を成し遂げるには必ず人を基本とせねばならぬ。人々がわしにつき従ってきているのに、どうして彼らを見棄てることができようか（夫濟大事必以人爲本、今人歸吾、吾何忍棄去）」と断固それを退けた。この存亡の危機に直面した時にあって、たとえ命が危険にさらされても民衆を見棄てようとしない行為は、歴代の開国の君主の中にもそうざらには見られない。裴松之注は特に、「劉備は挫折困難の局面にあっても信義をますます明らかにし、危険の迫る情勢にあっても発言は道義を失わない。劉表から受けた恩を忘れなかったので、全軍がその情に感動した。義を重んじる士を大事にしたので、彼らは共に敗れる運命にも甘んじた。劉備が人々の気持ちを惹きつけることができたのは、どぶろくを与えたり、凍える者をさすったり、蓼を口に含んだり、病気の者を見舞ったりして、軍民と苦しみをともにしたからだけではない。ついに大事を成し遂げたのは、まことにもっともなことではないか（一）」と東晋の史家である習鑿歯の論評を引いている。『資治通鑑』漢紀五十七も習鑿歯のこの論評を引用していることから、劉備の仁徳の厚さが歴代の史家に広く認められていたことが分かる。

「賢人を敬い、人材を礼遇する」点については、劉備の言動にそれが強く表れている。建安十二年（二〇七）、左将軍兼豫州牧にして、年は四十七、すでに天下の大英雄として名を馳せていた劉備は、年わずかに二十七、名声もなければ地位もなく、何の手柄もない諸葛亮に出仕を乞うべく、三度も彼の寒舎を訪ねた。このいわゆる「三顧の礼」

は、千古の美談となった。「天下三分の計」を披瀝する際、諸葛亮が「信義が天下に知れ渡り、英雄を帰服させ、人材を渇望する気持ちが喉の渇きを潤そうとするようだ（信義著於四海、總攬英雄、思賢如渴）」（『三国志』諸葛亮伝）と劉備を賞賛したことは嘘ではなかった。また、建安十九年（二一四）、益州を獲得した後、荊州から従ってきた部下と新たに帰順した益州の人士に対して、劉備は分け隔てなく、懐広く受け入れ、才能のみをもって人材を登用した。「彼らを重要な役職につけ、その才能を最大限に活かした。志ある者たちはすすんで推薦しあった（皆處之顯任、盡其器能。有志之士、無不競勸）」（『三国志』先主伝）。このうち、益州の名士である黄権は、劉璋が劉備を蜀に迎えようとした際、それに強く反対した。劉備軍によって益州が攻められた時、広漢を固く守って、黄権は戦い続けた。劉璋が投降してから、やっと渋々劉備に従ったのである。それにもかかわらず、劉備は旧怨を水に流し、黄権を偏将軍に任命し、厚い信頼を寄せた。劉備が漢中王を称し、益州牧を兼任すると、黄権を治中従事とした。劉備が皇帝になってから、自ら軍を率いて呉を討伐するべく遠征した際にも、黄権を鎮北将軍として、長江北岸の各軍を統率させ、魏の侵入の警戒にあたらせた。劉備が夷陵で惨敗を喫すると、黄権は蜀への撤退の道が断たれ、やむなく軍を率いて魏に投降した。蜀漢の担当大臣がこの件で黄権の妻子を捉えようとした時、劉備は、「朕が黄権を裏切ったのであって、黄権が朕を裏切ったのではない（孤負黃權、權不負孤也）」（『三国志』黄権伝）とその意見を退け、相変わらず黄権の妻子を優遇した。このことについて、裴松之は、『三国志』黄権伝の注で、「漢の武帝は偽りの言を信じて、李陵一家を滅ぼした。しかし、劉備は臣下の意見を退けて、黄権の家族を救った。二人の君主の優劣は雲泥の差だ。『詩経』の『有徳の楽しめる君子は、臣民の子孫を守り養う』（小雅・南山有台の詩）とは、まさに劉備のことである（漢武用虚罔之言、滅李陵之家、劉主拒憲司所執、宥黃權之室、二主得失縣邈遠矣。『詩』云「樂只君子、保艾爾後」、其劉主之謂也）」と心底から劉備を褒めたたえている。もう一人の名士、荊州零陵の劉巴は劉備と対立した期

間がもっと長かった。曹操が南征し、荊州を攻めた時、荊州の知識人の多くは劉備につき従ったにも関わらず、劉巴は曹操に帰順した。赤壁の戦いの後、曹操は劉備に対抗するため、劉巴に長沙・零陵・桂陽の三郡を取り込むことを命じたが、劉備が時を移さずに三郡を獲得したことから、この企ては失敗に終わった。曹操に復命できずにいた劉巴に諸葛亮が書簡を送って劉備に帰順するよう勧めたが、劉巴はそれを拒絶して、はるか交趾郡（現在のベトナム北部）まで逃げた。それを「劉備は深く恨みとした（先主深以爲恨）」（『三国志』劉巴伝）。その後、交趾郡を離れて各地を転々とした末、蜀に辿り着いた劉巴は、劉璋が劉備を蜀に迎え入れようとした時、何度もそれに反対した。劉備が益州を平定したことで、ようやく劉巴は帰順の意を示したのである。しかし、このような劉巴に対して、劉備はいっそう寛容な態度を示した。成都を攻める時は、全軍に「劉巴に危害を加える者がいれば、一門皆殺しとする」と厳命を下した。益州を平定すると、すぐに劉巴を左将軍の西曹掾に任命した（当時、劉備の主たる官職は左将軍であり、西曹掾は左将軍府の官吏の人事を掌る）。劉備は漢中王を称してから、劉巴を尚書とし、法正が亡くなった後、さらに尚書令に昇進させ、日常の政務を任せた（『三国志』劉巴伝）。これらのことは劉備の開国の君主としての度量胸襟の広さを十分に表している。特に、劉備が臨終の際、快く後継ぎの一人息子を諸葛亮に託して、「君の才能は曹丕の十倍あるから、必ず国を安んじ、大事を成し遂げられよう。もしも後嗣が輔佐するに足れば、これを輔佐してやってほしい。もし才能に望みがないならば、君が代わって国を治めても構わない（君才十倍曹丕、必能安國、終定大事。若嗣子可輔、輔之。如其不才、君可自取）」（『三国志』諸葛亮伝）と言い残したことは、後世に邪推や、ひいてはその動機に対する批判を生むこともあったとはいえ、数千年に渡る封建社会の歴史を見渡す限り、このように後継者を託そうとした皇帝、またはそれだけの勇気があった皇帝は何人いただろうか。もちろん、劉備は決して息子に代わって国を治めるように諸葛亮を励ましたのではなく、本音は息子の輔佐に尽力してもらいたかったのであるが、そ

れにしても、劉備の度量の広さに比肩する者はめったにいない。陳寿は「先主伝」の末尾で、「劉備が国の全てと残された太子を諸葛亮に託すに及んで、心に迷いがなかったことは、きわめて公明正大な君臣のあり方であり、古今の模範である（及其擧國託孤於諸葛亮、而心神無貳、誠君臣之至公、古今之盛軌也）」と評する。陳寿のこの評価はやはり比較的公平で妥当といえよう。

「賢人を敬い、人材を礼遇する」ことの別の一面は、人を見る目である。人の長所を活かすこと、たとえば、諸葛亮・龐統・法正を重用したことは、もちろん最もよい例であるが、それについては多く論じるまでもない。人の短所を知ることも、立派な「人を見る目」である。たとえば、馬謖は「すぐれた才能と器量が人に勝り、戦略を論じるのを好む（才器過人、好論軍計）」ことで諸葛亮に見込まれていたが、劉備は「馬謖は実際とかけ離れたことを言うから、重用してはいけない。彼には注意したまえ（馬謖言過其實、不可大用、君其察之）」（『三国志』馬謖伝）と臨終の間際になってまで諸葛亮に注意を与えた。その後、馬謖は諸葛亮が南征した時に「心を攻めるが上策（攻心爲上）」（『三国志』馬謖伝注引『襄陽記』）という妙案によって手柄を立てたが、強情で独善的な性格のために街亭を失い、諸葛亮の第一次北伐の成果を一日のうちに台無しにしてしまった。このことはかえって劉備の先見の明を証明している。魏延のような、長所も短所もはっきりした人材の扱いについていえば、劉備はその長所を活かして、短所を抑え、思い切って漢中を守る大役を任せた。その采配の巧みさは劉備の優れた洞察力を物語っている。明君でなければできない快挙である。この方面においては、もともと「人を知り、人を活用する」、つまり人材活用の名人だと賞賛されてきた諸葛亮でさえ劣るといわざるをえない。

「梟雄」としての面も、史書には多く記載されている。いわゆる「梟雄」とは、勇猛凶悪で野心があり、才知に秀でた人物である。劉備は早くに没落した遠縁の皇族の末裔として生まれたため、家庭は貧しく、曹操や袁紹のように

輝かしい名門の後ろ盾もなければ（曹操は「宦官の養子の子（贅閹遺醜）」〔『三国志』袁紹伝注引『魏氏春秋』〕であり、その家の名声は袁紹の輝かしさには及ばないが、父の曹嵩は太尉にまでのぼり、莫大な財産があった。曹操もそれゆえに早くから官途につけたのである）、孫権のように父と兄から広大な地盤を譲り受けてもいない。ほとんど裸一貫から旗揚げし、天下が大いに乱れて群雄が乱立する状況の中で自分の政権を創始するには、少しの勇猛凶悪さもなくては全く太刀打ちできないはずである。実際のところ、「梟雄」というのはまさしく劉備の大きな特徴であり、当時の多くの人々の間での定評である。例えば、建安十三年（二〇八）、劉表が死去したばかりの時、魯粛は劉備と連合して曹操に対抗するよう孫権に進言したが、その際に劉備を「天下の梟雄（天下梟雄）」（『三国志』魯粛伝）と称している。建安十四年（二〇九）、劉備が孫権と会見するために京城に赴いた時も、周瑜は劉備を「梟雄」（『三国志』周瑜伝）と称し、劉備を呉に拘束することを孫権に上書して主張した。翌年、周瑜は没したが、臨終の前に「劉備を居候させておくことは、虎を飼っているようなものです（劉備寄寓、有似養虎）」（『三国志』魯粛伝注引『江表伝』）と孫権に上書している。劉備の勇猛凶悪ぶりは主に四つの面に現れている。一つめは冒険精神である。劉備は政治の舞台におどり出た当初から、常に自ら矢玉を冒し、困難と危険を避けなかった。若いころは兵力がわずかであったにもかかわらず、ややもすれば「力戦して功績を立（力戰有功）」てたり、「しばしば戦功があ（數有戰功）」ったりしたのも当然のことである。赤壁の戦いの時、劉備が「陣中に身を置き、寝る時も甲冑を解かず、力を合わせて曹操を破った（身在行間、寢不脫介、勠力破魏）」（『三国志』魯粛伝注引『呉書』）のも意外なことではない。建安二十四年（二一九）の漢中の戦いでも、劉備はすでに五十九歳になっており、数多くの将兵を配下に置く身分になっていたが、「矢が雨のように降ってくる（矢下如雨）」状況の中でも、勇猛果敢に前進する姿は相変わらずで（『三国志』法正伝注）、冒険精神が老いてますます壮んであることが見て取れる。二つめは、臨機応変

の対応である。建安元年（一九六）、戦いに敗れた呂布は劉備に身を寄せたが、劉備が袁術と戦っている隙に、奇襲をかけて劉備の領地だった徐州を奪い取った。居場所を失った劉備は呂布に講和を願い出るほかなく、小沛に駐屯することになった。このことは劉備のすぐれた柔軟性を物語っている。建安三年（一九八）、呂布が捕らわれて殺されると、劉備は曹操に随って許都に来る。「虎穴での仮住まい」といえよう。建安四年（一九九）、曹操と食事をしながら英雄を論じた際、曹操は「今日の天下の英雄といえば、そなたとそれがしだけだ」と言い放った。その言葉を聞いた劉備は、雷に対する恐れにかこつけて内心の驚きをごまかした。これも臨機応変の対応といえる。その後、袁術を迎撃することを口実に許都を離れ、やっと曹操の支配から逃れたのである。これも機会をうまくとらえた行動といえる。これらはいずれも劉備が状況に応じて対策を立てられることを示している。三つめは、忍耐強く頑張りぬくことである。天下を争う漢末の群雄たちの間で戦っていた劉備はたびたび敗れ、時には惨敗を喫したこともある。しかし、劉備は一貫して闘志を失うことなく、敗れてもひるまず、挫折しても屈しなかった。このような不撓不屈の精神によって、彼はいつも危険な状況を切り抜け、最後には諸葛亮の輔佐を得て、天下を三分する一方の勢力となったのである。四つめは、ある程度のいわゆる覇道のやり方である。最も典型的な事例は張裕を殺したことである。張裕は劉璋の従事であったが、劉備は蜀入りして劉璋と面会した時、張裕と互いにからかい合った。張裕は劉備にひげのないことをからかって、劉備のことをふざけて「潞涿君」（「露啄君」〔ひげがないので口を露わにしているの意〕と音が近い）と呼んだ。劉備はその無礼を不快に感じ、根に持った。その後、張裕は人に「殿（劉備）は益州を得たとしても、九年後の寅年と卯年の間にそれを失うことになるだろう」と囁いた（寅年は二二二年、卯年は二二三年。劉備は二二三年に崩御）。これはさすがに逆鱗に触れる発言であった。劉備はこの「失言（漏言）」の罪で張裕を殺すように命じた。諸葛亮が上表して張裕を死罪にする理由を尋ねると、劉備は、「芳しい蘭も門に生えたら、取り除くほか

ない（芳蘭生門、不得不鉏）」（『三国志』周羣伝）と答えた。これはいささか屁理屈というものであろう。このような覇道のやり方は多くは見られないものの、劉備も結局のところ封建君主特有の専制性を避けることはできなかったのである。

歴史を見渡せば、乱世に身を起こし、成功した開国の君主のほとんどは、多少の勇猛凶悪さを持ち合わせている。漢の高祖劉邦から唐の太宗李世民、宋の太祖趙匡胤にしろ、明の太祖朱元璋にしろ、いずれも「梟雄」と呼ぶことができる。しかも、封建時代において、「梟雄」と「明君」とは決して明確に対立するものではなく、往々にして同一の君主がこの二つの側面を持っている。人々に明君と公認されている唐の太宗にもこの二つの側面がはっきりと見られるではないか。

二　一方を強調して一方を抑えても、得失相半ば

羅貫中は『三国志演義』の劉備を描写するにあたって、歴史上の劉備を原型としつつも、同時に当時の多くの民衆の政治家に対する評価と選択の基準をふまえ、自身の政治的理想像と美的センスにもとづいて、劉備の明君としてのイメージを極力強調し、その梟雄としての色彩を意図的に希薄にした。

まず、作品中では様々な場面から劉備が「仁徳をもって民を慈しむ」、人望の厚い君主であることを表現している。『三国志演義』の第一回は、劉備・関羽・張飛の「桃園結義」を描くが、その誓いの言葉は、「上報国家、下安黎庶」（上は国のために働き、下は民を安らかにせん）という八字を勢いよく打ち出している。これは彼らの政治目標であり、また高々と掲げた道徳の旗印でもある。その日から、仁徳によって民を慈しんで人心を得ることは、劉備を

他の政治集団のトップと区別するはっきりとした標識となった。劉備は初めて官職に就いた時、すなわち、安喜県の尉（警察署長）の時から、「民にいささかも苦しみを与えなかったので、民はみな感化された（與民秋毫無犯、民皆感化）」。督郵が賄賂をゆすろうとして拒絶されたため、劉備を陥れようとすると、人々は次々に劉備のために陳情懇願した（第二回）。その後、劉備は平原の相に任じられるが、すでに「仁義はかねてから知れわたり、すすんで他人の危急を救う（仁義素著、能救人危急）」と称えられるほどであった（第十一回に見える太史慈の語）。陶謙の臨終の際、徐州を譲られた劉備が固辞すると、徐州の民衆は「役所に押しかけ、泣きながら『劉使君[二]が徐州をお治め下さらねば、我らは安らかに暮らせません』と拝伏して懇願した（擁擠府前哭拝曰、「劉使君若不領此郡（州）、我等皆不能安生矣」）」（第十二回）。曹操が呂布を殺して徐州を去る時、「民衆は香を焚いて道を遮り、劉使君を州牧として留めてほしいと懇願した（百姓焚香遮道、請留劉使君爲牧）」（第二十回）。このことは劉備が徐州を治めた期間は短かったものの、すでに深く民心を得ていたことの表れである。その後、再び大きな挫折に遭遇した劉備は、荊州の劉表のもとに身を寄せ、新野に駐屯することを命じられたが、劉備はやはり民政を第一の務めとしたので、「軍民みな喜び、政治は一新された（軍民皆喜、政治一新）」（第三十四回）。新野の民衆はその喜びを「新野の牧、劉皇叔、此の地に来たりてより、民は豊かで満ち足りたり（新野牧、劉皇叔、自到此、民豊足）」と歌で表した（第三十五回）。

建安六年（二〇一）から十三年（二〇八）まで、劉備は七年にわたって新野に身を寄せた。各地を東奔西走した彼の前半生において、この時期は最も長く相対的に安定していた期間といえる。この期間に、彼は自分の政治家としての生き方を真摯に反省して、「水鏡先生」司馬徽の指摘を受け入れ、人材の獲得を優先的な戦略として、賢人の発掘に努める一方、人心の獲得をいっそう重視して、巻き返しの準備を整えようとした。曹操が自ら大軍を率いて荊州に南征して来ると、劉琮は戦わずに投降したので、劉備はやむなく襄陽へ撤退することになった。その時、新野・襄陽

の「両県の民は、声をそろえて、『我らは死んでも劉使君のお供をさせていただきます』と大声で叫び、その日のうちに号泣しながら出立した（兩縣之民、齊聲大呼曰、「我等雖死、亦願隨使君。」即日號泣而行）」。襄陽城外に辿り着いたものの、劉琮は城門を開けようとせず、それどころか、蔡瑁・張允は矢を射かけるように命じた。義侠心に燃える魏延は、城門を開けて、吊り橋を降ろし、「劉皇叔、急ぎご入城あれ。共に売国の賊どもを討ちましょうぞ（劉皇叔快領兵入城、共殺賣國之賊）」と大声で叫んだが、魏延と文聘が城壁のそばで乱戦する様子を見ると、劉備は、「民を守るつもりが、かえって苦しめることになった。わしは襄陽に入りとうはない（本欲保民、反害民也。吾不願入襄陽）」と言い、「民衆を率いて、できるだけ襄陽の街道から離れ、江陵めざして逃げた。襄陽城内の住民も、多くが混乱にまぎれて城を脱出し、玄徳の後を追った（引著百姓、盡離襄陽大路、望江陵而走。襄陽城中百姓、多有乘亂逃出城來、跟玄德而去）」（第四十一回）。

かくして、建安十三年秋の江漢平原を舞台に、劉備率いる十万余りの軍民が、助け合いながら逃避行する、いわゆる「民を携えて南に行く」という悲壮な一幕が演じられたのである。このようにのろのろとした撤退は、「兵は神速を貴ぶ」という軍事上の原則に明らかに反しており、実力を温存して、曹操軍の追撃を避けるには非常に不利である。ゆえに諸将はみな、「いまのように数万の領民を抱えて、日に十里あまりしか進めないようでは、いつ江陵に着けるでしょうか。もし曹操軍に追いつかれれば、如何にして迎え撃ちますか。ひとまず民衆を見棄てて先を急ぐのが上策にござります（今擁民眾數萬、日行十餘里、似此幾時得至江陵。倘曹兵到、如何迎敵。不如暫棄百姓、先行爲上）」と進言したのである。劉備もそれが理にかなっていると知りながら、「大事をなすには必ず人を基本とせねばならぬ。人々が私につき従ってきているのに、どうして見棄てることができようか（舉大事者必以人爲本。今人歸我、奈何棄之）」と泣きながらそれを退けた。果たして、当陽に着くと、曹操自ら率いる精鋭部隊に追いつかれ、十万余

りの軍民がたちまち大混乱に陥った。劉備は張飛に守られ、戦いながら落ちのびていった。夜が明けて、従う者どもを見れば、わずか百余騎の軍勢しか残っていない。劉備は、「十数万の人々が、みなこのわしを離れがたく思ってくれたために、このような大難に遭わせてしもうたのだ。諸将や家族も、生死が分からぬ。心なき木偶ですら、悲しまずにおれようか」と慟哭せずにはいられなかった（同上）。この戦いで、劉備は軍事面においては惨敗を喫したが、道義面においては極めて大きな勝利を収めた。この生死の分かれ目に直面する場面で出した決断は、決して一般の乱世の英雄の芝居がかった行動と比べられるものではない。これにより、劉備が「仁徳をもって民を慈しむ」ことは深く人々の心に浸透し、劉備はほかの開国の君主とははるかに異なる最高の政治的優位性を手に入れたのである。

次に、作品は劉備の「賢人を敬い、人材を礼遇」し、適材適所に起用するという一面についても、やはり力を込めて誇張している。中でも徐庶・諸葛亮・龐統に対する高い評価と信任については、史書の記載を超えて、生き生きと描かれ、読む者の心を打つ。特に、諸葛亮との「水魚の交わり」についての描写は、模範とするに足る。

歴史上では、徐庶が劉備の配下だった期間はそれほど長くなかった。劉備に諸葛亮を推薦したことを除いては、政治と軍事の面でもさほど活躍していない。『三国志』諸葛亮伝には、「徐庶は先主にまみえ、先主は徐庶の才能を認めた。……曹操が攻めて来た。……先主は樊城でこの知らせを聞き、人々を率いて南に向かい、諸葛亮は徐庶と共にこれに従ったが、曹操の追撃に遭って敗れ、徐庶の母が捕らえられた。徐庶はその胸を指さし、『もともと将軍と共に王覇の業をなさんと戦略をめぐらしましたのは、この小さな心によってでございました。いま老母を捕らえられ、小さな心がかき乱されて、お役に立つことはできません。ここでお別れでございます』と辞去して、曹操のもとへ行った」[三]とだけ記載されているのを、『三国志演義』では、劉備は徐庶に出会うなり、誠意をもって接し、軍師に任じて、全軍の指揮権を与えている。相次いで呂曠兄弟や曹仁を打ち破ると、劉備はいよいよ徐庶を天下の奇才と見做し

た。母親が曹操に拘禁されていることを徐庶が知り、劉備に別れを告げると、劉備は彼を引き留めたかったが、母子の情けを重んじ、つらい思いで徐庶が去るのを承知した。別れの前夜、「二人は対座して泣き合い、そのまま夜が明けるのを待った（二人相對而泣、坐以待旦）」。翌朝、劉備は徐庶を自ら城外まで見送り、送別の宴を開いた。宴がお開きになった後も、「別れるに忍びなく、一丁場、また一丁場と送っていった（不忍相離、送了一程、又送一程）」。最後は馬に乗った徐庶の姿が見えなくなるまで、林のそばに馬を止めて、「涙をたたえた目で見送った（凝涙而望）」（第三十六回）。これらの描写は、「馬を走らせて諸葛を薦む」と「三顧の礼」のための下地ではあるが、劉備の人材を求める誠意と人材を大切にする気持ちの強さが十分に表現され、読者に感動を与える力がある。

劉備の諸葛亮に対する高い信頼と重用については、『三国志演義』はさらに筆舌を尽くして濃厚に描く。歴史上における劉備の諸葛亮に対する出仕の要請について、『三国志』諸葛亮伝では「そこで先主は諸葛亮を訪れ、三度目にして、ようやく会えた（由是先主遂詣亮、凡三往、乃見）」とただ一言で片づけられている。しかし、『三国志演義』では、二回半の分量を使い、意匠を凝らして、「三顧」の過程を紆余曲折のストーリーで描き、読者の心をつかんでいる。劉備は諸葛亮との初対面の時から、「跪いて拝礼し（下拜）」、「天下三分の計」を聞くと、まず「席を立ち拱手して感謝し（避席拱手謝）」、次いで「頭を地につけて拝謝した（頓首拜謝）」。諸葛亮から出仕を望まないと聞いたとたん、「泣いて、涙で着物を濡らした（涙沾袍袖、衣襟盡濕）」。諸葛亮から出仕の承諾を得ると、また思わず「大いに喜んだ（大喜）」。これらの理想の色彩に満ちた細部は、人材を渇望する劉備の誠意を徹底して強調している。諸葛亮の出仕後、『演義』は諸葛亮の劉蜀集団内に占める重要な立場とその役割を十分に際立てることによって、劉備の諸葛亮に対する信頼と重用をできる限り強調する。筆者は、「忠節と知恵の名声はとこしえに——諸葛亮の人物像について（忠貞智慧、萬古流芳——論諸葛亮形象）[四]」という論文で、こう分析したことがある。

歴史上の諸葛亮は、出仕するや劉備との「関係は日増しに密接にな（情好日密）」っていき、劉備から十分な信任を受けることになったとはいえ、劉蜀集団における地位は最初から高かったわけではなく、徐々に高くなっていったのである。これは通常の政治集団の仕組みから見ても自然なことである。……しかし、『三国志演義』において、羅貫中は初めから諸葛亮の地位を一人（劉備）の下、万人の上に据えて、絶大な権力を掌中に収めさせ、全軍を取り仕切らせており、諸葛亮の劉蜀集団における立場と役割を大いに高めている。……史書の記載を大幅に超えたこのような表現は、諸葛亮を一貫して劉蜀集団の中心的な立場におき、その地位を全ての文官武将よりはっきりと高くしている。さらにそのことを読者にも納得させている。諸葛亮の輔佐を得るまでの劉備は挫折失敗の連続であったが、諸葛亮の輔佐を得てからは勝利を重ねていく。この対照的な描写によって、劉蜀集団の運命は、劉備にかかっているというよりも、諸葛亮にかかっているということを読者に深く感じさせるのである。

歴史上の龐統は、劉備が荊州牧になった後に配下となり、最初は「耒陽県令に任ぜられたが、県を治めなかったので、罷免された（以従事守耒陽令、在縣不治、免官）」。その後、魯粛と諸葛亮が推挙したことで、「先主は面会してじっくり語り合い、その才能を大いに認めて、治中従事とした。厚遇ぶりは諸葛亮に次ぎ、かくして諸葛亮と共に軍師中郎将となった（先主見與善譚、大器之、以為治中從事。親待亞於諸葛亮、遂與亮並爲軍師中郎將）」（『三国志』龐統伝）。『三国志演義』では史実に基づきながら、さらに浪漫主義的な想像を加味している。龐統が劉備に身を寄せたばかりの時、劉備は外見で判断して、耒陽県令に任じた。しかし、溜まっていた百日分の公務を半日でさばき終え

たことを聞くや、劉備はただちに「大賢人を粗略に扱ったのは、わしの過ちであった（屈待大賢、吾之過也）」と自らをとがめ、魯粛の推薦状を読み、諸葛亮の評価を聞くと、「すぐさま張飛に耒陽県に行って丁重に龐統を荊州に招くよう命じ（随即令張飛往耒陽縣敬請龐統到荊州）」、「階を下りて許しを請い（下階請罪）」、龐統を軍師中郎将として、「孔明と共に戦略の立案に参画させた（與孔明共贊方略）」（第五十七回）。ここまで謙虚に人に接する姿を見たら、心を打たれない賢人はいないだろう。このような君臣の出会い、「水魚の交わり」の如き関係こそは、知識人がずっと夢見てきた理想的な境地なのである。

要するに、劉備の「仁徳をもって民を慈しむ」ことと「賢人を敬い、人材を礼遇する」ことの二つの品格を十分に表現することによって、『三国志演義』の劉備というキャラクターは、それまでの「三国志」物の通俗文芸に見える劉備像の勇敢粗暴さから脱して、古典文学作品にかつてなかった「明君」のモデルとなったのである。

劉備の梟雄的な面については、『三国志演義』では意図的に希薄にするか、または描かないか、そうでなければ、思い切って別の人物にすり替えてしまう。最も顕著な例は、「督郵を鞭打つ」である。『三国志』先主伝や裴松之の注によると、歴史上、督郵を鞭打ったのは劉備である。経緯は以下の通り。軍功によって官職に就いた者の削減を命じる詔が朝廷から出され、まさに安喜県の県尉であった劉備は命がけで手にした官職も危うくなるのではないかと気を揉んでいた。ちょうど安喜県にやって来た督郵は、劉備を送還しようとしていた。劉備は面会を求めて督郵の宿舎に出向いたが、病気と称して拒まれた。劉備はかっとなり、人数を連れて宿舎に押し入り、督郵を縛り上げ、木にくくりつけて容赦なく殴った。それから、自分の印綬をはずして督郵の首に掛け、堂々と去って行った。歴史上の劉備はもともと梟雄と称され、剛毅な性格の持ち主であったが、この時はさらに若気の至りで、侮辱を受けて泣き寝入りすることをよしとせず、このような挙動に出たのも決して不思議ではない。しかし、『三国志演義』では、劉備を理想

の「明君」として作り上げるため、張飛の行為にすり替えた。こうすることで劉備の寛容で誠実なイメージを損なわないだけでなく、張飛の烈火のように気性が激しく、仇のように悪を憎む性格的特徴を強調するのにも都合がよく、一石二鳥である。本稿の（一）で、劉備の梟雄的な性格における四つの主な特徴を分析したが、『三国志演義』ではこのうち「忍耐強く頑張りぬく」気力を重点的に表現しており、「臨機応変の対応」もある程度描かれる。ここでは詳細は省く。『演義』がこのような操作をしたのは、劉備の「明君」としてのイメージを強調するのに都合がいいからであることはいうまでもない。しかし、二つの明らかな欠点も存在する。一つは、一方（「明君」の一面）を強調して一方（「梟雄」の一面）を抑えたことで、人物像の豊かさがある程度損なわれてしまったこと。もう一つは、劉備のもつ梟雄的な面を希薄にし過ぎたことによって、知らず知らずのうちに劉備のリーダーとしてのカリスマ性と影響力を低下させてしまったこと。その結果、この辛酸をなめ尽くした開国の明君から英雄の気概がいくぶんか削ぎ落とされてしまい、逆にいくぶんか平凡な感を強めてしまったのである。

三　立体的に作られたキャラクター

これまで、『三国志演義』における劉備のキャラクターについては、批判も少なくない。その中で最も影響力を持つものは、主に二つある。それらについてあえて検討してみよう。

批判その一、「キャラクターの存在感が薄い」。劉備のキャラクターは個性に乏しくて、肉づけが弱く、人間味が足りないと考える研究者は少なくない。確かに、諸葛亮・関羽・張飛・趙雲など劉蜀集団の主要人物と比べれば、読者に与える劉備の印象は弱い。その原因はおおむね次の数点である。

第一に、「明君」としての劉備についてであるが、『三国志演義』の劉備描写はおおかたが史書の記載に基づいているものの、これまで論じてきたように、「仁徳をもって民を慈しむ」ことと「賢人を敬い、人材を礼遇する」ことの二つの大きな特徴のうち、「仁徳をもって民を慈しむ」ことを裏づける歴史的な根拠と生活実態を反映する根拠は、実際、非常に限られている。つまり、多くの一般民衆から見れば、劉備の掲げる「民を慈しむ」というのは、ほとんど一種の願望であり、旗印であり、さらにいえば、一種のパフォーマンスやスローガンに過ぎず、それが実践されることや、それによって実利がもたらされることはさほど多くはなかった。このことは劉備の年表をひもとけば一目瞭然である。彼は戦に明け暮れて、困窮疲弊、東奔西走のうちに一生を送った。赤壁の戦い以前、彼はひっきりなしに戦ったが、失敗と挫折の連続で、たびたび居候の身となり、自分の確かな地盤を持つことは出来なかった。赤壁の戦いの後、建安十四年（二〇九）に初めて荊州牧を称し、江南四郡を治め、十六年（二一一）年には軍を率いて蜀に入った。翌年、劉璋と衝突し、二年間の戦いを経て、建安十九年（二一四）にようやく益州を平定した。その翌建安二十年（二一五）には、早くも荊州をめぐって孫権との争いが始まっている。二十二年（二一七）には曹操とも漢中をめぐって争い、建安二十四年（二一九）にやっと漢中を手に入れたが、ほどなくして荊州を失い、大将の関羽と多くの精兵を失った。章武元年（二二一）四月にようやく皇帝となるが、七月にはもう兵を率いて呉の征伐に出た。翌年、惨敗を喫し、その一年後に病死したのである。こうして見ると、劉備には「仁徳をもって民を慈しむ」という主張を実現できる機会はそれほど多くなかったといえる。さらにいえば、たとえ十分な機会があったとしても、封建社会の統治者の一人である彼にとって、「民を慈しむ」という主張は最終的な目的ではなく、あくまでも民を統治する手段であるから、民衆の期待を真に満足させることは不可能である。こういったことに対する切実な体験のない通俗文芸の作者にとって、劉備が「民を慈しむ」のを生き生きと描写できないのも不思議ではない。

第二に、周知のとおり、『三国志演義』の真の主役は諸葛亮である。このほか、劉蜀集団の人物のうちで、作者が最も筆墨を費やして描いたのは関羽である。劉備は劉蜀集団のリーダーではあるが、主に「明君」としての道義的責任を請け負っているので、個性に富む言動が控えられたのである。このようにして作り上げられた劉備のキャラクターが、かなり平板なものに感じられてしまうのも仕方のないことである。

第三に、すでに指摘したように、作者は意図的に劉備の明君としてのイメージを強調し、その梟雄としての色彩を希薄にした。それによって、人物像の豊かさが損なわれたばかりでなく、劉蜀集団における劉備の地位を低下させた。本来持っているべき英雄の覇気が削られて、逆に幾分凡庸にさせてしまったのである。こうして見れば、劉備を、諸葛亮・関羽・張飛のように、紙上に躍り出るように生き生きとしたキャラクターに描くのは至難の業である。羅貫中が劉備のキャラクターを作るにあたっては、理想的な明君像を追求するあまり、芸術的な弁証法に反しているところがあり、その結果、本来の意図とは逆に、人物の個性と性格の豊かさを存分に示すことができなくなってしまったといわねばならない。

しかし、角度を変えて見れば、芸術的な蓄積が不十分な状況下において、羅貫中が劉備の人物像をここまで表現できたことは、殊勝なことであり、評価しなければならないであろう。『三国志演義』の劉備を元代の三国劇や『三国志平話』の劉備と比較してみれば分かるように、羅貫中は大きく前進しており、その努力は基本的に成功している。

批評その二、「誠実さが偽善に見える」[五]。このような見方をする人は多く、影響力も大きいのだが、この見解についてはどのように理解すべきであろうか。

第一に、目的と手段、功利の追求と道徳的な理想との矛盾によって、劉備に「偽善に見える」言動をとらせてしまうのは避けられない。天下大乱、群雄割拠の状況下に、劉備は一世の英傑として、漢室の復興と全国の統一を目指す

ことになるが、全ての群雄が陶謙のように恭しく城を明け渡すことを当てにするのは無理な話であり、他人の領土を奪い取るしかない。奪い取ろうとする以上、権謀術数は欠かせない。試みに益州攻めを例に見てみよう。諸葛亮の「天下三分の計」には早くも、「荊州・益州を共に領有し（跨有荊・益）」、機会を伺って二手に分かれて北伐するという戦略方針が立てられていた（『三国志演義』第三十八回。『三国志』諸葛亮伝に基づく）。益州を領有することは劉備集団の根本的な利益に関わる問題であり、努力目標でもあった。しかし、荊州を領有した劉備は、益州を奪い取ることに疑念を抱く。

龐統は、「荊州は東に孫権、北に曹操をかかえ、志を遂げるのが難しい土地です。益州は戸口百万、土地は広く財物は豊かで、大業をなす元手とすることができます。いま幸いにも張松・法正が内応せんとしておるのは、天が益州を殿に賜るのです。思いあぐねることはありますまい」と言った。玄徳が、「いま水と火のようにわしと敵対しておるのは、曹操じゃ。曹操が残酷なことをすれば、わしは寛大にふるまい、曹操が横暴であれば、わしは仁徳を心がけ、曹操が人を欺けば、わしは真心で人に接する。つねに曹操の逆を行ってこそ、わしの大事は成就するのじゃ。小さな利益のために天下に信義を失うことになれば、わしは耐えられん」と言うと、龐統は、「殿のお言葉は、道にかなってはおりますが、いかんせん、いまは戦乱の時にござります。戦に勝つには、さまざまなやり方がございます。通常の道理にとらわれておっては、一歩も前に進めませぬ。臨機応変になさるがよろしい。しかも、『弱きを併合し、愚かなるを攻』め、『取るには道に逆らい、守るには道にしたがう』とは、殷の湯王・周の武王の道でございます。大事がなった後、義をもって報い、大国に封じられれば、なにゆえ信義にそむくことになりましょうや。いま取らねば、結局は他人に取られるだけですぞ。殿、なにとぞよくお考えなさ

れますよう」と笑った。玄徳はこれを聞いて急に感じるところがあったのか、「金玉のごとき戒め、心に刻んでおくぞ」と言った。(六)

事は単純だ。荊州を守って動かず、積極的に打って出るのをやめるか、それとも、益州入りし、劉璋に代わってそこをわが物とするか。もし益州が他者（例えば曹操）に取られてしまったら、劉備集団にとってきわめて大きな不利となるだろう。ゆえに劉備は龐統の進言を採用した。しかるに益州を完全に掌中に収めた時、軟弱で無能ではあるが、人柄のよい同宗の兄弟である劉璋に対面すると、劉備はうしろめたさを禁じ得ず、「その手を握って、『仁義を捨て去ったのではなく、時勢がいかんともしがたかったのです』と涙を流した（握手流涕曰、「非吾不行仁義、奈勢不得已也」）」（第六十五回）。政治指導者が複雑で激しい闘争を続ける中で常に抱いている矛盾した心情をまさに反映している。人心を得るために、彼らは民を慈しんでも、賢人を敬ってもいいが、競争の相手に対してはいつも「誠実」ではいられない。もしこれを「偽善」「欺瞞」と責め立てるなら、あまりにも浮世離れしているとのそしりを免れられないだろう。

第二に、『三国志演義』における劉備が「民を慈しむ」描写には、確かに行き過ぎで、本来の意図に反しているところがある。例えば、第四十一回において劉備が民を引き連れて川を渡る場面があるが、民衆が助け合い、泣き叫びながら自分についてくるさまを目の当たりにした劉備は、思わず大声を上げて泣く。ここまでは人情と道理に合っており、その後の命の危険を冒してでも民を見棄てない劉備の行動と一致している。しかし、このすぐ後に、「川に身投げしようとしたので、左右の者が急いで止めた（欲投江而死、左右急救止）」と続ける。これはあまりにもやり過ぎであり、逆に真実味を失わせる。作者は劉備を美化しようとする一心で、誇張しすぎたため、かえって「偽善に見

える」という逆の結果を招いてしまったのである。

第三に、『三国志演義』第四十二回には、趙雲が命がけで救い出した阿斗を、「玄徳は受け取ると、地面に投げ捨てて、『お前のために、危うく一人の大将を失いかけたぞ』と言った」という描写がある。後世の人々はこれについてよく皮肉をいい、民間には「劉備が阿斗を投げ捨てる――人心を買う（劉備摔阿斗――收買人心）」というしゃれ言葉まであるほどで、しばしばこの行為も「偽善」「欺瞞」とみなされる。しかし、実際のところ、天下を争う古代の政治家にとっては、腹心たる大将や謀士が時には妻子より大事である。劉備の祖先である劉邦も、項羽と天下を争っている時、自分の父親と妻を人質に取られたり、戦に負けて敗走している時に、自分の息子と娘を馬車から突き落としたりしたのである。幸いに大将の夏侯嬰に救われたが。劉邦に肉親の情がなかったと決めつけることはできない。ただ、危急の時のやむを得ない行動に過ぎないのである。『三国志』先主伝にも、当陽での敗戦時に、「先主は妻子を見棄て、諸葛亮・張飛・趙雲ら数十騎と共に逃げ去った（先主棄妻子、與諸葛亮・張飛・趙雲等數十騎走）」とはっきり記載されている。『三国志演義』の描写は、この史実を敷衍したに過ぎない。それに、政治道徳の観念は時代によって異なるものであり、乱世の英雄と一般庶民の選択もまた違ってくる。よって、単純化して理解しない方がよい。

第四に、劉備が臨終の際に息子を諸葛亮に託したことについて、『三国志演義』第八十五回は史実に基づきながら、読者の気持ちを感激で揺さぶるように描く。この一件についてはすでに述べたので、ここでは贅言しない。もしこれも「偽善」「欺瞞」と解釈するならば、それはゆえなく劉備を蔑むことになるだけでなく、諸葛亮の人物像も損なうことになってしまい、間違った見方だと思う。

要するに、「疑う余地あれば、究明すべし（疑似之迹、不可不察）」（『呂氏春秋』巻二十二「疑似」）である。『三国

志演義』における劉備の言動には、確かに「偽善に見える」ところがあるが、人物像全体から見れば、その「誠実」さは基本的に信じることのできるリアルさであり、偽りとはなっていない。

以上から次のように結論づける。中国小説史を俯瞰すると、君主、特に開国の君主のキャラクターは数多くいるが、そのうち『三国志演義』の劉備はそれ以前にはなかったキャラクターであると同時に、その後に出てきたたくさんの同様のキャラクターの追随を許していない。したがって、劉備のキャラクターは模範となる水準にはまだ達していないとはいえ、やはり比較的成功した芸術的キャラクターなのである。

《注》

(一) 先主雖顚沛險難而信義愈明、勢偪事危而言不失道。追景升之顧、則情感三軍。戀赴義之士、則甘與同敗。觀其所以結物情者、豈徒投醪撫寒含蓼問疾而已哉。其終濟大業、不亦宜乎。(『三国志』先主伝注)

(二) 漢代、刺史(州の長官)を「使君」、太守(郡の長官)を「府君」と尊称した。のちにひろく州郡の長官を尊んで「使君」と呼ぶようになった。

(三) 徐庶見先主、先主器之。……曹公來征。……先主在樊聞之、率其眾南行、(諸葛)亮與徐庶並從、爲曹公所追破、獲庶母。庶辭先主而指其心曰、「本欲與將軍共圖王霸之業者、以此方寸之地也。今已失老母、方寸亂矣、無益於事、請從此別。」遂詣曹公。

(四)『西南師範大学学報』二〇〇二年第三期。修訂して拙著『三国演義新探』(四川人民出版社、二〇〇二年)に所収。

(五) この見解の代表者は魯迅であり、その著作『中国小説史略』第十四篇「元明伝来之講史」(上)に、「人物描写についても、欠点が多く、劉備の誠実さを表現しようとして、かえって偽善者のようになっている(至於寫人、亦頗有失、以致欲顯劉備之

長厚而似僞）」とある。

（六）（龐）統曰、「荊州東有孫權、北有曹操、難以得志。益州戸口百萬、土廣財富、可資大業。今幸張松・法正爲内助、此天賜也。何必疑哉。」玄德曰、「今與吾水火相敵者、曹操也。操以急、吾以寛、操以暴、吾以仁、操以譎、吾以忠、毎與操相反、事乃可成。若以小利而失信義於天下、吾不忍也。」龐統笑曰、「主公之言、雖合天理、奈離亂之時、用兵爭彊，固非一道。若拘執常理、寸歩不可行矣。宜從權變。且『兼弱攻昧』、『逆取順守』、湯・武之道也。若事定之後、報之以義、封爲大國、何負於信。今日不取、終被他人取耳。主公幸熟思焉。」玄德乃恍然曰、「金石之言、當銘肺腑。」（『三国志演義』第六十回。『三国志』龐統伝注引『九州春秋』に基づく。）

嵆康「釈私論」における「理」と「志」

大上　正美

一、本稿の意図するところ

三国魏・嵆康（二二三〜二六二）の「釈私論」（『嵆康集』巻六）は、「無措顕情」の観点から展開される公私論である。従来の公私論は大勢として、社会体制に開かれた公に対して個人的な私が前提され、私に対する公の絶対的優位が儒教道徳として説かれるものであった。その単純にして強固な先験的公私概念に対してくさびを打ち込むようにして、「無措顕情」なる新しい基準を設けて議論したものである。

なぜそのような主張をもってしたのか。いささか性急に問えば、たとえば「無措顕情」を主張することによって公私概念を根底から解きほぐし、従来の公私概念を前提とする時代権力に向かって抵抗する姿勢を貫いたものだとなるだろう。たとえば西順蔵が、「彼の論は教示を含む常世間への刺すような批判なのである。」と言うのもそれである。ただそこの指摘は簡潔にして十二分な答えであり、公を標榜する権力者の大いなる私情をこそ暴き出したのである。ただそれはこの作品の読みの結果として動機と実態とを意味づけた社会情況的な評価である。直接的な言辞をもって時代権力に向かって抵抗する姿勢を述べるのを、「論」といういずれの作品においても嵆康がするところでは必ずしもなかった。本稿ではとりわけ優れた先行研究である松本雅明・西順蔵の読み込みの助けを借りながら（一）、まずは筆者なりに

「釈私論」における行論の実態と作品の主題を明らかにしておきたいと思う。

一つは、そこで述べられる「無措顕情の理」と、その理の必然としての「志」とを、「中人」（中等の士人）に普遍的な心情倫理から解きほぐしていると見ることである。二つは、その主題が作品としてどのように構成・表現されたものであるかを見ることとである。筆者は両者相まって文学としての思想のはたらきを見んとするものであり、ずいぶんと以前に「嵇康と「釈私論」――文学としての視点からの二、三の問題」の題目で口頭で報告したことがある。[二] まずは本稿において、その報告の前半部分に相当するところ、前者の「理」と「志」とをめぐって展開される主旨について問題にする。後者の、構成・対偶・比喩・挙例等の文学（表現）的視点については続稿を用意し、表現者としての嵇康を位置づけることにする。[三] なお、「釈私論」における作者の思考の流れを追体験するための、筆者の読みの試みとして現代日本語訳を既に示している。[四]

二、「無措顕情」と「大道」

冒頭は、「夫稱君子者、心無措乎是非、而行不違乎道者也。」（そもそも「君子」と称せられる存在は、［何か行動するときに］心に前もって是非を考えるということがなく、それでいてその行為は道からはずれない者である。）と始められる。なぜ、「是非に無措」なら、「道」に違わないと言うのか。

「夫氣靜神虛者、心不存於矜尚、體亮心達者、情不繫於所欲。矜尚不存於心、故能越名教而任自然、情不繫於所欲、故能審貴賤而通物情。物情順通、故大道無違。越名任心、故是非無措也。」

（そもそも気と精神とが静虚であると、心は外部に出し惜しみすることがない。また、身体と心とが調子よく伸

びやかであると、情は欲望につながれることはない。心には誇り傲るところがないので、名教（先験的な思考の枠）を越えて自然のままに行動することができる。また、情は欲望につながれるということはないので、価値の貴賤がはっきりと分かり、物事の実情に通じることができる。物事の実情に通じるから、「大道」からはずれることはないし、また、名分を越えて心のままにするから、［何か行動するときに］前もって是非を考えることがないわけである。）

「無措」の提起を保証するものが他ならぬ「大道」であるとする。それについて松本雅明がいち早く、「始めから善悪を顧慮しない行為が、いかにして道徳的でありうるのか。」それは、「すでに大道を目ざして行為してゐるからである。」として、「公私論の上位概念として自然・大道がある」と看破していた。

続けて、「匿情の小人」と「虚心無措の君子」を対比させて言う。

「是故言君子、則以無措爲主、以通物爲美。言小人、則以匿情爲非、以違道以闕。何者。匿情矜吝、小人之至惡、虚心無措、君子之篤行也。是以大道言、及吾無身、吾又何患、無以生以貴者、是賢於貴生也。」

（したがって、「君子」を問題にすれば、かれは「無措」こそを主としているから、物事の実情に通じるという美を有している。それに対して「小人」を問題にすれば、情を隠してあやまりをなし、道に違うという欠点をおかしてしまうのである。［要するに］言わんとするのは、自己の内なる情を隠して誇ったり惜しんだりすることこそが小人の一番悪い点なのであり、虚心で無措こそが君子のすぐれた行いだということである。）

直前に「通物情」から大道にのっとると述べていたが、ここではそれ故に君子の行為が「美」となるのだと言う。それに対して小人は「情を匿す」から、物事の実情を外れ、「道に違う」ことになるとする。真善美が一体と認識されているところから見て、それは物事の実情を離れないこと、つまり、君子の認識・行為・存在は現実離れしたもの

では決してないとする嵆康の思惟の基核が貫かれているのである。

以上のことから「夫至人之用心、固不存有措矣。」（そもそも「至人の用心（心の用いよう・心のはたらかせ方）」は、もともと「有措」（前もって思いめぐらす）という点にはないのである。）として、君子の実現した最高の存在（「至人」）の例として、伊尹・周公旦・管仲たちをあげ、そのすぐれた輔佐の臣たちの「用心、豈爲身而繫乎私哉。」（心の用いようは、自分一身のためにして私に繫がれていたであろうか、決してそうではなかったのである。）とする。(五)

かくして以下に第一段落をまとめるに際し、「無措」を強調するために、小人の「匿情」に対する「顯情」の語を加えて、「君子の無措顯情」を再度説明する。

「君子之行賢也、不察於有度而後行也。任心無邪、不議於善而後正也。顯情無措、不論於是而後爲也。是故傲然忘賢、而賢與度會、忽然任心、而心與善遇、儻然無措、而事與是俱也。」

（君子が賢なる行為を実行するとき、その行為が法度にかなっているかを前もって推しはかってから行動するということはしない。心のままに振るまっても間違ったことをしないし、善なる行為かどうか判断して上で、正しい行動をとるというのではない。「顯情無措」ということは、「是」であるかどうかを論じてから、正しいと判断した後で行動したりはしないということなのである。かくて、それが賢明な行為であるかどうかも忘れて好きなように行動して、そうしてその行為は賢明にして法度にかなっている。また、突如心のままに行動しながらも、その心は「善」行と合致している。また、周りを気にすることもなく何も考えないで振るまっても、そのやる事はすべて「是」とともにある。）

ところで、『晉書』本伝に、「……乃著養生論。又以爲君子無私、其論曰、『夫稱君子者、心無措乎是非、而行不違

乎道者也。～儻然無措、而事與是倶也。』其略如此。」の記述があり、「釈私論」を「君子無私」論としている。本集の「釈私論」の篇題をめぐっては、ほかに「君子無私」論、「君子無私論」、「無私論」と呼ばれる。[六]「釈私」の「釈」は、解消する、すてる、の意味で間違いないと思われるが、[七]本論で展開する「私」は、西順蔵が「公私世間の私でなく、それの原理としての私性である」とみなす観点を鮮明に打ち出すためにも、筆者は「私」なるものの様相と原理を解き明かす議論であることを考慮して、いわゆる「私」なるものを解きほぐすと意味づけるのがより理解しやすいと判断している。したがって一義的に「私が無い」「私を無くす」ことを主張しているのではないので、「無私論」の篇題はすこし劣ると思う。『晋書』の「君子無私」論は確かに冒頭の主旨を的確に言い当てているが、しかし引用するのは第一段落の文章（末尾の伊尹以下の挙例の部分は省略している）のみであることからも明らかなように、この作品全体の主題ではない。以下に展開される、「中人の用心」を論じていることが主たる論点であるからである。

この作品は全体六段落からなる。前述の第一段落（「夫稱君子者」から「而事与是倶也」までの四三六字）は、大道に通じる「顕情無措」を「至人」たる「君子」の姿として提出した、以下の議論を支える前提となる導入部である。以下、第二段落から第四段落が本論の展開部であり、第二段落（「故論公私者」から「亦賢于病矣」までの三二八字）では、「無措顕情」による公私論の提起と、その「理」の構造の必然としての中人の志向性が明示される。第三段落（「然事亦有似非而非非」から「非似非非者乎」までの一七七字）は前段の補充部で、現実の「変通の機」への認識が求められる。第四段落（「明君子篤行」から「而信著明君也」までの一五八字）では、「無措顕情」の反対の「匿情含私」を否定する。続く第五段落（「是以君子既有其質」から「斯非賢人君子高行之美異者乎」までの一二三字）は、導入部と本論で展開された「無措顕情」についての、いわば散文で書かれた「讃」に相当する。そして終結部の第六段落（「或問曰」から「不可謂不惑公私之理也」までの二六二字）は、後漢・第五倫の公私の例を本論の論

点から検討し、第五倫の言動は行為としては不是だが、「顕情」によって不公とは言えないとする。この周到な構成については別稿でも触れておいたし、詳しくは続稿でも検討するが、上記の簡単な段落分けから見ても分かるように、第一段落の君子の「無措顕情」は以下の本論の前提となるものである。また、終結部の挙例から見ても、『晋書』本伝が言う「君子無私」論という篇題は作品の主題とするには読みが浅く、やはり「釈私論」とあるべきである。そのように本論は、第一段落で提示した「無措顕情」を基準にして、独自の「公私論」を展開するものである。それを「理」として把握し、その理の必然としての中人の志向性を論じたものと捉えなければならない。そのことを第二段落から第四段落の本論で確認していこう。

三、「無措顕情」を基準にした「公私論」の組み替え

本論はまず、大道に通じる「無措顕情」を問題にするのは、それを基準とした「公私」をめぐる議論を展開するためであるとして言う。

「故論公私者、雖云志道存善、心［一作内］無凶邪、無所懐而不匿者、不可謂無私。雖欲之伐善、情之違道、無所抱而不顕者、不可謂不公。」

（だから「公私」について論じようとするとき、［わたしはその「無措顕情」の観点を入れて考えてみるのだが、］たとえ道を志し善であるようにして心に邪悪なものをもっていなかったとしても、胸の内に隠すものがないということがないのなら、「無私」とは言えないのである。［それとは反対に］たとえ欲望の方が善よりも強く、情が道から外れていたとしても、胸にもつものを表に顕わさないということがないのなら、「不公」とは言

えないのである。）

続けて、大道に通じる「無措顕情」を基準にして公私を認識し、私に対する公の優位を絶対的なものとする所与の常識を退けて、「無私」とか「公」とかについての明確な「理」を提示する。

「今執必公之理、以縄不公之情、使夫雖爲善者、不離於有私、雖欲之伐善、不陥於不公。」

（そこで今、必ず公であるという理を捉えようとして、「不公」の情について検討するならば、あの、善をなす者であっても、［やはり内に隠すことをすれば］私であることから逃れられず、［逆に］欲望が善を打ち破る者であっても、［内に隠すことなく、その心を外にあらわせば］不公にまでおとしめはしないのである。）

さらにそこに「無措顕情」を公私の基準として考えると、その展開として次のような効力があると言う。

「重其名而貴其心、則是非之情、不得不顯矣。是非必顯、有善者無匿情之不是、有非者不加不公之大非。無不是則善莫不得、無大非則莫過其非、乃所以救其非也。非徒盡善、亦所以厲不善也。夫善以盡善、非以救非、而況乎以是非之至者。」

（［したがって］その［公という］名を重んじてその［隠さないという］心を貴ぶならば、是非の感情も表に顕わにならざるを得ないのだ。［そして］是非の感情が必ず外に顕わになるということになると、［さらに完全になりもし、少しでもよい方向に向かいもするのである。つまり、］現に善をなしている者は情を隠すという「不是」がなくなる。また、現にたとえ非である者も、「不公」だという「大非」を加えられなくてすむ。「不是」がなくなれば善が得られないということはない。また「大非」がなければ現在以上の非にはならない。［いやそれにとどまらず］なんと今の非である状態を救う手だてにさえなるのである。［このように顕情が］善を徹底させるだけでなく、［他方］不善をはげます手だてともなるのである。［つまりそのように］そもそも、［是非の情が外に顕われ

るならば」善は善を尽くし、非（不善）の場合でも非（不善）であることから救うことになるのである。ましてや是と非の両極にある場合には［以上のことは］言うまでもないのである。）

以上のようにして、公が是、私が非とする固定観念に終始する所与の常識的公私論議に向けて、嵆康は「無措顕情」の「用心」をもって公私論を組み替えているのである。

四、「理」の必然としての、「中人」の志向性

先の引用で、善悪の両極について触れつつ、善悪の現実は截然たる両極の事態としてあるよりも、多くの場合は複雑な様相を呈するものだとの認識を述べていた。そしてその複雑な現実を生きる、他ならぬ人間にあっては、もともと両極の人（つまり君子と小人と）は極めて少数なのであり、ほとんどの人は極端不易にはおらず、心の用い方次第という状態で善であったり不善であったりして生きているのが実際の姿なのであるとする。その大多数の中間にある人を、次の文中で「中人」と表現し、その中人の質性として心の動きとか心の用い方とかを、「在用」の語をもって説明する。[八]

「故善之與不善、物之至者也。若處二物之間、所往者、必以公成而私敗。同用一器、而有成有敗。夫公私者、成敗之途、而吉凶之門乎。故物至而不移者寡、不至而在用者衆。若資乎中人之性、運乎在用之質、而栖心古烈、擬足公塗、値心而言、則言無不是、觸情而行、則事無不吉。」

（もともと善とか不善とかは、物事の両極端である。この二者の中間にある場合には、何事かを為すにも必ず公によれば成功し、私によれば失敗するのである。同じように一つの器量の身を使って行動しても、成功するとき

と、失敗するときとがある。［その場合］いったい、公・私こそが、成功するか失敗するかの分かれ道であり、吉となるか凶となるかの門口なのである。もともと極限にあって変わらぬ人間は少数で、ほとんどの人は極限にはおらず、心の用い方次第なのである。［だから］このような多くの中間にいるひと、中人の資性のものが、その心のうごき次第の資性をしっかりとはたらかせ、すぐれた古人に心を寄せ、「無措顕情」を旨として公の途にと心がけるとき、その時、心のままに言えばそのことばはすべて是となり、情のままに行動すれば物事はすべて吉となるのである。）

このような複雑な様相のなかを生きる中人が、「無措顕情」の「公」によれば、その展開は善に向かい吉となることが保証されていると繰り返し述べる。

「於是乎向之所措者、乃非所措也。欲之所私者、乃非所私也。言不計乎得失而遇善、行不準乎是非而遇吉。豈公成私敗之數乎。」

（そこで、［このように中人の者が心のままに言い、情にしたがって行動するようになると、］前には行動の前に推しはかっていたことも、［今では］なんと推しはかることがなくなり、ひたすら「私」に走ろうとしていた欲望も、なんと私的なものではなくなっているのである。そして、言葉は得失を計算しないで発せられても善になっており、行為は是非を推しはからなくても吉になるのである。まことにこれこそが、「公」によって成功し「私」によって失敗するということわりではないか。）

このような中人の「理」の構造の必然として、一歩でも善に向かうとする。隠さない心を押し進めれば是非が必ず外にあらわれる、その場合もともと善なる内面をもつ者はさらに揺るがない善に向かう（つまり○が◎になる）。たとえ完全でなくとも少しでも不是がなくなり、不是がなくなれば善が得られる（つまり△が○になる）。それに対し

善で是　公	至公		君子（至人）
善であるが私	→（　私から公へ）→	尽善の可能性	中人の「在用」 （志向性）
不善であるが公	→（大非を免れる）→	救非の可能性	
［起点］	［無措顕情による展開］	［効力］	
不善で非　私	不公		小人

て、たとえ心の内に非がある者であってもそれを隠さないなら、「不公」という「大非」にならなくてすむ（つまり×が△になる）。そのように「大非」がなければ、その行為も心に持っていた以上の「非」にはならない。いやそれにとどまらず、何と「非」である状態を救う手だてになる。そのように「顕情」こそが善を完全にする効力を持ち、あるいは「善」を励ます手だてになり、「非（不善）」であることから救う。これが理の構造として必然とされた中人のよりよい生（かくあらん生）への志向性なのである。この「理」の構造を図式化すれば上のようになるだろう。

そして中人にあっては、「無措顕情」による「在用」を「理」として心を用いれば、自己をよりよい方向に向かわせるだけでなく、しかもそれが現実にはやがて吉になり、成功へと導くと結論するのである。このように社会的現実での効力ともなることを言い忘れないのである。(九)

そして「夫如是也、又何措之有哉。」（そもそもこのようであれば、気を遣い、是非に照らして判断するということなど、どうして必要であろうか。）と言い切ると、自己の負の体験を敢えて告白することによって、結果として主君に重んぜられたり、まわりに理解者を得たりした具体例として、晋の里鳧須や勃鞮（『左伝』僖公二十四年）、趙の謬賢（『史記』藺相如列伝）、燕の高漸離（『史記』刺客列伝）を列挙して、

「然數子、皆以投命之禍、臨不測之機、表露心識、獨以安全。況乎君子無彼人之罪、而有其善乎。」

（このようにこの人たちは、いずれも、命を投げ出す禍に遭い、思いもよらない人生の危機に臨みながら、そのとき気持ちと考えをすべてさらけ出した（「表露心識」）ので、ただただ身の安全を得たのであった。ましてや君子たる者はかれらのような罪がなく、善行の人なのであるから、「心識を表露しさえすれば」身の安全は言うまでもないのである。）

と述べる。

このようにこの段落からは、嵇康がなぜ「中人」に論を特化して論ずるのかが明らかにされる。行為においても観念においても苛酷な現実から逃げることなく厳粛に誠実に生きる存在が、決して「至人」ではあり得ない悲しみをひたすら吐露したり、体制内存在として生きなければならない自己を弁解したりするのではなく、よりよい人間と成ることをどこまでも目指す。その理はあるか、その答として提出した論法であったと言えるだろう。

五、「実是」と「実非」の見定め

ところで「理」を認識して「無措顕情」なる心情倫理をもって自己の言動の指針としたとしても、他者との関係にあってはその人の言動が「顕情」によるか「匿情」のものか、上辺だけでは判断しにくい。そこでは実態を見据え、「変通の機」を見定める必要がある。自己の心情倫理が他者との場で、つまり理が現実のなまの場面で試されることに嵇康はこだわるのである。

「然事亦有似非而非非、類是而非是者、不可不察也。故變通之機、或有矜以至讓、貪以致廉、愚以成智、忍以濟仁。然矜吝之時、不可謂無廉、猜忍之形、不可謂無仁。此似非而非非者也。或讒言似信、不可謂有誠、激盜似

忠、不可謂無私、類是而非是也。」

（しかしながら、物事には、非に似て非でないこと、是に似て是でないことがあるので、このことをよく察知しなければいけない。もともと物のうごきには「変通の機」というものがあるので、［判断はそう簡単ではない。］自分を誇っているかのようでも結果として他人に譲ったり、貪欲のようであっても結局は廉潔だったと分かったり、愚昧でありながら明智を成就させたり、残忍そうでいながら仁慈を成しとげたりする場合がある。だから、ある人が惜しんでけちくさくしている時があっても、［ただちに］その人を廉潔ではないとは言えないときがある。また、ある人が疑い深く残忍に見えた時があっても、［ただちに］その人が仁慈でないとは言えないときがある。これらは非であるに似て非でないものなのである。あるいは［逆に］、讒言中傷が信義にかなっているように見えても、［ただちに］誠意がある人だとは言えない。また、大盗賊が忠誠に見えるようなことをしても、［ただちに］無私の人だとは言えない。これらは是であるに似て是でないものなのである。）

是・善と思っても実際は似而非〈是〉と似而非〈善〉でしかないことが往々にして現実の実態だからだ。本物であるかニセ者でしかないか、見分けがたい。ではどうすればいいか。その場合の「変通の機」を見定める「用心」については、

「故乃論其用心、定其所趣、執其辭而準其理、察其情而尋其變、肆乎所始、明［一作名］其所終、則夫行私之情、不得因乎似非而容其非、淑亮之心、不得蹈乎似是而負其是。」

（かくて、どのように心を用いるかを論ずれば、その向かう先を見定め、そのことばをとりあげて道理に照らし、その情を察してその変化を尋ね、そもそもの始まりとなるものに習い、その結末を明らかにするならば、あの「私」の行ないをする情も、それが非であるに似ているからといって［ただちに］非であると認めてしまうわけ

にはいかないのである。また、善良で信のある心というものも、それが是であるに似ているからといって[ただちに]是であることと受け取ることはできないのである。）

と言い、さらにたたみかける。

「故實是以暫非而後顯、實非以暫是而後明。公私交顯、則行私者無所冀、淑亮之者無所負矣。行私者無所冀、則思改其非、立公者無所忌、則行之無疑。此大治之道也。」

（だから、本当は是であるもの（実是）もしばらくは非だと思われたあとでその是がおもてにあらわれ出、本当は非でしかないもの（実非）もしばらくは是だと思われたあとでその非が明るみに出る場合があるのである。このようにして「公」と「私」の実態がそれぞれはっきりとおもてにあらわになったならば、「私」の行ないをする者も[はっきりと最後には実態が明らかになるのだから、行為の前に心の中で他人の評価を気にかけても無駄であることが分かるので]期待をかけることがなくなり、善良で信のある心の者も[他人の評価を]頼みとすることがなくなるのである。[そのように]「私」の行ないをする者が期待をかけることがなくなれば、[表にあらわになったとき]その「非」を改めようと思うだろうし、また「公」を実行する者も忌むところを気にかけながらするということがなくなれば、何を行っても心配ないであろう。これこそが「大治の道」なのである。）

極めて執拗に繰り返す論述には、複雑で苛酷な現実にあればこそ、「擾されざれ逼られざれ」（「難自然好学論」）とする嵇康の実態への警戒が周到である。いついかなる時も、そこでそれぞれの人の心情倫理が貫けられれば、やがては「大治の道」が実現するとまで言う。

そして「非に似て非に非ざる者」の二例として、「主妾覆醴、以罪受戮」（『戦国策』燕策一）と「王陵庭爭、而陳平順旨」（『史記』呂后本紀）を挙げるのである。

このように、ここでも時として生死を問われる苛酷にして複雑な現実の前で、決して空理にならぬように警戒し、その「変通の機」をしっかりと把握し、「在用」「用心」がいかに大切かを強調する。

そのように終始「心識の発露」という「用心」を貫くことだとする。心情倫理をもって主体的な生を貫くことを通して公私論を組み立てたが、それが自己の外部、つまり他者と社会との関係としても捉え返しているのである。自己の内面のひたすらな問題として終わらせるのではなく、獲得した「理」を社会の実態において試しながら、刻々見極める「在用」の必要が強く主張される。「行為者の心術論にかかわる公私の評価」（西順蔵）であればこそ、対社会対他者への通路においても徹底できるか、いやむしろ複雑な社会現実であればこそ肝要なのだと、「理」の普遍を捕捉する。心情倫理を徹底してこそ「理」が現実の中で一貫させられるのは、ここにおいても、「大治の道」に通じているからだ、とする信念に支えられた立論である。

ところでここでの言及は、明確な理を提出するだけで終わらせず、現実の複雑な様相を喚起してまで理を試し、自己の根拠の正当性を確かめている。その分、論はいささか現実への過度の執着を読み手に印象づけるかも知れない。これは実際の清談論議で相手を意識した拘りであったかもしれないと予想させる類の論述でもあるようだ。もちろん、続稿で考える文体における執拗さと切り離せないが、表現の面からのこの点に関する説明は後日に譲る。ともあれ行論として現実の複雑なあらましを、それとして十分に抱え込んだ議論であることを、いささか無理をしてまで論議を進めた点がないとは言えないのである。しかしそこにも嵇康という表現者の本質がうかがわれることを付け添えておきたい。(一〇)

六、「求所以為措之道」

本論に続く第四段落で、「無措顕情」に対して、どこまでも「含私匿情」を改めない小人の考えの愚かさを言う。そこで述べられた文章が

「不措所措、而措所不措。不求所以不措之理、而求所以爲措之道、故時爲措、而闇於措。」

（あらかじめ是非を考えてから行動するということをしない方がいいのだ、ということの理由にひそむ道理（「所以不措之理」）をこそ追求しないで、どんなふうに判断して行動しなくてはならないか（「所以為措之道」）ばかりを考えている。）

である。真に「措」さなければならないのは、「措を為す所以の理」だと言う。今まで「無措」を表に出してきた論述に対して、本当に「措」することの肝要を同字反復によって喚起している。ここには思惟の急所を言い切る嵆康の言語感覚の秀抜さが際立っている。

真に「措」すべきは、言動の前にあらかじめ周りがどのように思うかを思いめぐらせることではなく、そうしてはならぬ理をこそ「措」すことである。志を必然とした理の所以を「措」することを「求」める続ける「志」を貫く姿勢が、人の本来的な姿だと把握する。君子（至人）は自然に思うままに振るまって大道に通じるが、中人は君子のようには至り得ないかもしれないが、それを理として「措」することによって真に「志」の人として成る。西順蔵がいう「この論は理想の教示でなくて理想に志向する現実的自述である」とするのはそれである。

ここに確かめられた、「理」の必然としての中人の「志」、及び「理」を真に「措」し、言表に努める「志」こそ

が、「釈私論」の真意であったと言えるのである。この言志の精神がしっかりと刻みつけられた作品、それは表現者として立つ存在の自覚であり、同時に伝統的な「言行は君子の枢機」(『易経』繫辞伝下)をふまえた「夫れ言語は君子の機、機動かば物応ず、則ち是非の形 著はる」の発言(「家誡」)を背負う宿命でもあったと思われる。

七、本稿の結び

以上見てきたように、「釈私論」は「無措顕情」という中人(自己)の「用心」の立ち位置から公私論を展開させた。真の実態が見えない現実にあっても「発露心識」を貫く主体的生の姿として公私論を組み替え、心情倫理をもって自己と社会との関係を捉え返したのである。

自己が自己であること、本来的な自己に成ることについて、しばしば引用されるように嵇康は「人にして志無きは、人に非ざるなり」(二)と「家誡」(巻十)の劈頭で断言した。思想の根拠地である「志」を「在用」(心のはたらき)と捉える思索と実践の立論であったのである。次には、どのように書かれたか、作品化の内実をめぐる言志の精神なる文学性の獲得を考えなければならない。

《注》

(一) 松本雅明は、「養生論」でいう「情欲を少なくする」と、「釈私論」の「顕情」とは、そもそも矛盾しないのか、を問うことを発想の起点として、嵇康の思想の実相を考察した。西順蔵の論文は、かれがわが国戦後の思想家として記憶すべき存在であ

ることを示していて、極めてユニークで衝撃的である。その「釈私論」解釈は、実は松本論文の基本をよく咀嚼したうえで、現代的な論として進展させた読みである、と筆者は位置づけている。本稿で参考にして引用するのは以下の論文と訳注である。

松本雅明「魏晋における無の思想の性格（一）」（『史学雑誌』第五一編第二号　一九四六年一月）

西順蔵「嵆康の「釈私論」「太師箴」「家誡」の日語訳並びに註」（『大倉山論集』八　一九六〇年七月）

西順蔵「嵆康の「釈私論」の一つの解釈」（『福井博士頌寿記念東洋思想論集』刊行会編刊　一九六〇年一一月）

（二）六朝学術学会第一七回例会（於二松学舎大学、二〇〇八年三月一五日）

（三）「嵆康「釈私論」の文学的考察」（近く発表予定）

（四）「嵆康「釈私論」試訳稿」（『林田愼之助博士傘寿記念 三国志論集』二〇一二年九月）。テキストとしては、魯迅『嵆康集』手稿本（影印）（文学古籍刊行社　一九五六年、のちに中華書局香港分局　一九七四年七月重印）を用い、戴明揚『嵆康集校注』（人民文学出版社　一九六二年七月）を参考にした。本稿もその試訳稿を用いた。

（五）ここの「至人」は冒頭の「君子」とほぼ同じ意味で言い換えられている。嵆康の論にあって「君子」と「至人」はそっくり重なるときと、「家誡」のように必ずしもイコールでないニュアンスの場合もある。

（六）張溥は「無私論」とする（『漢魏六朝百三名家集』）。戴明揚校注は、『経済類編』四九が引くのは「君子無私論」であるが「誤」りだとする。なお、『芸文類聚』巻二二が「釈私論」として引くのは第四段落の君子讃の部分「不知冒陰之可以無景」から「斯非賢人君子高行之美異者乎」である。

（七）西順蔵は「私を解消すること」と訳し、別に「この私を釈する、つまり解・消・遺すべし」とする。また、「私は、この論のなかでは、もともと措（意図・措置）をおこす私心であり、それは人がその意識によつてこしらえるにせの、自然ならざる、実ならざるものである。だから私の否定は当然もとの実の自然への復帰を結果する。この点から、釈を「解消」と訳したわけである。」（傍点は原文）と注記している。

（八）西順蔵は「在用」について、「用」をはたらき、うごき、「在」をその現在態と解釈する。

（九）この現実への効力については、実は現実に返せば無効でしかないのが嵇康の現実の生である、としか筆者には言いようがないので、立論上の楽観的な焦りの言表、もしくは一種のレトリックとみなしてもいいだろう。その志の可能性と不可能性の構造が嵇康の文学（表現）の深さだったと、筆者は考えるのである。大上「嵇康の「家誡」と「釈私論」と――「中人」の志をめぐって」（『中国文化』第七四号 二〇一六年六月）参照。

（一〇）注（九）とも関連するが、この点をめぐっては筆者は二点に拘っておきたく思う。一つは、嵇康の「論」に顕著な特色として、理が現実に耐えるものであるかどうか、それを試すかのように、たえず論の中で問題にすることである。現実に適合できないからこそ、自己の論理を構築するのだから、もともと現実の様相の中では常に通用することはあり得ない。むしろ齟齬をきたし破綻する場合がほとんどであろう。それにもかかわらず嵇康は、再三現実の生の場での複雑な様相を論の俎上にのぼし、その理が所与の現実の複雑さの中で立つことができることを主張しようとする。それができないのなら、理は理として失墜するか、堕落する。その警戒のもと、あえて複雑でやっかいな事態に踏み込んで問題視するのである。それは嵇康の論議におけるレトリックでもある。その場合揺るがないのは、「顕情」を根拠とする理が貫かれるための、理の成立を保証する信念を帰結に用意していることである。これは立論上の絶対的な着地点なのであるから、それをめぐる考察を脇に置くのなら、これは行論としての限界であると言えば言える。また例として挙げる歴史の上の成功の例や吉の例について、その有効性が指摘できるのは、歴史的には稀有でしかなかった。このことについては注（九）であげた論稿でも触れておいた。ただ筆者はそれをもって「釈私論」の限界を見ようとするだけでないのはもちろんである。それればかりか逆に、現実における有効性と無効性のなかで、所与の現実の絶対的優位に向けた、理の有効性に拘る嵇康の思想の熱い原点があると捉える。これは西順蔵の嵇康論の、筆者なりの解釈であるが、それならばこそ作品としての価値が問われる、文学的側面だと考えるのである。

二つは、拠り所とする「大道」とか「大治の道」とかに帰結する思考に関してである。その認識は哲学というよりも、伝統的な枠組みの中で支えるもので、信念に近いだろう。「釈私論」で問題にするのは、やはり心情倫理を根拠とした理である。

なお、周知のように福永光司は「嵆康における自我の問題―嵆康の生活と思想」（『東方学報（京都）』第三二冊　一九六二年三月）において「顕情の倫理」を「倫理的疎外の回復」と述べつつ、同時に、「自己の罪過の告白―首過―を宗教的救済の主要な儀礼とする三張道教の教法」ほかとも関連するとして「嵆康の倫理思想の宗教的な地平への近接を示すもの」でもあるとし、さらに「永遠の生」をもとめる「宗教的疎外の回復」を論じてその宗教思想史的観点を提出していた。同じ時期に西順蔵の社会構造とその原理を追求する思想史研究があったわけであるが、両者は互いに言及を避け続けたままであった。思想なるものを思想のはたらきと捉えて問題にする西順蔵からすれば、「思想」の捉え方が次元を異にする接近であったであろう。西順蔵のいう思想のはたらきこそ、現在から見ればまさに文学の価値をめぐる研究課題である、という立場を筆者はとっている。

（二）「実践」ということに関しては、渡邉義浩が「嵆康は、「釈私論」にも、「夫れ私は以て言はざるをば名と為し、公は以て言を尽くすをば体と為す」と述べ、「公」「私」の分かれ目を言辞に置いている。志ある限り、表現を続ける。これが「公」である。」と「釈私論」の読みとして的確に言及する（「嵆康」の歴史的位置」『六朝学術学会報』第七集　二〇〇六年三月）。

王弼再考 ――「亡」と「非存」――

堀池　信夫

はじめに

一九七九年（昭和五四年）に「王弼考」(一)という論文を書き、それを補筆したものを一九八八年（昭和六三年）の『漢魏思想史研究』(二)に収載した（以下、「旧考」という）。

最初の「王弼考」からは三十六年経過し、『漢魏思想史研究』からは二十七年がすぎた。その間、研究上の興味がまったく別の方向に向かってしまったこともあって、漢魏の思想についての論文はあまり書いてこなかった。王弼についてもほとんど考えなかった。

いま久方ぶりに旧考を読みかえしてみると、議論は、及び腰なのに前のめり感があるという、なんとも未熟なものである。といっていまさらその補訂をおこなっても仕方がない。本稿では旧考とは異なる側面から王弼の思想をうかがってみることにしたい。

一、王弼の人物像

旧考では王弼の『易注』『周易略例』『老子注』などの著述から導出される論理的な課題を追うことに急すぎて、資料の扱いや王弼の人物像については、とおりいっぺんのことを述べただけだった。

王弼（二二六〜二四九）は二十四歳で病没している。夭折である。だが、その間に前述した三著に加えて『論語釈疑』『老子指略』など、意外に多くの著述を残している。若くして筆のたつ人だったのだろう。

彼はどのような性格の人だったのか。日頃はどのような行動をとっていたのか。

そういったことを知ると、彼の思考の筋道、論理の構造、発想の原点なども、もう少し見えてくるような気がする。とはいえ王弼を知るための資料はそれほど多くはない。それらはみんなが承知しているものなのかもしれないが、ここでは確認の意味もふくめてあらためて見てみたいと思う。

資料としてまず主となるのは『三国志』「魏書」鍾会伝の裴松之注に引用されている何劭『王弼伝』である。副となるのは『世説新語』文学篇劉孝標注に引く『王弼別伝』である。『王弼別伝』は『王弼伝』と重複するところも多いが、『別伝』独自の記載もある。そのほかには『三国志』「魏書」や『世説新語』の中にいくつかの断片的記事があり、さらに『晋書』に二条、『文心彫竜』に一条の断片が載る。

主資料となる何劭『王弼伝』であるが、これは『三国志』の裴松之注に引用されているもので、『三国志』自体には王弼の本伝は立てられていない。『三国志』「魏書」裴潜伝 の裴松之注に「（裴徽の）事は荀粲・傅嘏・王弼・管輅の諸伝に見ゆ」との記事が見えていることから、『三国志』の撰者陳寿がもともと王弼の本伝を立てていた可能性は

ある。だが現行『三国志』にはそれは見られない。結局陳寿は、本伝を立てるほどの人物ではないと判断して削除してしまったのかもしれない[三]。

王弼とともに玄学の旗手と見なされている何晏は、『三国志』に本伝が立てられている。ただそれは、「晏は何進の孫なり。母は尹氏、太祖の夫人たり。晏は宮省にて長〔成長〕ず。又、公主を尚《めと》る。少《わか》きより才の秀でたるをもって名を知らる。老荘の言を好みて、道徳論および諸文賦を作る。著述は凡そ数十篇」というほどのものである。何晏は王弼とちがい貴顕であったから、これくらいの伝はあってしかるべきだろう。注意すべきは陳寿が何晏の玄学のことについて「老荘の言を好みて、道徳論および諸文賦を作る」としか述べていないことである。陳寿の考えでは、玄学なんぞはこれぐらいで十分だ、ということだったのかもしれない。

いずれにしても陳寿にとっては、そして魏末～西晋のころの一般的な認識では、まだ記憶に新しい三国鼎争の歴史的大変動のダイナミズムの中にあっては、何晏やら王弼やら玄学などは、そうとりたてて注目しなくてもよいもの、その程度のものに見られていたのだろう。

一方、裴松之は『三国志』注釈において何劭『王弼伝』を引用した。その仕方は、「魏書」鍾会伝に「初め、会、弱冠にして山陽の王弼と並びに名を知らる」という記事があって、ここはとくに王弼と鍾会との交渉を説く文脈ではないが、たまたま王弼の名が出てきたのでちょうどよいからここで王弼の説明をしておこう、という感じである。東晋～劉宋期になると玄学や何晏・王弼のことが徐々に知られてきていて、王弼情報を記しておく必要性があったのだろう。そういった需要があったことがうかがわれる。

この『王弼伝』の文章は陳寿の何晏伝本文に比べるとやや長い。『三国志』において何晏の名はあちらこちらに多数回見えているのだが（何晏は高位の官僚でさまざまな政治的場面に関与していたから、登場回数が多いのは当然である）その

登場場面はもちろん政治家としての彼であって、玄学者的エピソードはあまりない。その点からすると裴松之の王弼情報はもう少しまとまっている（裴松之は何晏伝にもそこそこの長さの注釈を施している）。時代における王弼の評価として、まずまずの情報量があるとはいえるだろう。

さて何劭『王弼伝』には、「弼、幼きより察恵、年十余にして老氏を好み、弁を通じよく言う」とある。幼いころから頭がよく、十歳あまりで『老子』を好み、しかもよくしゃべる子だった。回転が早い子だったのはまちがいない。

よく知られた話であるが、父王業の縁故により時の顕官裴徽に面晤した際のことである。

> 王輔嗣、弱冠にして裴徽に詣《いた》る。徽、問いて曰く、夫れ無は誠に万物の資《よ》るところなるに、聖人は肯《あ》えて言を致《いた》すなし。而るに老子はこれを申《の》べて已《や》む無きは何ぞや。弼曰く、聖人は無を体するも、無は又もって訓《おし》うべからず。故に言えば必ず有に及ぶ。老荘は未だ有に免れず。恒《つね》に其の足らざる所を謂うなり。（『世説新語』文学篇）

王弼のこの答えは、儒教と老荘という当時対立的に考えられていた二つの思想、すなわち『文心雕竜』論説篇によれば「何晏の徒、始めて玄論を盛んにす。是において聃〔老子〕・周〔荘子〕は路に当たり、尼父〔孔子〕と途《みち》を争う」というような状態を、儒教優位の論理で一貫統一してしまったという点でみごとなものだったといえる。人びとはその意外性にあっと驚きつつも、しかしみずからは中華帝国的儒教世界観に住み込んでいたのだから、まことにその通りだとしかいいようがなかっただろう。「弱冠」というからには、王弼二十歳ごろのことである。彼は二十四歳で死を迎えるから二十歳ならもう晩年ともいえる。だがこの裴徽への回答には、とても晩年とはいえない若さによる生きのよさとキレがあ

る。

同じく『世説新語』文学篇に次のような話柄がある。

何晏、吏部尚書たりて位望あり。時に談客、坐に盈《み》つ。王弼、未だ弱冠ならざるに往《ゆ》きてこれに見《まみ》ゆ。晏、弼の名を聞き、因りて向者《さきごろ》の勝〔すぐれた理論〕理を条《うそぶ》き、弼に語りて曰く、この理、僕は極めて可なりと以為《おも》う。復た難ずることを得んや不《いな》や、と。弼、便《すなわ》ち難を作る。一坐の人、便ちもって屈となす。是において弼自ら客主となりて数番。皆一坐の及ばざるところなり。

何晏は当代随一の頭脳と目されていたし、そのサロンにつどっていた人たちも何晏の思想方向を了解していて、知的興味や水準がそれほど低い人たちではなかったろう。この時、王弼は裴徽面晤の時よりもっと若い「未だ弱冠ならざる」、つまり十代の若者だった。その若者が議論の場でこういうことになったのだから、そこにつどっていた人たちの通念からは思いもかけなかった視点からの議論をおこなったにちがいない。先の裴徽との問答もそうであったが、たぶん発想点が飛び離れていたのである。王弼は得手な議論（つまり論理的、ないし形而上性をもった議論）においては「弼の天才は卓出す。その得るところに当たれば能く奪うなし」（『三国志』「魏書」裴松之注）と、当たるところ敵なしだった。ものすごい天才だったのである。

しかし二十歳前後のときにこうだったとすると、この若造めといった感じもあって、知にはたらけば角がたってしまうのも古今東西の道理である。「頗《すこぶ》る長ずるところをもって人を笑う。故に、時の士の嫉《にく》むところとなる」（『世説新語』文学篇劉孝標注）。みんなからきらわれてしまった。

初めて任官したときのことである。「初めて除《〔補任〕》せらるるに、（曹）爽に覲《まみ》ゆるに、間《〔静かな密談〕》を請う。爽、ために左右を屏《しりぞ》け、弼と道を論じて時を移す。他に及ぶところなし。爽、此《ここ》をもってこれを嗤《わら》う」（『三国志』「魏書」裴松之注）と、当塗者である曹爽との面会で、「道」のことだけを懸命に言いつづけたのである。この時期の曹爽は司馬懿との暗闘のさなかにあった。熾烈な現実からみれば、「道」のことなどどうでもいい。せせら笑うだけのものだった。

そういったわけで「弼、門下に在るを得ず」（『三国志』「魏書」裴松之注）と、曹爽一派に属することができなかった。つまり出世ルートに乗れなかった。士大夫人生、失敗の道をゆくことになってしまったのである。王弼の才能を認めていた何晏は、「晏、之がために歎恨す」（『三国志』「魏書」裴松之注）と残念がったが、あとの祭りであった。

そのうえ「人となり浅くして物情を識らず。初め王黎と荀融と善《よ》し。黎、其の黄門郎を奪うと是において黎を恨む。融とも亦《ま》た終《つい》に好《よ》からず」（『世説新語』文学篇劉孝標注）ということになると、もうただのいやな奴である。

『三国志』「魏書」裴松之注引『王弼伝』には「性は和理、游宴を楽しみ、音律を解し、投壺を善くす」と、「和理」つまり穏やかな性格だったと記されている。だが投壺好きというのは勝負事・賭け事好きということだから負けん気はかなり強かったと思われる。温和に見える性格の裏側はけっこうキツく、だから出世した人への嫉妬の炎も相当だったのだろう。そして日々「游宴を楽しむ」ような享楽的な貴族生活の中、「弼、功《〔職務への志〕》雅を事とするは長ずるところに非ざれば、ますます意に留《とど》めず」（『世説新語』文学篇劉孝標注）という具合になっていったのである。

ただこれでは、『老子』思想の重要側面である「無為自然」「柔弱」的な非社会ベクトル的な生活がとても良いものだということを、真底《しんそこ》、体感として理解できていたかは疑わしい。しかも彼の場合、無為自然的なところはほとんどが政治的解釈になっている。彼の才能は、無為自然や柔弱のように世の中から沈潜した境涯における人生の良さを感

じとるような方向よりも、やはり尖鋭な論理、卓越した形而上的直観など、知の運用面に突出していたのだろう。

二、『老子指略』

ところで一九八〇年に楼宇烈『王弼集校釈』(四)が刊行された。一九七九年の旧考「王弼考」では参照できなかったが、一九八八年の『漢魏思想史研究』ではその書中に載る輯佚本『老子指略』を参照して若干の書き加えをおこなうことができた。だが『老子指略』の思想内容について踏みこんだ検討はできなかった。

『王弼集校釈』収載の『老子指略』は、王維誠という研究者が、『道蔵』「老子微旨略例」および『雲笈七籤』「老君指帰略例」から輯佚して『国学季刊』に載せたものを、(五)楼宇烈が校注を加えて再録したものである。そもそも輯佚という性格上、これが王弼自著であるのか、また原来の『老子指略』の全体であるのかも不明である。ただ筆者はこの輯佚『老子指略』の内容は、おそらくはおおよそ王弼の主張と受けとりうるものと考え、以下の議論をおこなうものである。

『老子指略』は、『老子注』のように『老子』本文にしたがって解釈を進行するものではない。『老子』の文章・論理・語彙を下敷きにしつつ、『老子』を越えんとする王弼自身の思想を展開する論文である。その要点は「道」概念の分析的説明と、「道」にもとづく処世問題にある。ただ、いま王弼の処世論議にはあまり興味がない。彼の、「道」それ自体についての議論を少し考えてみたい。

『老子指略』の特徴的な一点は、文章全体としては「道」の思想を説くものであるにもかかわらず、「道」という文字の使用にはかなり抑制的で、「道」字が登場するまでの行文がしばしば長い点である。たとえば次の文。

夫《そ》れ物の生ずる所以《ゆえん》、功の成る所以は、必ず無形に生じ、無名による。無形無名なるものは万物の宗なり。温からず涼しからず、宮ならず商ならず。これを聴けども得て聞くべからず、これを視れども得て彰《あきら》かにすべからず、これを体して得て知るべからず、これを味わいて得て嘗《な》めるべからず。故にその物たるや則ち混成、象たるや則ち無形、音たるや則ち希声、味たるや則ち無呈《〔あらわれない〕》なり。……是を以て「道《みち》の道《い》うべきは常の道に非ず。名の名づくべきは常の道に非《あら》」（一章）ざるなり。（『老子指略』）

見てのとおり最後の部分で『老子』引用によって「道」字を使用するまで、まったく「道」はあらわれない。「……」で省略した部分は全一六九字分だが、引用文に示したのと似たような「道」の外挿的な形容記述がくりかえされている。そして、ことばがつくしにつくされたあと、劇的に「道」が登場してくる、そのような感じである。

「道」は王弼において、かほどに丁重丁寧にあつかわれている。それは「無形」「無名」「混成」「希声」「無呈」「不温」「不涼」「不宮」「不商」等々の外挿的状容を示しつつ、「万物の宗」とされるものであった。そして「その物たるや則ち混成」とされる点からは、質料的なものでありかつ質量性すらもうかがえるものであった。と同時に、その形相が「無」という否定形容によって規定されているものであることも分かるものであった。

これと関連して王弼はまた「天、此をもってせざれば則ち物生ぜず。治、此をもってせざれば則ち功成らず」（『老子指略』）ともいっている。「天（宇宙）」すらも「道」によらなければ万物を生ずることができないのである。「道」は宇宙万物をも生み出す。すなわち「道」とは形相的無状性が有形相的宇宙万物を創生・規定するものなのである。ともあれここでは多くのことばがついやされ、無形の「道」が「万物の宗」であることがきわめて慎重に提示されて

いるのである。

王弼の「道」字への触れ方は、上記以外でも慎重である。次の文。

夫《そ》れ奔電の疾《はや》きはなお以て一時の周《〔季節のめぐり〕》に足らざるがごとし。風を御しての行はなお以て一息《ひといき》の期に足らざるがごとし。善く速きは疾からざるに在り。善く至るは行かざるに在り。故に、道《い》うべきの盛んなるは未だ以て天地を官《す》ぶるに足らず、形有るの極も未だ以て万物を府《おお》うに足らず。是の故にこれを歎くものは斯《こ》の微を尽くす能わず、これを詠ずるものは斯の弘を暢《の》ぶる能わず。名の当たること能わざるは、称の既《つ》くすこと能わざればなり。名づくれば必ず分とするところ有るは、称すれば必ず由るところ有ればなり。分有れば則ち兼ねざる有り、由る有れば則ち尽くさざる有り。兼ねざれば則ち大いに其の真に殊《こと》なり、尽くさざれば則ち以て名づくべからざるは、此れ演《の》べて明らかにすべきなり。

夫《そ》れ、道なるものは、万物の由るところに取るなり。玄なるものは幽冥の出づるところに取るなり。深なるものは探賾して究むべからざるに取るなり。大なるものは弥綸して極むべからざるに取るなり。遠なるものは綿邈として及ぶべからざるに取るなり。微なるものは幽微にして観《み》るべからざるに取るなり。然らば則ち、道・玄・深・大・微・遠の言は、各々意義あるも未だその極を尽くさざるものなり。然らば無極を弥綸するは細と名づくべからず。微妙無形なるは大と名づくべからず。是を以て篇に、「これに字《あざな》して道と曰《い》い」（二十五章）「これを謂《い》いて玄と曰《い》う」（一章）と云《い》いて、名づけざるなり。（『老子指略』）

長文であるが文中「道」字は、「道《い》うべきの盛ん」「道なるものは、万物の由るところに取るなり」「道・玄・深・大

・微・遠」の三か所と最後の『老子』二十五章の引用にしかあらわれない。やはり「道」字使用の抑制性がうかがわれるだろう。

この文の要点は、「道・玄・深・大・微・遠の言は、各々意義あるも未だその極を尽くさざるもの」であって、だから『老子』本文では「字《あざな》して道と曰《い》い」「謂《い》いて玄と曰《い》う」だけ、つまりトートロジーでその言明以上のことは言語化されていないとする点にある。『老子』の「道」は「万物の宗」ではあるけれども、最終的には「未だ極を尽くし」ていないと王弼はいうのである。ということは王弼自身は、『老子』の「道」以上の何かを考えていたらしい。そういうことがうかがわれるのである。

王弼はまた次のようにもいっている。

> 名なるものは、彼を定めるものなり。称なるものは従《よ》りて謂うものなり。名は彼より生じ、称は我れより出《い》づ。故に之を物として由らざる無きに渉《わた》せば、則ち之を称して道と曰うなり。……玄とは之《これ》が深きを謂うものなり。道とは称の大なるものなり。名号は形状より生じ、称謂は渉求より出づ。名号は虚しくは生ぜず、称謂は虚しくは出《い》でず。故に名号すれば則ち大いにその旨を失い、称謂すれば則ち未だその極を尽くさず。是を以て、玄と謂えば則ち「玄の又玄」（一章）、道と称すれば「域中、四大有」（二十五章）るなり。（『老子指略』）

ここでは「道とは称の大なるもの」「称謂すれば則ち未だその極を尽くさ」ざるものであるとする。「道」はやはり先ほど同様相対化されていて、最終的到達概念とはされていない。このように見てくると、王弼において「道」概念は最重要視されるものではなかったということがはっきりと浮き上がってくる。

そのあたりのことについて彼はさらに次のように、「聖人」（すなわち「孔子」）という概念を導入して『老子』それ自体の思想を相対化し、それが乗り越えられるものであることを示そうとするのである。

是《ここ》をもって聖人は、言を以て主と為さざれば則ちその常に違わず、名を以て常と為さざれば則ちその真を離れず、為を以て事と為さざれば則ちその性を敗《そこな》わず、執を以て制と為さざれば則ちその原を失わず。然らば則ち『老子』の文は弁じて詰《〔問い詰める〕》せんと欲すれば則ちその旨を失い、名づけて責めんと欲すれば則ちその義に違うなり。故にその大帰なるや、太始の原を論じて以て自然の性を明らかにし、幽冥の極を演《の》べて以て惑罔の迷を定む〔るのみ〕。因りて為さず、損じて施さず、本を崇《あが》めて末を息《いこ》わせ、母を守りて子を存し、賤夫の巧術は未だ有らざるに在りと為し、人に責《もと》むること無く、必ず諸《これ》を己《おのれ》に求む。此れその大要なり。（『老子指略』）

王弼によれば、聖人は『老子』本文の内容以上のものを備えている。『老子』本文は「太始の原を論じて以て自然の性を明らかにし、幽冥の極を演《の》べて以て惑罔の迷を定」めるほどに世界のあり方を探求、明らかにしたものであった。また「人に責《もと》むること無く、必ず諸《これ》を己《おのれ》に求」めるほどの内的倫理性の緊張を備えてもいた。が、しかし、聖人はそれ以上なのである。

この議論の骨組みは、王弼がかつて裴徽を訪れた際の議論、「聖人は無を体するも、無は又もって訓《おし》うべからず。……老荘は未だ有に免れず。……」（『世説新語』文学篇）とパラレルである。裴徽との議論では、聖人が体しているものの、『老子』の「道」以上に比定されるものは「無」であると、さらりと言ってのけていた。それでは『老子指略』においても、王弼はそのような「無」について論じているのだろうか。

三　「亡」と「非存」

その点をめぐる王弼の見解が以下である。

凡《およ》そ、物の存する所以《ゆえん》は乃ちその形に反し、功の尅《か》つ所以は乃ちその名に反するなり。夫れ存するものは存を以て存と為さず、その亡《な》きを忘れざるを以てなり。安んずるものは安を以て安と為さず、その危うきを忘れざるを以てなり。故にその存に保《やす》んずるものは亡《ほろ》び、亡《な》きを忘れざるものは存す。その位に安んずるものは危うく、危を忘れざるものは安し。善く力《つと》むるも秋毫を挙ぐるのみ、善く聴くも雷霆を聞くのみなるは、此れ道は形に反するものなればなり。

安んずるものの実安は而《すなわ》ち非安の安んずるところなりと曰《い》う。存するものの実存は而《すなわ》ち非存の存するところなりと曰う。侯王の実尊は而ち非尊の為すところなりと曰う。天地の実大は而ち非大の能くするところなりと曰う。聖功の実存は而ち絶聖の立つところなりと曰う。仁徳の実著は而ち棄仁の存するところなりと曰う。故に形を見て道に及ばざらしむるものはその言に忿《いか》らざるなし。（『老子指略』）

これは前半も後半も「道」についての言明である。前半に、「物の存する所以《ゆえん》は乃ちその形に反し」ており、また「道は形に反すればなり」ということであるから、「道」は物の存するゆえんということになると指摘する。後半では「形を見て道に及ばざ」るものは「物の由る所以《ゆえん》」たる「道」を見ないものであるから、忿怒するしかないとして

いる。

そしてその両者をつなぐかなめは「存するもの」の「存」は「亡《な》」きにより、「存するものの実存」は「非存」によるという点にある。すなわち存在者の存在は「亡」により、「実存」は「非存」によるということである。

これら「亡」と「非存」とは、もちろん意味的には「ない」ということであるから、単純単線的に進んでしまって「無」ということにしてしまってもよさそうに思える。だがこうした話にそんなに単純で幸福な結論がまっているはずがない。バリアーはまだまだあるのである。

というのは王弼はこの『老子指略』においては、「無形」「無名」「無以至」などと否定詞・否定形容詞的には「無」字を多用するが、「無」一字をもちいて概念としての「無」に言及することは一切ないからである。(六)

「亡」といい「非存」というのは、「ない」という事態を言語的にそうとう切り刻んで分析的に思索し、「無」という語（文字）を使わずに、それをどのようにいいあらわしたらよいか、どのようにいいあてたらよいのかを、突きつめた表現であると考えられる。それはもちろんかぎりなく「無」に迫接している。あるいはほぼ「無」だといってしまってもいいものかもしれない。そういってしまえばせいせいするし、一天からりと日本晴れだ。

だが、『老子指略』では「道」は「無」とはされず、「亡」「非存」のままに留めおかれる。そのかぎりでは「亡」「非存」は「道」の属性のままの位置にある。どうあっても「無」とはいわない。「無」は慎重に取り置かれているのである。

ただしかしながら、王弼が「道」を「亡」「非存」というところにまで深鋭化したことは、思想史的にはすごい意味、画期的な意味があった。

それは『老子』の「有の以て利を為すは無の以て用を為せばなり」（十一章）「天下の物は有より生じ、有は無より

生ず」（四十章）以来の、存在への思索の筋道を、大きく転換してしまうことになるからである。

『老子』の「有は無より生ず」は、その後『荘子』『淮南子』そして漢の厳遵などへと展開した。その際の思索は「有」を生みだす「無」とはいかなるものであるのか、その実態・本質を論理的に探求し、突きつめようとする方向性が優先的にはたらいていた。その結果、「有」を生みだすおおもとの「無」を生みだすものは何か、さらにそのおおもとは、というぐあいに考えは深められていって、ついに「無のまた無」「無の無の無」などというふうなかたちに現象するようになっていった。

王弼はそれをばっさりと断ちきった。思索の方向性を、存在者が存在しているとはどういうことか、存在ということの基底・根源とはどういうことか、という方向に切りかえたのである。そして、その存在者を存在させている基底・根源とは、「亡」であり「非存」であると言いきったのである。それによって「無のまた無」や「無の無の無」的方向の知的な退嬰的非生産性をすっぱりと切りすてた。そこが思想史的にすごかったのである。

王弼の発想のすごさは（その発想のすごさという一点に絞ってのことであるが）、上記の文章に引きつづく部分にもみえている。

> 夫《そ》れ物の由る所を明らかにせんと欲すれば則ち顕といえども必ず幽よりして以て其の本を叙《の》ぶるなり。故に天地の外を取りて以て形骸《〔身体〕》の内を明らかにす。（『老子指略』）

ここで王弼は「物の由るところ」の一つのたとえを「天地の外」（宇宙の外側）と「形骸の内」（身体の内側）との対比で示している。注意したいのは「天地の外」である。王弼のもっていた天地（宇宙）の構造がどういうものだった

かは厳密には不明である。[七] ただ「天地（宇宙）の外」とは、天地の外側に「ある」からこそ「天地の外」といえるのであり、だから論理的にはやはり「有」であって「無」ではない。とはいえここでの話向きは有無の問題ではない。注目すべきは、宇宙（天地）の外側という概念それ自体である。当時、詩歌で修飾的に「天地の外」とか「天外」[八]などという語はもちいられなかったわけではないが、そもそも宇宙（天）の外側などということがらにまじめに注意をはらった人がどれほどいたのだろうか。多かったとはとてもいえないだろう。

それでもここであえてもし当時の知識人が「天地（宇宙）の外」ということを考えたとしたなら、その宇宙外のイメージは、おそらく気（あるいは水）がもやもやっと充満していて、ときどき天が裂開して宇宙の内側にその気が流れ込んでくる（オーロラのことである）というものであったろう。[九] しかしやはり当時のふつうの知識人がそこまで考えていたのかどうかは怪しい。

ともかく宇宙の外側などという概念は尋常ではない。もしかすると当時においては「無」などよりももっと表象しづらいものだったかもしれない。そんな突飛な概念をさらっと提示する王弼という青年も相当なものである。ともあれ「亡」「非存」によって古典生成論的な思索方法は断ちきられた。彼のその飛び離れた発想は、たぶん「天の外」概念の意外性にも通ずるものがあるだろう。

『老子指略』において「道」は「亡」「非存」とまで突きつめられた。その一方、「道」の主たる機能は、「無形」「無名」という形相的無状性から「万物」という有形相的質料者を創成するということであった。その場合の「道」は、「物たるや則ち混成」という質量的質料者であり、「道とは称の大なるもの」で、「称謂すれば則ち未だその極を尽く」すものではなかった。つまり相対化され、最終的到達概念とはされえないものとなっていった。

一方、「亡」といい「非存」というのは、「ない」ということを言語的にそうとう突きつめ、また鋭利化したものと

考えられた。それは「ない」ということについての王弼の思索の一つの到達点を示す言語表現だったといえるかもしれない。「亡」「非存」は、「無形」「無名」で万物を生成する「道」とは概念的にはまったく異質である。万物を生み出す「道」は、「形容として無」だとされたとしても根本的には「有」で、伝統的生成論の性質を濃く持ち、それゆえ受け入れられやすい概念だった。一方「亡」「非存」ということになると、有るものがないわけで、それがどうして有を生成できるのかというアポリアがすぐ隣に口を開けている。

王弼が「道」概念についてわりあい慎重に対応していた一因は、宇宙生成論と「亡」「非存」という異質の二つが同時に抱え込まれていたということが影響していたかもしれない。

では王弼はその、「道」の「亡」「非存」性と、宇宙生成者としての相対性・被越性との折り合いをどのようにつけたのか。

ここで注意すべきは、存在者の存在するゆえんとしての「亡」「非存」の論理構造は、「道」の属性としておさめてもおさまりきれそうもないということである。論理的に「道」の属性に回収されるどころか、むしろそれ自体自立してしまう可能性をはらむものであった。なぜなら「亡」「非存」が「道」の他の属性と比して明らかに異質者であること、そのことがそれを担保してしまっているからである。

そしてここでもう一度想起しておかなければならないのは、『老子指略』には「無」そのものの語・概念について一言も触れられていなかったという事実である。このことは王弼が「無」という概念についてセンシティブで、その語をもちいるのに非常に慎重だったということを示している。

四　『老子注』へ

『老子指略』は、存在の基底への思索、すなわち存在論的思索を、「道」を「亡」「非存」とするところにまで突きつめていたといえる。とはいうものの、「道」は「無」であるとはっきり断定するまでに至っていなかった。一方「亡」「非存」はすでにそれ自体、生成論的性格の「道」からは離脱する方向にあるものだった。結局、「万物の宗（生成論的根源）」としての「道」の「有」性が、「亡」「非存」にまできていた「道」を、「無」とするための大きな足かせとなっていたといえるだろう。

そこをどう突破すればよいのか。

答えはそれほどむずかしくない。この両者（「万物の宗」と「亡」「非存」）の同時抱え込みを破却し、「万物の宗」（「道」）を形相的無状性・質量的質料性に囲繞しておく。そしてそれを脱却した「亡」「非存」に特化した新概念を創出すればよい。早い話が「無」概念である。

ただ「無」概念が、晴れて「無」としてそれ自身を確立しきるためには、もう少し越えなければならないハードルがあった。そのハードルの所在点は、ほかならぬ「亡」と「非存」にある。「亡」と「非存」に特化した概念を作ったとしても、それがそのまま「無」となりうるのかという問題である。

「亡」と「非存」とはいずれも「ない」であるが、ただ「亡」の場合、それは有ったものが亡逸した「ない」である。「非存」の場合は、存在することではないこと、である。つまりなんにもないという「ない」である。「無（ない）」は、そうした「亡」的「ない」と「非存」的「ない」、つまり二つの「ない」を越えたものでなければならない。い

いかえれば「無」は、ものごとの欠落状況的「ない」も、「なんにもない」も、それらを存在論的に引き受ける「ない」、「なんにも・なんにもない」でなければならない、ということである。

ただし『老子指略』においてはここに至るまで、まだそのことがそのようには解決されていなかった。課題は残されたままであった。そこで、そこのところを乗り越えて次のステップに踏みこんでいったのが『老子注』だった（一〇）と考えられる。

おわりに

『老子注』は注釈という作業上、「無」概念を集中的に論じているわけではない。しかし『老子注』においては、「無」と「道」をあつかう場合の指標はわりあいはっきりしている。

「無」は「無（ない）」である。いかなる存在者とも直接的・間接的連動性・連関性はもたない。いってみれば、「無」は存在者が有るか無いかという以前に、その問いの手前にすでに立ち上がってしまっている「ない」、そのような「ない」あるいは「なんにもない」である。そんな「ない」はないにしよう、としても（一一）、そのためにはまずはこの「ない」に立ちもどらなくてはならないような「ない」である。

もう少し端的にいおう。「無」は（「道」を越え、存在的「なんにもない」を越えて、あらゆる）存在者の存在の存在論的な「ない」である。それは存在論的「なんにもない」さらには存在論的「なんにも・なんにもない」などと表現してもよいかもしれない。だがいずれにせよ、それはただひたすらの「ない」、それ以外にはない「ない」ということである。「なんにもない」「なんにも・なんにもない」というような表現は、かつての「無の無の無」というような表現

に通底していってしまうようなところがあるかにもに思われ、その意味ではその表現自体に退嬰性が沈殿潜伏している可能性がある。できれば敬遠しておくにこしたことがなさそうな表現である。言語としてはただひたすらの「ない」ということ（せいぜい「なんにもない」程度）にとどめおいて、それがもつ存在論的意味を把握すること自体の方が重要なのである。

一方「道」は「道」として、天地万物生成の宇宙創造者である。まずは生成において、ついで哺育・形成・運動において、存在者との直接的連動性・連関性をもつ。伝統的な宇宙生成論的根源者といってよい。『老子注』における「無」についてはこれ以上の議論はしない。(一二) ただここまで「亡」「非存」から「無」へと踏みこえる一歩は、わりあい簡単でちょっとしたことでしかないような感じで記してきた。確かにそれはもうどうみてもそうなるしかないもののように思えた。必然にみえた。ただそのことが簡単そうにみえたのは、われわれが今日の眼で見、今日の知で思索し、今日の文章表現の技術的進展の恩恵のもとにいるからである。

「道」を伝統的な宇宙生成論に閉塞しつつそこから脱却し、「存在」への思索に進むその一歩の踏みだしは（「存するものの実存」「非存」→「無」）、いってみれば当時の知の地平を飛び越える冒険的で、あるいはさらにいえば危険なものだったかもしれない。王弼の政治的失敗の生平はそれを象徴する。

しかし時代の知をとっぱずれて、はるか上空に浮翔してしまうような知性はいつの時代にも存在する。それは何かに突き動かされる衝動のようなものであるのかもしれない。王弼の知もそのようなものだったのだろうか。

《注》

（一）『筑波大学哲学・思想学系論集』第四号、一九七九。

（二）明治書院刊、一九八八。

（三）本田済「陳寿の三国志について」（『東方学』第二三輯、一九六二）によると、陳寿はおおむね清談玄談の士についてはあまり同情的ではなく、それに関連する記事も少ないという。

清の潘眉（一七七一〜一八四一）『三国志攷証』は、この部分の裴松之の記事「事は荀粲・傅嘏・王弼・管輅の諸伝に見ゆ」の記述の仕方が不備であるとし、「もし陳志に拠《よ》りて言えば則ちまさに「徽の事は管輅伝に見ゆ」と云うべし。もし伝注を兼ねて言えば則ちまさに「荀彧・傅嘏・鍾会・管輅の諸伝に見ゆ」と云うべし。もし所出の書に拠りて言えば則ちまさに「荀粲・王弼・管輅伝および傅子に見ゆ」と云うべし」として、王弼の伝とは『三国志』本伝のことではなく、何劭『王弼伝』のことではないかとみている。かなり春秋学的な形式主義ともいえるが、とはいえ『王弼伝』のことと見る点には一理ある。

（四）北京中華書局刊、一九八〇。

（五）北京大学刊、第七巻第三号、一九五二。

（六）『老子指略』は輯逸本であるから、王弼の本来の原著にはもしかすると「無」の語はもちいられていたかもしれない。したがってこのあたりは断定できないのであるが、ただその是非は今は分からない。

（七）『周易略例』を分析すると、王弼の宇宙観は宣夜説に近いと考えられるが（『漢魏思想史研究』）、物質の無限延長としての宣夜空間では、宇宙（天地）の外側という概念は想定しにくい。「天地の外」側の概念は、有限宇宙、すなわち蓋天宇宙か渾天宇宙かにもとづく方が、ともかくわけのわからなさは小さくなるだろう。

（八）ことばの用例という意味でだけだが、「天外」の語が後漢の渾天宇宙論の大立ても の張衡の「思玄賦」に見られるのは興味深い。

（九）『史記』「天官書」集解「孟康曰く、天裂けて物象見《あら》われ、天開きて県象を示すを謂うなり」。『晋書』「哀帝紀」・「天文志」、

ニーダム『中国の科学と文明』第五巻「天の科学」参照。

(一〇) ここには『老子指略』と『老子注』の成立時期の先後問題が存在する。しかし今のところ、それを文献的に確証できるような資料はみあたらない。本稿は思想内容面から、『老子指略』から『老子注』への展開を見ようとする。

(一一) 王弼的な「無」などは無い、つまり存在者に先立つ「無」などという何者かを排除し、存在者それ自体を出発点にすえる議論を展開したのが、郭象『荘子注』である。『漢魏思想史研究』参照。

(一二) 旧考「王弼考」および『漢魏思想史研究』参照。

漢魏における公府・幕府の発達

石井　仁

はじめに

漢六朝の宰相——相国・丞相、大司馬大将軍、三公（太尉・司徒・司空）などは、官房長官（もしくは幕僚長）の長史・司馬以下、多数のスタッフを抱え、辟召という任命権を行使した。この官僚組織を「府」という。（一）

後漢末以降、方鎮の制度が始まると、地方に出鎮した州牧、都督諸州諸軍事（略して州都督）や総管なども府を開くようになる。（二）たとえば、『晋書』巻八十七・涼武昭王李玄盛伝に、

> 隆安四年〔四〇〇年〕、晉昌太守の唐瑤六郡に移檄し、玄盛を推して大都督・大將軍・涼公・領秦涼二州牧・護羌校尉と爲す。……唐瑤を以て征東將軍と爲し、郭謙もて軍諮祭酒と爲し、索仙もて左長史と爲し、張邈もて右長史と爲し、尹建興もて左司馬と爲し、張體順もて右司馬と爲し、張條もて牧府左長史と爲し、令孤溢もて右長史と爲し、張林もて太府主簿と爲し、宋繇・張謖もて從事中郎と爲し、……索承明もて牧府右司馬と爲す。（隆安四年、晉昌太守唐瑤移檄六郡、推玄盛爲大都督・大將軍・涼公・領秦涼二州牧・護羌校尉。……以唐瑤爲征東將軍、郭謙爲軍諮祭酒、索仙爲左長史、張邈爲右長史、尹建興爲左司馬、張體順爲右司馬、張條爲**牧府**左長史、令孤溢爲右長史、張林爲**太府**主簿、宋繇・張謖爲從事中郎、……索承明爲牧府右司馬。）

とあるように、北涼の李暠（在位四〇〇～四一七）が自立したとき、「太府」（＝大都督府）と「牧府」（＝秦涼二州牧府）の二府を開き、おのおの左右長史・司馬以下の府佐を任命した。また、『周書』巻二十五・李賢伝に、

（保定）四年〔五六四年〕、王師東討す。……乃ち賢に使持節・河州總管三州七防諸軍事・河州刺史を授く。河州はもと總管に非ざるも、是に至り創置す。……五年、宕昌（羌）邊を寇し、百姓業を失ふ。乃ち洮州に總管府を置き、以てこれを鎮遏せんとす。遂に河州總管を廢し、改めて賢に洮州總管七防諸軍事・洮州刺史を授く。

（四年、王師東討。……乃授賢使持節・河州總管三州七防諸軍事・河州刺史、河州舊非總管、至是創置焉。……五年、宕昌寇邊、百姓失業。乃於洮州置總管府、以鎮遏之。遂廢河州總管、改授賢洮州總管七防諸軍事・洮州刺史。）

とあるように、北周は辺州、のちには内地の要州に総管府を置き、地方統治の中心的機関とした。

都督府はふつう府主が兼務する三公ないし将軍号を冠して称される。『梁書』巻五十・文学伝下に、

王籍、字は文海、琅邪臨沂の人なり。……湘東王の荊州と爲るや〔五三五年頃〕、引きて安西府諮議參軍と爲し、作塘令を帶びしむ。（王籍、字文海、琅邪臨沂人。……湘東王爲荊州、引爲安西府諮議參軍、帶作塘令。）

とある。湘東王蕭繹（元帝、在位五五二～五五四）は「使持節・都督荊湘郢益寧南梁六州諸軍事・安西將軍・荊州刺史」（同上巻五・元帝紀）であったが、当時の荊州都督府が「安西府」と呼ばれたことがわかる。また、『宋書』巻五十九・張暢伝に、

暢を以て南譙王義宣の司空長史・南郡太守と爲す〔四五一年頃〕。……蔡超ら暢の民望なるを以て、義宣にこれを留めんことを勸む。乃ち南蠻校尉を解きて以て暢に授け、冠軍將軍を加へ、丞相長史を領せしむ〔四五三年頃〕。（以暢爲南譙王義宣司空長史・南郡太守。……蔡超等以暢民望、勸義宣留之。乃解南蠻校尉以授暢、加冠軍

將軍、領丞相長史。）

とあるように、宋の張暢は司空長史、丞相長史を歴任するが、府主の南譙王劉義宣（四一五～四五四）は「使持節・都督荊雍益梁寧南北秦七州諸軍事・荊州刺史」（同上巻六十八・武二王伝）であり、孝武帝即位後、南郡王に改封され、司空から丞相に進号し、都督湘州諸軍事・湘州刺史を加えられた。つまり、司空府も丞相府も、荊州都督府をさす。

宮崎市定は、東晋南朝における都督府など地方軍府の発達に注目し、これが当時の政治・社会（いわゆる貴族制）に及ぼした影響を考察した。[三] この視点を援用するなら、漢六朝は中央の公府・幕府が地方に拡大し、都督府などの方鎮が形成された時期ということができる。つまり、府の発達と方鎮の成立はパラレルな関係にあったことが想定される。本稿では、漢代における公府・幕府の変遷を跡づけ、都督府の成立過程を解明するための一助としたい。

第一節　府の字義とその変遷

『説文解字』に、

府は、文書の藏なり。（府、文書藏也。）

とあり、『漢書』巻二十五・郊祀志上・顔師古注に、

師古曰はく、「府は、書を臧するの處なり」と。（師古曰、府、臧書之處。）

とあるように、本来、府は文書を保管する場所であり、また、『論語』先進篇・集解に、

財貨を藏するを府と曰ふ。（藏財貨曰府。）

とあり、同上・義疏に、

銭帛を藏するを府と曰ひ、兵甲を藏するを庫と曰ふなり。（藏錢帛曰府、藏兵甲曰庫也。）

とあり、『漢書』巻九十四下・匈奴伝下・顔師古注に、

師古曰はく、「府は、物の聚まる所なり。金帛を帑藏するの所なり」と。（師古曰、府、物所聚也。帑藏金帛之所也。）

とあるように、物資の集積所、わけても財貨を貯蔵する場所でもあった。

ついで、『周礼』天官・太宰の注に、

百官の居る所を府と曰ふは、官府を以て一事と爲さんと欲すればなり。（百官所居曰府者、欲以官府爲一事。）

とあり、『文選』巻三に収められる張衡『東京賦』の李善注に、

府庫、謂ふこころは、官吏の止まる所を府と爲し、車馬・器械の居る所を庫と曰ふなり。（府庫、謂官吏所止爲府、車馬器械所居曰庫也。）

とあるように、官吏が居る場所も、府というようになる。

そうなると、『漢書』巻六十六・陳萬年伝に、

子の咸、字は子康。……また南陽太守と爲る。居る所殺伐を以て威を立て、豪猾の吏及び大姓法を犯さば、輒ち論じて府に輸めしむ。（子咸、字子康。……復爲南陽太守。所居以殺伐立威、豪猾吏及大姓犯法、輒論輸府。）

とあり、同上・顔師古注に、

師古曰はく、「府は、郡の府を謂ふ」と。（師古曰、府、謂郡之府。）

とあり、あるいは、『資治通鑑』巻五十五・漢紀四十七・桓帝延熹九年六月の条に、

汝南太守の宗資は范滂を以て功曹と爲し、南陽太守の成瑨は岑晊を以て功曹と爲し、みな委心聽任し、これをして善を褒め違を糾し、朝府を肅清せしむ。（汝南太守宗資以范滂爲功曹、南陽太守成瑨以岑晊爲功曹、皆委心聽任、使之褒善糾違、肅清朝府。）

とあり、同上・胡三省注に、

朝は、郡の朝なり。公卿・牧守の居る所、みな府と曰ふ。（朝、郡朝也。公卿・牧守所居、皆曰府。）

とあるように、公卿ないし州郡――中央から地方に至るまで、官衙はおしなべて「府」と呼ばれるようになった。(四)

たとえば、『漢書』巻一上・高帝紀上に、

遂に西のかた咸陽に入り、宮に止まり休舍せんと欲すも、樊噲・張良諫め、乃ち秦の重寶・財物・府庫を封じ、軍を霸上に還す。蕭何盡く秦の丞相府の圖籍・文書を收む。（遂西入咸陽、欲止宮休舍、樊噲・張良諫、乃封秦重寶・財物・府庫、還軍霸上。蕭何盡收秦**丞相府**圖籍・文書。）

とあるように、高祖が咸陽に入ったとき（前二〇六年）、蕭何が秦の「丞相府」に保管されていた公文書類を接収したのは、有名な話である。同上巻六十八・霍光伝には、

（霍）光は宗正の劉德を遣はして曾孫〔宣帝をさす〕の家の尚冠里に至り、洗沐し御衣を賜はしめ、太僕をして軨獵車を以て曾孫を迎へしむ。就きて宗正府に齋し、未央宮に入り、皇太后に見え、封ぜられて陽武侯と爲る。（光遣宗正劉德至曾孫家尚冠里、洗沐賜御衣、太僕以軨獵車迎曾孫。就齋**宗正府**、入未央宮、見皇太后、封爲陽武侯。）

とあるように、宣帝（劉詢、在位前七四～前四九）は民間から迎えられた際（前七四年）、いったん「宗正府」で身を清めた後、上官太后（昭帝の皇后、霍光の孫女）に謁見した。また、同上巻九十九中・王莽伝中に、

明光宮を改めて定安館と爲し、定安太后をしてここに居らしめ、故の大鴻臚府を以て定安公の第と爲し、みな門衞使者を置きてこれを監領せしむ。（改明光宮爲定安館、定安太后居之、以故**大鴻臚府**爲定安公第、皆置門衞使者監領之。）

とあるように、王莽（在位九～二三）が真皇帝に即位し、皇太子の劉嬰（在位六～八）が定安公に封ぜられると、「故の大鴻臚府」が邸宅として提供された。

さらに、同上巻五十八・兒寛伝に、

時に張湯廷尉と爲り、廷尉府は盡く文史法律の吏を用ふ。（時張湯爲廷尉、**廷尉府**盡用文史法律之吏。）

とあるように、府は官衙の官僚機構を意味する言葉としても用いられるようになり、最終的には、丞相・御史大夫などのそれに限定して用いられるようになる（後述）。これが公府である。

他方、『漢書』巻五十四・李廣伝に、

のち徙りて隴西、北地、鴈門、雲中太守と爲る。……出でて胡を擊つに及びて、廣の行は部曲の行陳なく、善き水草に就きて頓舍し、人人自ら便じ、刁斗を擊たずして自ら衞り、莫府は文書を省く。然れどもまた遠く斥候せば、未だ嘗て害に遇はず。（後徙爲隴西、北地、鴈門、雲中太守。……及出擊胡、而廣行無部曲行陳、就善水草頓舍、人人自便、不擊刁斗自衞、莫府省文書。然亦遠斥候、未嘗遇害。）

とあり、同上・顔師古注に、

晉灼曰はく、「將軍の職は征行に在り、常處なく、所在治と爲す。故に莫府と言うなり。莫は、大なり」と。或ひと曰はく、「衞青の匈奴を征するや、大莫を絶し、大いに克獲し、帝就きて大將軍に幕中の府に拜せしむが、故に幕府と曰ふ。幕府の名、此より始まるなり」と。師古曰はく、「二説みな非なり。莫府とは、軍幕を以て義

と爲し、古字通じて單用するのみ。軍旅常の居止なきが、故に帳幕を以てこれを言ふ。廉頗・李牧の市租みな幕府に入る。これ則ち衞青に因りて始めて其の號あるには非ず」と。（晉灼曰、將軍職在征行、無常處、所在爲治、故言莫府也。莫、大也。或曰、衞青征匈奴、絶大莫、大克獲、帝就拜大將軍於幕中府、故曰幕府。幕府之名、始於此也。師古曰、二説皆非也。莫府者、以軍幕爲義、古字通單用耳。軍旅無常居止、故以帳幕言之。廉頗・李牧市租皆入幕府。此則非因衞青始有其號矣。）

とあるように、出征中の将軍の司令部ないし居所は、帳幕に因み、「幕府」もしくは「莫府」と称された(五)。昭帝（劉弗陵、在位前八七～前七四）以降、大司馬大将軍などが輔政の宰相の職として用いられるようになると、京師に幕府が開かれ、公府と並立した（後述）。

第二節　前漢初期の丞相と御史大夫

『漢書』巻三十六・楚元王伝附劉向伝に、

いま二府佞諂にして當に位に在るべからざるものを奏すも、歴年にして去らず。（今二府奏佞諂不當在位、歴年而不去。）

とあり、同上・顏師古注に、

如淳曰はく、「二府は、丞相・御史なり」と。（如淳曰、二府、丞相・御史也。）

とあるように、前漢の劉向（前七七～前六）は丞相府と御史府を「二府」と称した(六)。『史記』巻百二十二・酷吏伝に、

趙禹、斄の人なり。佐史を以て中都官に補せられ、廉を用て令史と爲り、太尉の（周）亞夫に事ふ。亞夫の丞相と爲るや〔前一五〇年〕、禹もて丞相史と爲す。府中みな其の廉平なるを稱すも、然れども亞夫任ぜず、曰はく、「極めて禹の害なきを知るも、然れども文深ければ、以て大府に居らしむべからず」と。（趙禹、斄人。以佐史補中都官、用廉爲令史、事太尉亞夫。亞夫爲丞相、禹爲丞相史。府中皆稱其廉平、然亞夫弗任、曰、極知禹無害、然文深、不可以居**大府**。）

とあるように、丞相府はとくに「大府」と称されたことがわかる。丞相府には「兩長史」、御史府には御史丞と御史中丞（のち府から出て御史台主となる）の「二丞」があり（同上巻十九上・百官公卿表上）、『宋書』巻四十・百官志下に、

献帝の時更めて御史大夫を置き、自ら長史一人を置くも、また御史中丞を領せざるなり。（獻帝時更置御史大夫、自置長史一人、不復領中丞也。）

とあるように、後漢末に復活した御史大夫には「長史一人」が置かれていた。また、『漢書』巻九十・酷吏伝に、

嚴延年、字は次卿、東海下邳の人なり。其の父丞相掾と爲る。……延年亡命するも、赦に會ひて出づるや、丞相・御史府の徵書同日に到る。延年御史の書先に至るを以て、御史府に詣り、また掾と爲る。（嚴延年、字次卿、東海下邳人也。其父爲**丞相掾**。……延年亡命、會赦出、丞相・御史府徵書同日到。延年以御史書先至、詣**御史府**、復爲**掾**。）

とあるように、御史府にも丞相府と同様に、掾史（もしくは掾屬）が備えられていたことが窺われる。

なお、『漢書』巻十九下・百官公卿表下・孝惠五年（前一九〇年）に、

八月己丑、相國の參薨ず。（八月己丑、相國參薨。）

とあり、同上・孝惠六年（前一八九年）に、

十月己丑、安國侯の王陵もて右丞相と爲し、曲逆侯の陳平もて左丞相と爲す。（十月己丑、安國侯王陵爲右丞相、曲逆侯陳平爲左丞相。）

とあり、同上に、

絳侯の周勃もまた太尉と爲し、十年にして遷る。（絳侯周勃復爲**太尉**、十年遷。）

とあるように、相国の曹參（？〜前一九〇）が死去すると、左・右丞相とともに太尉が任命されている。同様に、『史記』巻十・文帝本紀・元年（前一七九年）十月の条に、

辛亥、皇帝即阼し、高廟に謁す。右丞相の（陳）平もて徙して左丞相と爲し、太尉の（周）勃もて右丞相と爲し、大將軍の灌嬰もて太尉と爲す。（辛亥、皇帝即阼、謁高廟。右丞相平徙爲左丞相、太尉勃爲右丞相、大將軍灌嬰爲**太尉**。）

とあるように、文帝（劉恒、在位前一八〇〜前一五七）の即位直後も、同様の措置が講じられている。『漢書』巻四・文帝紀・三年（前一七七年）の条に、

十一月丁卯晦、……遂に丞相の勃を免じ、遣はして國に就かしむ。十二月、太尉・潁陰侯の灌嬰もて丞相と爲し、太尉の官を罷め、丞相に屬せしむ。（十一月丁卯晦、……遂免丞相勃、遣就國。十二月、太尉潁陰侯灌嬰爲丞相、罷太尉官、屬丞相。）

とあり、『漢書』百官公卿表下・孝景七年（前一五〇年）に、

六月乙巳、丞相の（陶）青免ぜらる。太尉の周亞夫もて丞相と爲す。（六月乙巳、丞相青免。太尉周亞夫爲丞相。）

とあり、同上巻五・景帝紀・七年二月の条に、

太尉の官を罷む。（罷太尉官。）

とあるように、丞相が一人になり、太尉在任者がこれに就任すると、「太尉の官を罷め、丞相に屬」せしめたとある。本来、太尉の権は丞相（もしくは相国）に内包されていたのだろう。前掲『史記』酷吏伝によれば、趙禹は「令史」となって太尉の周亞夫に仕えたとあるから、太尉が開府していたことはまちがいない。

このほか、『史記』巻九・呂后本紀に、

（元年）十一月、太后王陵を廢さんと欲し、乃ち拜して帝の太傅と爲し、これが相權を奪ふ。王陵遂に病もて免ぜられて歸り、乃ち左丞相の平を以て右丞相と爲し、辟陽侯の審食其を以て左丞相と爲す。……（七年）二月、梁王恢を徙して趙王と爲し、呂王産もて徙して梁王と爲すも、梁王國にゆかず、帝の太傅と爲る。（十一月、太后欲廢王陵、乃拜爲帝**太傅**、奪之相權。王陵遂病免歸、乃以左丞相平爲右丞相、以辟陽侯審食其爲左丞相。……二月、徙梁王恢爲趙王、呂王産徙爲梁王、梁王不之國、爲帝**太傅**。）

とあるように、呂后のとき、右丞相の王陵（前一八七年）、梁王呂産（前一八一年）が太傅に任命されているが、「相權」はなく、名誉職にすぎなかった。おそらく、前漢初期の太傅に官属は備置されていなかっただろう。

第三節　大司馬大将軍とその幕府

漢の宰相制度は、武帝（劉徹、在位前一四一～前八七）の時代に一変する。『史記』巻九十五・灌嬰列伝に、

項籍の垓下に敗れて去るや、嬰は御史大夫を以て詔を受け車騎を將いて別に項籍を追ひて東城に至り、これを破

る。……漢王立ちて皇帝と爲るや、嬰に邑を益すこと三千戸。其の秋、車騎將軍を以て從ひて燕王臧荼を撃つ。（項籍敗垓下去也、嬰以御史大夫受詔將車騎別追項籍至東城、破之。……漢王立爲皇帝、賜益嬰邑三千戸。其秋、以**車騎將軍**從擊燕王臧荼。）

とあり、同上巻十・文帝本紀に、

皇帝即日の夕べ未央宮に入る。乃ち夜宋昌を拜して衞將軍と爲し、南北軍を鎭撫せしむ。張武を以て郎中令と爲し、殿中を行せしむ。（皇帝即日夕入未央宮。乃夜拜宋昌爲**衞將軍**、鎭撫南北軍。以張武爲郎中令、行殿中。）

とあり、同上巻百七・魏其侯列伝に、

孝景三年〔前一五四年〕、呉楚反するや、……乃ち嬰を拜して大將軍と爲す。……竇嬰は滎陽を守り、齊・趙の兵を監す。（孝景三年、呉楚反、……乃拜嬰爲**大將軍**。……竇嬰守滎陽、監齊・趙兵。）

とあるように、前漢の初めから、しばしば将軍が任命されている。ただし、『続漢書』百官志一に、

將軍、常には置かず。……みな征伐を主るも、事訖らばみな罷めらる。（將軍、不常置。……皆主征伐、事訖皆罷。）

とあるように、将軍任命の大原則は「不常置」「事訖皆罷」である。『史記』巻六十四・司馬穰苴伝、同上巻五十七・絳侯周勃世家などを見ればわかるように、将軍には君命を拒むことができるほどの、強力な軍事権が付与された。それゆえ、有事の際にのみ置かれる、臨時職とされたのである。(七)

ところが、『史記』巻百十一・衞將軍票騎列伝に、

元光五年〔前一三〇年〕、青もて車騎將軍と爲し、匈奴を撃たしめ、上谷より出でしむ。太僕の公孫賀もて輕車將軍と爲し、雲中より出でしむ。太中大夫の公孫敖もて騎將軍と爲し、代郡より出でしむ。衞尉の李廣もて驍騎

將軍と爲し、雁門より出でしむ。軍は各々萬騎。……元朔之五年〔前一二四年〕春、漢、車騎將軍の青に令して三萬騎を將いて高闕より出でしめ、衞尉の蘇建もて游擊將軍と爲し、左内史の李沮もて彊弩將軍と爲し、太僕の公孫賀もて騎將軍と爲し、代相の李蔡もて輕車將軍と爲し、みな車騎將軍に領屬し、倶に朔方より出でしむ。……塞に至り、天子、使者をして大將軍の印を持し、軍中に即きて車騎將軍の青を拜して大將軍と爲さしむ。……元狩二年〔前一二一年〕春、冠軍侯の去病を以て驃騎將軍と爲し、萬騎を將いて隴西より出で、功あり。……（四年）乃ち大司馬の位を益置し、大將軍・驃騎將軍もてみな大司馬と爲す。令を定め、驃騎將軍の秩祿をして大將軍と等しくせしむ。（元光五年、青爲車騎將軍、擊匈奴、出上谷。太僕公孫賀爲輕車將軍、出雲中。太中大夫公孫敖爲騎將軍、出代郡。衞尉李廣爲驍騎將軍、出雁門。軍各萬騎。……元朔之五年春、漢令青將三萬騎出高闕、衞尉蘇建爲遊擊將軍、左内史李沮爲彊弩將軍、太僕公孫賀爲騎將軍、代相李蔡爲輕車將軍、皆領屬車騎將軍、倶出朔方。……至塞、**天子使使者持大將軍印、即軍中拜車騎將軍青爲大將軍**。……元狩二年春、以冠軍侯去病爲**驃騎將軍**、將萬騎出隴西、有功。……**乃益置大司馬位、大將軍・票騎將軍皆爲大司馬**。**定令、令驃騎將軍秩祿與大將軍等**。）

とあるように、衞皇后の弟衞青（?～前一〇六）は対匈奴戦争に活躍し、異例の厚遇を受け、外征先に皇帝の使者を迎え、大将軍を拝命する。いっぽう、皇后の姉の子である霍去病（前一四〇～前一一七）は驃騎将軍に任ぜられると、匈奴の右翼を壊滅させ、河西を奪取する殊勲をあげる。

『太平御覧』巻二百三十八・職官部三十六・大将軍に引かれる『史記』に、

武帝匈奴を伐つや、衞青を以て大將軍と爲し、位は諸公の上に在らしむ。公卿みな拜すも、ただ汲黯のみ獨り揖す。（武帝伐匈奴、以衞青爲大將軍、**位在諸公上**。公卿皆拜、唯汲黯獨揖。）

とあるように、大将軍の衞青には「諸公の上」という席次が与えられたらしい。逆に言えば、それまで、将軍が、官僚制度上、明確な位置づけをもたなかったことを暴露している。さらに、『續漢書』百官志一・将軍の条に、

初め、武帝衞青の数々征伐して功あるを以て、以て大將軍と爲し、これを尊寵せんと欲す。古の尊官にただ三公あるのみ、みな將軍は秦・漢より始まり、以て卿の號と爲すを以ての、故に大司馬の官號を置き以てこれに冠す。（初、武帝以衞青數征伐有功、以爲大將軍、欲尊寵之。以古尊官唯有三公、皆將軍始自秦・漢、以爲卿號、故置大司馬官號以冠之。）

とあるように、堯のときに創設された（『宋書』巻三十九・百官志上）と言われる大司馬との合体によって、常設化が図られたのである。

衞青と霍去病が朝政に参与することはなかったが、『漢書』巻六十八・霍光伝に、

霍光、字は子孟、票騎將軍去病の弟なり。……上〔武帝をさす〕光を以て大司馬大將軍と爲し、（金）日磾もて車騎將軍と爲し、及び太僕の上官桀もて左將軍と爲し、搜粟都尉の桑弘羊もて御史大夫と爲し、みな臥内の牀下に拜し、遺詔を受け、少主を輔けしむ。（霍光、字子孟、票騎將軍去病弟也。……上以光爲**大司馬大將軍**、日磾爲車騎將軍、及太僕上官桀爲左將軍、搜粟都尉桑弘羊爲御史大夫、皆拜臥内牀下、受遺詔、輔少主。）

とあるように、武帝が霍光（?〜前六八）を大司馬大将軍に任命し、幼少の昭帝の後見役——輔政に抜擢して以来、主として外戚が大司馬将軍に起用され、輔政の任に当たることが恒例となる。霍光は昭帝、昌邑王（劉賀、在位前七四）、宣帝の三代に仕えて実権を握り、廃立すら断行した。また、同上巻九十八・元后伝に、

元帝崩じ、太子立つ〔前三三年〕、これ孝成帝たり。皇后を尊びて皇太后と爲し、鳳を以て大司馬大將軍と爲し、尚書の事を領せしめ、益封すること五千戶。王氏の興ること鳳より始む。（元帝崩、太子立、是爲孝成帝。

尊皇后爲皇太后、以鳳爲**大司馬大將軍**、領尚書事、益封五千戸。王氏之興自鳳始。）

とあるように、元后の一門は、①王鳳（元后の兄弟、？～前二二）が大司馬大将軍に任ぜられた（前三三年）のを皮切りに、②王音（鳳の従弟、？～前一五）が大司馬車騎将軍（前二二年）、③王商（鳳の弟、？～前一二）が大司馬衛将軍（前一五年、のち大司馬大将軍）、④王根（商の弟）が大司馬驃騎将軍（前一二年、のち大司馬）、⑤王莽（鳳の弟子、前四五～後二三）が大司馬（前八年）――次々に五人の大司馬将軍（もしくは大司馬）を出して繁栄し、王莽簒奪の基礎を築いた[八]。かくして、『続漢書』百官志一・将軍の条に、

本注に曰はく、「背叛を征伐するを掌る。公に比せられし者は四。第一は大將軍、次は驃騎將軍、次は車騎將軍、次は衞將軍。また前・後・左・右將軍あり」と。（本注曰、掌征伐背叛。比公者四。第一大將軍、次驃騎將軍、次車騎將軍、次衞將軍。又有前・後・左・右將軍。）

とあるように、大司馬と結びついた大将軍、驃騎将軍、車騎将軍、衛将軍の四号が差別化され、「比公」もしくは「位従公」（『晋書』巻二十四・職官志）の将軍と位置付けられた。

輔政の大司馬将軍が府を開き、官属を備置したことは、『漢書』巻九十・酷吏伝に、

田延年、字は子賓、先は齊の諸田なり、陽陵に徙さる。延年材略を以て大將軍の莫府に給事し、霍光これを重んじ、遷して長史と爲す。出でて河東太守と爲り、……選を以て入りて大司農と爲る。（田延年、字子賓、先齊諸田也、徙陽陵。延年以材略給事**大將軍莫府**、霍光重之、遷爲**長史**。出爲河東太守、……以選入爲大司農。）

とあり、同上巻八十三・朱博伝に、

久しくして、成帝即位するや、大將軍の王鳳政を秉り、奏して陳咸を請ひて長史と爲す。咸は蕭育、朱博を薦めて莫府の屬に除せしむ。鳳甚だこれを奇とし、博を櫟陽令に擧ぐ。雲陽、平陵の三縣に徙り、高第を以て入りて

長安令と爲る。（久之、成帝即位、大將軍王鳳秉政、奏請陳咸爲**長史**。咸薦蕭育、朱博除**莫府屬**。鳳甚奇之、舉博櫟陽令。徙雲陽、平陵三縣、以高第入爲長安令。）

とあり、同上巻七十・陳湯伝に、

大將軍の鳳奏して以て從事中郎と爲し、莫府の事壹に湯に決す。湯は法令に明るく、善く事に因りて埶を爲し、納説多く從はる。（大將軍鳳奏以爲**從事中郎**、**莫府**事壹決於湯。湯明法令、善因事爲埶、納説多從。）

とあり、同上巻七十七・毋將隆伝に、

大司馬車騎將軍の王音内に尚書を領し、外に兵馬を典るや、故を踵み、從事中郎を選置し、謀議に與參せしめんとす。奏して隆を請ひて從事中郎と爲し、諫大夫に遷る。（大司馬車騎將軍王音内領尚書、外典兵馬、踵故、選置**從事中郎**、與參謀議。奏請隆爲從事中郎、遷諫大夫。）

とあるように、霍光や王鳳、王音らが長史や從事中郎などを任命して、「莫府の事」を委任し、人事などに関与させたことからもわかる。

第四節　四将軍とその幕府

『史記』衞將軍驃騎列伝に、

其の明年〔前一二三年〕春、大將軍の青、定襄より出づ。合騎侯の（公孫）敖もて中將軍と爲し、太僕の（公孫）賀もて左將軍と爲し、翕侯の趙信もて前將軍と爲し、衞尉の蘇建もて右將軍と爲し、郎中令の李廣もて後將軍と爲し、左内史の李沮もて彊弩將軍と爲し、咸く大將軍に屬せしむ。……（前一一九年）大將軍に令して定襄

より出でしむ。郎中令〔李廣をさす〕もて前將軍と爲し、太僕〔公孫賀をさす〕もて左將軍と爲し、主爵の趙其食もて右將軍と爲し、平陽侯の（曹）襄もて後將軍と爲し、みな大將軍に屬せしむ。（其明年春、大將軍青出定襄、合騎侯敖爲中將軍、太僕賀爲**左將軍**、翕侯趙信爲**前將軍**、衞尉蘇建爲**右將軍**、郎中令李廣爲**後將軍**、左内史李沮爲彊弩將軍、咸屬大將軍。……令大將軍出定襄、郎中令爲**前將軍**、太僕爲**左將軍**、主爵趙其食爲**右將軍**、平陽侯襄爲**後將軍**、皆屬大將軍。）

とあるように、武帝の対匈奴戦争のさなか、大将軍衞青指揮下の武将が前・後・左・右将軍――四将軍に任命された。『漢書』巻七・昭帝紀に、

後元二年〔前八八年〕二月、上疾病し、遂に昭帝を立てて太子と爲す、年八歳。……明日、武帝崩ず。戊辰、太子皇帝位に即き、高廟に謁す。……大將軍の光政を秉り、尚書の事を領し、車騎將軍の金日磾、左將軍の上官桀これを副く。（後元二年二月、上疾病、遂立昭帝爲太子、年八歳。……明日、武帝崩。戊辰、太子即皇帝位、謁高廟。……大將軍光秉政、領尚書事、車騎將軍金日磾、**左將軍上官桀副焉**。）

とあり、『史記』百官公卿表下・後元二年に、

太僕の上官桀もて左將軍と爲す。七年にして反し、誅さる。……太僕もて左將軍に并す。（太僕上官桀爲左將軍、七年反、誅。……**太僕并左將軍**。）

とあるように、昭帝以降、四将軍も常設されるようになり、大司馬将軍を補佐する内朝の大臣の役割を果たしたと考えられる。〔九〕

『漢書』霍光伝に、

地節二年〔前六八年〕春、病篤く、車駕自ら臨み光の病を問ふ。……即日、光の子禹を拜して右將軍と爲す。…

…更めて禹を以て大司馬と爲し、小冠を冠し、印綬なく、其の右將の屯兵・官屬を罷め、特に禹の官名をして光と倶に大司馬にせしむ。（地節二年春、病篤、車駕自臨問光病。……即日、拜光子禹爲**右將軍**。……更以禹爲大司馬、冠小冠、亡印綬、罷其右將軍屯兵・官屬、特使禹官名與光倶大司馬者。）

とあり、また、同上巻五十九・張湯伝に、

其の子安世。安世、字は子孺。……のち數日にして竟に拜して大司馬車騎將軍と爲し、尚書の事を領せしむ。數月にして車騎將軍の屯兵を罷め、更めて衞將軍と爲し、兩宮の衞尉・城門・北軍の兵をしてこれに屬せしむ。時に霍光の子禹右將軍たり、上また禹を以て大司馬と爲し、其の右將軍の屯兵を罷め、虚尊を以てこれに加ふも、而れども實は其の衆を奪ふ。のち歳餘にして禹謀反し、宗族を夷ぼす。（其子安世。安世、字子孺。……後數日竟拜爲大司馬車騎將軍、領尚書事。數月罷車騎將軍屯兵、更爲衞將軍、兩宮衞尉・城門・北軍兵屬焉。時霍光子禹爲**右將軍**、上亦以禹爲大司馬、罷其右將軍屯兵、以虛尊加之、而實奪其衆。後歳餘禹謀反、夷宗族。）

とあるように、霍禹（霍光の子、?～前六六）は右将軍から大司馬に昇進するが、実権を奪われ、まもなく滅亡した。霍禹が「屯兵・官屬」を備えていたことは、幕府すなわち右将軍府を開いていたことを意味する。

また、『資治通鑑』巻二十六・漢紀十八・宣帝神爵二年（前六〇年）の条に、

詔して護羌校尉たるべき者を擧げしむ。時に充國病めば、四府は辛武賢の小弟湯を擧ぐ。充國遽に起ちて奏すらく、「湯は使酒せば、蠻夷を典るべからず。湯の兄の臨衆に如かず」と。時に湯已に節を拜受するも、詔あり、更めて臨衆を用ふ。のち臨衆病もて免ぜられ、五府また湯を擧ぐも、湯數々醉ひて羌人を酗り、羌人反畔し、卒に充國の言の如し。（詔擧可護羌校尉者。時充國病、**四府**擧辛武賢小弟湯、充國遽起、奏、湯使酒、不可典蠻夷。不如湯兄臨衆。時湯已拜受節、有詔、更用臨衆。後臨衆病免、**五府**復擧湯、湯數醉酗羌人、羌人反畔、卒如

充國之言。）

とあり、同上・胡三省注に、

四府は、丞相・御史・車騎將軍・前將軍府なり。後將軍府を併せて五府と爲す。（四府、丞相・御史・車騎將軍・前將軍府也。併後將軍府爲五府。）

とある。当時、趙充國（前一三七～前五二）は後将軍に在任していたから（『漢書』巻六十九・本伝）、胡三省の指摘どおり、丞相・御史大夫・車騎将軍・前将軍の府を「四府」、後将軍府を加えて「五府」と称したのだろう。『漢書』巻八十一・孔光伝に、

この歳〔前八年〕、右將軍の（廉）褒、後將軍の（朱）博は定陵〔淳于長をさす〕・紅陽侯〔王立をさす〕に坐し、みな免ぜられて庶人と爲る。光を以て左將軍と爲し、右將軍の官職に居せしめ、執金吾の王咸もて右將軍と爲し、後將軍の官職に居せしめ、後將軍の官を罷む。（是歲、右將軍褒・後將軍博坐定陵・紅陽侯皆免爲庶人。以光爲左將軍、居右將軍官職、執金吾王咸爲右將軍、居後將軍官職、罷後將軍官。）

とあるように、右将軍の廉褒、後将軍の朱博（？～前五）が罷免されると、左将軍に任ぜられた孔光が「右將軍の官職に居」し、おなじく右将軍の王咸が「後將軍の官職に居」した。一見不可解な人事であるが、右将軍と後将軍が罷免されても、各々の幕府は健在であり、やや格上の左将軍に任官した孔光が右将軍府の府主、おなじく右将軍の王咸が後将軍府の府主となり、職務を引き継いだことを意味するのだろう。

以上のように、前漢後半期、「府」は、丞相・御史大夫などの宰相職、これに準ずる「比公」の将軍――大将軍・驃騎将軍・車騎将軍・衛将軍、および左・右・前・後将軍――四将軍の官房ないし幕僚組織を意味する用語に限定されるようになる。

第五節　三公の設置と両漢交替期の情況

大司馬の地位が認知されると、これを独立の官職とし、あわせて三公を創設しようという動きが起こる。まず、『漢書』巻十・成帝紀・綏和元年（前八年）夏四月の条に、

大司馬票騎將軍を以て大司馬と爲し、將軍の官を罷む。御史大夫もて大司空と爲し、封じて列侯と爲す。大司馬・大司空の奉を益して丞相の如くす。（以大司馬票騎將軍爲**大司馬**、罷將軍官。御史大夫爲**大司空**、封爲列侯。益大司馬・大司空奉如丞相。）

とあり、同上巻八十三・朱博伝に、

時に曲陽侯の王根、大司馬票騎將軍たり、而して何武は御史大夫たり。是に於いて上、曲陽侯根に大司馬の印綬を賜ひ、官屬を置き、票騎將軍の官を罷めしむ。御史大夫の何武を以て大司空と爲し、列侯に封じ、みな奉を増して丞相の如くし、以て三公の官に備ふ。（時曲陽侯王根爲大司馬票騎將軍、而何武爲御史大夫。於是上賜曲陽侯根**大司馬**印綬、置官屬、罷票騎將軍官。以御史大夫何武爲**大司空**、封列侯、皆增奉如丞相、以備三公官焉。）

とあるように、御史大夫を大司空と改称し、大司馬とともに、丞相の俸禄と同等にした。丞相の優位性の否定を意味する。この後、朱博の意見によって、いったん旧に復す（前五年）が、同上巻十一・哀帝紀・元壽二年（前一年）五月の条に、

三公の官を正して職を分かつ。大司馬衞將軍の董賢もて大司馬と爲し、丞相の孔光もて大司徒と爲し、御史大夫の彭宣もて大司空と爲し、長平侯に封ず。（正三公官分職。大司馬衞將軍董賢爲**大司馬**、丞相孔光爲**大司徒**、御

史大夫彭宣爲**大司空**、封長平侯。）

とあるように、大司馬・大司徒・大司空の三公が完備する。[一〇]

ただし、この体制が定着するにはなお時間を要し、同上・百官公卿表下・孝平元始元年（紀元後一年）に、

二月丙申、太傅の孔光もて太師と爲し、大司馬の王莽もて太傅・大司馬と爲し、車騎將軍の王舜もて太保・車騎將軍と爲す。（二月丙申、太傅孔光爲**太師**、大司馬王莽爲**太傅**・大司馬、車騎將軍王舜爲**太保**・車騎將軍。）

とあり、同上巻九十九上・王莽伝上に、

太后詔を下して曰はく、「太傅・博山侯の（孔）光、……光を以て太師と爲し、四輔の政に與からしむ。車騎將軍・安陽侯の（王）舜、……舜を以て太保と爲す。左將軍・光祿勳の（甄）豐、……豐を封じて廣陽侯と爲し、食邑は五千戸、豐を以て少傅と爲し、みな四輔の職を授け、其の爵邑を疇にし、各々第一區を賜ふ」と。……太后乃ち詔を下して曰はく、「大司馬・新都侯の莽、……莽を以て太傅と爲し、四輔の事を幹らしめ、號して安漢公と曰ふ……」と。（太后下詔曰、太傅・博山侯光、……以光爲**太師**、與四輔之政。車騎將軍・安陽侯舜、……以舜爲**太保**。左將軍・光祿勳豐、……封豐爲廣陽侯、食邑五千戸、以豐爲**少傅**、皆授四輔之職、疇其爵邑、各賜第一區。……太后乃下詔曰、大司馬・新都侯莽、……其以召陵・新息二縣戸二萬八千益封莽。……以莽爲**太傅**、幹四輔之事、號曰安漢公。……）

とあるように、三公の上に太師・太傅・太保・少傅――「四輔」が置かれ、また、同上に、

上書して曰はく、「……今年四月甲子、また拜して宰衡と爲り、位は上公なり」と。……羣臣奏言すらく、「……宰衡の位宜しく諸侯王の上に在るべし」と。（上書曰、……今年四月甲子、復拜爲**宰衡**、**位上公**。……羣臣奏言、……宰衡**位宜在諸侯王上**。）

とあり、同上巻九十七下・外戚伝下に、

孝平王皇后、安漢公・太傅・大司馬莽の女なり。……父の安漢公を尊び號して宰衡と曰ひ、位は諸侯王の上に在り。（孝平王皇后、安漢公・太傅・大司馬莽女也。……尊父安漢公號曰**宰衡**、**位在諸侯王上**。）

とあるように、元始四年（四年）、王莽（前四五～後二三）はさらに「宰衡」を加えられ、その位次は初め三公の上（上公）、まもなく「諸侯王の上」と改められた。まちがいなく人臣の最高位である。『後漢書』列伝十七・宣秉伝に、

宣秉、字は巨公、馮翊雲陽の人なり。少くして高節を修め、名は三輔に顯はる。哀・平の際、王氏の權に據り政を專らにし、宗室を侵削し、逆亂の萌あるを見、遂に深山に隱遯す。州郡連りに召すも、常に疾を稱して仕へず。王莽宰衡と爲り、辟命するも應ぜず。（宣秉、字巨公、馮翊雲陽人也。少修高節、顯名三輔。哀・平際、見王氏據權專政、侵削宗室、有逆亂萌、遂隱遯深山。州郡連召、常稱疾不仕。**王莽爲宰衡**、**辟命不應**。）

とあるように、王莽は宰衡になると、宣秉を辟召したされるから、宰衡も開府していたことがわかる。

王莽が即位すると（九年）、同上巻九十九中・王莽伝中に、

太傅・左輔・驃騎將軍・安陽侯の王舜を以て太師と爲し、安新公に封ず。大司徒・就德侯の平晏もて太傅・就新公と爲す。少阿・羲和・京兆尹・紅休侯の劉歆もて國師・嘉新公と爲す。廣漢梓潼の哀章もて國將・美新公と爲す。これ四輔たり、位は上公。太保・後承・承陽侯の甄邯もて大司馬・承新公と爲す。丕進侯の王尋もて大司徒・章新公と爲す。歩兵將軍・成都侯の王邑もて大司空・隆新公と爲す。これ三公たり。大阿・右拂・大司空・衞將軍・廣陽侯の甄豐もて更始將軍・廣新公と爲す。京兆の王興もて衞將軍・奉新公と爲す。輕車將軍・成武侯の孫建もて立國將軍・成新公と爲す。京兆の王盛もて前將軍・崇新公と爲す。これ四將たり。凡て十一公。王興て

いふ者、もと城門令史。王盛といふ者は、賣餅。莽符命を按じ、求めてこの姓名の者十餘人を得、兩人の容貌卜相に應ずれば、徑ちに布衣より登用し、以て神に視す。（以太傅・左輔・驃騎將軍・安陽侯王舜爲**太師**、封安新公。大司徒・就德侯平晏爲**太傅**・就新公。少阿・羲和・京兆尹・紅休侯劉歆爲**國師**・嘉新公。廣漢梓潼哀章爲**國將**・美新公。是爲**四輔**、位上公。太保・後承・承陽侯甄邯爲**大司馬**・承新公。丕進侯王尋爲**大司徒**・章新公。歩兵將軍・成都侯王邑爲**大司空**・隆新公。是爲**三公**。大阿・右拂・大司空・衞將軍・廣陽侯甄豐爲**更始將軍**・廣新公。京兆王興爲**衞將軍**・奉新公。輕車將軍・成武侯孫建爲**立國將軍**・成新公。京兆王盛爲**前將軍**・崇新公。是爲**四將**。凡**十一公**。王興者、故城門令史。王盛者、賣餅。王按符命、求得此姓名者十餘人、兩人容貌應卜相、徑從布衣登用、以視神焉。）

とあるように、諸生の哀章（?～二三）が捏造した符命にしたがって、四輔（太師・太傅・国師・国将）、三公、四将（更始将軍・衛将軍・立国将軍・前将軍）、あわせて「十一公」が任命された。十一公がすべて開府したかどうかは詳らかではないが、この中には、哀章のほか、符命によって選ばれた王興（?～一八）と王盛（?～二三）らのように、政治経験がまったくない人物も含まれている。かれらが最初から開府した可能性は低いように思われる。（一一）王莽の十一公は、両漢交替期、宰相の制度が不安定であった情況を象徴しており、それは反乱軍の側でも同様だった。

『後漢書』列伝一・劉玄伝に、

是に於いて天下に大赦し、建元して更始元年と曰ふ。悉く諸將を拜署し、族父の良を以て國三老と爲し、王匡〔旧新市兵〕もて定國上公と爲し、王鳳〔同上〕もて成國上公とし、朱鮪〔同上〕もて大司馬とし、伯升〔光武帝の兄、劉縯の字〕もて大司徒とし、陳牧〔旧平林兵〕もて大司空とし、餘はみな九卿將軍たり。（於是大赦天

下、建元曰更始元年。悉拜署諸將、以族父良爲**國三老**、王匡爲**定國上公**、王鳳**成國上公**、朱鮪**大司馬**、伯升**大司徒**、陳牧**大司空**、餘皆九卿將軍。）

とあるように、更始帝（劉玄、在位二三〜二五）が即位すると、三公の上に三人の「上公」を置き、合計六公を任命した。王莽政権の体制を意識しているのが見て取れる。ところが、同上に、

乃ち（朱）鮪を徙して左大司馬と爲し、劉賜もて前大司馬と爲し、李軼・李通・王常らと關東を鎭撫せしむ。李松を以て丞相と爲し、趙萌もて右大司馬と爲し、共に内任を秉らしむ。（乃徙鮪爲**左大司馬**、劉賜爲**前大司馬**、使與李軼・李通・王常等鎭撫關東。以李松爲**丞相**、趙萌爲**右大司馬**、共秉内任。）

とあるように、長安入城後（二四年）、改めて論功行賞がおこなわれると、大司馬が左・前・右の三員に分けられるとともに、新たに丞相が設置される。[二二] 本来、丞相と三公は並存しないから、この体制はおかしい。なお、後大司馬のみ見えないが、『後漢書』本紀一上・光武帝紀上・更始元年の条に、

光武を拜して破虜大將軍と爲し、武信侯に封ず。……更始洛陽に至るに及び、乃ち光武を遣はし破虜（大）將軍を以て大司馬の事を行せしむ。十月、節を持して北のかた河を度り、州郡を鎭慰す。（拜光武爲破虜大將軍、封武信侯。……及更始至洛陽、乃遣光武以破虜將軍**行大司馬事**。十月、持節北度河、鎭慰州郡。）

とあるように、おなじ頃、光武帝（劉秀、在位二五〜五七）は「破虜大將軍・行大司馬事」に任命されている。前掲『後漢書』劉玄伝の記事と整合性をもたせるなら、光武帝は後大司馬を兼任していたのかもしれない。

また、『後漢書』劉玄伝に、

（更始）三年〔二五年〕正月、平陵の人方望前の孺子劉嬰を立てて天子と爲す。……望は丞相と爲り、（弓）林は大司馬と爲る。更始李松と討難將軍の蘇茂らを遣はして撃破せしめ、みなこれを斬る。（三年正月、平陵人方

望立前孺子劉嬰爲天子。……望爲**丞相**、林爲**大司馬**。更始遣李松與討難將軍蘇茂等擊破、皆斬之。）

とあるように、前漢の皇太子劉嬰を擁立した勢力も、丞相と大司馬を併用している。赤眉が劉盆子を擁立した際（二五年）には、同上列伝一・劉盆子伝に、

（樊）崇は勇力より起こりて衆の宗とする所と爲ると雖も、然れども書數を知らず。徐宣は、もと縣の獄吏にして、能く易經に通ず。遂に共に宣を推して丞相と爲し、崇は御史大夫、逢安は左大司馬、謝祿は右大司馬たり。楊音より以下みな列卿と爲る。（崇雖起勇力而爲衆所宗、然不知書數。徐宣、故縣獄吏、能通易經。遂共推宣爲**丞相**、崇**御史大夫**、逢安**左大司馬**、謝祿**右大司馬**。自楊音以下皆爲列卿。）

とあるように、やはり、丞相・御史大夫のほか、左右の大司馬が置かれた。

このほか、同上列伝二・王郎伝に、

更始元年十二月、（劉）林（趙王の子）ら遂に車騎數百を率いて、晨に邯鄲城に入り、王宮に止まり、郎を立てて天子と爲す。林は丞相と爲り、李育は大司馬と爲り、張參は大將軍と爲る。（更始元年十二月、林等遂率車騎數百、晨入邯鄲城、止於王宮、立郎爲天子。林爲**丞相**、李育爲**大司馬**、張參爲**大將軍**。）

とあるように、邯鄲に拠った王郎（成帝の遺児劉子輿を自称、？～二四）の政権には丞相のほか、大司馬と大将軍が置かれ、同上列伝二・劉永伝に、

更始即位するや、永先に洛陽に詣り、紹封して梁王と爲り、睢陽に都す。永は更始の政亂れるを聞き、遂に國に據り兵を起こし、弟の防を以て輔國大將軍と爲し、防の弟少公もて御史大夫とし、魯王に封ず。（更始即位、永先詣洛陽、紹封爲梁王、都睢陽。永聞更始政亂、遂據國起兵、以弟防爲**輔國大將軍**、防弟少公**御史大夫**、封魯王。）

とあるように、梁王劉永（?～二七）は二人の弟を輔国大将軍と御史大夫に任命した。この組み合わせもおかしいが、あるいは、記述に脱落があり、劉防は丞相を兼ねていたのかもしれない（丞相と大将軍の兼官もおかしいが）。もちろん、同上列伝三・公孫述伝に、

建武元年四月、遂に自立して天子と爲り、成家と號し、色は白を尚び、建元して龍興元年と曰ふ。李熊を以て大司徒と爲し、其の弟光を以て大司馬と爲し、恢もて大司空と爲す。（建武元年四月、遂自立爲天子、號成家、色尚白、建元曰龍興元年。以李熊爲**大司徒**、以其弟光爲**大司馬**、恢爲**大司空**。）

とあり、蜀に拠った公孫述（?～三六）のように、三公の制を採用した勢力もある。

以上、要するに、両漢交替期、宰相の制度もまた、新旧の狭間で動揺していたことを読み取るには十分である。

第六節　後漢の「五府」

『後漢書』本紀一上・光武帝紀上・建武元年七月の条に、

辛未〔五日〕、前將軍の鄧禹を拜して大司徒と爲す。丁丑〔十一日〕、野王令の王梁を以て大司空と爲す。壬午〔十六日〕、大將軍の呉漢を以て大司馬と爲し、偏將軍の景丹もて驃騎大將軍と爲し、大將軍の耿弇もて建威大將軍と爲し、偏將軍の蓋延もて虎牙大將軍と爲し、偏將軍の朱祐もて建義大將軍と爲し、中堅將軍の杜茂もて大將軍と爲す。（辛未、拜前將軍鄧禹爲**大司徒**。丁丑、以野王令王梁爲**大司空**。壬午、以大將軍呉漢爲**大司馬**、偏將軍景丹爲**驃騎大將軍**、大將軍耿弇爲**建威大將軍**、偏將軍蓋延爲**虎牙大將軍**、偏將軍朱祐爲**建義大將軍**、中堅將軍杜茂爲**大將軍**。）

とあるように、光武帝の即位（六月己未二十二日）から十二日後、鄧禹（南陽の人、二一～五八）が大司徒に任命される。それから六日後、野王令の王梁（漁陽の人、？～三八）が大司空となり、さらにその五日後、呉漢（南陽の人、？～四四）が大司馬に選出された。光武帝の政権は前漢の三公を忠実に継承しているかにみえる。

しかし、同上列伝六・鄧禹伝に、

是の月、光武鄗に即位し、使者をして節を持し禹を拜して大司徒と爲さしむ。策して曰はく、「前將軍の鄧禹に制詔す。深く忠孝を執り、朕と帷幄に謀謨し、勝ちを千里に決す。……將を斬り軍を破り、山西を平定し、功劾尤も著はる……」と。禹時に年二十四。遂に汾陰河を渡り、夏陽に入る。更始の中郎將・左輔都尉の公乘歙、其の衆十萬を引き、左馮翊の兵と共に禹を衙に拒むも、禹また破りてこれを走らせ、而して赤眉遂に長安に入る。

（是月、光武即位於鄗、使使者持節拜禹爲**大司徒**。策曰、制詔前將軍鄧禹、深執忠孝、與朕謀謨帷幄、決勝千里。……斬將破軍、平定山西、功劾尤著。……禹時年二十四。遂渡汾陰河、入夏陽。更始中郎將・左輔都尉公乘歙引其衆十萬、與左馮翊兵共拒禹於衙、禹復破走之、而赤眉遂入長安。）

とあるように、大司徒の鄧禹は、これよりさき、更始帝ないし赤眉が拠る関中の攻略を命ぜられ、ちょうど河東郡を制圧（六月二十七日）したところだった。そもそも、鄧禹は天下平定の策を説いた謀主である。光武帝の策文にも、「朕と帷幄に謀謨し、勝ちを千里に決す」とあるから、かれの大司徒任官は論功行賞の性格を帯びていたことがわかる。なおかつ、出征先での大司徒任官は、後漢末に始まったとされる「三公在外」（後述）が、すでに後漢初期におこなわれていたことを示している。

大司徒任官後も、鄧禹は作戦を続行し、関中に侵攻した。となれば、かれの遠征が長期化すること、言い換えれば、本来の宰相としての任務を果たせないことは織り込み済みであり、同上列伝十六・伏湛伝に、

光武即位するや、湛の名儒にして舊臣なるを知り、内職を幹任せしめんと欲し、徴して尚書に拜し、舊制を典定せしむ。時に大司徒の鄧禹、西のかた關中を征す。帝湛の才宰相に任へるを以て、拜して司直と爲し、大司徒の事を行せしむ。車駕征伐に出ずる每に、常に留りて鎭守し、羣司を總攝す。建武三年、遂代鄧禹爲大司徒、封陽都侯。（光武即位、知湛名儒舊臣、欲令幹任内職、徵拜尚書、使典定舊制。時大司徒鄧禹西征關中、帝以湛才任宰相、拜爲**司直**、**行大司徒事**。車駕每出征伐、常留鎭守、總攝羣司。建武三年、遂代鄧禹爲**大司徒**、封陽都侯。）

とあるように、旧臣の伏湛（琅邪の人、？〜三七）が大司徒司直に任ぜられ、「行大司徒事」となり、のちには鄧禹の後任に充てられる。光武帝の出征中、伏湛が洛陽を留守したことは、前漢の蕭何、曹操政権における荀彧、あるいは劉備在世中の諸葛亮らと同様であり、かれが実質的な宰相だったことを物語っている。

また、同上列伝十二・王梁伝に、

蓋延・呉漢と倶に兵を將い、南のかた世祖に廣阿に及び、偏將軍に拜す。既に邯鄲を拔くや、爵關内侯を賜ふ。從ひて河北を平らげ、野王令に拜するや、河内太守の寇恂と南のかた洛陽を拒み、北のかた天井關を守り、朱鮪ら敢て出兵せず。世祖以て梁の功と爲す。即位するに及び、議して大司空を選ばんとす。而して赤伏符に曰はく、「王梁衞を主り玄武と作る」と。帝以へらく、「野王は衞の徙る所、玄武は水神の名、司空は水土の官なり」と。是に於いて擢きて梁を拜して大司空と爲し、武彊侯に封ず。建武二年、大司馬の呉漢らと倶に檀鄉を撃つ。……月餘にして、以て中郎將と爲し、執金吾の事を行せしむ。……三年春、轉じて五校を撃ち、……冬、使者を遣はし節を持して梁を前將軍に拜せしむ。（與蓋延・呉漢倶將兵、南及世祖於廣阿、拜偏將軍。既拔邯鄲、賜爵關内侯。從平河北、拜野王令、與河内太守寇恂南拒洛陽、北守天井關、朱鮪等不敢出兵。世祖以爲梁功。及即

位、議選大司空。而赤伏符曰、王梁主衞作玄武。帝以野王衞之所徙、玄武水神之名、司空水土之官也。於是擢拜梁爲**大司空**、封武彊侯。建武二年、與大司馬呉漢等倶擊檀鄉。……月餘、以爲中郎將、行執金吾事。……三年春、轉擊五校、……冬、遣使者持節拜梁前將軍。）

とあるように、大司空の王梁は、光武帝が河北に入ったとき、呉漢と共に援軍に駆けつけた将軍であり、野王令に在任中、更始帝の洛陽駐留軍を牽制するなどの働きを見せている。大司空任官後、軍令違反に問われていったん解任されるが、その後も各地を転戦し、前将軍などを歴任した（一三）。

このように、後漢初期の三公は大司馬だけでなく、大司徒と大司空も「領兵」し、軍事に関与した。魏晋南北朝時代、三公と将軍の境界は曖昧になり、誤解を恐れずに言えば、三公は単に将軍の上級職に過ぎなくなる。だとすれば、かかる状況もまた、後漢初期に萌芽していたことになる。

もうひとつ、『後漢書』列伝十二・景丹伝に、

世祖即位するや、……詔して大司馬と爲すべき者を擧げしむに、羣臣の推す所はただ呉漢及び丹のみ。帝曰はく、「景將軍は北州の大將なれば、これ其の人なり。然れども呉將軍は大策を建つるの勳あり、また苗幽州・謝尚書を誅し、其の功大なり。舊制、驃騎將軍の官は大司馬と相兼ねるなり」と。乃ち呉漢を以て大司馬と爲し、而して丹を拜して驃騎大將軍と爲す。（世祖即位、……詔擧可爲大司馬者、羣臣所推唯呉漢及丹。帝曰、景將軍北州大將、是其人也。然呉將軍有建大策之勳、又誅苗幽州・謝尚書、其功大。舊制驃騎將軍官與大司馬相兼也。乃以呉漢爲**大司馬**、而拜丹爲**驃騎大將軍**。）

とあるように、大司馬を選出する際、群臣の意見が分かれ、霍去病の故事をもとに、呉漢が大司馬、景丹（?～二六）が驃騎大将軍に任ぜられたというのである。後漢初期の驃騎大将軍が三公に準じる特別な官職だったことは、

『続漢書』百官志一・将軍の条に、

世祖の中興するや、呉漢は大將軍を以て大司馬と爲り、景丹は驃騎大將軍と爲り、位は公の下に在り。（世祖中興、呉漢以大將軍爲大司馬、景丹爲驃騎大將軍、位在公下。）

とあるように、位次が三公の下とされたこと、あるいは、『後漢書』光武帝紀上・建武二年（二六年）九月の条に、

驃騎大將軍の景丹薨ず。（驃騎大將軍景丹薨。）

とあり、同上・建武三年春正月甲子の条に、

偏將軍の馮異を以て征西大將軍と爲し、杜茂もて驃騎大將軍と爲す。（以偏將軍馮異爲征西大將軍、杜茂爲**驃騎大將軍**。）

とあるように、景丹の死の翌年、杜茂（?～四三）が驃騎大将軍を継いだことからも窺われる。大司馬と驃騎大将軍の並置は、同上本紀一下・光武帝紀下・建武十五年（三九年）の条に、

この歳、驃騎大將軍の杜茂免ぜらる。（是歳、驃騎大將軍杜茂免。）

とあるように、杜茂の罷免まで続き、(一四) 同上・建武二十年（四四年）の条に、

五月辛亥、大司馬呉漢薨ず。……（六月）壬辰、左中郎將の劉隆もて驃騎將軍・行大司馬事と爲す。（五月辛亥、大司馬呉漢薨。……壬辰、左中郎將劉隆爲**驃騎將軍・行大司馬事**。）

とあり、同上列伝十二・劉隆伝に、

明年、また封ぜられて扶樂郷侯と爲り、中郎將を以て伏波將軍の馬援に副たりて交阯の蠻夷徵側らを擊つ。……還るや、更めて大國に封ぜられ長平侯と爲る。大司馬の呉漢薨ずるに及び、隆もて驃騎將軍・行大司馬事と爲す。隆法を奉りて自ら守り、事を視ること八歳、將軍の印綬を上りて罷められ、養牛、上樽酒十斛を賜ひ、列侯

を以て奉朝請たり。（明年、復封爲扶樂鄕侯、以中郎將副伏波將軍馬援擊交阯蠻夷徵側等。……還、更封大國爲長平侯。及大司馬吳漢薨、隆爲**驃騎將軍・行大司馬事**。隆奉法自守視事八歲、上將軍印綬罷、賜養牛、上樽酒十斛、以列侯奉朝請。）

とあるように、呉漢が死去し、その後任となった劉隆（？〜五七）が「驃騎大将軍・行大司馬事」――両官を兼務することによって、一本化されるに至る。（一五）

このほか、前掲『後漢書』光武帝紀上・建武元年七月壬午の条によれば、建威大将軍の耿弇（三一〜五八）、虎牙大将軍の蓋延（？〜三九）、建義大将軍の朱祐（？〜四八）、大将軍の杜茂に至るまでの人事が、呉漢・景丹と同時におこなわれている。だとすれば、驃騎大将軍のみならず、上記の諸大将軍、あるいは、同上列伝五・王常伝に、

（建武）七年〔三一年〕、使者をして璽書を持し即きて常を拜して横野大将軍と爲し、位次は諸將と絶席す。〔李賢注〕絶席、謂ふこころはこれを尊顯するなり。（七年、使使者持璽書即拜常爲**横野大將軍**、**位次與諸將絶席**。〔李賢注〕絶席、謂尊顯之也。）

とあるように、「絶席」の殊礼を受けた横野大将軍の王常（？〜三六）、および征西大将軍の馮異（？〜三四）、征南大将軍の岑彭（？〜三五）らの地位も、おしなべて大司馬、すなわち三公に準ずるものであったと考えねばならない。（一六）『後漢書』本紀二・明帝紀・中元二年（五七年）四月丙辰の詔に、

高密侯禹は元功の首、東平王蒼は寬博にして謀あり、……其れ禹を以て太傅と爲し、蒼もて驃騎將軍と爲せ。（高密侯禹元功之首、東平王蒼寬博有謀、……其以禹爲太傅、蒼爲**驃騎將軍**。）

とあるように、明帝以後、太尉（旧大司馬）と並び、大将軍・驃騎将軍などの比公将軍が輔政の職として用いられるようになるが、宰相の一角を比公将軍が占める体制は、光武帝のときに決定されたと言ってよい。（一七）

なお、太傅については、『後漢書』光武帝紀上・建武元年九月甲申の条に、

前の密令の卓茂を以て太傅と爲す。（以前密令卓茂爲**太傅**。）

とあり、同上列伝十五・卓茂伝に、

及莽居攝、以病免歸郡、常爲門下掾祭酒、不肯作職吏。更始立、以茂爲侍中祭酒、從至長安、知更始政亂、以年老乞骸骨歸。時光武初即位、先訪求茂、茂詣河陽謁見。乃下詔曰、「前密令卓茂、……今以茂爲**太傅**、封褒德侯、食邑二千戸、賜几杖車馬、衣一襲、絮五百斤。」……建武四年薨。

とあるように、卓茂（前四二頃～後二八）が任命されたことに始まる。『続漢書』百官志一・太傅の条に、

太傅、上公、一人。本注に曰はく、「掌るに善導を以てし、常職なし。世祖は卓茂を以て太傅と爲し、薨ずるや、因りて省く。其の後、帝初めて即位する毎に、輒ち太傅を置き、尚書の事を録せしむ。薨ずるや、輒ち省く」と。（太傅、上公、一人。本注曰、掌以善導、無常職。世祖以卓茂爲太傅、薨、因省。其後、毎帝初即位、輒置太傅、録尚書事。薨、輒省。）

とあるように、後漢の太傅は、原則として皇帝一代につき一人、新帝即位の際に任命され、その人物が死去もしくは罷免されると、次帝の即位まで後任は置かれない――特殊な運用がなされた。(一八)

以上のように、光武帝即位直後に任命された三公、および驃騎大将軍、太傅が、後漢の宰相の基本となった。『後漢書』光武帝紀下・建武二十七年（五一年）の条に、

夏四月戊午、大司徒の玉況薨ず。五月丁丑、詔して曰はく、「昔、契は司徒と作り、禹は司空と作り、みな大の名なし。其れ二府に令して大を去らしめ、また大司馬を改めて太尉と爲せ」と。驃騎大将軍・行大司馬の劉隆即日罷められ、太僕の趙憙を以て太尉と爲し、大司農の馮勤もて司徒と爲す。（夏四月戊午、大司徒玉況薨。五月

丁丑、詔曰、昔契作司徒、禹作司空、皆無大名。其令二府去大、又改大司馬爲太尉。驃騎大將軍行大司馬劉隆即日罷、以太僕趙憙爲太尉、大司農馮勤爲司徒。）
とあるように、三公は太尉・司徒・司空と改称され、これが後世まで用いられる。したがって、『後漢書』列伝二十六・張覇伝に、
中子の楷。楷、字は公超。嚴氏春秋、古文尚書に通じ、門徒は常に百人。……司隷茂才に擧げ、長陵令に除せられも、官に至らず。……五府連りに辟し、賢良方正に擧げらるも、就かず。（中子楷。楷、字公超。通嚴氏春秋、古文尚書、門徒常百人。……司隷擧茂才、除長陵令、不至官。……五府連辟、擧賢良方正、不就。）
とあり、同上・李賢注に、
五府は、太傅・太尉・司徒・司空・大將軍なり。（五府、太傅・太尉・司徒・司空・大將軍也。）
とあるように、太傅と三公、大将軍がすべて揃えば、「五府」になる。同上列伝十七・趙典伝に、
建和の初め、四府表薦し、徴されて議郎に拜し、禁内に侍講し、再遷して侍中と爲る。（建和初、四府表薦、徴拜議郎、侍講禁内、再遷爲侍中。）
とあり、同上・李賢注に、
四府は、太尉・司徒・司空・大將軍府なり。（四府、太尉・司徒・司空・大將軍府也。）
とあるように、三公と大将軍（もしくは太傅）の組み合わせは「四府」と称される。同上列伝十七・承宮伝に、
是に由り名を顯す。三府更々辟するも、みな應ぜず。（由是顯名。三府更辟、皆不應。）
とあり、同上・李賢注に、
三府は、太尉・司徒・司空府を謂ふ。（三府、謂太尉、司徒、司空府。）

とあるように、「三府」は、言うまでもなく、三公のことである。

第七節　後漢末における太師と丞相

黄巾の乱以降、漢の諸制度は大きく変化するが、宰相職も例外ではなかった。前節でも触れているが、『後漢書』列伝五十九・何進伝に、

何進、字は遂高、南陽宛の人なり。異母女弟選ばれて掖庭に入り、貴人と爲り、靈帝に寵あり。……光和三年、貴人立てられて皇后と爲るや、進を徴し入らしめ、侍中に拜し、將作大匠、河南尹たり。中平元年、黄巾の賊張角ら起つや、進を以て大將軍と爲し、左右羽林・五營士を率いて都亭に屯し、器械を修理し、以て京都を鎮す。張角の別黨馬元義、洛陽に起つを謀るや、進其の姦を發し、功を以て愼侯に封ぜらる。四年、滎陽の賊數千人羣起し、攻めて郡縣を焼き、中牟縣令を殺す。詔して進の弟河南尹の苗をして出でてこれを撃たしむ。苗攻めて羣賊を破り、平定して還る。詔して使者を遣はし成皐に迎へしめ、苗を拜して車騎將軍と爲し、濟陽侯に封ず。

（何進、字遂高、南陽宛人也。異母女弟選入掖庭、爲貴人、有寵於靈帝。……光和二年、貴人立爲皇后、徴進入拜侍中、將作大匠、河南尹。中平元年、黄巾賊張角等起、以進爲**大將軍**、率左右羽林・五營士屯都亭、修理器械、以鎮京師。張角別黨馬元義謀起洛陽、進發其姦、以功封愼侯。四年、滎陽賊數千人羣起、攻燒郡縣、殺中牟縣令。詔使進弟河南尹苗出撃之。苗攻破羣賊、平定而還。詔遣使者迎於成皐、拜苗爲**車騎將軍**、封濟陽侯。）

とあり、同上本紀十下・皇后紀下に、

孝仁董皇后、諱は某、河間の人。解犢亭侯萇の夫人と爲り、靈帝を生む。……竇氏誅せらるに及び、明年、帝、

中常侍をして貴人を迎へしめ、……尊號を上りて孝仁皇后と曰ふ。……中平五年、后の兄の子衞尉・脩侯の重もて驃騎將軍と爲し、兵千餘人を領せしむ。（孝仁董皇后、諱某、河間人。爲解犢亭侯萇夫人、生靈帝。……及竇氏誅、明年、帝使中常侍迎貴人、……上尊號曰孝仁皇后。……中平五年、以后兄子衞尉・脩侯重爲**驃騎將軍**、領兵千餘人。）

とあるように、中平元年から五年にかけて、将軍が次々に任命され、大将軍・驃騎将軍・車騎将軍――三人の比公将軍が並存するに至った。いずれも開府していたと考えられるから、三公と合わせれば、「六府」になる[一九]。

さらに、同上本紀八・靈帝紀・中平二年（一八五年）八月の条に、

左車騎將軍の皇甫嵩免ぜらる。八月、司空の張温を以て車騎將軍と爲し、北宮伯玉を討たしむ。九月、特進の楊賜もて司空と爲す。（左車騎將軍皇甫嵩免。八月、以司空張温爲**車騎將軍**、討北宮伯玉。九月、特進楊賜爲司空。）

とあり、同上・中平三年（一八六年）二月庚戌の条に、

太尉の張延罷めらる。車騎將軍の張温もて太尉と爲し、中常侍の趙忠もて車騎將軍と爲す。（太尉張延罷。車騎將軍張温爲**太尉**、中常侍趙忠爲車騎將軍。）

とあり、また、同上列伝六十二・董卓伝に、

其〔一八四年〕の冬、北地の先零羌及び枹罕河關の羣盜反叛し、遂に共に湟中義從胡の北宮伯玉・李文侯を立てて將軍と爲し、護羌校尉の泠徵を殺す。伯玉ら乃ち金城の人邊章・韓遂を劫致し、軍政を專任せしめ、共に金城太守の陳懿を殺し、攻めて州郡を燒く。明年春、數萬騎を將いて三輔に入寇し、園陵に侵逼し、宦官を誅するに託して名と爲す。……朝廷また司空の張温を以て車騎將軍と爲し、節を假し、執金吾の袁滂もて副と爲す。卓を

破虜將軍に拜し、盪寇將軍の周愼と並びに温に統べられ、并せて諸郡の兵歩騎合はせて十餘萬もて、美陽に屯し、以て園陵を衞る。……（十一月）卓これを聞き喜び、明日乃ち右扶風の鮑鴻らと兵を并せて倶に攻め、大いにこれを破り、斬首すること數千級、章・遂楡中に敗走す。……（中平）三年〔一八五年〕春、使者を遣はし節を持し長安に就きて張温を拜して太尉と爲す。三公の外に在ること、これを温より始む。（其冬、北地先零羌及枹罕河關羣盜反叛、遂共立湟中義從胡北宮伯玉・李文侯爲將軍、殺護羌校尉泠徵。伯玉等乃劫致金城人邊章・韓遂、使專任軍政、共殺金城太守陳懿、攻燒州郡。明年春、將數萬騎入寇三輔、侵逼園陵、託誅宦官爲名。……朝廷復以司空張温爲車騎將軍、假節、執金吾袁滂爲副。拜卓破虜將軍、與盪寇將軍周愼並統於温、并諸郡兵歩騎合十餘萬、屯美陽、以衞園陵。……卓聞之喜、明日乃與右扶風鮑鴻等并兵倶攻、大破之、斬首數千級、章・遂敗走楡中。……三年春、**遣使者持節就長安拜張温爲太尉、三公在外、始之於温。**）

とあるように、邊章・韓遂らが三輔に侵攻すると、車騎将軍の張温（?〜一九一）が討伐を命ぜられ、これを破り、駐屯地の長安に天子の使者を迎え、太尉を拜命した。この人事を范曄は「三公在外」の始まりと評した。後漢初代の三公——鄧禹が出征先の河東郡で大司徒を拜受し、大司馬の呉漢、大司空の王梁らが「領兵」し、征討に派遣されたことは措くとして、確かに、張温の太尉就任を境に、州郡の長官が三公に任命されたり、三公が領兵する事例が急増する。

同上列伝六十三・劉虞伝に、

初め孝廉に擧げられ、幽州刺史に遷り、民夷其の德化に感ず。……朝廷、虞の威信素より著はれ、北方に恩績するを以て、明年、また幽州牧に拜す。……靈帝、使者を遣はし就きて太尉に拜し、容丘侯に封ぜしむ。董卓政を秉るに及び、使者を遣はし虞に大司馬を授け、襄賁侯に進封せしむ。（初擧孝廉、遷幽州刺史、民夷感其德化。

……朝廷以虞威信素著、恩績北方、明年、復拜幽州牧。……靈帝**遣使者就拜太尉**、封容丘侯。及董卓秉政、**遣使者授虞大司馬**、進封襄賁侯。）

とあるように、幽州牧の劉虞が太尉、ついで大司馬を授けられたのは、その一例である。(二〇) かれの大司馬任官については、同上本紀九・獻帝紀・中平六年（一八九年）九月乙酉の条に、

太尉の劉虞を以て大司馬と爲し、董卓自ら太尉と爲り、鈇鉞・虎賁を加ふ。（以太尉劉虞爲**大司馬**、董卓自爲**太尉**、加鈇鉞・虎賁。）

とあるように、董卓を太尉に遷官させるための措置であるが、大司馬は建武二十七年（五一年）の三公改称以前の太尉、すなわち、本来、両者は同一の官職である。『通典』巻二十・職官典二・太尉の条に、

靈帝の末、劉虞を以て大司馬と爲すも、而れども太尉は故の如し。此より則ち大司馬と太尉始めて並置さる。（靈帝末、以劉虞爲大司馬、而太尉如故。自此則大司馬與太尉始並置矣。）

とあり、杜佑が指摘するように、この人事を契機として、以後、大司馬と太尉の二官は併設されるようになる。たとえば、『魏志』巻三・明帝紀・黄初七年（二二六年）十二月の条に、

太尉の鍾繇を以て太傅と爲し、征東大將軍の曹休もて大司馬と爲し、中軍大將軍の曹眞もて大將軍と爲し、司徒の華歆もて太尉と爲し、司空の王朗もて司徒と爲し、鎭軍大將軍の陳羣もて司空と爲し、撫軍大將軍の司馬宣王もて驃騎大將軍と爲す。（以太尉鍾繇爲**太傅**、征東大將軍曹休爲**大司馬**、中軍大將軍曹眞爲**大將軍**、司徒華歆爲**太尉**、司空王朗爲**司徒**、鎭軍大將軍陳羣爲**司空**、撫軍大將軍司馬宣王爲**驃騎大將軍**。）

とあるように、魏明帝の即位直後、大司馬の曹眞と太尉の華歆を含む、「七公」が置かれた。(二一) なお、本来、大司馬は大将軍もしくは驃騎将軍の加官であるから、これらの官との併設も、厳密に言えば、矛盾している。

いっぽう、三公領兵については、同上列伝六十二・董卓伝に、

共に王國を推して主と爲し、悉く其の衆を領せしめ、三輔を寇掠す。（中平）五年（一八八年）、陳倉を圍む。乃ち卓を前將軍に拜し、左將軍の皇甫嵩とこれを撃破せしむ。……乃ち朝廷に諷して策して司空の劉弘を免じ、而して自らこれに代はる。……卓、太尉に遷り、前將軍の事を領し、節傳・斧鉞・虎賁を加へ、郿侯に更封せらる。……（十一月）尋いで卓を進めて相國と爲し、入朝不趨・劍履上殿たり。……卓、朝廷に諷し、光祿勳の宣璠をして節を持し卓を拜して太師と爲さしめ、位は諸侯王の上に在り。（共推王國爲主、悉令領其衆、寇掠三輔。五年、圍陳倉。乃拜卓**前將軍**、與左將軍皇甫嵩撃破之。……乃諷朝廷策免司空劉弘、而自代之。……卓遷**太尉**、**領前將軍事**、加節傳・斧鉞・虎賁、更封郿侯。……尋進卓爲**相國**、入朝不趨・劍履上殿。……卓諷朝廷、使光祿勳宣璠持節拜卓爲**太師**、位在諸侯王上。）

とあるように、董卓は洛陽を制圧すると、まず司空に就き、さらに太尉に遷り、「領前將軍事」、すなわち前将軍を兼任したというのである。上洛前、すでに董卓は前将軍であったから、司空拝命の際にも「領前將軍事」だった可能性は高い。董卓は少数ではあるが、精強な涼州の兵、小月氏（義従胡）・西羌の傭兵を引きつれて洛陽に入り、その後、何進・何苗の兵、および丁原が率いていた并州の兵、匈奴・屠各の傭兵などを指揮下に収め、強大な軍事力を保有した（『後漢書』董卓伝、同上列伝六十・鄭公業伝など）。

同上本紀五・安帝紀・延光四年（一二五年）三月の条に、

庚申、宛に幸し、帝豫ばず。辛酉、大將軍の耿寶をして太尉の事を行せしむ。（庚申、幸宛、帝不豫。辛酉、令**大將軍耿寶行太尉事**。）

とあるように、安帝が重体に陥ったとき、大将軍の耿寶が「行太尉事」になり、また、同上列伝五十九・竇武伝に、

詔して少府の周靖を以て車騎將軍を行せしめ、節を加へ、護匈奴中郎將の張奐と五營の士を率いて武を討たしむ。（詔以**少府周靖行車騎將軍**、加節、與護匈奴中郎將張奐率五營士討武。）

とあり、中常侍の曹節らが竇武・陳蕃らを打倒しようとした際、少府の周靖を「行車騎將軍」にしたように、三公九卿と将軍の兼任は、危急の際に軍事権の掌握を確実なものにする狙いがある。[二二]

董卓は三公の位にあって領兵することの不安定さを、前将軍との兼任によって補完しようとしたのだろう。前漢の蕭何・曹參以来の「相國」（一九〇年）、さらに四輔のひとつ「太師」（一九一年）を復活させ、自ら就任したのも、三公領兵を既成事実化させつつ、禅譲革命を視野に入れた対応だったように思われる。[二三] このような董卓政権のジレンマは、当然、曹操政権にも引き継がれる。

『魏志』巻一・武帝紀・建安元年（一九六年）の条に、

秋七月、……天子、太祖に節鉞を假し、尚書の事を録せしむ。洛陽殘破せば、董昭ら太祖に許に都せんことを勸む。九月、車駕轘轅を出でて東し、太祖を以て大將軍と爲し、武平侯に封ず。……是に於いて袁紹を以て太尉と爲すも、紹班の公の下に在るを恥じ、肯て受けず。公乃ち固辭し、大將軍を以て紹に讓る。天子公を司空に拜し、車騎將軍を行せしむ。（秋七月、……天子假太祖節鉞、録尚書事。洛陽殘破、董昭等勸太祖都許。九月、車駕出轘轅而東、以太祖爲大將軍、封武平侯。……於是以袁紹爲太尉、紹恥班在公下、不肯受。公乃固辭、以大將軍讓紹。天子拜公**司空**、**行車騎將軍**。）

とあり、『後漢書』本紀九・獻帝紀・建安元年冬十一月丙戌の条に、

曹操自ら司空と爲り、車騎將軍の事を行す。（曹操自爲**司空**、**行車騎將軍事**。）

とあるように、曹操は「司空・行車騎將軍事」となり、領兵して各地を転戦した。かれが開いたのは「司空府」であ

るが、ただの公府ではなく、将軍府とのハイブリッドだったように思われる。

『魏志』巻九・曹純伝に、

初め議郎を以て司空の軍事に參し、虎豹騎を督す。（初以議郎**參司空軍事**、督虎豹騎。）

とあり、同上巻十三・王朗伝に、

太祖表してこれを徴し、朗は曲阿より江海を展轉し、年を積みて乃ち至る。諫議大夫に拜して司空の軍事に參す。魏國初めて建つや、軍祭酒を以て魏郡太守を領し、少府に遷り、奉常、大理たり。（太祖表徵之、朗自曲阿展轉江海、積年乃至。拜諫議大夫、**參司空軍事**。魏國初建、以軍祭酒領魏郡太守、遷少府、奉常、大理。）

とあるように、曹操の司空府には旧来の属官である掾属のほか、多数の「參軍事」が置かれ、政治・軍事を補佐した。さらに、同上巻十四・郭嘉伝に、

彧嘉を薦め、召見し、天下の事を論ず。太祖曰はく、「孤をして大業を成さしむ者は、必ず此の人なり」と。嘉出づるや、また喜びて曰はく、「眞に吾が主なり」と。表して司空軍祭酒と爲す。（彧薦嘉、召見、論天下事。太祖曰、使孤成大業者、必此人也。嘉出、亦喜曰、眞吾主也。表爲**司空軍祭酒**。）

とあるように、専任の参謀官と言うべき「軍師祭酒」が設置された[二四]。

このほか、同上・武帝紀・建安四年（一九九年）の条に、

（劉）備の未だ東せざるや、陰かに董承らと謀反し、下邳に至り、遂に徐州刺史の車冑を殺し、兵を擧げ沛に屯す。劉岱・王忠を遣はしてこれを撃たしむも、克たず。（備之未東也、陰與董承等謀反、至下邳、遂殺徐州刺史車冑、擧兵屯沛。遣**劉岱**・王忠撃之、不克。）

とあり、同上注引『魏武故事』に、

（劉）岱、字は公山、沛國の人なり。司空長史を以て征伐に従事し、功あり、列侯に封ぜらる。（岱、字公山、沛國人。以**司空長史**従事征伐、有功、封列侯。）

とあるように、本来は文官の長史も、軍事に参与し、「征伐に従事」した。

曹操の司空府が旧来の公府の枠組みから大きく逸脱していたことは明らかであり、この体制を維持するためには、制度の改変が不可避となる。『魏志』巻一・武帝紀・建安十三年（二〇八年）春正月の条に、

漢、三公の官を罷め、丞相・御史大夫を置く。夏六月、公を以て丞相と爲す。（漢罷三公官、置**丞相**・**御史大夫**。夏六月、以公爲丞相。）

とあり、『後漢書』獻帝紀・建安十三年の条に、

春正月、司徒の趙温免ぜらる。夏六月、三公の官を罷め、丞相・御史大夫を置く。癸巳、曹操自ら丞相と爲る。……八月丁未、光祿勳の郗慮もて御史大夫と爲す。（春正月、司徒趙温免。夏六月、罷三公官、置**丞相**・**御史大夫**。癸巳、曹操自爲丞相。……八月丁未、光祿勳郗慮爲御史大夫。）

とあるように、前年、河北を平定し、天下統一が射程に入った建安十三年、曹操は三公を廃止し、前漢以来の丞相・御史大夫を復活させ、自ら丞相に就任した。

『魏志』巻十一・張範伝に、

太祖荊州より還るや、範陳に見ゆを得、以て議郎と爲し、丞相の軍事に參し、甚だ敬重せらる。……魏國初めて建つや、承〔＝張範の弟〕丞相軍師祭酒を以て趙郡太守を領し、政化大いに行はる。太祖將に西征せんとするや、承を徵して軍事に參せしむも、長安に至り、病もて卒す。（太祖自荊州還、範得見於陳、以爲議郎、**參丞相軍事**、甚見敬重。……魏國初建、承以丞相參軍祭酒〔→**軍師祭酒**の誤り〕領趙郡太守、政化大行。太祖將西征、

徴承**參軍事**、至長安、病卒。）

とあり、また、同上・建安二十三年（二一八年）春正月の条に、

漢の太醫令の吉本、少府の耿紀、司直の韋晃らと反し、許を攻め、丞相長史の王必の營を焼くも、必は潁川典農中郎將の嚴匡と討ちてこれを斬る。（漢太醫令吉本與少府耿紀、**司直**韋晃等反、攻許、焼**丞相長史王必營**、必與潁川典農中郎將嚴匡討斬之。）

とあるように、司空府と同様に、丞相府にも參軍事、軍師祭酒が置かれ、丞相長史も「營」を領し、軍事に関与した。[二五]

なお、「司直」は丞相司直である。[二六]『續漢書』百官志一・司徒の条に、

世祖即位するや、武帝の故事を以て、司直を置き、丞相府〔↓大司徒府の誤り〕に居り、諸州を督録するを助けしむ。建武十八年〔四二年〕省くなり。（世祖即位、以武帝故事、置司直、居丞相府、助督録諸州。建武十八年省也。）

とあり、同上・劉昭注に引かれる『獻帝起居注』に、

建安八年〔二〇三年〕十二月、また司直を置くも、司徒に屬さず、中都の官を督するを掌り、諸州を領さず。九年十一月、詔して司直を司隸校尉に比し、坐は席を同じくして上に在り、傳を假し、從事三人・書佐四人を置く。（建安八年十二月、復置司直、不屬司徒、掌督中都官、不領諸州。九年十一月、詔司直比司隸校尉、坐同席在上、假傳、置從事三人・書佐四人。）

とあるように、曹操政権は、後漢初めに廃止された司直を復活させるとともに、旧来の諸州の監督ではなく、「中都官」すなわち京師の百官を監督させた。『魏志』巻十六・杜畿伝に、

荀彧これを太祖に進め、太祖は畿を以て司空司直と爲す。（荀彧進之太祖、太祖以畿爲**司空司直**。）

とあるように、建安十年以前、杜畿が「司空司直」に任官しているから、設置当初、司直は曹操の司空府に直属していたのだろう。

京師百官の督察は、本来、司隷校尉の任務であるが（『續漢書』百官志四・司隷校尉の条など）、『後漢紀』獻帝紀・建安四年（一九九年）十二月甲辰の条に、

司隷校尉の鍾繇をして節を持して關中を鎭撫せしむ。（司隷校尉鍾繇持節鎭撫關中。）

とあり、『魏志』巻十三・鍾繇伝に、

天子の長安を出づる得、繇力あり。御史中丞に拜し、侍中・尚書僕射に遷り、并せて前の功を録し、東武亭侯に封ぜらる。時に關中の諸將馬騰・韓遂ら、各々彊兵を擁し相與に爭ふ。太祖方に山東に事あれば、關右を以て憂と爲し、乃ち繇を表し侍中・守司隷校尉を以て、節を持して、關中の諸軍を督せしめ、これに委ぬるに後事を以てし、特に科制に拘らざらしむ。繇長安に至るや、騰・遂らに移書し、爲に禍福を陳べ、騰・遂各々子を遣はし入侍せしむ。（天子得出長安、繇有力焉。拜御史中丞、遷侍中・尚書僕射、并録前功、封東武亭侯。時關中諸將馬騰・韓遂等、各擁彊兵相與爭。太祖方有事山東、以關右爲憂、乃表繇以**侍中守司隷校尉**、持節、**督關中諸軍**、委之以後事、特使不拘科制。繇至長安、移書騰・遂等、爲陳禍福、騰遂各遣子入侍。……表繇爲**前軍師**。）

とあるように、建安五年頃、司隷校尉の鍾繇は「督關中諸軍事」を委任され、長安に駐屯した。同上巻十五・賈逵伝に、

司徒辟して掾と爲し、議郎を以て司隷の軍事に參す。太祖馬超を征せんとして、弘農に至り、……逵を以て弘農太守を領せしめ、召見して事を計る。（司徒辟爲掾、以**議郎參司隷軍事**。太祖征馬超、至弘農、……以逵領弘農

太守、召見計事。）

とあるように、「參軍事」が置かれるなど、旧来の司隷校尉ではなく、当時の州牧、のちの都督に近いものだった。[二七]さらに、馬超・韓遂らを討ち、関中を平定した後、九州制が施行され、この結果、司隷校尉部が消滅すると、[二八]『太平御覧』巻二百四十九・職官部四十七・府参軍に引かれる『魏武選令』に、

いま詔書ありて司隷（校尉）の官を省く。鍾校尉は材智決洞、通敏先覚たり。上せて軍事に參するを請ひ、以て闇政を輔けしむべし。（今詔書省司隷官。鍾校尉材智決洞、通敏先覺。可上請參軍事、以輔闇政。）

とあるように、司隷校尉の官も廃止され、鍾繇は曹操の「前軍師」に遷る。したがって、曹操の司空司直、および丞相司直は、本来の司隷校尉の任務を遂行するために置かれたものと見ることができよう。[二九]

おわりに

『隷釈』巻十九に載せられる『魏公卿上尊号奏』（カッコ内は筆者が補った部分）に、

相國・安樂鄉侯臣（華）歆、大尉〔↓太尉〕・都亭侯臣（賈）詡、御史大夫・安陵亭侯臣（王）朗、使持節・行都督督軍・車騎將軍■■〔↓陳侯〕臣（曹）仁、……衞將軍・國明亭侯臣（曹）洪、……奉常臣（邢）貞、郎中令臣（和）洽、衞尉・安國亭侯臣（程）昱、太僕臣（何）夔、大理・東武亭侯臣（鍾）繇、大農臣（袁）霸、少府臣（常）林……

とあるように、後漢末の魏王国には、相国、太尉、御史大夫、車騎将軍、衛将軍、および奉常・郎中令・衛尉・太僕・大理・大農・少府の七卿が置かれていた。『魏志』巻二・文帝紀・黄初元年（二二〇年）十一月癸酉の条に、

相國を改めて司徒と爲し、御史大夫もて司空と爲し、奉常もて太常と爲し、郎中令もて光祿勳と爲し、大理もて廷尉と爲し、大農もて大司農と爲す。（改相國爲司徒、御史大夫爲司空、奉常爲太常、郎中令爲光祿勳、大理爲廷尉、大農爲大司農。）

とあるように、漢魏革命直後、相国は司徒、御史大夫は司空と改められ、後漢の三公に復した。しかし、同上・黄初二年の条に、

春三月、遼東太守の公孫恭に加へて車騎將軍と爲す。……夏四月、車騎將軍の曹仁を以て大將軍と爲す。……秋八月、孫權使を遣はして章を奉らしめ、并せて于禁らを遣はして還らしむ。丁巳、太常の邢貞をして節を持して權を拜して大將軍と爲し、呉王に封じ、九錫を加へしむ。……己卯、大將軍の曹仁を以て大司馬と爲す。（春三月、加遼東太守公孫恭爲車騎將軍。……夏四月、以車騎將軍曹仁爲大將軍。……秋八月、孫權遣使奉章、并遣于禁等還。丁巳、使太常邢貞持節拜權爲大將軍、封呉王、加九錫。冬十月、授楊彪光祿大夫。……己卯、以大將軍曹仁爲大司馬。）

とあるように、大司馬のほか、比公将軍——大将軍、驃騎将軍、車騎将軍、衛将軍がほぼ常設され、明帝即位の際には太傅も任命された（前述）。

蜀は丞相の諸葛亮（一八一～二三四）、大司馬の蔣琬（？～二四六）、大将軍の費禕（？～二五三）、大将軍の姜維（二〇二～二六四）——輔政の宰相が四代にわたって国政を支えた。三師と三公は創業時に許靖が太傅、司徒を歴任した以外、任官者はいない[三〇]。

呉は呉王国の丞相一人の体制から始まり、孫權（在位二二九～二五二）の即位前後、大司馬（のち左右に分割）、および複数の比公将軍が任命される。孫權死後、太傅の諸葛恪（二〇三～二五三）、丞相・大将軍の孫峻（二一九～

二五六）、大将軍の孫綝（二三一～二五八）――輔政の宰相が三代続き、ついで丞相・御史大夫の制が復活するが（ただし左右に分割）、まもなく左右御史大夫が司徒・司空に改められ、太尉を加えて三公が備えられる。呉滅亡時には、丞相の張悌（?～二八〇）、大司馬の諸葛靚、大将軍の孫震（?～二八〇）のほか、司徒の何植、司空の滕脩が在任していた[三二]。

要するに、後漢末以降、宰相の制度は大きく変化、と言うよりも、崩壊し、丞相・相国、三師（太師もしくは太宰・太傅・太保）、三公、二大（大司馬・大将軍）、および開府の将軍と三大夫（光禄大夫、左右光禄大夫）が乱立し、並存するに至る。『通典』巻二十・職官典二・三公総叙に、

晉の武帝即位の初め、安平王孚を以て太宰と爲し、鄭沖もて太傅と爲し、王祥もて太保と爲し、義陽王子初（司馬望の字）もて太尉と爲し、何曾もて司徒と爲し、荀顗もて司空と爲し、石苞もて大司馬と爲し、陳騫もて大將軍と爲す。凡て八公同時に並置され、惟だ丞相なきのみ。時に所謂「八公辰を同じくし、雲に攀り翼を附す」ものなり。（晉武帝即位之初、以安平王孚爲**太宰**、鄭沖爲**太傅**、王祥爲**太保**、義陽王子初爲**太尉**、何曾爲**司徒**、荀顗爲**司空**、石苞爲**大司馬**、陳騫爲**大將軍**。凡八公同時並置、惟無丞相焉。時所謂八公同辰、攀雲附翼者也。）

とあるのは、そのような情勢を象徴している。

≪ 注 ≫

（一）漢六朝の宰相制度ないし公府・幕府については、安作璋・熊鉄基『秦漢官制史稿』（斉魯書社、一九八四年）、祝總斌『両漢魏晋南北朝宰相制度研究』（中国社会科学出版社、一九九〇年）、陳仲安・王素『漢唐職官制度研究』（中華書局、一九九三

年）、金翰奎『古代東亜細亜幕府体制研究』（一潮閣、一九九七年）などを参照。また、漢魏の辟召制については、五井直弘「後漢時代の官吏登用制『辟召』について」（『歴史学研究』第百七十八号、一九五四年）、同上「曹操政権の性格について」（同上・第百九十五号、一九五六年）、矢野主税「漢魏の辟召制研究――故吏問題の再検討によせて――」（『長大史学』第三号、一九五九年）、および福井重雅『漢代官吏登用制度の研究』（創文社、一九八八年）などを参照。

（二）州牧（牧伯）、都督ないし総管などの方鎮については、嚴耕望『中国地方行政制度史』（中央研究院歴史語言研究所専刊四十五、台北、一九六三年）上編（三）魏晋南北朝地方行政制度、宮崎市定『九品官人法の研究――科挙前史――』（東洋史研究会、一九五六年）第二篇第三章第五節「軍府僚属、殊に参軍の発達」、越智重明「南朝の国家と社会」（『岩波講座世界歴史（旧版）5』東アジア世界の形成Ⅱ、一九七〇年）、小尾孟夫『六朝都督制研究』（渓水社、二〇〇一年）、前島佳孝『西魏・北周政権史の研究』（汲古書院、二〇一三年）、および拙稿「諸葛亮・北伐軍団の組織と編制について――蜀漢における軍府の発展形態――」（『東北大学東洋史論集』第四輯、一九九〇年）、同上「漢末州牧考」（『秋大史学』第三十八号、一九九二年）、同上「都督考」（『東洋史研究』第五十一巻第三号、一九九二年）、同上「四征将軍の成立をめぐって」（『古代文化』第四十五巻第十号、一九九三年）、同上「六朝都督制研究の現状と課題」（『駒沢史学』第六十四号、二〇〇五年）、同上「『地方分権化』と都督制」（『三国志研究』第四号、二〇〇九年）などを参照。

（三）前掲宮崎書。

（四）府の字義については、馬育良・郭文君「漢代『百官所聚』之『府』」（『古代文明』第二巻第三期、二〇〇八年）を参照。

（五）大庭脩『秦漢法制史の研究』（創文社、一九八二年）第四篇第一章「前漢の将軍」、第二章「後漢の将軍と将軍仮節」を参照。

（六）漢の丞相（もしくは相国）については、前掲祝總斌書、および鎌田重雄『秦漢政治制度の研究』（日本学術振興会、一九六二年）第二篇「漢の郡国制度」第一章「相国と丞相」などを参照。また、御史大夫ないし御史の制度については、桜井芳朗「御史制度の形成（上）・（下）」（『東洋学報』第二十三巻第二・三号、一九三六年）、および王勇華『秦漢における監察制度の研

究』（朋友書店、二〇〇四年）、米田健志「前漢の御史大夫小考――『史記』三王世家と元康五年詔書冊の解釈に関して」（『奈良史学』第二十七号、二〇〇九年）などを参照。

（七）前掲大庭書を参照。漢の将軍については、このほか、廖伯源「東漢将軍制度之演変」（『中央研究院歴史語言研究所集刊』第六十輯第一号、一九八九年。のち同氏著『歴史与制度――漢代政治制度試釈――』香港教育図書公司、一九九七年所収）、および拙稿「四征将軍の成立をめぐって」（『古代文化』第四十五巻第十号、一九九三年）、同上「征夷大将軍と中国の将軍」（『秋田大学教育学部紀要〈人文科学・社会科学〉』第五十二号、一九九七年）などを参照。

（八）前漢後半期の政局、ならびに内朝・外朝の問題については、西嶋定生「武帝の死――『塩鉄論』の政治史的背景――」（『古代史講座』第十一巻、学生社、一九六五年。同氏著『中国古代国家と東アジア世界』東京大学出版会、一九八三年所収）、同上『中国の歴史２――秦漢帝国――』（講談社、一九七四年。のち講談社学術文庫、一九九七年）、狩野直禎「霍光から王莽へ――前漢政治史の一断面（一）――」（『聖心女子大学論叢』第三十号、一九六七年）、同上「霍光から王莽へ――前漢政治史の一断面（二）――」（同上第三十一・三十二号、一九六九年）、および冨田健之「内朝と外朝――漢朝政治構造の基礎的考察――」（『東洋史研究』第四十五巻第二号、一九八六年）、藤田高夫「前漢後半期の外戚と官僚機構」（『東洋史研究』第四十八巻第四号、一九九〇年）、吉村昌之「前漢の大司馬――前漢後半期における政治上の諸問題について――」（『史泉』第八十四号、一九九六年）、福永善隆「漢代における尚書と内朝」（『東洋史研究』第七十一巻第二号、二〇一二年）、渡邉将智『後漢政治制度の研究』（早稲田大学出版部、二〇一四年）などを参照。

（九）前掲大庭書、および佐藤直人「前漢後半期における前後左右将軍について」（『名古屋大学東洋史研究報告』第二十五号、二〇〇一年）などを参照。なお、四将軍の常設も、九卿との兼任によって安定化が試みられたものとみられる。たとえば、『漢書』巻五十九・張湯伝に、

子の安世。……會々左將軍の上官桀父子及び御史大夫の桑弘羊みな燕王・蓋主と謀反して誅せられ、光朝に舊臣なきを以て、白して安世を用て右將軍・光祿勳と爲し、以て自らに副たらしむ。（子安世。……會左將軍上官桀父子及御史大夫桑

弘羊皆與燕王・蓋主謀反誅、光以朝無舊臣、白用安世爲**右將軍・光祿勳**、以自副焉。）

とあるように、上官桀・上官安、桑弘羊の失脚後、張安世が「右將軍・光祿勳」に任ぜられ、霍光を補佐した。同様に、『漢書』巻七十八・蕭望之伝に、

宣帝寝疾するに及び、……（史）高を拜して大司馬車騎將軍と爲し、望之もて前將軍・光祿勳と爲し、（周）堪もて光祿大夫と爲し、みな遺詔を受けて輔政し、尚書の事を領せしむ。（及宣帝寢疾、……拜高爲大司馬車騎將軍、望之爲**前將軍・光祿勳**、堪爲光祿大夫、皆受遺詔輔政、領尚書事。）

とあるように、宣帝死去の際、蕭望之は「前將軍・光祿勳」となり、大司馬車騎将軍の史高、光禄大夫の周堪とともに輔政の大任を受けた。このほか、同上巻六十九・趙充國伝に、

中郎將に遷り、上谷に將屯し、還りて水衡都尉と爲る。匈奴を撃ち、西祁王を獲、擢かれて後將軍と爲り、水衡を兼ねること故の如し。大將軍の霍光と定册し、宣帝を尊立し、營平侯に封ぜらる。本始中、蒲類將軍と爲り、匈奴を征し、斬虜すること數百級、還りて後將軍・少府と爲る。……充國また後將軍・衞尉と爲る。（遷中郎將、將屯上谷、還爲水衡都尉。擊匈奴、獲西祁王、擢爲**後將軍**、**兼水衡**如故。與大將軍霍光定册、尊立宣帝、封營平侯。本始中、爲蒲類將軍、征匈奴、斬虜數百級、還爲**後將軍・少府**。……充國復爲**後將軍・衞尉**。）

とあり、同上巻七十二・王吉伝に、

河南太守を以て徴されて入りて御史大夫と爲る。……左遷せられて大司農と爲り、のち衞尉・左將軍に從る。（以河南太守徴入爲御史大夫。……左遷爲大司農、後徙**衞尉・左將軍**。）

とあり、同上巻七十九・馮奉世伝に、

右將軍・典屬國の常惠薨ずるや、奉世代はりて右將軍・典屬國と爲り、諸吏の號を加へらる。數歳にして光祿勳と爲る。……明年二月、奉世京師に還り、更めて左將軍と爲り、光祿勳たること故の如し。（右將軍・典屬國常惠薨、奉世代爲**右將軍・典屬國**、加諸吏之號。數歳爲光祿勳。……明年二月、奉世還京師、更爲**左將軍**、**光祿勳**如故。）

とあるように、四将軍と水衡都尉、衛尉、少府、典属国などとの兼任が確認される。

（一〇）三公については、山田勝芳「前漢末三公制の成立と新出漢簡——王莽時代政治史の一前提——」（『集刊東洋学』第六十八号、一九九二年）、下倉渉「『三公』の政治的地位について」（『集刊東洋学』第七十八号、一九九七年）などを参照。

（一一）新の官制については、萬斯同「新莽大臣年表」（『二十五史補編』所収）、饒宗頤「新莽職官考」（『選堂集林』上、中華書局、一九八二年）、東晋次『王莽——儒家の理想に憑かれた男——』（白帝社、二〇〇三年）、渡邉義浩「王莽の官制と統治政策」（『東洋研究』第百八十三号、二〇一二年）などを参照。

（一二）『後漢紀』光武帝紀二に、

李松を以て丞相と爲し、趙萌もて大司馬と爲し、隗囂もて御史大夫と爲す。（以李松爲丞相、趙萌爲大司馬、隗囂爲**御史大夫**。）

とあるように、このとき、隗囂（?〜三三）が御史大夫に任ぜられたという記事がある。『後漢書』列伝三・隗囂伝にも、

其〔二四年〕の冬、崔・義〔ともに隗囂の叔父〕謀りて叛歸せんと欲す。囂并禍を懼れ、即ちに事を以てこれを告げ、崔・義誅死す。更始囂の忠に感じ、以て御史大夫と爲す。（其冬、崔・義謀欲叛歸。囂懼并禍、即以事告之、崔・義誅死。更始感囂忠、以爲**御史大夫**。）

とあるから、隗囂が御史大夫に任官したことは事実とみられる。

（一三）『後漢書』列伝十六・宋弘伝に、

光武即位するや、徵されて太中大夫に拜す。建武二年、王梁に代はりて大司空と爲り、栒邑侯に封ぜらる。……弘賢士の馮翊の桓梁ら三十餘人を推進し、相及びて公卿と爲る者あり。（光武即位、徵拜太中大夫。建武二年、代王梁爲大司空、封栒邑侯。……弘推進賢士馮翊桓梁三十餘人、或相及爲公卿者。）

とあるように、王梁の後任に起用された宋弘（京兆の人）は、「賢士」を推挙するなど、三公としての職務をまっとうした。

（一四）『後漢書』列伝十二・杜茂伝によれば、

明年、使を遣はし節を持して茂を拝して驃騎大将軍と爲し、沛郡を撃ち、芒を抜かしむ。……十五年、兵馬の稟縑を断ち、軍吏をして人を殺しむに坐し、官を免ぜらる。（明年、遣使持節拜茂爲驃騎大將軍、擊沛郡、拔芒。……十五年、坐斷兵馬稟縑、使軍吏殺人、免官。）

とあり、杜茂は兵士への糧食を停止し、部下に人を殺させた罪に問われ、罷免されたとされる。

（二五）『後漢書』光武帝紀下・建武二十七年〔五一年〕の条に、

夏四月戊午、大司徒の玉況薨ず。五月丁丑、詔して曰はく、「むかし契は司徒と作り、禹は司空と作るも、みな大の名なし。其れ二府に令して大を去らしめ、また大司馬を改めて太尉と爲せ」と。驃騎大将軍・行大司馬の劉隆即日罷められ、太僕の趙憙を以て太尉と爲し、大司農の馮勤もて司徒と爲す。（夏四月戊午、大司徒玉況薨。五月丁丑、詔曰、昔契作司徒、禹作司空、皆無大名。其令二府去大、又改大司馬爲太尉。**驃騎大將軍・行大司馬劉隆**即日罷、以太僕趙憙爲太尉、大司農馮勤爲司徒。）

とあるから、劉隆は「驃騎大將軍」だったと推測される。

（二六）『後漢書』列伝七・馮異伝に、

時に赤眉、延岑三輔を暴亂し、郡縣の大姓各々兵衆を擁す。大司徒の鄧禹定める能はざれば、乃ち異を遣はし禹に代はりてこれを討たしむ。……（建武）三年〔二七年〕春、使者を遣はし即きて異に拜して征西大將軍と爲す。（時赤眉、延岑暴亂三輔、郡縣大姓各擁兵衆。大司徒鄧禹不能定、乃遣異代禹討之。……三年春、遣使者即拜異爲**征西大將軍**。）

とあり、同上列伝七・岑彭伝に、

是に於いて彭に拜して刺姦大將軍と爲し、衆營を督察せしめ、授けるに常に持す所の節を以てし、從ひて河北を平らぐ。光武即位するや、彭を廷尉に拜し、歸德侯たること故の如し、行大將軍事たり。……（建武二年）秋、彭は杏を破り、許邯を降し、征南大將軍に遷る。（於是拜彭爲刺姦大將軍、使督察衆營、授以常所持節、從平河北。光武即位、拜彭廷尉、歸德侯如故、行大將軍事。……秋、彭破杏、降許邯、遷**征南大將軍**。）

とある。

（一七）明帝ないし靈帝代における輔政の将軍は、①驃騎将軍の東平王劉蒼（明帝の弟、五七～六二年罷免。以下、カッコ内の数字は在任期間）、②車騎将軍の馬防（明德馬皇后の兄、七七～七八年罷免）、③大将軍の竇憲（章德竇皇后の兄、八九～九二年自殺。八八～八九年、車騎将軍）、④大将軍の鄧騭（和熹鄧皇后の兄、一〇八～一一〇年罷免。一〇六～一〇八年、車騎将軍）、⑤大将軍の耿寶（安帝の父清河孝王妃の兄、一二四～一二五年自殺）、⑥車騎将軍の閻顯（安思閻皇后の兄、一二五年殺害）、⑦車騎将軍の來歴（明帝の女武安公主の子、一二五～一二八年罷免）、⑧大将軍の梁商（順烈梁皇后の父、一三五～一四一年死去）、⑨大将軍の梁冀（梁商の子、一四一～一五九年自殺）、⑩大将軍の竇武（桓思竇皇后の父、一六八年自殺）、⑪大将軍の何進（靈思何皇后の兄、一八四～一八九年殺害）の十一名を数えることができる。このほか、⑫車騎将軍の何苗（何進の弟、一八七～一八九年殺害）、⑬驃騎将軍の董重（靈帝の母孝仁董皇后の兄子、一八八～一八九年自殺）の二人も、これに準じる地位にあった考えられる（以上、『後漢書』の関連記事による）。

（一八）明帝の太傅は①鄧禹（五七～五八年卒官。以下、カッコ内の数字は在任期間）、章帝は②趙憙（七五～八〇年卒官）、和帝は③鄧彪（八八～九三年卒官）、殤帝・安帝は④張禹（一〇六～一〇七年。太尉に遷る）、北鄉侯は⑤馮石（一二五～一二六年罷免）、順帝は⑥桓焉（一二六～一二八年罷免）、沖帝・質帝は⑦趙峻（一四四～一四五年卒官）、桓帝の太傅は置かれず、靈帝は⑧陳蕃（一六八年誅殺）と⑨胡廣（一六八～一七二年卒官）、弘農王・獻帝は⑩袁隗（一八九～一九〇年誅殺）と⑪馬日磾（一九二～一九四年。関東に派遣され、壽春で死去）、合計十一人の任官が確認できる（以上、『後漢書』の関連記事による）。

（一九）『後漢書』列伝六十二・董卓伝に、

（李）傕また車騎將軍に遷り、開府し、司隸校尉を領し、節を假せらる。（郭）汜もて後將軍、（樊）稠もて右將軍、張濟もて鎭東將軍と爲し、並びに列侯に封ず。傕・汜・稠共に朝政を秉る。……猶ほ稠及び郭汜に開府を加へ、三公と合はせて六府と爲し、みな選擧に參せしむ。（傕又遷車騎將軍、**開府**、領司隸校尉、假節。汜後將軍、稠右將軍、張濟爲鎭東將

軍、並封列侯。傕・汜・稠共秉朝政。……猶加稠及郭汜開府、與三公合爲六府、皆參選擧。）

とあり、『後漢紀』獻帝紀・初平三年（一九二年）九月の条に、

揚武將軍の李傕もて車騎將軍と爲し、池陽侯に封じ、司隷校尉を領せしめ、節を假す。（揚武將軍李傕爲車騎將軍、封池陽侯、領司隷校尉、假節。）

とあり、同上・興平元年（一九四年）五月の条に、

即きて揚武將軍の郭汜を拜して後將軍と爲し、美陽侯に更封し、安集將軍の樊稠もて右將軍と爲し、開府すること三公の如し。（即拜揚武將軍郭汜爲後將軍、更封美陽侯、安集將軍樊稠爲右將軍、開府如三公。）

とあるように、後漢末、李傕・郭汜らの長安政權にも「六府」が出現した。

(二〇)『魏志』巻八・張楊伝に、

（董）卓楊を以て建義將軍・河内太守と爲す。天子の河東に在るや、楊兵を將いて安邑に至り、安國將軍に拜し、晉陽侯に封ぜらる。……遂に野王に還り、即きて拜せられて大司馬と爲る。（卓以楊爲建義將軍・河内太守。天子之在河東、楊將兵至安邑、拜安國將軍、封晉陽侯。……遂還野王、即拜爲大司馬。）

とあるように、建安元年（一九六年）八月、河内太守の張楊も在外の大司馬に任命されている（『後漢書』本紀九・献帝紀も參照）。

(二一)『蜀志』巻十・李嚴伝に、

是に於いて亮平を表して曰はく、「先帝崩ずるの後より、平所在家を治め、なほ小惠を爲し、身を安んじ名を求め、國を憂ふるの事なし。臣北出するに當り、平の兵を得て以て漢中を鎭せしめんと欲すも、平は窮難縱橫にして、來意あるなし。而して五郡を以て巴州刺史と爲さんことを求む。去年臣西征せんと欲し、平をして漢中を主督せしめんと欲すも、平説ふならく、『司馬懿ら開府辟召す』と。臣平の鄙情にして、行ふの際に因り臣に偪り利を取らんと欲するを知るなり。是を以て平の子豐を表して江州を督主せしめ、其の遇を隆崇し、以て一時の務めを取らしめんとす……」と。（於是亮表

平日、自先帝崩後、平所在治家、尚爲小惠、安身求名、無憂國之事。臣當北出、欲得平兵以鎭漢中、平窮難縱横、無有來意、而求以五郡爲巴州刺史。去年臣欲西征、欲令平主督漢中、平説司馬懿等開府辟召。臣知平鄙情、欲因行之際偪臣取利也。是以表平子豐督主江州、隆崇其遇、以取一時之務。……)

とあるように、建興九年（二三一年）、諸葛亮は李嚴を罷免するが、その弾劾文の中で、去年、李嚴は司馬懿らが「開府辟召」していることを引き合いに出して、同様の地位を要求してきたと言っている。魏明帝の七公が開府していたのは、まちがいないだろう。

(二)『後漢書』列伝二十七・丁鴻伝に、

和帝即位するや、太常に遷る。永元四年（九〇年）、袁安に代はり司徒と爲る。是の時、鄧太后政に臨み、憲の兄弟各々威權を擅にす。鴻日食に因り、封事を上りて曰はく、……書奏せられしこと十餘日にして、帝は鴻を以て行太尉兼衞尉とし、南・北宮に屯せしむ。是に於いて憲の大將軍の印綬を收め、憲及び諸弟みな自殺す。（和帝即位、遷太常。永元四年、代袁安爲司徒。是時鄧太后臨政、憲兄弟各擅威權。鴻因日食、上封事曰、……書奏十餘日、帝以鴻**行太尉兼衞尉**、屯南・北宮。於是收憲大將軍印綬、憲及諸弟皆自殺。）

とあるように、和帝が竇憲を失脚させた際、丁鴻（潁川の人、?～九四）が「行太尉兼衞尉」に任命されている。将軍と三公九卿の組み合わせではないが、やはり、軍事に関わる三公と九卿を兼務することによって、異変に備えたのだろう。

(三)『後漢書』列伝六十一・朱儁伝に、

（董）卓のち入關するや、儁（当時、河南尹に在任）を留めて洛陽を守らしむ。……乃ち東のかた中牟に屯し、州郡に移書し、師を請ひ卓を討たんとす。徐州刺史の陶謙精兵三千を遣はすや、餘の州郡稍く給する所あり、謙乃ち儁を上せて行車騎將軍とす。……董卓誅され、（李）傕・（郭）汜亂を作すに及び、……陶謙儁の名臣にして、數々戰功あるを以て、委ぬるに大事を以てすべしとし、乃ち諸豪桀と共に儁を推して太師と爲し、因りて牧伯に移檄し、同に李傕を討ち天子を奉迎せんとす。（卓後入關、留儁守洛陽、……乃東屯中牟、移書州郡、請師討卓。徐州刺史陶謙遣精兵三千、餘州郡稍有所

給、謙乃上儁行車騎將軍。……及董卓被誅、傕・汜作亂、……陶謙以儁名臣、數有戰功、可委以大事、乃與諸豪桀共推儁爲**太師**、因移檄牧伯、同討李傕奉迎天子。）

とあるように、董卓死後、陶謙は朱儁を「太師」に推戴し、献帝を奉迎する計画を立てている（未遂）。

（二四）軍師、軍師祭酒、および参軍事などの府官については、拙稿「参軍事考――六朝軍府僚属の起源をめぐって――」（『文化』第五十一巻第三・四号、一九八八年）、同上「諸葛亮・北伐軍団の組織と編制について――蜀漢における軍府の発展形態――」（『東北大学東洋史論集』第四輯、一九九〇年）、同上「軍師考」（『東北大学日本文化研究所研究報告』第二十六集、一九九一年）、同上「参軍事の研究」（『三国志研究』第十号、二〇一五年）、同上「魏晋南朝の従事中郎について」（『東北大学東洋史論集』第十二輯、二〇一六年）、および拙著『曹操――魏の武帝――』（新人物往来社、二〇〇〇年）などを参照。

（二五）曹操の司空ないし丞相府については、拙稿「曹操の司空・丞相府について――漢六朝期における輔政と覇府――」（『唐代史研究』創刊号、一九九八年）を参照。

（二六）『後漢書』本紀九・獻帝紀・建安二十三年春正月甲子の条に、

少府の耿紀・丞相司直の韋晃兵を起こして曹操を誅せんとするも、克たず、三族を夷ぼす。（少府耿紀・**丞相司直**韋晃起兵誅曹操、不克、夷三族。）

とある。なお、漢代の丞相司直については、王勇華「前漢における丞相司直」（『東洋学報』第八十三巻第四号、二〇〇二年）、福永善隆「前漢における丞相司直の設置について――丞相制の展開と関連して――」（『九州大学東洋史論集』第三十四号、二〇〇六年）などを参照。

（二七）『水経注』巻七・濟水に、

湨水また東のかた鍾繇塢の北を逕る、世々これを鍾公壘と謂ふ。（湨水又東逕鍾繇塢北、世謂之鍾公壘。）

とあるように、南北朝期、河内郡軹県（現在の河南省済源市）附近には、「鍾繇塢」もしくは「鍾公壘」と呼ばれる集落（ないしその遺構）があった。楊守敬の疏に、

守敬按ずるに、濟源縣志に（云ふならく）、「鍾公の廢壘鍾王村に在り。魏文帝の時、太傅の鍾繇ここに屯兵するが、故に名づく」と。（守敬按、濟源縣志、鍾公廢壘在鍾王村。魏文帝時、太傅鍾繇屯兵於此、故名。）

とあるように、鍾繇が駐留したことに因む地名と推測される。ただし、鍾繇が領兵して活躍したのは、管見の限り、司隸校尉在任中のことである。魏の黄初年間ではなく、後漢の建安年間のことと解するのが妥当だと思われる。

(二八)『後漢書』本紀九・獻帝紀・建安十八年（二一三年）正月庚寅の条に、

禹貢の九州を復す。（復禹貢九州。）

とあり、同上・李賢注に引かれる『獻帝春秋』に、

時に幽・并州を省き、其の郡國を以て冀州に并す。司隸校尉及び涼州を省き、其の郡國を以て并せて雍州と爲す。交州を省き、荊州・益州に并す。是に於いて兗・豫・青・徐・荊・揚・冀・益・雍あるなり。（時省幽・并州、以其郡國并於冀州。省司隸校尉及涼州、以其郡國并爲雍州。省交州、并荊州・益州。於是有兗・豫・青・徐・荊・揚・冀・益・雍也。）

とある。

(二九)漢代の司隸校尉については、冨田健之「漢代における司隸校尉」（『史淵』第百二十一輯、一九八四年）を参照。

(三〇)『蜀志』の関連記事による。なお、蜀漢政権の権力構造については、狩野直禎「蜀漢国前史」（『東方学』第十六輯、一九五八年）、同上「蜀漢政権の構造」（『史林』第四十二巻第一号、一九五九年）、並木淳哉「蜀漢政権における権力構造の再検討」（『三国志研究』第五号、二〇一〇年）、および前掲拙稿「諸葛亮・北伐軍団の組織と編制について」などを参照。

(三一)『呉志』の関連記事による。

『漢書』「五行志」[一]における［董仲舒観］

――「高廟園災対」[二]を中心として――

小林　春樹

はじめに

前稿[三]においては、『漢書』「董仲舒伝」[四]所引の「天人三策」[五]を主な対象とした考察を行ない、当該史料が内包する［董仲舒像］[六]には、［『春秋』災異学者］[七]、さらにいえば［当該の学術の大成者］としての性格が含まれていることを明らかにした。

しかしながら前稿においては検討対象から除外した「本伝」の末文には、そのような［董仲舒像］を根底から否定し、覆す可能性のある史料が存在することも事実である。「高廟園災対」に起因する筆禍事件の経緯を記録するとともに、当該の事件以後、「仲舒遂不敢復言災異」[八]、すなわち、「（董）仲舒は敢えてふたたび災異に言及することは無くなった」という明文を含む、以下の史料の存在がそれである。

遼東高廟、長陵高園殿、災。仲舒、居家推說其意。屮槀未上、主父偃、候仲舒、私見嫉之、竊其書而奏焉。

上、召視諸儒。仲舒弟子呂歩舒、不知其師書、以為大愚。於是下仲舒吏。當死、詔赦之。仲舒遂不敢復言災異。

【遼東の高廟、長陵の高園の殿、(九)災す。仲舒、家に居りて其の意を推して説く。屮稾未だ上らざるに、主父偃、仲舒を候ひ、私かに見て之れを嫉み、其の書を竊みて焉れを奏す。上、召して諸儒に視す。仲舒の弟子呂歩舒、其の師の書なるを知らず、以て大愚と為す。是に於いて仲舒を吏に下す。死に当たるも、詔して之れを赦す。仲舒遂に敢へて復た災異を言わず。】

ところで「五行志」には、そのような「高廟園災対」のほぼ全文が引用されるとともに、上掲の「本伝」末尾の一文には見られない記載も散見される。したがって本稿の第一章においては「五行志」所引の「高廟園災対」に検討を加え、そこに示された「董仲舒像」が、前稿において「天人三策」から抽出したそれに準じて、彼を『春秋』災異学者」と見なすものであることを確認する。ついで第二章では、「五行志」のみに記録されている、「高廟園災対」由来の筆禍事件のいわば「後日譚」に関連した考察を行ない、それらの結果を根拠として、上掲の一文、すなわち「仲舒遂不敢復言災異（仲舒遂に敢へて復た災異を言わず）」という明文の存在にもかかわらず、董仲舒を『春秋』災異学者」、さらには『春秋』災異学の大成者」と見なす「董仲舒像」が、依然として『漢書』の「董仲舒像」を構成する要素の一つであることを再確認し、それを以て本稿の結論に代えたい。

第一章　「五行志」所引の「高廟園災対」

「五行志」は、「五行」の「火」の条の冒頭近くにおいて、「高廟園災対」が起草されるきっかけとなった火災について、

武帝建元六年六月丁酉、遼東高廟災。四月壬子、高園便殿災。

【武帝建元六年（前一三五）六月丁酉[10]、遼東の高廟に災あり。四月壬子、高園の便殿に災あり。】

と記録したうえで、それらの火災を「災異」と見なす立場から為された董仲舒の解釈と議論、すなわち「高廟園災対」を引用している。以下においてはその全体を［一］から［四］に分けたうえで、それぞれを原文、【訓読文】、および《大意》の順に示しつつ、「高廟園災対」の概要を確認してゆく。

［一］董仲舒対曰、春秋之道、挙往以明来。是故、天下有物、視春秋所挙、与同比者、精微眇、以存其意、通倫類以貫其理、天地之変、国家之事、粲然皆見、亡所疑矣。……。

【董仲舒対へて曰く、春秋の道は、往を挙げて以て来るを明らかにす。是の故に、天下に物《こと》有らば、春秋の挙ぐる所、与に同比なる者を視て、微眇を精にし、以て其の意を存し、倫類を通じ以て其の理を貫けば、天地の

変、国家の事、粲然として皆見はれ、疑はしき所亡からん。……。[一一]】

《董仲舒は（武帝の諮問、すなわち「策問」に対して以下のように）答えて述べた。『春秋』の論法は、過去の事象を挙例して未来の事象を明かにする、というものです。したがって、天下に異変等が起きた場合には、『春秋』に記されている類似の事象に照らして、その微妙な点を精査してその意味を明らかにし、それらすべてに『春秋』の理念を一貫させるならば、天地の異変や国家の一大事はその意味が明らかになり、一点の疑念もなくなるでしょう。……。》

［二］定公二年五月、両観災。両観僭礼之物。天、災之者、若曰、僭礼之臣可以去。……定公、不知省。

【定公[一二]二年（前五〇八）五月、両観に災あり。両観は僭礼の物たり[一三]。天、之れに災して、若《しか》く曰く、僭礼の臣[一四]は以て去るべし、と。……定公、知省せず。】

《（魯の）定公二年五月に両観（すなわち周王だけが建てることをゆるされた、門の両側の物見台）に火災がありました。（諸侯の国である魯の）両観は礼制にそむいた僭越な建物です。天が（魯の両観に火）災を起こしたのは、「（天自身が僭礼の建築物である魯の両観を火災によって除去したように、魯公はその）僭越な家臣［である李（孫）氏ら］を除き去るべきである」という天の意思を示すためなのです。……（しかし）定公はそのことを察知しませんでした。》

［三］至哀公三年五月、桓宮、釐宮災。二者同事、所為一也。若曰、燔貴而去不義云爾。哀公、未能見。故四年六月、亳社災。両観、桓、釐廟、亳社、四者皆不当立。天、皆燔其不当立者以示魯、欲其去亂臣而用聖人也。……。

【哀公(一五)三年（前四九二）五月に至り、桓宮、釐宮(一六)災す。二者(一七)は同事、為す所も一なり。若く曰く、貴を燔きて不義を去れ、爾云ふ、と。哀公、未だ見る能はず。故に四年（前四九一）六月、亳社(一八)災す。両観、桓、釐の廟、亳社の四者は皆な当に立つべからず。天、皆な其の当に立つべからざる者を燔きて以て魯に示すは、其の乱臣を去りて聖人を用いるを欲すればなり。……(一九)。】

《（そこで）哀公三年五月になって（天はあらためて、礼制に外れた）桓公と釐公（僖公）の廟に火災を発生させました。二者（両観と桓、釐二廟の火災）は同様の（天の意思を反映した）事象であり、現象としても同一です。「（天は）貴いものを燔くことによって義に背いたものを去れ、といっているのです。哀公はそれでも天の意思を見抜けませんでした。そのために、翌、四年六月に亳社に火災があったのです。両観、桓廟、釐（僖）廟、亳社は皆な建てるべきではないものです。天が、建ててはならない建築物を火災によって燔いて以て魯に示したのは、（それらと同様に放置してはならない）乱臣を除去して聖人を任用することを欲したからです。……。》

［四］今、高廟不当居遼東、高園殿不当居陵旁。於礼亦不当立、与魯所災同。……。多兄弟、親戚、骨肉之連、驕揚奢侈、恣睢者衆。……。故天、災若語陛下。……。視親戚貴属、在諸侯、遠正最甚者、忍而誅之。如吾燔遼東高廟乃可。視近臣、在国中処旁仄、及貴而不正者、忍而誅之。如吾燔高園殿乃可、云爾。在外而不正者、雖貴如高廟、猶災燔之。況諸侯乎。在内不正者、雖貴如高園殿、猶燔災之。況大臣乎。此天意也。

【今、高廟は当に遼東に居るべからず、高園の殿は当に陵旁に居るべからず。礼においても亦た当に立つべからざるは、魯の災する所と同じ。(一〇)……。兄弟、親戚、骨肉の連多く、驕揚奢侈、恣睢なる者も衆し。(一一)……。故に天、災して若《しか》く陛下に語る。(一二)……。親戚貴属の、諸侯に在るも、正《せい》に遠きこと最も甚だしき者を視て、忍んで之れを誅せよ。吾が遼東の高廟を燔くが如ければ乃ち可なり。近臣の、国中に在りて旁仄(一三)に処る、及び貴にして正しからざる者を視て、忍んで之れを誅せよ。吾が高園の殿を燔くが如ければ乃ち可なり、爾云ふ、と。外に在りて正しからざる者は、貴なること高廟の如しと雖も、猶ほ災して之れを燔く。況んや諸侯をや。内に在りて正しからざる者は、貴なること高園の殿の如しと雖も、猶ほ之を燔きて災す。況んや大臣をや。此れ天意なり。】

《当今、高祖劉邦の廟は遼東郡に建てるべきではなく、(長安の北の高祖の本廟たる)長陵の休息所も廟の傍に置くべきではありません。それらが礼制に違反していることは、魯において火災に遭った「両観、桓公・釐(僖)公の廟などの」建築と同じです。……。(陛下には)兄弟や親戚など血縁者が多く、威張り散らして贅沢三昧、我が物顔に振る舞う者も大勢います。……。それ故に天は、(遼東の郡国廟や長陵の便殿などの火災

という）災異を発生させることによって、陛下に（以下のように）語りかけているのです。……。「身内で高貴な、諸侯のような身分にある者であっても、正義から甚だしく遠《はな》れた者を探し出して、忍びがたきを忍んで誅殺せよ。私（すなわち天）が遼東の高廟（のような貴い建物）を燔いたようにすればよいのである。近臣で、都にいて皇帝の側近に仕え、また高貴な地位にありながら不正をはたらく者を見つけ出して、忍びがたきを忍んで誅殺せよ。私（すなわち天）が（長安の北の高祖の本廟たる）長陵の休息所を燔いたようにすればよいのである」、と。外に在って正しくないものは、高祖の（郡国）廟のように貴いものでも天は火災（という災異）をおこして焼き払ってしまいます。ましてや諸侯など、もの数ではありません。内に在って正しくないものは、長陵の休息所のように高貴なものでも天は火災（という災異）をおこして焼き払ってしまいます。ましてや大臣など、もの数ではありません。これが天の意思なのです。》

「五行志」所引の「高廟園災対」に関する、以上の確認作業によって明らかになるのは次の二つの事実である。

第一：「高廟園災対」とは、（武帝の諮問をうけた）董仲舒によって起草された上奏文（「対策」）であり、その議論を支えている基本理念は『春秋』災異学」、その要請の眼目は諸侯王と大臣勢力の排除による「強幹弱枝」策の実施であった。

第二：それが内包する董仲舒の像（［董仲舒像］）は、前稿において、「本伝」所引の「天人三策」を基本史料として帰納したそれに準じたものであり、董仲舒を［『春秋』災異学」者］と見なすものであった。

以上である。

「五行志」には、第一章で確認したような特色を有する「高廟園災対」に続けて、所謂「淮南王（劉）安[二四]と衡山王（劉）賜[二五]」らによる謀反事件[二六]（以下「淮南王謀反事件」）とともに、董仲舒と密接に関わる、「後日譚」（以下「後日譚」）ともいうべき独自の史料が記されている。

先是、淮南王安入朝、始与帝舅太尉武安侯田蚡有逆言。其後、膠西于王、趙敬粛王、常山憲王、皆数犯法、或至夷滅人家、薬殺二千石。而淮南、衡山王遂謀反、膠東、江都王皆知其謀、陰治兵弩、欲以応之。至元朔六年、乃発覚而伏辜。時田蚡已死、不及誅。上、思仲舒前言、使仲舒弟子呂歩舒持斧鉞治淮南獄。以春秋誼、顓断於外、不請、既還奏事。上、皆是之。

【是より先、淮南王安入朝し、始めて帝の舅 太尉武安侯田蚡と逆言有り[二七]。其の後、膠西于王、趙敬粛王、常山憲王[二八]、皆な数々法を犯し、或は人の家を夷滅し、二千石を薬殺するに至る。而して淮南、衡山王は遂に謀反し、膠東、江都王[二九]は皆な其の謀を知りて、陰かに兵弩を治め、以て之れに応ぜんと欲す。元朔六年（前一二三）に至り、乃ち発覚して辜に伏す。時に田蚡は已に死し、誅に及ばず。上、仲舒の前言[三〇]を思ひ、仲舒の弟子の呂歩舒をして斧鉞を持して淮南の獄を治せしむ。春秋の誼[三一]を以て、外に顓断して、請はず。既に還りて事を奏す。上、皆な之れを是とす。】

《これより先（すなわち董仲舒が「高廟園災対」を起草する以前）、淮南王（劉）安が入朝した際、始めて、武帝の叔父にあたる、太尉の武安侯田蚡との間で反逆に関する言葉が交わされた。その後、膠西于王（劉端）、趙敬粛王（劉彭祖）、常山憲王（劉舜）たちは、皆なしばしば法を犯し、時には他人の一家を皆殺しにしたり、（中央から派遣されてきた王国の長官である）二千石を毒殺するまでになった。かくして淮南王（劉安）、衡山王（劉賜）らが謀反を企て、膠東王（劉寄）、江都王（劉非、もしくは劉建）たちはそのたくらみを知ると、ひそかに兵器を整え、それに呼応しようとした。元朔六年になってようやくそのことが発覚して（みな）罪に伏した。（ただし）その時、（大臣たる）田蚡はすでに死んでいたので誅殺されることはなかった。武帝は「仲舒の前言」（すなわち「高廟園災対」とそこにおける議論の正しさ）に思いを致し、仲舒の弟子である呂歩舒に斧《おの》と鉞《まさかり》を持たせて派遣し、淮南王の謀反事件にかかわる裁判を処理させた。（呂歩舒は、）「国外では事を専断する」という『春秋』の精神にのっとって、（いちいち沙汰を請わずに、都に）帰還してから事の次第を報告した。武帝はこれを是とした。》

淮南王謀反事件に逢着した武帝が「仲舒の前言」、すなわち「高廟園災対」を想起した理由は、諸侯王や大臣勢力の抑損による「強幹弱枝」策が主張されていたことを再評価したためであろう。また、事件発生当時、董仲舒がなお存命であったにもかかわらず、実際に事に当たったのは弟子の呂歩舒であり、武帝を満足させたのも、『春秋』の誼」にもとづく呂歩舒の断獄であったものと考えられる。[三二] しかしながらその一方において、この「後日譚」の存在によって、

一．筆禍事件の元凶として、一旦は董仲舒を死の淵に追いやることになった彼の「高廟園災対」、
二．「高廟園災対」の主張を支える理念、思想、思惟であった董仲舒の『春秋』災異学」、
三．［『春秋』災異学」の大成者」としての性格を重視する立場から形成された［董仲舒像」、

などの「名誉回復」が、「事実」として、ともども「実現」されていることも確認することができるのであり、それらのことにも十分留意する必要があると考えるのである。

おわりに

本稿においては、「五行志」に引用された「高廟園災対」と、その後に発生した淮南王謀反事件、および、とくに後者の「後日譚」ともいうべき記述を中心とした考察を試みた。その結果として、「高廟園災対」に関連しては、それが、『春秋』災異学」を基本理念、思想、思惟の一つとして、諸侯王や大臣勢力の抑制や排除という「強幹弱枝」策の実現を求めた上奏文であったこと、およびそれが内包する［董仲舒像」が、前稿において筆者が確認したそれ、すなわち董仲舒を［『春秋』災異学」の大成者」とみなす［董仲舒像」に準じて、彼を［『春秋』災異学」者」と見なすものであったことを確認した。また「後日譚」に関連しては、その存在によって、一．筆禍事件の元凶となった「高廟園災対」、二．「高廟園災対」の主張を支える理念、思想、思惟であった（董仲舒の）『春秋』災異学」、三．筆禍事件のために「致命的」なまでに毀損された［『春秋』災異学」者」としての［董仲舒像」などの「名誉回復」

が「事実」として「実現」されていることを指摘した。

如上の理解と結論とに大過がないとするならば、「本伝」の末尾に記録された「高廟園災対」由来の「筆禍事件」、とくにそれとの関連で記された「仲舒遂不敢復言災異（仲舒遂に敢へて復た災異を言わず）」[三三]という明文の存在にもかかわらず、『漢書』の［董仲舒像］の構成要素には、『史記』に胚胎するとともに、[三四]筆者が前稿において「天人三策」から帰納した［「『春秋』災異学」の大成者］としての性格が依然として継承されていることが、蓋然性のレベルにおいてではあるが、確認されることになるであろう。

重沢俊郎、福井重雅らによる大部の専論が存在していること自体、『漢書』の［董仲舒像］如何という問題が、『漢書』研究上の重要課題であるとともに、当該のテーマが一つの「エニグマ」でもあることを暗示しているように筆者には思われる。そのような［董仲舒像］理解という大問題に一毫なりとも資し得ることを願いつつ、以上の「事実」確認を以て本稿の結論に代えるとともに、前稿の考察に関する補論としたい。

≪注≫

（一）本稿で検討の対象とするのは、基本的に『漢書』志七上「五行上」に限定されるが、以下の記述では煩を避けるために当該史料を単に「五行志」と記す。

（二）「高廟園災対」とは、『漢書』巻六「武帝紀」建元六年（前一三五）の条に「春二月乙未、遼東高廟災。夏四月壬子、高園便殿火」と記されている二つの火災を「災異」と捉え、それらに籠められた天の意思等を問うた武帝の諮問、すなわち「策問」

に対する董仲舒の回答、すなわち「対策」のこと。なお、「五行志」に見える「建元六年六月丁酉」という期日は誤りで、「本紀」の「春二月乙未」が正しい。後述するように「五行志」には「高廟園災対」と、それをきっかけとして董仲舒が巻き込まれた筆禍事件の「後日譚」ともいうべき記載が見出される。したがって以下本稿においては、「五行志」に見られるそれらの史料を中心とした議論を展開する予定である。

（三）以下、本稿における「前稿」とは、小林春樹『漢書』における「董仲舒像」の一側面―「董仲舒伝」所引「天人三策」を衷心として―」（『東洋研究』第一九九号、二〇一六年）を指す。

（四）以下「本伝」と称する。

（五）「天と人との感応関係、相関関係」を重要なテーマとした、前後三回にわたる武帝による諮問（「策問」）と、それに対する、董仲舒のものとされる回答（「対策」）を総称して「天人三策」と呼ぶ。なお、「賢良」という人材登用制度にもとづいてなされた諮問と回答でもあるために、「賢良対策」と称されることもあるが、以下においては、本稿の主題と整合的である前者を呼称として用いる。

（六）角括弧を付して［董仲舒像］と表記する目的は、前稿と同様、本稿においても、そこで扱われるのが、「客観的存在、歴史上の人物としての董仲舒の像」ではなく、『漢書』の叙述目的との関連において、班固によっていわば「創造」された董仲舒の像」であることを明示することにある。

（七）『春秋』災異学」、とくに董仲舒のそれについては前稿を参照されたい。

（八）この傍線を含めて、以下、原文、【訓読】文、《現代語訳》、および本稿における以下の本文にみえる当該の一文に施した傍線は筆者による。

（九）遼東郡に置かれた高祖の廟（各地の郡や国におかれたために郡国廟と総称される）と、長安の北、約四十里に造営された長陵の高祖廟のかたわらに設置された休息所。

（一〇）波線部の「六月丁酉」は、『漢書』「武帝紀」建元六年条に「二月乙未」とあるのが正しい。本稿、注（二）を参照。

（一一）中略した部分には、魯の第二十六代定公（前五〇九～前四九五在位）と、第二十七代哀公（前四九四～前四六八在位）の時代に、魯の第十五代桓公（前七一一～前六九四在位）の第三子・季友の子孫である季孫氏（季氏）の悪行が限度に達する一方に於いて、それを抑止する孔子の聖徳も十分に盛んになっていたことが述べられる。なお、定・哀二公当時、季孫氏を含めて、桓公の三人の息子である慶父・叔牙・季友の子孫である孟孫氏、叔孫氏、季孫氏は「三桓氏」と総称されて専権をふるっていた。

（一二）魯の第二十六代の君主（前五〇九～前四九五在位）。上掲。

（一三）顔師古注に「両観、天子之制也」とある。したがって諸侯である魯の君主が設けることは礼に反する行為となる。

（一四）当時魯では、第十五代桓公の三人の息子の子孫が「三桓氏」と汎称され、専権をふるっていた。「五行志」の後文において、その三桓氏のなかでもとくに季氏（季孫氏）が「乱臣」の代表とされていることに鑑みれば、ここで「（除）去」するべき「僭礼の臣」とされているのは季氏である可能性が高い。本稿、注（一一）を参照。

（一五）魯の第二十七代哀公（前四九四～前四六八在位）。三桓氏の武力討伐を試みたが逆にその軍事力に屈し、越に国外追放されその地で没した。本稿、注（一一）を参照。

（一六）魯の第十五代桓公（前七一一～前六九四在位）と第十九代僖公（前六五九～前六二七在位）の廟。『漢書補注』には「沈欽韓曰、案桓、釐廟、親尽当毀。此孔子所言者」と記されており、一定の世代を過ぎた君主の廟を廃する「毀廟の制度」によって廃止されるべき廟であったことが知られる。なお、「釐」字は、司馬遷がその祖、司馬僖の諱を避けた表記を継承したものであろう。ちなみに『春秋』三伝の哀公三年五月条では「釐」字をともに「僖」に作る。

（一七）両観、および桓・釐二廟、それぞれの火災をさす。

（一八）殷の社。殷の亡国を戒めとするために建てられたもので、前三者とは異なり「立つべから」ざるものの範疇には属さない。にもかかわらずここで哀公に対する警告として亳社が焼かれた理由は、それが殷という亡国の社であり、不祥の存在であること、および文字通り「殷鑑」を象徴する存在であるからであろう。

（一九）中略した部分では、季氏（季孫氏）の無道は定公、哀公以前から続いていたが、天がそれに対する警告としての災異、すなわち火災を発生させなかったのは、「魯には未だ（それを除去できる）賢聖の臣」が存在しなかったためであり、「時ならざれば（天譴としての災異を）見はさ」ないのが「天の道」であることが述べられている。

（二〇）中略した部分では、秦、および武帝以前の前漢において、種々の問題が未解決のまま放置されてきたことが指摘されたうえで、武帝の治世になってはじめてそれらの問題の解決が可能になったことが論じられている。

（二一）中略した部分では、そのような問題状況が再確認されている。

（二二）中略した部分には、「太平至公」（太平の世のこの上ない公正な精神）で対処せよ、という天の意思が記されている。

（二三）顔師古注に「仄、古側字」とある。

（二四）高祖劉邦の七男である淮南厲王（劉）長の子、劉安（前一七九～前一二二）。『淮南子』の編者としても有名。

（二五）衡山王劉賜（前一七九年もしくは前一七八～前一二二）。淮南厲王（劉）長の子で、淮南王劉安の異母弟に当たる。

（二六）淮南王（劉）安らの謀反事件については、以下に引用する「五行志」の記事以外にも、『漢書』紀六「武帝紀」元狩元年条に、「十一月、淮南王安、衡山王賜謀反、誅。党与死者数万人」と簡明に記録されており、また『史記』列伝第五八「淮南衡山列伝」の「太史公曰」の条には、「淮南、衡山親為骨肉。疆土千里、列為諸侯、不務遵蕃臣職以承輔天子、而専挾邪僻之計、謀為畔逆、仍父子再亡国、各不終其身、為天下笑」と記されている。

（二七）田蚡（?～前一三一）の姉は、武帝の父・景帝の皇后王氏。したがって田蚡は武帝の「舅（母の兄弟＝おじ）」に当たる。なお、『漢書』列伝第十四「淮南衡山済北王伝」、「淮南王安」の条には、武帝に万一の事があった場合の後継者として、淮南王安が最も相応しいことを述べた、以下のような田蚡の言葉が記されている。「（劉）安初入朝、雅善太尉武安侯（田蚡）。武安侯迎之霸上、与語曰、方今上無太子。王、親高皇帝（劉邦）孫、行仁義、天下莫不聞。宮車一日晏駕、非王尚誰立者。淮南王大喜、厚遺武安侯。」

（二八）武帝の父・景帝の第八子劉端、第五子劉彭祖、第十四子劉舜のこと。ともに武帝の異母兄弟に当たる。

(二九) それぞれ、武帝の父・景帝の第十二子である膠東王劉寄と、同じくの第六子である江都王劉非、もしくはその子である江都王劉建のこと。

(三〇)「仲舒の前言」とは「高廟園災対」を指す。なお、本章で引用した原文、【訓読文】、《現代語訳》見える当該の一文に施した傍線は筆者による。

(三一) ここに謂う所の『春秋』の誼」とは、『春秋公羊伝』荘公十九年の条に「大夫受命、不受辞、出竟、有可以安社稷、利国家者、則専之可也」(大夫は命を受け、辞を受けず。竟《くに》を出で、以て社稷を安んじ、国家を利す可き者有らば、則ち之れを専にするも可なり)と記された理念と同義であろう。

(三二) 福井重雅、「董仲舒と法家思想」(『史滴』第三六号、二〇一四)は、［三、董仲舒と「春秋決獄」］において、淮南王謀反事件当時、董仲舒がなお存命であり、廷尉の任にあった張湯の質問に答えていたこと、および、董仲舒が「春秋決獄」なる著述を有する「儒法等置」の思想家であったことを指摘し、詳論している。

(三三) 本稿、注(八)を参照。

(三四)『史記』の［董仲舒像］については前稿を参照。

曹操と楽府 ――「新声」「新詩」の語をめぐって――

牧角　悦子

はじめに

建安という時代が中国古典文学の画期であることは言を俟たない。そしてその中心に魏の武帝曹操が君臨し、清俊で通達な気風を一気に推し進めたことも、魯迅の言う通りであろう。[一]ただ、建安の文学という時の「文学」の意味、その中での曹操の楽府を、どのようにとらえればよいのかということについては、未だ不明の部分が多い。

曹操の楽府についての研究は、これまで主に文学史上での革新性を語るものが中心的であった。[二]それに対して渡邉義浩〈二〇一五〉[三]は、儒教からの距離という新しい方向で曹操の楽府をとりあげる。本論はこれを受けて、渡邉論では十分に言及されなかった楽府と詩の実体に即して、別の方向から曹操の楽府を論じるものである。

それは楽府をいわゆる民歌・俗謡という視点からではなく、制度としての「楽」という視点から捉えた時に見える曹操楽府の位置付けについての考察である。具体的には曹操の楽府を評価する際に使われる「新声」「新詩」という語に注目し、それが曹操の何を指して何を言わんとするのか、その意味と内実を探ることを通して、曹操の楽府のもった「新」の意味について考えてみたい。

一、曹操「短歌行」とその創作背景

まず、曹操の楽府の中でも最も人口に膾炙し、また『文選』にも収録される「短歌行」を、『楽府詩集』(四)から引いてみよう。

①「短歌行」二首とその背景

對酒當歌、人生幾何。譬如朝露、去日苦多。慨當以慷、憂思難忘。以何解愁、唯有杜康。青青子衿、悠悠我心。但為君故、沈吟至今。明明如月、何時可輟。憂從中來、不可斷絕。呦呦鹿鳴、食野之苹。我有嘉賓、鼓瑟吹笙。山不厭高、水不厭深。周公吐哺、天下歸心。

(右一曲、晉樂所奏(五))

酒を酌んでは歌をうたおう。人生は短い。それはまるで朝露のようにはかなく、過ぎ去る日月のみが重なってゆく。だったら思いのたけを吐き出そうじゃないか。こころのうちにわだかまる憂いや悩みは簡単には消えないもの。そんな憂いを解くことができるのは、唯だ杜康《さけ》があるだけだ。『詩経』にも歌っている。「青青たる子が衿、悠悠たる我が心」と。心からの知己を求めて、私はずっと歌い続ける。そのような明るく輝く月のような存在は、しかしたやすく手に入れることはできない。そう思うと憂いがわきあがり、纏わり着いてはなれない。

「呦呦《ようよう》と鹿は鳴き、野の苹を食《は》む。我に嘉賓有らば、瑟を鼓し笙を吹こう」。山はどこまでも深い。周公は食べかけのご飯を吐き出してまで賓客を大切にしたからこそ、天下の人々はみな周公の人徳に心服したのではなかったか。

「青青子衿、悠悠我心。」は『詩経』鄭風「子衿」篇、「呦呦鹿鳴、食野之苹。我有嘉賓、鼓瑟吹笙。」は同じく小雅「鹿鳴」篇の句であり、「周公吐哺」の故事は『韓詩外伝』に基づく。

「短歌行」は「周西伯昌」ではじまるもう一首の歌が残されている。こちらもまた、周の文王の人徳から歌い出し、続けて斉の桓公・晉の文公の覇業を歌う。

周西伯昌、懐此聖徳。三分天下、而有其二。脩奉貢獻、臣節不墜。崇侯讒之、是以拘繫。後見赦原、賜之斧鉞、得使征伐。為仲尼所稱、達及徳行、猶奉事殷。論敘其美。

周の西伯昌（周公）は、聖人の徳を懐き、天下の三分の二を保有しながら、殷王朝に対して臣下の節を失わなかった。なのに崇侯がこれを讒言し、紂王によって捕えられ獄に繋がれた。しかし後に許されて斧と鉞とを賜り、天下統一に専念するよう命じられた。仲尼が称賛したのは、徳行を身に付けながら、それでも天子を奉じて殷に仕えたこと。その美徳を孔子は論じ述べたのだった。

齊桓之功、為霸之首。九合諸侯、一匡天下。一匡天下、不以兵車。正而不譎、其徳傳稱。孔子所歎、并稱夷吾、

民受其恩。賜與廟胙、命無下拜。小白不敢爾、天威在顏咫尺。

斉の桓公は功業高く、覇者の頭となり、諸侯を九合して天下を一つにまとめた。それも武力に拠ってではなく、全うな正攻法を正面から掲げたものであったので、その徳は伝え賞賛された。孔子が賛嘆し、管仲とともに賞賛したのは、人々がその恩恵を永く受けたからだった。ただ、天子の廟祭の胙を下賜されて、堂下に降りずともよいと命じられたのに、「わたくしめはとても仰せの如くにはできませぬ、天子様の御威光を顔の一尺の先で受けるなどとは」と言って大いに謙遜した。

晉文亦霸、躬奉天王。受賜珪瓚、秬鬯彤弓、盧弓矢千、虎賁三百人。威服諸侯、師之者尊。八方聞之、名亞齊桓。河陽之會、詐稱周王。是其名紛葩。

晋の文公もまた覇者となり、その身は周王朝を奉じ、天子より珪瓚と秬鬯・彤弓、盧弓・矢千と虎賁三百人を受けた。その威光は諸侯を敬服させたが、目標とするところはあくまでも尊王であった。周囲の国々はその評判を聞いて、文公の名は齊の桓公に次ぐ者と称された。温（河陽）の地で會を開き天子を召したのは、或いは周王に対する僭越だとも或いは苦慮の策だとも評されるが、これによってその名声は世々に輝かしく広まったのだった。

四言のリズムに乗せて詠われる短歌行は、気概と迫力に満ちてはいるが、決して優れた抒情詩ではない。『詩経』

の引用の乱暴さ、周公や桓公・文公の故事引用の量の多さなどは、この楽府の価値が作品としての完成度の外にあったことを示している。作品としての完成以外の価値、それはこれらが楽府として歌われたことと強く関係している。

この二篇の短歌行、特に第二首目「周西伯昌」篇については、これまでそれが曹操の賤しい出身から出た虚栄心であるとか、自戒の表れであるとかいう曹操の内面に向かった分析がなされているが、おそらくそれは当たらないであろう。既に黄節が指摘するように、(六)この歌は建安十八年の魏公としての九錫の拝受を背景に歌われたと考えるべきだからだ。その理由は以下の通りである。

建安元年、献帝を奉戴したことで天下統一の大義名分を得た曹操は、最大の敵であった袁紹を官渡の戦いで破って河北を平定した後、赤壁の戦敗を経ながらも着々と諸国を征し、漢王朝の覇者としてその位を上昇させていく。建安十八年（二一三）、献帝の策命を承けて「魏公」となり九錫を賜ると、魏の社稷・宗廟を建て、籍田を行い、娘を献帝の後宮に入れる。建安十九年に天子は魏公を諸侯王の上位に置き、金璽・赤紱・遠遊冠を授ける。翌建安十九年、天子は魏公曹操に、旄頭を置き、宮殿に鐘虡を設けることを許した。(七)それらはすべて、曹操が天子を奉じながらも、王者としての実権をほぼ全面的に掌握していたことを示す。果たして建安二十一年春に鄴に還った魏公曹操は、五月には「魏王」となり、匈奴を始めとする異民族が献帝ではなく曹操の元に来朝するようになるのである。(八)

曹操晩年のこれら一連の王朝掌握の流れの中で、九錫の拝受と鐘虡の設置が、短歌行「周西伯昌」と深く関係する。なぜなら楽府中で歌われる晋の文公が拝受した「珪瓚」「秬鬯彤弓」「盧弓矢千」「虎賁三百人」は、献帝が建安十八年に曹操を魏公と為した策命の中で、九錫の根拠として引用されるものであるからだ。

曹操への九錫授受を述べる策命が、その根拠として基づく晋文公の故事は『春秋左氏伝』僖公二十八年に見える。

己酉、王 享して醴あり。晉侯に命じて宥あり。王 尹氏及び王子虎・内史叔興父に命じ、晉侯に策命して侯伯と為し、之に大輅の服、戎輅の服、彤弓一、彤矢百、玈弓十、玈矢千、秬鬯一卣、虎賁三百人を賜う。曰く王 叔父に謂う。敬しんで王命に服し、以て四國を綏んじ、王慝を糾逖せよ、と。晉侯 三たび辭して、命に従う(九)。

城濮の戦いで強国楚を破った晋の文公は、周王（襄公）から策命によって「侯伯」の位を得、同時に「大輅之服、戎輅之服、彤弓一、彤矢百、玈弓十、玈矢千、秬鬯一卣、虎賁三百人」を賜る。これらは天子に代わって統治をおこなうためのシンボルとして、後の九錫の原型になっていくものである。文公はまず亡命中の周王を復権させ、そののち覇業を積み重ねた功績によってこれらの下賜をうけた。曹操もまた同じように、まず亡命中の献帝を助けて洛陽に帰還させたのち、更に覇業を推し進め、その功績によって天子からの策命により九錫を受けた。献帝から下された策命は、周の王室を「藩衛」した斉の桓公と晋の文公の事例を引いて、曹操の功績をこの二人以上であり、且つ伊尹・周公以上であると称賛する(一〇)。つまり、曹操への九錫は晋の文公の故事に倣ったものなのである。

献帝が曹操に与えた九錫の中には、「衮冕之服（龍の縫取りのある天子の礼服と冠）」「赤舄（儀礼の際に履くくつ）」と言った外見上のシンボルと同時に、「軒縣之楽」「六佾之舞」という雅楽・舞楽があった。これは宮殿において舞楽を演じてよいという許可である。祭祀における舞楽は、王朝の宮殿において行われるもっとも重要な儀式である。「軒縣之楽」を下賜されたこと、そして鐘虡の設置を許可されたことは、曹操が魏王朝の賛歌としての楽府を奏し歌ってよい、ということを意味するのだ。王朝にとって最も重要なもの、それは礼と楽とを整えることである（後述）。だとすれば、短歌行「周西伯昌」は、九錫を受けて天子の代行者となった曹操の、大いなる礼楽の顕示としてあったと考えなければならない。献帝の策命の中で曹操が準えられた晋の文公が、併称される斉の桓公とともに「短

歌行」の中に大量の故事引用という形で歌われるのには、このような背景があったと考えられる。

②『左伝』を承けた解釈

九錫を受け、魏公から魏王へと上っていく曹操の政権掌握の過程を背景に、再度「短歌行」第二首目をみてみると、そこに曹操の野望を読み取ることが出来る。

第一章は、周公が自らの美徳を実践して天下の大半を手に入れながらも、なお王室を奉じてあくまでも臣従すること、その「尊王」の態度を孔子が称賛する。しかしそれは裏を返せば名目上の存在としての殷王（紂）と、実権を掌握している周公（西伯昌）という実態があることを意味する。名目上の王を掲げる実権者という構図は、そのまま献帝を奉戴する曹操と一致する。孔子が賛美した「臣節」、『春秋左氏伝』が重んじる「尊王」という徳を、果たして曹操はそのまま受け継ぐだろうか。

第二章と第三章には斉の桓公と晋の文公が歌われる。この二人は春秋の覇者として『春秋左氏伝』の立役者である。ともに天下に王たる実力を持ちながら周の天子を奉じた覇者として、曹操はこの二人を度々引用する。[二二] 特に晋の文公を歌う第三章は、曹操自身の立場と野望とを示唆して興味深い。まずは晋の文公が周王（襄公）から「珪瓚」を始めとする一連の下賜をうけ覇者たる認定に与かる場面を描きながら、それを「躬《み》は天王を奉じ（躬奉天王）」と表現する。尊王を態度では表しながら、しかし周王に勝る支配力を自覚する文公の内面を「躬」の一字に込めたのである。この秘められた野望は、第一章の周公の「徳行に達及《およ》びて、猶お奉じて殷に事《つか》う」の「猶」一字にも読み取れるであろう。[二三]

第三章後半の「河陽の会」についても同じである。この部分は、諸侯の身分で周王を呼び寄せた文公の行為を孔子が批判したことを受けて、「紛芭」の意味に定説が無い。それは『春秋左氏伝』そのものが、自国の領土における会に周王を招いた文公の行動を、「温という地名を言わずに河陽と言って批判を表明したが、同時に文公の徳を明記した（言非其地也、且明徳也）」と、一方で非難しつつ同時に肯定もしているからである。(一三)

一連の話の背景にある『春秋左氏伝』は、晋の文公のもつ覇権への野望と尊王意識の絡み合いを人間味豊かに描く。実権としては既に王土を掌握しつつも、名目上はあくまでも天子を戴く文公は、天子から九錫（の原型）を下賜され覇者の名誉を拝したのであるが、その上で河陽の会で周王を「詐称（いつわり呼び出す）」した。それは、尊王と実権掌握とのバランスを、文公自らが意識的に崩したことを表すだろう。だからこそ孔子はそれを批判したのだが、しかし曹操はそれを敢えて引用する。おそらくそれは、自戒や自虐とは反対の、実権掌握への大いなる野望を秘めた『春秋左氏伝』引用だったのではないかと思うのだ。

『春秋左氏伝』と孔子とは文公に対する評価を異にする。斉の桓公と晋の文公を並べて評した孔子の言葉「晋文公、譎而不正、斉桓公、正而不譎（『論語』憲問篇）」を、一般に「晋の文公は、いつわりて正しからず、斉の桓公は、正しくしていつわらず」と読むが、これに対して野間文史は違和感を呈し、劉宝楠『論語正義』所引の王引之『経義述問』・宋翔鳳『論語発微』に「譎」を「権」、「正」を「経」と解する説を紹介する。(一四)この解釈に従えば、「晋の文公は策略家で必ずしも正攻法を用いなかったが、斉の桓公は正攻法しかできない融通のきかない人間だった」という意味になる。杜預が河陽の会の伝文を解して「平凡な考えや前例に縛られず、しかし大義を遂行する（凡に違い例を変じて、以て大義を起こす）」と言うのとそれは共通し、さらには謀略家としての曹操の在り様にも通じあう。

曹操は『春秋左氏伝』に語られる晋の文公の物語、清濁併せ呑み、目的の為には強引な手段も辞さない文公の物語

に、自己の覇業を重ね合わせているのではないだろうか。

以上のような曹操楽府の理解が間違っていないとすると、曹操の他の楽府もまた、曹魏の王朝掌握と楽の整備という視点から読むことが可能であろう。曹植が亡父曹操の楽府を「雅・頌」と呼んだのは（後述）、それが魏という王朝の開国の物語として歌われたものであったからなのだ。渡邉義浩が「曹操の歌は、自らの正統性を奏でるオードであった」と言い、道家春代が「曹操の詠事詩は一連の魏の創業の物語」だと指摘する（一五）のは肯首すべき見解だと考える。

③魏氏の遺令としての「短歌行」

魏王朝の創立後、「短歌行」が魏氏の違令として「節朔」すなわち節句と朔日ごとに演奏された、という王僧虔の指摘もまた、この楽府の性質を明示している（一六）。「短歌行」の楽曲は曹操以降も歌い継がれ、文帝・明帝の作を『楽府詩集』は載せる（一七）。文帝の「短歌行」は、亡父武帝に対する過剰な悲しみが歌われるが、明帝になると、恐らく春の節句の歌であろうか、時節感の表出が中心となり、感慨表現は薄い。時代が下って晋になると、「短歌行」は魏の宮廷の祭礼歌ではなくなり、新しい展開を見る。『楽府詩集』は傅玄と陸機の作を載せるが、傅玄の「短歌行」は男女間の変節、男に去られた女の嘆きを詠う歌に変質している（一八）。陸機の「短歌行」は、曹魏のそれと語彙・モチーフにおいて近似する（一九）。しかし「高堂」に「置酒」して「我が酒」「我が肴」を以て長夜を楽しむ設定は、宮廷を背景としない。それはつまり、魏王朝においては宮廷の雅楽として公に奏され歌われた「短歌行」が、晋代になると私的な宴会に舞台を移し、抒情的歌謡に変化したことを表していよう。このように、「短歌行」は四言の形式と移ろう歳月に対

する嘆きというテーマを共通しながら、宮廷雅楽から漸次変容していくものと考えられるが、ここで注目したいのは、それが魏氏の遺令として歌い継がれたという事実である。曹操の「短歌行」は、個人的な宴席での個人的な感慨吐露では決してなかったことは上に述べた通りである。

④曹操楽府の評価

次にこれらの曹操の楽府に対する後世の評価に目を向けたい。その最も早いものは息子の曹植による「武帝誄」である。

既に庶政を総じ、儒林を兼覧せり。躬ら雅頌を著し、之を琴瑟に被らしむ。[20]

曹植は父武帝の作である楽府を「雅頌」と呼び、またそれが琴瑟に合わせて歌われたことを言う。また、王沈は『三国志』裴注引『魏書』武帝紀において、

文武並びに施し、軍を御すこと三十餘年、手は書を捨てず。晝は則ち武策を講じ、夜は則ち經傳を思う。高きに登りては必ず賦し、新詩を造るに及びては、之を管絃に被らしめ、皆な樂章を成せり。[21]

と言う。曹操の楽府作成について「新詩を造る」と言い、またそれが管弦に合わせて楽章を成すものであったとも言

うのだ。

曹植が「雅頌」と呼び、王沈が「新詩」と呼んだ曹操の楽府について、沈約『宋書』楽志はまたそれを「新声」という言葉で表す（後述）。

曹植の「雅頌」という言葉の意味するものについては、既に渡邉〈二〇一五〉の指摘を引用した通り、それが魏王朝の正統を奏でるオードだという意識を表している。では、そのオードを「新詩」あるいは「新声」と呼ぶのにはどのような意味があるのだろうか。以下、曹操の楽府を「新詩」・「新声」と称することの意味を、楽府との関連から探ってみたい。

二、「新声」「新詩」について——楽府の成立と変遷の中で

王沈が曹操の楽府を「新声」と呼んだことについては、楽府という文体の成立および展開を視野に入れて考えなければならない。

楽府については、民国の余冠英『楽府詩選』（一九五四年）以来、民歌的要素を中心とした理解が主流となっている。余冠英『楽府詩選』は、郭茂倩の『楽府詩集』から主に民間歌謡に由来するものを選び出し、文学史を豊かにした民歌という視点から簡明で文学性の高い注解を施したものである。郭茂倩『楽府詩集』の取った楽曲別の分類が、楽府の全体像を理解しようとする際に極めて複雑で把握に不便なのに対して、余冠英の『楽府詩選』は、楽府へのアプローチを容易にした優れた入門書であると言えよう。しかしながら同時にそれは、楽府のそもそもの実体への理解を多少歪曲する要因を含んでいたともいえる。なぜならそもそも楽府設立の最大の目的は、民間歌謡の収集ではなく

宮廷雅楽としての王朝賛歌を整えるという「楽」的要素にその中心があったからである。楽府という部署設立の目的が「楽」の整備にあったとすれば、そこで歌われる楽府の中心もまた民間歌謡ではなく祭祀における雅楽であったはずなのである。

①『文心雕龍』楽府篇

楽府とは何かということを我々に最も的確に示してくれるのは劉勰『文心雕龍』楽府篇である。以下これに沿って楽府というものを概観してみたい。

『文心雕龍』楽府篇はまず、『尚書』舜典を引きつつ「樂府なるものは、聲は永きに依り、律は聲を和すなり。」と始まる。『尚書』を典故とし、「典楽」すなわち音楽を整える仕事の意義付けとして、「詩は志を言い、歌は言を永くし、声は永きに依り、律は声を和す」とあるのを承けるのである。続けて古の楽曲を『史記』や『呂氏春秋』から引用し、それらを「南声」「北声」「東音」「西音」の初めと位置付けた上で、人々の歌声が心の反映であるが故に（「匹夫庶婦、謳吟土風」）、詩官がそれを採集し、律に合わせて楽器で演奏すると、人々の志と気とが音楽の調べとなって醸し出されるのだ（「詩官採言、樂盲被律、志感絲篁、氣變金石。」）と言う。歌声が音楽になり、そこに人々の心が反映される。音楽は一国の盛衰を映す、という考えは『毛詩』「大序」と共通するが、『毛詩』「大序」は「詩」を中心に据えた論であるのに対し、ここでは「楽」の説明であること、つまり楽曲の意義を語る文脈であることに注意したい。

音楽の初めと楽の意義について述べた後に語られるのは楽の歴史である。ここでは、先王の時代、秦の焚書、そし

て漢初における楽の整備と武帝の楽府設置、魏の三祖の楽曲から晋における展開までが述べられるが、一貫してその楽曲の雅正との距離が論じられている。それは「雅」なる「正音」を継承しているか、「鄭声」に「淫」していないか、という基準に基づく楽曲の展開なのである。漢初から魏朝三祖までの楽曲について論じた部分を以下に示す。

秦燔樂經、漢初紹復、制氏紀其鏗鏘、叔孫定其容與。於是武德興乎高祖、四時廣於孝文、雖摹韶夏、而頗襲秦舊。中和之響、闃其不還。暨武帝崇禮、始立樂府。總趙代之音、撮齊楚之氣。延年以曼聲協律、朱馬以騷體製歌。桂華雜曲、麗而不經。赤雁群篇、靡而非典。河間薦雅而罕御、故汲黯致譏於天馬也。至宣帝雅詩、頗效鹿鳴。邇及元成、稍廣淫樂。正音乖俗、其難也如此。暨後漢郊廟、惟雜雅章、辭雖典文、而律非夔曠。至於魏之三祖、氣爽才麗。宰割辭調、音靡節平。觀其北上衆引、秋風列篇、或述酣宴、或傷羈戍、志不出於淫蕩、辭不離哀思。雖三調之正聲、實韶夏之鄭曲也。

秦の時代に燔かれた楽經は、漢初に復活した。制氏がその鏗鏘(音)を紀し、叔孫通がその堂々たる次第を定めた。結果、高祖の時に武德の舞は大いに興こり、孝文の世に四時の舞が広まった。それらは虞舜と禹の時代の音楽を模したものではあったが、秦の時代の旧習も襲っていたので、いにしえの中和の響きは二度と蘇ることはなかった。

武帝は礼を尊び、楽府を設立すると、趙代の音楽、斉楚の楽曲を採集し、李延年は曼聲を以て律を協え、朱買臣・司馬相如は騷體を以て歌を作った。「桂華」の雑曲は整っているが規格が正しくない。赤雁の群篇は美しい

が典雅ではなかった。そこで河間の献王が自ら集めた雅楽を武帝に薦めたのだが、用いられることは稀であった。だから汲黯が天馬の歌を批判する事態に至ったのだった。宣帝の時代の雅楽は「鹿鳴」をよく踏襲していた。元帝・成帝の時代になると、少しずつ淫楽が広まった。正しい音楽というものが俗情には受け入れ難いものであることが良くわかるであろう。後漢になると郊廟祭祀において、典雅な楽章が雑ざってきた。歌詞は典雅であったのだが、しかし音律は古の音楽官であった夔や師曠の定めたものとは異なっていた。

魏の三祖（武帝曹操・文帝曹丕・明帝曹叡）の時代には、気概高く才能豊かな気風の中で、旧来の歌詞やメロディーを大胆に変更し、音調を美しくリズムを柔らかに作り変えた。その「北上」の作（武帝「苦寒行」）、「秋風」の篇（文帝「燕歌行」）など、或いは宴会の様子を述べ、或いは戦争の辛さを傷むが、その心は放蕩の域を出ず、歌詞は悲しみや憂いにとらわれていて、正統なる音楽を受け継いではいるものの、「韶」や「夏」といった古の正統なる楽曲に対する鄭曲の如きものだと言うべきだろう。

このように、『文心雕龍』楽府篇は、漢初の制氏・叔孫通の楽の復興、武帝の楽府設立と並んで、曹魏の楽曲の整備を大きなエポックととらえている。そしてまたその際に曹魏三祖の楽曲を「旧来の歌詞やメロディーを大胆に変更し、音調を美しくリズムを柔らかに作り変えた（辭調を宰割し、音は靡にして節は平らなり）」という言葉で特徴付け、その新しさを強調する。また、「三調の正聲と雖も、實に韶夏の鄭曲なり」と述べているのは、曹魏の楽曲が、正統なる宮廷雅楽としてありながら、「韶」や「夏」における鄭曲、すなわち『詩経』における鄭声のような存在であったことを言う。

楽府篇は一貫して王朝祭祀における楽曲の歴史を述べており、当然曹操の楽府もまた宮廷雅楽として位置づけられ

る。そして武帝が傾いた俗楽への嗜好を、曹魏の王朝雅楽もまた免れ得なかったことを指摘しているのである。

この『文心雕龍』の楽府理解の背景にあるのが『宋書』楽志及び『漢書』礼楽志である。特に『漢書』礼楽志は、ほぼそれを祖述する形で『文心雕龍』の論は展開しており、『漢書』および班固の文章論が、六朝における一つの規範として存在したことが窺われる。また、同じように『漢書』及び班固を規範として論じられる『宋書』楽志もまた、劉勰とほぼ同じ時代ながら『文心雕龍』に影響を与えている。その沈約『宋書』楽志の中に、曹操を評して「新声」「新詩」の語が現われるのだ。

②沈約『宋書』巻十九　楽志

沈約の『宋書』は、礼と楽を分けてそれぞれに志を立てる。志の第四から第八までが「礼」、志の九から第十二までが「楽」である。巻十九「楽」一では歴代王朝の祭祀における雅楽の変遷が述べられるが、この部分は上に見た『文心雕龍』楽府篇とほぼ同様の項目で推移しつつ、多少の出入が見られる。漢武帝から魏武帝に至る部分を引用すると以下のようになる。

武帝の時、河間獻王毛生らと共に周官及び諸子の樂事を言う者を采り、以て樂記を著し、八佾の舞を獻ず。制氏と相い殊らず。其の内史中丞の王定之を傳え、以て常山王禹に授く。禹、成帝の時に謁者と為り、其の義を數言して、記二十四卷を獻ぜり。劉向校書して、二十三篇を得るも、然るに竟に用いられざるなり。(二)

> 漢末大いに亂れ、衆樂淪缺せり。魏武荊州を平して、杜夔を獲たり。八音を善くす。嘗て漢の雅樂郎為りて、尤も樂事に悉し。是に於いて以て軍謀祭酒と為し、雅樂を創定せしむ。時に又た鄧靜、尹商有り。善く雅樂を訓ず。哥師尹胡能く宗廟郊祀の曲を哥う。舞師馮肅、先代の諸舞を服養曉知す。夔悉く之を總領せり。遠くは經籍に考し、近くは故事を采りたり。魏の先代の古樂を復するは、夔より始まれり。而るに左延年ら、鄭聲に妙善たり。惟だ夔のみ古を好みて正を存せり。[一三]

漢の武帝・明帝の時代に、それぞれ王朝の楽を整える試みがなされ、或いは「楽記」を著し、或いは「舞歌」を作制し、宗廟の雅楽と為したという。そして、漢末の大乱で多くの楽が失われてしまった為、魏武帝は杜夔に命じて新しく雅楽を創作させた。「魏が先代の古楽を復興できたのは、夔から始まったのだが、左延年らは鄭声を得意とした」とあり、曹魏における雅楽の整備が楽の歴史の上でもエポックであったこと、そしてまた正統の雅楽が鄭声によって乱されるという意識を述べるのは『文心雕龍』と共通する。

『宋書』は続けて晋代の楽を紹介していくのであるが、晋の武帝の泰始五年、正月の行礼及び王公の上寿や食擧の音楽についての議論の中で、張華の意見を受けた荀勗の言葉に次のようにある。

> 荀勗則ち曰く：「魏氏の哥詩は或いは二言、或いは三言、或いは 四言、或いは五言にして、古詩と類せず。[一四]」

ほぼ四言（稀に三言・五言）で歌われてきた「古詩」の常識を破って、長短不揃いな歌詞を創作した魏の王朝祭祀歌に対して、荀勗は批判的である。そして自ら晋の歌として四言の祭祀歌を創作するが、同時に荀勗は「新律笛十二

枚」を作り、これは散騎常侍の阮咸に「新律は聲高し」と批判された。ここで言う「古詩」「新律」の語に注目したい。「古詩」はここでは従来的な古典的な歌詞、「新律」は新しい音律を言う。それは王朝祭祀や上寿・食擧における楽において、その音楽と歌詞との双方に、古典的な規範があると同時に、王朝独自に新しく創作するものがあったことを意味する。これに続く文章の中で、それらは「新詩」「新声」の語で登場する。新しい王朝には新しい歌が必要である。それを作成するのは晋王朝においては傅玄・張華・荀勗の仕事であり、漢武帝の時代には司馬相如・李延年の仕事であったわけだが、曹魏においては杜夔・荀勗とともに曹操自らがそれを担っていたということ、それが曹操の楽府を称して「新声」と呼ぶ意味なのだ。

③班固『漢書』巻第二十二　禮楽志

劉勰『文心雕龍』楽府篇と沈約『宋書』楽志が共に基づく班固『漢書』礼楽志は、王朝統治の肝要たる礼と楽について述べる。

> 六經の道は同きに歸すれば、禮樂の用は急と為す。身を治むる者、斯須も禮を忘れなば、則ち暴嫚の之に入るなり。國を為むる者、一朝も禮を失わば、則ち荒亂の之に及ぶなり。人は天地陰陽の氣を函《ふく》み、喜怒哀樂の情有り。天は其の性を稟うれども節する能わず。聖人能く之が為に節するも絕ゆる能わず。故に天地に象りて禮樂を制するは、神明に通じ、人倫を立て、性情を正し、萬事を節する所以の者なり。[二五]

人は天地陰陽の気を享けて喜怒哀楽の情を持つ。その情をうまくコントロールするために、聖人は天地に象って礼楽を定めた（制礼・制楽）。礼楽こそが、神明に通じ人倫の規範を確立し、人の性情を正しく導き、世の中を秩序付ける所作なのだ、という。また、

> 樂は以て内を治めて同を為し、禮は以て外を修めて異を為す。同なれば則ち和親し、異なれば則し畏敬す。和親すれば則ち怨無く、畏敬すれば則ち争わず。揖譲して天下治まるとは、禮樂の謂なり。二者並行し、合して一體と為す。(二六)

と述べて、礼と楽が一体となって治世を導くことを言う。礼楽を整えることが王朝経営の基本なのだ。また、礼楽志は『論語』を祖述することを重視する。

> 故に孔子曰く「禮と云い禮と云うは、玉帛を云わんか。樂と云い樂と云うは、鐘鼓を云わんか。」と。此れ禮樂の本なり。故に曰く「禮樂の情を知る者は能く作り、禮樂の文を識る者は能く述ぶ。作る者、之を聖と謂い、述ぶる者、之を明と謂う。明聖なる者は、述作の謂なり。」と。(二七)

聖人の「制礼」「作楽」を受けて孔子がそれを整え、漢王朝がそれに則って王朝統治を行うのである。聖人の作楽の所以について、礼楽志は次のように続ける。

樂は、聖人の樂しむ所なり。而れば以て民心を善くす可し。其れ人を感ぜしむること深ければ、其れ風を移し俗を易えること易し。故に先王其の教を著すなり。夫れ民血氣心知の性有りて、哀樂喜怒の常無し。感に應じて動き、然る後に心術形づくれり。是を以て纖微噍瘁の音作るは、民思憂すればなり。嘽諧嫚易の音作るは、民康樂すればなり。麤厲猛奮の音作るは、民剛毅なればなり。廉直正誠の音作るは、民肅敬すればなり。寛裕和順の音作るは、民慈愛すればなり。流辟邪散の音作るは、民淫亂なればなり。先王其の亂を恥ず。故に雅頌の聲を制す。之を情性に本づき、之を度數に稽え、之を禮儀に制す。生氣の和に合し、五常の行を導き、之をして陽にして散ぜず、陰にして集せず、剛氣なるも怒せず、柔氣なるも慴れざらしむ。四暢して中に交わり、發して外に作れり。皆な其の位に安んじて相い奪わず、足りて以て人の善心を感動せしめ、邪氣をして得て接せざらしむなり。是れ先王立樂の方なり。(一八)

ここでは、『礼記』「楽記」の「移風易俗」(王の教化が土地の風俗を変化させる謂い)を敷衍して音楽と治世の関係を強調する。音楽は世情を反映する。だから「先王其の亂を恥ず。故に雅頌の聲を制す」つまり、先王は世の中の乱れることを恥として、(そうならないように)雅頌を制作したのだ、と言うのだ。世の秩序を先導する正しい音楽として聖人たる先王の定めたもの、それが「雅頌」だ、ということを言う。

礼楽志はこのあと楽の興廃の歴史を述べていく。制度としての楽の興廃と同時に、伝統的・正統的「古楽」とそれを乱す「鄭衛の声」との対立を軸に、楽の歴史を展開するのである。漢初の礼楽を記した部分を下に挙げる。

漢興こりて樂家に制氏有り。雅樂聲律を以て世世大樂官に在り。但だ能く其の鏗鎗鼓舞を紀すのみにして其の義

を言う能わず。高祖の時、叔孫通奏の樂人に因りて宗廟の樂を制す。大祝神を廟門に迎え、嘉至を奏す。猶お古の降神の樂のごときなり。皇帝廟門に入るに、永至を奏し、以て歩の節を為すは、猶お古の采薺、肆夏のごときなり。乾豆上るに、登歌を奏す。獨り上歌するのみにして、筦弦を以て人聲を亂さず。位に在る者に偏く之を聞かしめんと欲するは、猶お古の清廟の歌のごときなり。登歌再び終れば、下るに休成の樂を奏す。神明の既に饗けるを美するなり。皇帝東廂にて酒に就き、坐定まれば、永安の樂を奏す。禮の已に成れるを美するなり。（二九）

制氏と叔孫通の礼楽整備については、上に見た『文心雕龍』と『宋書』がこれを襲っているのであるが、その具体的な楽の次第がここでは詳細に示されている。叔孫通が秦の楽人から引き継いだ宗廟祭祀の楽の次第は以下の通りである。

①降神：大祝が廟門で神を迎え嘉至を奏す。
②皇帝の入場：皇帝が廟門に入る際に永至を奏し、歩調を整える。
③祭壇に登る：乾豆を捧げる際には登歌を奏す。これは音楽が声を邪魔しないように独唱するもので、臨席する者全員に聞こえるようにする。
④祭壇から下る：休成を奏す。神明が供物を受けたことを喜ぶ。
⑤東廂での飲酒：永安を奏す。一連の儀式が滞りなく終了したことを喜ぶ。

ここには皇帝の宗廟祭祀として、次第とそれに沿った楽とが具体的に示されている。これらの雅楽が、この後の王朝祭祀の原型となっていくのだ。漢の初期にはここに示した宗廟祭祀の雅楽の他に、皇帝のプライベートな空間での音楽（房中楽）として「楚声」があったことを伝える。

　続いて、高祖晩年の「風起（『文選』巻二十八に「歌一首」として収録）」を沛の童子百二十人が合唱したこと、恵帝の時それが原廟となったこと、武帝に至って郊祀の礼を定めた際に楽府を設立したこと、更に河間獻王が雅楽を献上したけれど、武帝の周辺では雅楽よりも新曲が好まれたことを記す。武帝の好んだ新しい楽曲について、『風俗通義』は「張仲春は武帝の時代の人で雅歌を得意とした。新しい歌を奏するたびにいつも称賛された[三〇]」と言い、同時代の李延年は、その伝に「新声曲を為った」と言う。班固は「しかし楽における詩も楽曲も子孫たちに残すものである以上、祖述すべき要素をもたなければなるまい（「然詩樂施於後嗣、猶得有所祖述」）と述べて、あるべき楽の模範として殷周の雅頌を示す。

> 昔殷周の雅頌は乃ち上は有娀、姜原、卨、稷の始めて生れ、玄王、公劉、古公、大伯、王季、姜女、大任、太姒の徳に本づき、乃ち成湯、文、武の命を受け武丁、成、康、宣王の中興に及び、下は輔佐阿衡、周、召、太公、申伯、召虎、仲山甫の屬に及ぶ。君臣男女功德ある者、褒揚せざる靡し。功德既に信に美なれば、褒揚の聲天地の間に盈てり。是を以て光名は當世に著われ、遺譽の垂ること無窮なり。今漢の郊廟詩歌、未だ祖宗の事有らず、八音調均すれども、又た鐘律に協わず。而も内に掖庭の材人有り、外に上林樂府有り、皆な鄭聲を以て朝廷に施す[三一]。

殷周の雅頌（『詩経』の大雅・頌に見える詩篇）は徳と功のある者を美するもの。上は王朝創業者の功徳を、そして中興の君主を、更に下はそれを支えた功臣や有徳者の功績を賛美し、その名声を無窮に輝かせるのが本来の在り方だと言うのだ。

このように、『漢書』礼楽志はまず、楽が礼とともに王朝の正統性と正当性を称揚する王朝儀礼の中心であったことを述べる。『漢書』が「律暦志」と「礼楽志」を志の冒頭に掲げるのは、音律を支配し礼と楽で人身を規制することを王朝統治の基礎とするからなのだ。

一方で礼楽志は、王朝儀礼の音楽は漢初は楚歌や鄭声を中心とする荘厳さに欠けるものであり、また武帝の上林楽府を河間献王は「鄭声」と批判したことを述べ、あるべき楽の姿（雅楽・雅頌）と現実とが必ずしも一致しないことを言う。ただ、王朝儀礼の楽は、王朝が交替する度に楽官によって新たに制作された。「新声」とは時の王朝の楽師によって作成された新しい楽曲の謂いとしてあるのである。

④楽府の流れから見る曹操の「新声」

以上をまとめるに、楽府とはそもそも王朝の祭祀における楽曲を整える機関として存在した。それは、楽というものが礼と一体化して王朝統治を支えるものであったからだ。漢の初期、武帝期そして曹魏の初めに「楽」が新しく整備されたのは、その王朝経営の一環としてあったのだ。その際、新しい王朝のために新しく創作された楽曲は「新声」と呼ばれた。

一方、楽府で整備された楽曲の歴史を見てみると、それはいつも古の規範的雅楽（それは創業者や功労者の功徳を

称える頌雅なのだが）であるべきものでありながら、耳に快い鄭風的俗楽に傾きがちであったことを、それぞれの文献は強調する。「新声」の語には、こういった新しい傾向に対する批判的なニュアンスも含まれている。

ただ、音楽には「雅」なる音と「淫」なる音とがあるという認識はすでに『論語』から存在した。[三二] 宗廟祭祀や郊祀において歌われるべき「雅」なる音楽が尊ばれると同時に、人の性情をくすぐるエモーショナルな音楽への嗜好は、音楽が音楽である以上常に存在した。「鄭声」と呼ばれて警戒されたこれらの音楽は、しかし一方で人の抒情を解放する一種のカタルシスを持っていたはずである。「雅」と「淫」、「聖」と「俗」の双方を含みながら、音楽は展開する。楽府を考える時に、その双方の意義を踏まえない訳にはいかない。曹操の「新声」楽府は、新しい王朝の雅頌であったと同時に、このような「雅」「俗」の対立を一気に昇華したところにも重要な意義があるであろう。なぜならそれが六朝における詩歌の新しい抒情表現を切り開く端緒になったからである。

⑤「新詩」について——「古詩」と区別することの意味

曹操の楽府が「新声」と呼ばれた所以については、このように王朝の楽曲の展開の中で理解することが可能である。では、王沈がそれを「新詩」と呼んだことにはどのような意味があるのだろうか。

王沈は『魏書』武帝紀において曹操の楽府創作を称して「新詩を造る」と言う。この「新詩」の語は、上に見た「新声」と同様、『宋書』楽志に現われる。そしてそれは明らかに「古詩」に対する呼称になっている。

> 魏氏は漢の樂を増損し、以て一代の禮を為れり。未だ大晉の樂名の異と為す所以を審にせず。……漢氏自り以

來、此の禮に依り放い、自ら新詩を造るのみ。[三三]

荀勗則ち曰く：「魏氏の哥詩は或いは二言、或いは三言、或いは四言、或いは五言にして、古詩と類せず。[三四]」

「古詩」の語はほんらい『詩経』を指し、それは儒教的理念を内包する言葉であった[三五]。ただ、「古詩」という語は、同時に「古詩」ではない詩の存在を前提とする。班固の時代には、その「古詩」ではない詩とは郊祀歌やあるいは民間歌謡としての古楽府を指したと思われるが、王沈と『宋書』において、それは明らかに新しく創作された歌謡の歌辞を指している。さらに「古詩」そのものが『詩経』から離れて、旧来の詩という意味になっている。詩でありながら『詩経』に繋がらない新しい詩、新しい楽曲（新声）に載せて歌われる新しい歌詞、それが「新詩」の意味なのだ。

おわりに

曹操の楽府を「新詩」と呼ぶことは、そこに旧来的楽府詩とは異なる新しい要素が見られることを言う。その新しい要素とは、一つには二言から五言まで形態が多様化したこと、一つには「新声」つまり新しいメロディーに載せたこと、そして最大の新しさは曹操という読み手自身の個別の体験と曹操自身が対峙した漢末の時代が具体的に詠われることである。「薤露行」・「蒿里行」が従来の挽歌の域を超えて漢末の動乱を詠うこと、「苦寒行」が太行山を越える高幹討伐の苦労を詠うこと等、それらは具体的な事例を背景にして作成されている。このことを王士禎[三六]は「往往にし

て楽府題を以て漢末の事を叙す」、沈徳潛は[三七]「漢末の実録」という言葉で称し、その詩史的要素を高く評価する。個別具体的体験を「楽府」で歌うこと、これこそ最も注目された新しさであった。

もちろんそれが曹魏王朝のオードとしての王朝開国の物語を詠うものであったことは上に述べた通りである。しかし漢の郊祀歌を始め、歴代王朝の頌歌が作品として歌い継がれることが無かったのに対して、曹操の一連の楽府は、楽曲を離れても作品として読み継がれた。それはそこに詩歌としての普遍性があったからに他ならない。恐らくそれは「驥老いて櫪に伏すも志千里に在り（「歩出夏門行」）」の句に凝縮された、有限の人生、時間の推移に抗って屹立する精神性の高さ、横溢する生命力とでも呼ぶべきものであろうが、作品の品隲については別途論じたい。

《注》

（一）魯迅「魏晉風度及文章與薬及酒之関係」（『而已集』所収。一九二七年の講演。）

（二）曹操の楽府に関する論考については、注（三）渡邉論文参照。

（三）渡邉義浩「曹操の「文学」宣揚」（『「古典中国」における文学と儒教』汲古書院　二〇一五年）。

（四）『楽府詩集』巻第三十　相和歌辞五　平調曲一。

（五）『楽府詩集』の引く魏武帝（曹操）の本辞と、この晋楽とは多少の異同がある。『文選』は本辞ではなくこちらの晋楽を引くが、これも語句に異同がある。ここでの引用は『楽府詩集』に拠る。

（六）黄節『魏武帝文帝詩注』（人民文学出版社　一九五八年）。

（七）宮殿に鐘虡を設けることを許すのは、後漢の光武帝が東海恭王の劉彊に行った格別の配慮を原型とし（『後漢書』列伝三十二光武十王伝）、破格の待遇として曹操はじめ南朝において継承され、禅譲の前段階になっていく。

(八) 以上の曹操の事跡は、『魏志』武帝紀に拠る。

(九)『春秋左氏伝』僖公二十八年「己酉、王享醴。命晉侯宥。王命尹氏及王子虎内史叔興父、策命晉侯為侯伯、賜之大輅之服、戎輅之服、彤弓一、彤矢百、玈弓十、玈矢千、秬鬯一卣、虎賁三百人。曰王謂叔父。敬服王命、以綏四國、糾逖王慝。晉侯三辭、從命。」

(一〇)『魏志』「武帝紀」建安十八年、献帝の策命に「君有定天下之功、重之以明德……舊德前功、罔不咸秩、雖伊尹格于皇天、周公光于四海、方之蔑如也。」と。

(一一) 建安十五年の「譲縣自明本志令」(『魏書』武帝紀裴注引『魏武故事』)にも斉の桓公、晋の文公を併称する。

(一二)『論語』泰伯篇は「三分天下有其二、以服事殷(天下を三分して其の二を有ち、以て服して殷に事う)」となっている。曹操は「以」を「猶」に変えていることが分かる。

(一三)『左伝』僖公二十八年「是會也、晉侯召王、以諸侯見、且使王狩。仲尼曰、以臣召君、不可以訓、故書曰天王狩于河陽、言非其地也。且明德也。」

(一四) 野間文史『春秋左氏伝——その構成と基軸』(研文出版 二〇一〇年)。

(一五) 道家春代は「曹操の楽府詩と魏の建国」(『名古屋大学中国語学文学論集』第十二輯 一九九九年)において、「曹操の詠事詩は一連の魏の創業の物語なのではないだろうか」と指摘する。

(一六)『楽府詩集』の引く『古今樂錄』に:「王僧虔『技錄』云:『「短歌行」「仰瞻」一曲、魏氏遺令、使節朔奏樂、魏文製此辭、自撫箏和歌。歌者云「貴官彈箏」、貴官即魏文也。此曲聲制最美、辭不可入宴樂。』」と。

(一七) 魏・文帝「短歌行」:「仰瞻帷幕、俯察几筵。其物如故、其人不存。神靈倏忽、棄我遐遷。靡瞻靡恃、泣涕連連。呦呦遊鹿、銜草鳴麑。翩翩飛鳥、挾子巣棲。我獨孤煢、懷此百離。憂心孔疚、莫我能知。人亦有言、憂令人老。差我白髪、生一何早。長吟永歎、懷我聖考。曰仁者壽、胡不是保。」。魏・明帝「短歌行」:「翩翩春燕、端集余堂。陰匿陽顯、節運自常。厥貌淑美、玄衣素裳。歸仁服德、雌雄頡頏。執志精專、潔行馴良。銜土繕巣、有式宮房。不規自圜、無矩而方。」

(一八) 傅玄「短歌行」:「長安高城、層樓亭亭。干雲四起、上貫天庭。蜉蝣何整、行如軍征。蟋蟀何感、中夜嚶鳴。蚍蜉偸樂、粲粲其榮。寤寐念之、誰知我情。昔君視我、如掌中珠。何意一朝、棄我溝渠。昔君與我、如影如形、何意一去、心如流星。昔君與我、兩心相結。何意今日、忽然兩絕。」

(一九) 陸機「短歌行」:「置酒高堂、悲歌臨觴。人生幾何、逝如朝霜。時無重至、華不再揚。蘋以春暉、蘭以秋芳。來日苦短、去日苦長。今我不樂、蟋蟀在房。樂以會興、悲以別章。豈曰無感、憂為子忘。我酒既旨、我肴既臧。短歌可詠、長夜無荒。」

(二〇) 曹植「武帝誄」(『曹集詮評』巻十)に「既總庶政、兼覧儒林、躬著雅頌、被之琴瑟。」と。

(二一) 王沈『魏書』武帝記に「文武並施、御軍三十餘年、手不捨書。晝則講武策、夜則思經傳、登高必賦、及造新詩、被之管、皆成樂章。」と。

(二二)『宋書』楽志「武帝時、河間獻王與毛生等、共采周官及諸子言樂事者、以著樂記、獻八佾之舞、與制氏不相殊。其內史中丞王定傳之、以授常山王禹。禹、成帝時為謁者、數言其義、獻記二十四卷。劉向校書、得二十三篇、然竟不用也。」

(二三)『宋書』楽志「漢末大亂、眾樂淪缺。魏武平荊州、獲杜夔、善八音、嘗為漢雅樂郎、尤悉樂事。於是以為軍謀祭酒、使創定雅樂。時又有鄧靜・尹商、善訓雅樂、哥師尹胡能哥宗廟郊祀之曲、舞師馮肅、服養曉知先代諸舞、夔悉總領之。遠考經籍、近采故事、魏復先代古樂、自夔始也。而左延年等、妙善鄭聲、惟夔好古存正焉。」

(二四)『宋書』楽志「荀勗則曰「魏氏哥詩、或二言、或三言、或 四言、或五言、與古詩不類。」」

(二五)『漢書』礼楽志「六經之道同歸、而禮樂之用為急。治身者斯須忘禮、則暴嫚入之矣。為國者一朝失禮、則荒亂及之矣。人函天地陰陽之氣、有喜怒哀樂之情。天稟其性而不能節也。聖人能為之節而不能絕也。故象天地而制禮樂、所以通神明、立人倫、正情性、節萬事者也。」

(二六)『漢書』礼楽志「樂以治內而為同、禮以修外而為異。同則和親、異則畏敬。和親則無怨、畏敬則不爭。揖讓而天下治者、禮樂之謂也。二者並行、合為一體。」

(二七)『漢書』礼楽志「故孔子曰:「禮云禮云、玉帛云乎哉?樂云樂云、鐘鼓云乎哉?」此禮樂之本也。故曰:「知禮樂之情者能

作、識禮樂之文者能述。作者之謂聖、述者之謂明。明聖者、述作之謂也。」

(二八)『漢書』礼楽志「樂者、聖人之所樂也。而可以善民心。其感人深、其移風易俗易、故先王著其教焉。夫民有血氣心知之性、而無哀樂喜怒之常。應感而動、然後心術形焉。是以纖微癄瘁之音作、而民思憂。闡諧嫚易之音作、而民康樂。麤厲猛奮之音作、而民剛毅。廉直正誠之音作、而民肅敬。寛裕和順之音作、而民慈愛。流辟邪散之音作、而民淫亂。先王恥其亂也、故制雅頌之聲、本之情性、稽之度數、制之禮儀、合生氣之和、導五常之行、使之陽而不散、陰而不集、剛氣不怒、柔氣不懾、四暢交於中、而發作於外。皆安其位而不相奪、足以感動人之善心、不使邪氣得接焉。是先王立樂之方也。」

(二九)『漢書』礼楽志「漢興、樂家有制氏、以雅樂聲律世世在大樂官。但能紀其鏗鎗鼓舞、而不能言其義。高祖時、叔孫通因秦樂人制宗廟樂。大祝迎神于廟門、奏嘉至。猶古降神之樂也。皇帝入廟門、奏永至、以為行步之節、猶古采薺、肆夏也。乾豆上、奏登歌、獨上歌、不以筦弦亂人聲。欲在位者徧聞之、猶古清廟之歌也。登歌再終、下奏休成之樂、美神明既饗也。皇帝就酒東廂、坐定、奏永安之樂。美禮已成也。」

(三〇)『漢書補注』に引用される『風俗通義』のこの一文は逸文である。「張仲春、武帝時人、善雅歌。與李延年同時。毎奏新歌、莫不称善」。

(三一)『漢書』礼楽志「昔殷周之雅頌、乃上本有娀、姜原、卨、稷始生、玄王、公劉、古公、大伯、王季、姜女、大任、太姒之德。乃及成湯、文、武受命、武丁、成、康、宣王中興、下及輔佐阿衡、周、召、太公、申伯、召虎、仲山甫之屬、君臣男女有功德者、靡不褒揚。功德既信美矣。褒揚之聲盈乎天地之間、是以光名著於當世、遺譽垂於無窮也。今漢郊廟詩歌、未有祖宗之事。八音調均、又不協於鐘律。而内有掖庭材人、外有上林樂府、皆以鄭聲施於朝廷。」

(三二)『論語』陽貨篇「鄭聲の雅樂を亂すを惡む」、衛霊公篇に「樂は則ち韶舞、鄭聲を放つ」等。

(三三)『宋書』楽志「魏氏增損漢樂、以為一代之禮、未審大晉樂名所以為異。……自漢氏以來、依放此禮、自造新詩而已。」

(三四)『宋書』楽志「荀勗則曰「魏氏哥詩、或二言、或三言、或四言、或五言、與古詩不類。」」

(三五)牧角悦子「『文選』序文と詩の六義——賦は古詩の流」(『六朝学術学会報』第十六集 二〇一五年)参照。

（三六）王士禎『帯経堂詩話』巻四に、「往往以樂府題敍漢末事、雖謂之古詩亦可」と。

（三七）沈徳潜『古詩源』巻五に、「此指何進召董卓事、漢末實録也」と。

建安文質論考 ——阮瑀・応瑒の「文質論」とその周辺——

和久　希

序

『宋書』謝霊運伝論に「建安に至りて、曹氏基《はじ》めて命ぜられ、二祖〔曹操・曹丕〕・陳王〔曹植〕、咸《みな》盛藻を蓄《つ》む。甫《はじ》めて乃ち情を以て文を緯《お》り、文を以て質を被《おお》う（至于建安、曹氏基命、二祖陳王、咸蓄盛藻。甫乃以情緯文、以文被質）」とあるように、後漢最末期・建安年間は「文章」の歴史においてひとつの画期をなしている。そしてその画期の性格は、沈約によれば、根底的な「情」にもとづいて「文」が制作され、その「文」が「質」を包摂する、すなわち「文」が「質」を被《おお》いこむような特徴をもっているというのである（一）。

では、その建安期における「「文」が「質」を被いこむような特徴」とは、具体的に「文」と「質」とがいかなるものとして把握されていて、そのように言われたのだろうか。そしてまたここでは「文」と「質」とが対比的に示されているわけだが、そのことは一見、単に文章論上のレトリックを問題にするもののように見える。もちろん『宋書』謝霊運伝論の第一義的テーマは文章論にあるが、ただ実は「文」と「質」に関しては、建安期以前、先秦から漢代に至るまでにさまざまな議論があり、そしてそれらのテーマは（儒教的）国家秩序としての礼制と深く関わるものが多かった。すなわち「文」と「質」との関係は、伝統的には文章論というよりも（儒教的）国家論として語られて

きた問題であった。

それでは、沈約が「文を以て質を被う（以文被質）」と評しつつ、「文」「質」を文章論として捉え込もうとした建安期において、実際に「文」「質」については（建安期以前の諸議論を承けつつ）どのように議論がされていたのだろうか。そして沈約的な「文」「質」の背後にはどのような問題系が控えていたのか。本稿はかかる関心から、建安期に著された阮瑀「文質論」と応瑒「文質論」を主対象として、若干の検討をおこなうものである。

I

周知のように「文」と「質」をめぐる議論（以下、これを「文質説」と呼ぶ[二]）は、そもそも孔子にはじまる。たとえば『論語』雍也篇の以下の発言は、人口に膾炙している。

子曰く、質、文に勝てば則ち野、文、質に勝てば則ち史、文質彬彬として、然る後に君子たり。
（子曰、質勝文則野、文勝質則史、文質彬彬、然後君子。）　『論語』雍也篇

「文質彬彬」とは、何晏『論語集解』の引く包咸注によると、「彬彬は、文質の相い半ばするの貌なり（彬彬、文質相半之貌）」とある。すなわち「文」と「質」とがほどよく調和的である状態のことをいう。孔子は指導者としての規律ある言動（文）と、それを支える厳直な心性（質）とがともに備わっている状態こそが「君子」となるための要件であるとしているのである[三]。

一方でまた『礼記』表記には、孔子の言として次のようなものがある。

子曰く、虞夏の質、殷周の文は、至れり。虞夏の文は、其の質に勝たず。殷周の質は、其の文に勝たず。

（子曰、虞夏之質、殷周之文、至矣。虞夏之文、不勝其質。殷周之質、不勝其文。）『礼記』表記

これについて鄭玄は「言うこころは王者は質文を相い変じて、各《おの》おの多《まさ》る所有り（言王者相変質文、各有所多）」『礼記』表記注」とする。歴史上の各王朝は「質」「文」において、それぞれにすぐれたところがあったというわけである。そしてこうなってみると、もはや「文」と「質」との問題は、文章論どころか、君子（指導者）の持つべき資質、さらには国家秩序の内容にまで、広く拡張されているのである。

『礼記』表記には、夏殷周三代の治世に関して、「文」「質」を軸とする次のような記述がある。

子曰く、夏道は未だ辞を瀆《けが》さず、備を求めず、大いに民に望まざれば、民未だ其の親を厭わず。殷人は未だ礼を瀆さず、而れども民に備を求む。周人は民に強《［強制］》う。未だ神を瀆さざるも、而れども賞爵刑罰窮まる。

（子曰、夏道未瀆辞、不求備、不大望於民、民未厭其親。殷人未瀆礼、而求備於民。周人強民。未瀆神、而賞爵刑罰窮矣。）『礼記』表記

夏王朝はことさらに辞令を用いず、寛治にして、課税も過重ではなかった。[四] しかし時代が下降するにつれて、次第に賞爵刑罰（文）が整備されることにより、その統治は人民に対して強制的なものとなった。[五] 内的倫理（質）に訴えていた夏王朝に対して、徐々に外在的規範としての諸制度（文）が施行されることになったのである。

かかる情況をうけて、孔子は「虞夏の道は、民に怨寡し。殷周の道は、其の敝に勝《た》えず（虞夏之道、寡怨於民。殷周之道、不勝其敝）」『礼記』表記」と総括する。これについて鄭玄は「言うこころは殷周は文を極むれば、民は恥無くして利に巧なり。後世の政は復し難きなり（言殷周極文、民無恥而巧利。後世之政難復）」『礼記』表記注」と注している。すなわち、殷周に最盛をきわめた外在的規範（文）による統治は、その繁雑さゆえに、それに習熟できない人民を生じ、あるいは、その網目をかいくぐろうとする腐敗的連中の跋扈を招いたのであった。孔子自身は必ずしも

「文」そのものを否定するものではないが（六）、しかし「後世作《おこ》る者有りと雖も、虞帝は及ぶべからざるのみ（後世雖有作者、虞帝弗可及也已矣）」『礼記』表記」として、虞帝、すなわち舜に比類する者がないとする。そうであるならば「質」を統治の基幹に据える虞夏は、「文」を方法とする殷周よりも相対的に適切な政治をおこなっていた、そのように孔子は見ていたといえるだろう。

そのためもあろうか、これ以後の文質説は（「文」「質」の両者はいずれともに重要ではあるけれど）「文」に対して「質」をより本質的とみるものが主流をなしてゆく。たとえば『春秋繁露』玉杯には、次のような議論がある。

礼の重んずる所の者は其の志に在り。……［中略］……志《〔意志〕》を質と為し、物《〔事物〕》を文と為す。文は質に著《つ》くも、質は文に居らず。文安くんぞ質に施さんや。質文両つながら備わりて、然る後に其の礼成る。文質偏行すれば、我爾の名有るを得ず。倶に備わること能わずして之を偏行すれば、寧ろ質有りて文無からん。礼を能くするを予《ゆる》さずと雖も、尚お少しく之を善とす。

（礼之所重者在其志。……［中略］……志為質、物為文。文著於質、質不居文。文安施質。質文両備、然後其礼成。文質偏行、不得有我爾之名。倶不能備而偏行之、寧有質而無文。雖弗予能礼、尚少善之。）

〔『春秋繁露』玉杯〕

これは「礼」を「志（＝質）」と「物（＝文）」とに分節して論じようとするものである。「礼」は「質」と「文」の両者をまって成立する。しかし蘇輿が「言うこころは文の著く所以は質なり。苟しくも質無ければ、文は何に于いてか附かん（言文所以著質。苟無質、文于何附）」『春秋繁露義証』玉杯」と指摘するように、両者の関係には先後があり、その意味において非対称的である。まずあらかじめ「質」があり、そこに「文」が附着することにより「礼」は完成するのである。沈約が文章論において「文を以て質を被う（以文被質）」と述べていたような状況が、実は礼論

として説かれていたのである。そしてそこにあっては、「礼」においてより根源的で核心をなすものは「質」である、ということになる。だがそういうことのためには「文」「質」の両者がともに備わっていることが前提となる。しかし、この前提は常に成立できているものとは限らない。そこで『春秋繁露』では、やむを得ず「質」「文」のいずれか一方を欠かねばならないときには、やはり「質」を存しておき、「文」を棄却するとしている。[七] 具体的なさまざまな制度や事物（文）よりも根底的真情、すなわち「志（＝質）」を重要視するためである。そのことは以下の言に明らかである。

　然らば則ち春秋の道を序するや、質を先にして文を後にし、志を右〔高〕にして物を左〔低〕にす。故に曰く、礼と云い礼と云うも、玉帛を云わんやと。推して之を前にすれば、亦た宜しく朝と云い朝と云うも、辞令を云わんやと曰うべし。楽と云い楽と云うも、鐘鼓を云わんやと。引きて之を後にすれば、亦た宜しく喪と云い喪と云うも、衣服を云わんやと曰うべし。

（然則春秋之序道也、先質而後文、右志而左物。故曰、礼云礼云、玉帛云乎哉。推而前之、亦宜曰朝云朝云、辞令云乎哉。楽云楽云、鐘鼓云乎哉。引而後之、亦宜曰喪云喪云、衣服云乎哉。）

〔『春秋繁露』玉杯〕

『春秋繁露』では『論語』陽貨篇「子曰く、礼と云い礼と云うも、玉帛を云わんや。楽と云い楽と云うも、鐘鼓を云わんや（子曰、礼云礼云、玉帛云乎哉。楽云楽云、鐘鼓云乎哉）」を援引しつつ、朝聘は言辞を主とするものではなく、喪礼も服装を主とするものではない、と述べる。形式や威儀（文）よりも内的心性（質）を重要視するのである。

　このように漢代になると、「文」と「質」との関係は「質」を主として「文」をそれに付随するものとみる見解が広くおこなわれるようになるのである。後漢の班固『白虎通』三正の議論もまた、かかる見解を踏襲しつつ、王朝ご

との礼制の変更を当時の世界観にあてはめて論じようとするものであった[八]。

王者必ず一質一文するは何ぞや。以て天地を承け、陰陽に順うなり。陽の道極まれば、則ち陰道受け、陰の道極まれば、則ち陽道受く。二陰二陽の相い継ぐ能わざるを明らかにするなり。

（王者必一質一文何。以承天地、順陰陽。陽之道極、則陰道受、陰之道極、則陽道受。明二陰二陽不能相継也。）〔『白虎通』三正〕

そもそも『説苑』修文には「商〔殷〕とは常なり。常とは質なり。質は天を主とす。夏とは大なり。大とは文なり。文は地を主とす。故に王者は一商一夏、再〔二〕にして復する者なり（商者常也。常者質。質主天。夏者大也。大者文也。文主地。故王者一商一夏、再而復者也）」とあり[九]、「質」と「文」とを基軸とする王朝交替が述べられている。『白虎通』ではそのことを踏まえつつ、王朝ごとの「質」と「文」との循環の法則性を陰陽の循環に重ねて論じようとしているのである。そしてここでの「質」とは、従来のような内的心性というよりも「天」と結びついていることから、「質」自体の内部にも「天」のもつ秩序性・整合性ということが反映されるようになってきているといえるのである。そこで班固はさらにまた『尚書大伝』[一〇]および『礼』三正記に依拠しながら次のように述べる。

尚書大伝に曰く、王者の一質一文は、天地の道に拠ると。礼三正記に曰く、質は天に法り、文は地に法るなりと。帝王始めて起つに、質を先にして文を後にする者は、天下の道、本末の義、先後の序に順うなり。事には先ず質性有らざること莫くして、乃ち後に文章有るなり。

（尚書大伝曰、王者一質一文、拠天地之道。礼三正記曰、質法天、文法地也。帝王始起、先質後文者、順天下之道、本末之義、先後之序也。事莫不先有質性、乃後有文章也。）〔『白虎通』三正〕

前掲『説苑』にも「質は天を主とす（質主天）」「文は地を主とす（文主地）」とあるように、やはり「質」は

「天」に、「文」は「地」にそれぞれ対応する。したがって「質」が「文」に対して優位にあることは、『周易』繋辞上伝に「天高く地卑し（天高地卑）」とあるような天地の定理に合致する以上、絶対不可侵な理念として堅持されなくてはならない。「文」に対する「質」の優先は、このように当時の世界観／宇宙観を根底に据えて規定されていたのであった。かかる根拠をもって、こうした見解が『春秋繁露』や『白虎通』をはじめ、両漢の儒教において広くおこなわれていたのである。

そうした漢代の言説のなかでも、時期的に建安期に近い言説としては、何休による議論がある。『春秋公羊伝』桓公十一年「春秋の伯子男は一なり。辞は貶《けな》す所無し（春秋伯子男一也。辞無所貶）」の注において、何休は次のような議論を展開する。

王者起こるに必ず質文を改むる所以の者は、衰乱を承け、人の失を救うが為なり。天道は下に本づき、親を親として質省、地道は上を敬して、尊を尊として文煩なり。故に王者始めて起つに、先ず天道に本づきて、以て天下を治め、質にして親を親とす。其の衰敝に及びては、其の失や、親を親とするも尊ばず。故に後王起こるに、地道に法りて、以て天下を治め、文にして尊を尊とす。其の衰敝に及びては、其の失や、尊を尊として親しまず。故に復た之を質に反すなり。

（王者起所以必改質文者、為承衰乱、救人之失也。天道本下、親親而質省、地道敬上、尊尊而文煩。故王者始起、先本天道、以治天下、質而親親。及其衰敝、其失也、親親而不尊。故後王起、法地道、以治天下、文而尊尊。及其衰敝、其失也、尊尊而不親。故復反之於質也。）

『春秋公羊伝』桓公十一年注

これもまた、王者による「質」「文」の改制を述べるものである。何休は「天道」が「質省」であり、「地道」が「文煩」であると規定する。そして「文」が発揮されるのは「質」が衰微した場面であることを指摘する。すなわち

「天道」にもとづく統治は本来「親を親とす（親親）」るものであるが、それが行き過ぎると「尊」を欠く事態を招くことになる。ここにおいてはじめて「文」を方途として差等を明確にし、「尊を尊とす（尊尊）」る状況を構築しなくてはならないのである（二二）。何休の議論もまた、まずは「質」を基幹とする「天道」からはじまり、それが閉塞し、限界を迎えるにあたって、はじめて「文」が要請されるという点において、「質」を優先するそれまでの思想史的潮流に連なるものである。

建安期の「文」「質」をめぐる議論の背後には、まずは孔子の発言を原基としつつ、このような文質説の歴史的堆積が層をなしていたといえる。

Ⅱ

前節では、孔子から両漢に至るまでの文質説を概観してきた。それらは礼制、とくに王朝ごとの改制という国家論を背景にしつつ、「文」に対して「質」をより本来的・核心的なものとして重要視する、そのような傾向性を有していた。

一方、これら一連の主流的見解に対して、「文」それ自体の価値を「質」と対比させつつ主張する見解をもつものも、わずかながら存在していた。漢の揚雄もそのなかの一人であった。揚雄『法言』に、次のような議論が見える。

聖人は、質を文《かざ》る者なり。車《〔車馬〕》服《〔衣服〕》以て之を彰《あき》らかにし、藻色《〔衣冠〕》以て之を明らかにし、声音以て之を揚げ、詩《『詩経』》書《『書経』》以て之を光《かがや》かす。籩豆《〔祭器〕》陳《つら》ねず、玉帛分かたず、琴瑟鏗《な》らず、鐘鼓抎《おこ》らざれば、則ち吾は以て聖人を見ること無し。

（聖人、文質者也。車服以彰之、藻色以明之、声音以揚之、詩書以光之。籩豆不陳、玉帛不分、琴瑟不鏗、鐘鼓不抎、則吾無以見聖人矣。）

〔『法言』先知篇〕

聖人は「質」（内実）に対して秩序（「文」）をほどこす者である。車馬や衣冠の装飾は、貴賤尊卑を明確にするためにある。（一二）管弦をしたがえた歌唱は聖人の徳を讃美するためにあり、経書に記載することによって聖人の功績は顕彰され、後世へと伝えられる。（一三）揚雄によれば、こうした「文」に立脚してこそ、はじめて聖人の審級が他と明確に弁別されるのであり、したがって、祭器（文）や楽器（文）を用いなければ、そもそも聖人の存在を認めることはできないのであった。ここで揚雄は、まず先に「質」があり、それを種々の「文」により修飾するとしており、その行論自体は「質」が「文」に先立つという点で、これまでの主流的見解と同様であるかに見える。しかし揚雄は、聖人がいかなる「質」をそなえていようとも、「文」を発揮させなければその聖人たることの把捉は不可能であるとする。すなわち「文」に依拠することによって、はじめて「質」が確立するのである。

「文」こそが「質」の確立に貢献する、という揚雄の行論は、前節の諸議論とは異なり、「質」に対して「文」が重要な関鍵をなしていることを主張する。そしてかかる見解もまた、実は『論語』を典拠とする。『論語』顔淵篇には、子貢の発言として「文は猶お質のごときなり。質は猶お文のごときなり。虎豹の鞟《なめし皮》は猶お犬羊の鞟のごときなり（文猶質也。質猶文也。虎豹之鞟猶犬羊之鞟）」とある。虎豹の毛皮には鮮やかな紋様（文）があるけれど、ひとたび体毛を刈り取り、なめし皮として加工してしまえば、（一四）それはもはや犬や羊のものと見分けがつかない。つまり、虎豹と犬羊（質）の区別をそのようにあらしめているものは、各々の表面を覆う体毛（文）なのである。揚雄はかかる古典的論拠にもとづきつつ、「質」との対比における「文」の価値を積極的に認めようとしていたのである。このことはまた、以下の言にも見えている。

或るひと曰く、良玉は彫らず、美言は文《かざ》らずとは、何の謂ぞやと。曰く、玉彫らざれば、璵璠《「魯の宝玉」》も器と作《な》らず、言文らざれば、典謨《『尚書』》も経と作《な》らず。

（或曰、良玉不彫、美言不文、何謂也。曰、玉不彫、璵璠不作器、言不文、典謨不作經。）〔『法言』寡見篇〕

一般に、宝玉や美言には、あえてさらなる装飾をくわえる必要はない。このことを前提として、質問者はその理由を尋ねている。そしてこの質問に関していえば、当時一般的には、『淮南子』説林訓に「白玉の雕らざる、美珠の文《かざ》らざるは、質に余有ればなり（白玉不雕、美珠不文、質有余也）」とあり、また『説苑』反質篇にも「丹漆は文《かざ》らず、白玉は雕らず、寳珠は飾らず。何となれば、質に余有る者は、飾を受けざればなり（丹漆不文、白玉不雕、寳珠不飾。何也、質有余者、不受飾也）」とあるように、すでに「質」が充実しているものには、それ以上のことさらな修飾（文）を必要としない、という解答が通例であった。しかし揚雄の解答は、そもそも質問者と前提を共有しない。揚雄によれば、美しい宝玉（質）にも雕琢（文）は必要であり、すぐれた言説である経書（質）にもまた整合的言辞（文）が必要なのであった。このように揚雄の議論は、「文」「質」をめぐる当時の支配的見解とは色調を異にしており、「質」のみならず積極的に「文」の重要性を提唱するものであった。そしてそれは、その後に展開する六朝期の文章論――それは文章のレトリックのみを論ずる議論のように見えるが、その根底にはもちろん「質」としての儒教が前提的に潜在している――にとって、ひとつの基礎的な論拠となる、そのような意義を有するものでもあった。[一五]

Ⅲ

本稿ではここまで、建安期「文質論」の思想的基底・前提たる古典的言説を取り上げ、その内容をうかがってき

た。

では建安期の実際にあって、当時の人々は、こうした基盤の上にどのような議論を展開していたのだろうか。『宋書』謝霊運伝論にあったような「文を以て質を被う（以文被質）」というような文章論に実際に託されていたのは、より具体的には、当時の世界観のどのようなところの反映であったのだろうか。

建安期の著名な文人である建安七子のうち、阮瑀と応瑒の二人には、それぞれ「文質論」という文章があった。(一六) そこで両者の行論を見てみると、応瑒「文質論」は阮瑀「文質論」の言を引きつつ、それに反論をくわえている。そこで、まずは阮瑀「文質論」について検討する。

『三国志』魏書王粲伝に「瑀〔阮瑀〕は少《わか》くして学を蔡邕に受く（瑀少受学於蔡邕）」とあるように、阮瑀の学問は後漢儒教の本流を継承するものであった。また、彼は陳琳とともに曹操に用いられ、書記官として多くの文章を残していた。(一七) まさに当代を代表する文章家であった。その阮瑀が著した「文質論」は、以下のようにはじまる。

蓋し聞く、日月の天に麗《つ》くは、瞻《み》るべくして附〔近接〕き難し。群物の地に著《つ》くは、見るべくして制〔統御〕し易し。夫れ遠くして識るべからざるは、文の観なり。近くして察するを得るは、質の用なり。文は虚しきも質は実《み》ち、遠は疎なるも近は密なり。

（蓋聞、日月麗天、可瞻而難附。群物著地、可見而易制。夫遠不可識、文之観也。近而得察、質之用也。文虚質実、遠疎近密。）　〔阮瑀「文質論」〕

阮瑀「文質論」の冒頭は、まずは世界観の提示である。日月は高く天蓋にあって輝きを放つ。だが、それは仰ぎ見る（瞻）ことはできても手には届かない。一方、地上にさまざまに生起する諸事物は、はっきりと目に見えて了解可能（見）であり、それゆえそれらはコントロールすることができる。阮瑀によれば、天の形貌（観＝天文）とは、遠く

て実体を知りがたいもの、その意味で実体性を欠いた空疎なるもの（虚／疏）である。これに対して、地上の群物の運動（用）の根底には、知覚可能であり、経験的了解の確実性がある（実／密）ということがある。ここで阮瑀が提示している世界観は、従来の文質説と大きな懸隔がある。すなわち、これまでの文質説がいずれも「質」を「天」に、「文」を「地」に配当させていたのに対し、阮瑀は天体の運行を「文」とし、地上における万物の運動を「質」としているのである。「天」「地」と「質」「文」の連関が反転しているのである。このように「天」「地」と「質」「文」とを反転させることは、従来の世界観を反転させることに等しい。それは世界を従来とは異なるものとして、新たに根底から見直そうとする営為である。そのようにして彼は「天」とは「文」であり、「地」とは「質」であるとみる。このような阮瑀の立場からすると、地上に生起する万物は、みな「質」を備えている、あるいは「質」を備えている必要がある、ということになる。

　若し乃ち陽春は華を敷《ひら》くも、衝風に遇《あ》いて隕落す。素葉《[落葉]》は秋を変ずるも、既に物に究まりて体を定む。麗物は苦偽《[脆弱]》なるも、醜器は牢《[堅牢]》きもの多し。華璧《[宝玉]》は砕かれ易きも、金鉄は陶《[変化矯正]》え難し。故に言に方《[方向性]》多き者は、中は処り難きなり。術に津《[方法]》饒《おお》き者は、要は求め難きなり。意に弘博なる者は、情は足り難きなり。性に明察なる者は、下は事え難きなり。通士は四奇を以て人に高ければ、必ず四難の忌有り。且《そ》れ言辞に少なき者は、政は煩ならざるなり。知見に寡なき者は、物は擾れざるなり。一道に専らなる者は、思は散ぜざるなり。濛蔑に混る者は、民は備えざるなり。質士は四短を以て人に違えば、必ず四安の報有り。

（若乃陽春敷華、遇衝風而隕落。素葉変秋、既究物而定体。麗物苦偽、醜器多牢。華璧易砕、金鉄難陶。故言多方者、中難処也。術饒津者、要難求也。意弘博者、情難足也。性明察者、下難事也。通士以四奇高人、必有四難之忌。且少言辞者、政不煩也。寡知見者、物不擾也。専一道者、思不散也。混濛蔑者、民不備也。質士以四短

〔阮瑀「文質論」〕

違人、必有四安之報。）

たとえば春に咲く花（文）は、突風にさらされると散り落ちてしまう。一方で、秋に落葉を終えた裸木（質）は、外見の変化にもかかわらず、樹木それ自体であるということに変わりはない。見栄えのよいものの実態は不安定であり、醜悪に見えるものこそが、実は安定しているのである。阮瑀は「文」「質」が必ずしも両立し得ないとみている。そして彼はこの「文」「質」の論理を、当時盛んにおこなわれていた人物評価に応用する。[一八] すなわち「通士」と「質士」という概念を提起し、それを比較検討するのである。「通士」とは、さまざまな方向へと言辞を操り、さまざまな方法をもって事に臨み、そのうえ幅広く思考し、本質を悟ることに俊敏であるような、諸事に熟達するすぐれた人物のことを指す。しかし阮瑀によれば、このような人物こそ、実は「四難の忌（四難之忌）」を免れないという。言語を様々に駆使すればするほど、安定的な中庸に落ち着いていることはできないし、行為が繁雑になればなるほど、核心を見定めるのが困難になる。思考の散漫は、定まった方向性を有するはずの「情」の欠損をもたらす。そして明察な者は、かえって下々の者にとっては仕えにくい存在である。一見、多くの美点をそなえた「通士」は、実際には多くの問題点を抱え込んでいるのである。阮瑀の主張はこのようなものであった。

一方で阮瑀は「通士」に対して、「質」をたたえた人物たる「質士」を高く評価する。言語に朴訥であっても、それはかえって政治の煩雑化を防ぐし、知見に乏しくとも、それはかえって物事の混乱を遠ざけることになる。ひとつのことのみに専念すれば思索は散漫に陥らない。指導者が状況をそのままに受け容れているならば、民は過剰な措置を講ずる必要がない。欠点にも見える「質士」の「四短」は、むしろ「四安の報（四安之報）」をもたらすものである。

このようにして阮瑀は通常の人物評価を逆転させ、一見、愚昧にも見える「質士」を称揚するのである。そしてか

かる行論の根底にあった世界観はやはりそれまでの「質」と「天」、「文」と「地」との連関を反転させたものにほかならないといえるだろう。

しかし、そうした世界の反転という独創性をそなえつつも、それでも彼の主張する「質」の重視ということ自体は、やはり先行する文質説と軌を一にするものだったといわざるをえない。その点においては、彼の思想はまだ従来からの支配的文脈の埒内にあるものであった。

そしてこれをさらに超克しようとするもの、それが応場「文質論」である。

Ⅳ

『文心雕龍』才略篇に「応場は学優にして以て文を得たり（応場学優以得文）」とあるように、（一九）後世からの応場に対する評価の焦点は、まさに「文」ということにあった。また曹丕は応場について「徳璉〔応場〕は常に斐然として述作の意有り。其の才学は以て書を著すに足るも、美志遂げられず。良《まこと》に痛惜すべし（徳璉常斐然有述作之意。其才学足以著書、美志不遂。良可痛惜）」〔曹丕「与呉質書」〕と述べ、その死を哀悼している。ここには曹丕の応場に対する評価がはっきりとうかがわれる。曹丕は、『中論』一書を著して「不朽」と称せられた徐幹（二〇）にも匹敵する才能をもっていると見ていたのである。

応場「文質論」もまた、阮瑀と同様に、世界観を提示することからはじまる。

蓋し皇穹〔天蓋〕肇《はじ》めて載《の》り、陰陽初めて分かれて、日月は其の光を運《めぐ》らし、列宿は其の文を曜《かがや》かせ、百穀は土に麗《つ》き、芳華は春に茂し。是を以て聖人は徳を天地に合し、気を淳霊に稟《う》け、仰ぎては象を玄表に観て、俯しては式

を群形に察す。神を窮め化を知れば、万物は是れ経《おさ》まる。故に否・泰易趁《〔推移変動〕》するも、道に一なる攸《ところ》無し。

（蓋皇穹肇載、陰陽初分、日月運其光、列宿曜其文、百穀麗於土、芳華茂於春。是以聖人合徳天地、稟気淳霊、仰観象於玄表、俯察式於群形。窮神知化、万物是経。故否泰易趁、道無攸一。）　〔応場「文質論」〕

この世界は天地陰陽をもとに構成される。ただしそれらは、ただとりとめもなく存在しているというのではない。天にあっては日月が定期的運行をなし、星々が紋様を織りなしている。地上にはさまざまな植物が芽吹き、季節ごとに香しい花を咲かせる。これらは各々が秩序（文）を有し、それを反映しながら、それぞれのありかたで存在しているのである。応場はここで『周易』に依拠しながら、聖人もまた、かかる秩序に連なる存在であるという。（一二）そうであればこそ、聖人は通常の知性を超出して最高度の徳を発揮し（窮神知化）（一三）、これによって世界は適切な統治に至る。そしてそのような統治に至れば、たとえ天地陰陽が反転するような事態に直面しても、万事に過不足なく対応できる、というのである。応場の提示する世界観は、まずは万物を貫通する秩序（文）に着眼するものであり、聖人がそれにもとづいた統治をおこなうことを述べている。そしてその世界観の根底にあるものは、経書『周易』であった。

つづけて応場は「文」と「質」とに言及する。

二政代序するに、文有り質有り。乃ち陶唐《〔尭〕》の国を建て、成周《〔洛邑〕》の命を革《あらた》むるが若きは、九官咸乂《みなおさ》まること、済済休令《〔優良〕》たり。火龍黼黻《〔礼服の刺繍〕》は、廊廟に暐韡たり。袞冕《〔衣冠〕》旂旒《〔幟旗〕》は、朝廷に舃奕たり。徳を百王に冠して、其の政に参すること莫し。是を以て仲尼《〔孔子〕》は煥乎の文に嘆じ、郁郁の盛に従うなり。

（二政代序、有文有質。若乃陶唐建国、成周革命、九官咸乂、済済休令。火龍黼黻、暐韡於廊廟。袞冕旂旒、舃奕乎朝廷。冠徳百王、莫参其政。是以仲尼嘆煥乎之文、従郁郁之盛也。）　〔応場「文質論」〕

これは従来の文質説と同様に、上古の歴史的展開のなかに「文」と「質」とを見出そうとする行論である。ただし

『白虎通』や『尚書大伝』に「一質一文」とあるのとは対照的に、応場は「有文有質」として「文」を「質」の前に位置づけている。実際に彼の行論は、ここでもやはり「文」を強調しているように見える。応場によれば、かつて、国政を掌握する諸官はみな適切な統治をおこない、その威儀はすぐれて立派であった。（一四）当時は、身分を示す礼服の鮮やかな刺繍が正殿に輝きを放ち、（一五）群臣の衣冠、そして幟旗が朝廷に光り輝いていた。（一六）応場は、このように陶唐・成周はさまざまな「文」——整合的秩序——に彩られ、その徳は諸王に卓絶しており、そこでは、あえて政務に従事するまでもなく安定的な統治が果たされていた、とみている。だからこそ『論語』泰伯篇には、堯を讃えた「子曰く、大なるかな堯の君たるや、巍巍《高々》乎として唯だ天のみを大と為す。唯だ堯のみ之に則る。蕩蕩《広々》乎として民能く焉《これ》に名づくること無し。巍巍乎として其れ成功有るなり。煥《皓々》乎として其れ文章有り（子曰、大哉堯之為君也、巍巍乎唯天為大。唯堯則之。蕩蕩乎民無能名焉。巍巍乎其有成功也。煥乎其有文章）」との発言があり、（一七）また『論語』八佾篇には、周代の「文」を讃えて「子曰く、周は二代に監み、郁郁《旺盛》乎として文なるかな。吾は周に従わん（子曰、周監於二代、郁郁乎文哉。吾従周）」とあり、これを直接的な規範として仰いでいたのであった。かかる応場の行論は、古来「有文有質」であるとしながらも、明らかに国家統治における「文」の重要性を強調している。一方で「質」については、わずかに「夫れ質とは端一にして玄静、倹嗇にして潜かに化して用を利す（夫質者端一玄静、倹嗇潜化利用）」〔応場「文質論」〕と述べるにとどまる。（一八）「質」はひたすらに静穏質素であって、そのことがひそかに効用をなす、というのであるが、ここに「倹嗇」とあるのは『毛詩』魏風「葛屨」序を典拠とする。そこには「魏地は陿隘《狭隘》にして、其の民は機巧《巧詐》もて利に趨《はし》り、其の君は倹嗇《吝嗇》褊急《狭量》にして、徳の以て之を将《やしな》うこと無し（魏地陿隘、其民機巧趨利、其君倹嗇褊急、而無徳以将之）」とある。ここでは「倹嗇」は単に倹《つま》しいというよりも、むしろ過度な吝嗇に堕することであって、それでは政務を担うには不適当である。（一九）「葛屨」詩はそのような「君」の資質を批判しているの

である。応場が「質」を論じて「倹嗇」と述べた背景にはこのようなことがあった。そしてさらに、これによるならば、やはり応場は「質」のみでは国家秩序は成立しない、そのように考えていたといえる。そこであらためて応場は、次のように述べる。

清泰を承けて平業を御《おさ》め、軌量《〔規範〕》に循いて成法《〔法規〕》を守れば、天に応じ民に順い、乱を撥《おさ》め世を夷《たいら》ぐに至るも、藻を摛《し》き権を奮えば、赫奕丕烈なり。禅《〔封禅〕》を紀《おさ》め律《〔尺度〕》を協《ととの》うれば、礼儀煥別たり。墳丘《〔三墳〕》を皇代《〔現代〕》に覧《しめ》さんとすれば、不刊の洪制を建て、宣尼《〔孔子〕》の典教を顕らかにせんとすれば、微言の弊う所を探る。

（承清泰御平業、循軌量守成法、至乎応天順民、撥乱夷世、摛藻奮権、赫奕丕烈。紀禅協律、礼儀煥別。覧墳丘於皇代、建不刊之洪制、顕宣尼之典教、探微言之所弊。）　〔応場「文質論」〕

たしかに安寧な日常にあって、規範・法規（過去の「文」）を遵守することは、天と人との本来的関係に一致し、それが乱世を治め天下を平定することにつながる。[三〇] しかし、それだけではない。新たな「文」――新しい秩序をもちいて権勢を行使すれば、偉大な徳がありありと目に見えるようになる。天地に対する儀礼を適切に執行し、天地の秩序を承けて律度量衡（文）を正しく制定すれば、[三一] 礼の大綱は鮮やかに甄別される。伝説的聖人たちの古典的思索を現代に示すためには、不朽の典範を確立し、孔子の教化を究明するためには、微言に潜む細密な意を討究する。[三二] ここには「文」の効果・効用をさまざまに述べながら、新しい「文」を興起させようとする意志がうかがわれる。ただしそれは、応場にあっては必ずしも「質」を軽視することではない。阮瑀「文質論」は「質」の称揚にあたって「文」の意義を否定的に見ていたが、応場「文質論」は、必ずしもそのような二者択一的な論調をもたないのである。応場「文質論」は、新たなる「文」を方法として、失われた「墳丘」（過去の「文」）や「微言」（質）を探究し、それを明確に提示することを趣旨とする。「質」は決して無用ではなく、むしろそれを発揮させるためにこそ、新しい「文」が重

要なのである。その意味において彼の議論は、揚雄の主張を継承するものになっているといえる。そしてかかる立場から、応場は阮瑀に対する批判を展開する。

且《そ》れ言辞に少なき者は、孟僖の郊労に答うること能わざる所以なり。智見に寡なき者は、慶氏《[慶封]》の相鼠に困《くる》しむ所以なり。今子の五典の文を棄て、礼智の大を闇くし、管《[管仲]》望《[呂尚]》の小を信じ、老氏《[老子]》の蔽を尋ぬるは、所謂軌に循うこと常に趍《ひさ》しくして、未だ連環の結を釈《と》くこと能わざるなり。
（且少言辞者、孟僖所以不能答郊労也。寡智見者、慶氏所以困相鼠也。今子棄五典之文、闇礼智之大、信管望之小、尋老氏之蔽、所謂循軌常趍、未能釈連環之結也。）　［応場「文質論」］

これは阮瑀「文質論」に「且れ言辞に少なき者は、政は煩ならざるなり。知見に寡なき者は、物は擾れざるなり（且少言辞者、政不煩也。寡知見者、物不擾也）」とあることへの反駁である。言語に朴訥な者として、応場はここで孟僖を例に挙げる。『春秋左氏伝』昭公七年には「三月、公《[昭公]》楚に如《ゆ》く。鄭伯は師之梁《[鄭の城門]》に労《ねぎら》う。孟僖子は介たるも、儀を相《たす》くること能わず。楚に及ぶ。郊労に答うること能わず（三月、公如楚。鄭伯労于師之梁。孟僖子為介、不能相儀。及楚。不能答郊労）」とある。昭公が楚を訪れた際、道中で鄭伯が城門まで出迎えて慰労した。これに対して孟僖は補佐役でありながら、適切に礼を受けることができなかった。さらに楚に到着した後も、郊外での出迎えに対して適切な返答ができなかったという（三三）。このことを応場は、言語に拙いことにより引き起こされた外交的失態であるとみている。また、知見に乏しい者として、応場は慶封を例に挙げる。『春秋左氏伝』襄公二十七年には「叔孫《[穆叔]》は慶封と食す。不敬なり。為に相鼠を賦すも、亦た知らざるなり（叔孫与慶封食。不敬。為賦相鼠、亦不知也）」とある。穆叔が慶封と食事を共にした際に、慶封の行為は敬にもとるものであった。そこで穆叔は「相鼠」（三四）詩を吟じてそのことを暗に批判したが、慶封には理解できなかったという（三五）。知見に乏しければ、自身へ向けられた批判にも気づか

ず、暗愚な姿を晒し続けることになるのである。

応瑒はこれらの挙例により、阮瑀の主張が妥当性を欠くことを論証しようとし、そして阮瑀への批判を展開する。「文」や「礼」「智」を軽視し、管仲や呂尚を信奉して老子を習継するような態度は頑迷固陋である。(三六) 応瑒によれば、その姿はまるで知恵の輪を解けずにうろたえているかのようである。

では、これを脱却するためにはどうすればよいのか。応瑒は「文質論」を「言は国典を辨じ、辞は皇居を定む。然る後に質者の不足、文者の有余を知るなり（言辨国典、辞定皇居。然後知質者之不足、文者之有余）」と結んでいる。やはり新しい「言辞」（文）なくしては新国家秩序は成り立たないのである。(三七) 応瑒は、まずは「文」を縦横に発揮させることで国家の基幹を築き上げ、それらが確立したのちに、はじめて「質」の不足と「文」の余剰に目を向けて調整する、という。かかる行論は、いわば「文」を主として「質」を従とするものであり、この点において阮瑀「文質論」とは大きく異なる。のみならず、これは漢代における「文質論」の思想的堆積からも大きく逸脱するものであった。ただし、応瑒自身が「二政代序するに、文有り質有り（二政代序、有文有質）」〔応瑒「文質論」〕と述べていることからすると、「文」を重要視する彼の行論は、「質」を主とする漢代の文質説に対して、新たな理念提示にあたる。そしてそれは漢に代わる新たな王朝を念頭に構成されていた可能性がある。もちろん応瑒は、建安七子の一人として、つとに曹氏に親しんでいたし、当時、おなじく建安七子である徐幹による『中論』も、新しい曹魏王朝のために制作されたものであった。(三八) 王朝ごとに「文」「質」が反復循環することをふまえるならば、応瑒「文質論」は新たなる曹魏王朝の成立を予期しつつ、その王朝が統治において「質」に代わる「文」を核心に据えるものと捉え、「文」の意義をあらためて強調しようとしたものともいえる。そして実際にその営為は、新たに「文学」を政治的に宣揚しつつ、旧来の知識人層を打破しようとしていた曹操(三九)の立場に連なるものであった。

結

本稿では、建安期の「文質論」を、その背後にある思想史的堆積との対比において検討し、その建安期の「文質論」のもつ歴史的意義を探究してきた。

そもそも、文質説は孔子にはじまるものであり、まずは君子の条件として「文質彬彬」たることが求められていた。その一方、孔子は歴史上の王朝ごとの礼制の特質について、「文」と「質」とを基軸とする議論をおこなってもいた。そしてその礼制的議論は、漢代に至ると「文」に対して「質」をより重要視する方向性が主流的となっていた。そうした背景のもとに、建安期には二つの「文質論」が登場した。

阮瑀「文質論」は、従来の天地／質文の対応構造を反転させる、世界観の転換ともいうべき独創的内容をもっていた。しかしそうした独創性にもかかわらず、なお「質」を重視しており、その点から見ると、いまだ漢代の文質説を踏襲するものであった。

一方、応瑒「文質論」は「文」の効用をさまざまに述べて、「質」を超克した新たなる「文」の興隆を志向するものであった。したがってその行論は「質」を基幹とする漢王朝に代わる、新たなる王朝のための理論という面貌をそなえていた。

沈約が「文を以て質を被う（以文被質）」と述べ、文章論において注目した建安年間という時期は、曹操が実質的に皇室権力を掌握しつつある時期に対応していた。曹魏はその統治において礼制の理念を重視して「文」を称揚した。応瑒「文質論」が示した「文」の興起は、そうした曹魏の国家観に沿うものだったといえよう。漢魏交替期を彩

った三曹や建安七子における「文学」の盛行は、こうした応場のような思想的営為を背景にそなえるものだったのである。

《注》

（一）鍾嶸『詩品』は曹植を上品に位置づけて評価するが、そこにも「骨気は奇高、詞彩は華茂なり。情は雅怨を兼ね、体は文質を被う。粲は今古に溢れ、卓爾として不群なり（骨気奇高、詞彩華茂。情兼雅怨、体被文質。粲溢今古、卓爾不群）」として、沈約と同様の評言がある。

（二）「文」と「質」とを対比的に取り上げる言説を、本稿では「文質説」と呼ぶ。この呼称は原田正己「漢儒の文質説」（『東洋思想研究』二、一九三八）にもとづく。当該論文は、先秦から両漢に至る文質説を網羅的に取り上げており、当時にあって「文」と「質」とを対立させて論じていたことについては「前漢末から王莽時代にかけてあらはれた「文」の過重を弊害とする意識が後漢の儒家に於て特に顕著になり、それを補足し、救弊するものとして、「質」への反省、その尊重が考へられて来た」との見通しを提示している。

（三）なお、のちに邢昺は「文質彬彬として、然る後に君子とは、彬彬として、文質相い半ばするの貌なり。言うこころは文華質朴相い半ばして、彬彬然たりて、然る後に君子と為すべきなり（文質彬彬、然後君子者、彬彬、文質相半之貌。言文華質朴相半、彬彬然、然後可為君子也）」と述べ、「文」は「文華」、「質」は「質朴」とパラフレーズしている。

（四）鄭玄注に「未だ辞を瀆さずとは、時王は辞を尚ばず、民は褻《みだ》りに為さざるを謂うなり。備を求めず、大いに望まずとは、其の政寛にして、貢税軽きを言うなり（未瀆辞者、謂時王不尚辞、民不褻為也。不求備、不大望、言其政寛、貢税軽也）」とある。

（五）鄭玄注に「民に強《し》うとは、殷の変じ難きの敝を承くるを言うなり。賞爵刑罰窮まるとは、其の繁文備《ことごと》く設けらるるを言うなり（強民、言承殷難変之敝也。賞爵刑罰窮矣、言其繁文備設）」とある。

（六）『礼記』表記の言説がある一方で、たとえば『論語』八佾篇には「子曰く、周は二代に監み、郁郁乎として文なるかな。吾は周に従わん（子曰、周監於二代、郁郁乎文哉。吾従周）」との発言もあり、そこでは孔子は（それ自体が夏・殷二代を踏襲するものではあるが、直接的には）周の「文」を模範として仰いでいる。したがって孔子自身は必ずしも「文」そのものを否定しているのではない。『礼記』表記に見える発言もまた、あくまでも「文」そのものの価値を否定するのではなく、それが繁雑になりすぎるあまり、世上の混乱を招いたことを指摘するものである。

（七）このことについて、蘇輿『春秋繁露義証』は「如し已むを得ざれば、寧ろ質に偏せん（如不得已、寧偏於質）」と述べたうえで、その根拠として『論語』八佾篇「礼は其の奢らんよりは、寧ろ倹せよ。喪は其の易《おさ》めんよりは、寧ろ戚《［哀惜］》せよ（礼与其奢也、寧倹。喪与其易也、寧戚）」を引く。

（八）なお班固以前の言説については、佐川繭子「西漢における「二王之後」について――三正説の展開と秦の位置づけ」（『二松学舎大学論集』五〇、二〇〇七）参看。

（九）このほか、王朝の交替を「文」と「質」に重ねる行論は、すでに『春秋繁露』にも見えている。夏殷周三代の王朝交替とそれにともなう礼制改定の原理原則をめぐる具体的内容については、つとに『春秋繁露』三代改制質文に詳細な議論があり、そこでは殷の礼制が「質」であり、周の礼制が「文」であると規定されている。ただし原田正己「漢儒の文質説」（前掲）は、『春秋繁露』三代改制質文が「むしろ文質説の成立した後に書かれた」もの、すなわち後漢期になって整備されたものであると推定している。

（一〇）『文選』所収の干宝「晋紀論晋武帝革命」（巻四十九）および陸機「五等論」（巻五十四）の李善注には、それぞれ同文が『春秋元命苞』の引用として載る。

（一一）「親親」「尊尊」については、『礼記』喪服小記に「親を親とし、尊を尊とし、長を長とし、男女の別有るは、人道の大な

る者なり（親親、尊尊、長長、男女之有別、人道之大者也）」とあり、両者が人道の基本原則であることが示されている。

（一二）『法言』先知篇の李軌注には「車服の等差は、貴賤を辨彰す。藻色の軽重は、尊卑を顕明にす（車服等差、辨彰貴賤。藻色軽重、顕明尊卑）」とある。

（一三）『法言』先知篇の李軌注には、それぞれ「管絃に歌うは、其の徳の美を詠ずるなり（歌於管絃、詠其徳美）」「其の功徳を載せるは、後世に光照《かがや》かすなり（載其功徳、光照後世）」との言がある。

（一四）孔安国注には「皮の毛を去るを鞟と曰う（皮去毛曰鞟）」とある。

（一五）揚雄の「言文《かざ》らざれば、典謨も経と作らず（言不文、典謨不作経）」という経書観は、『文心雕龍』序志篇に「古来文章は、雕縟を以て体を成す（古来文章、以雕縟成体）」とあるように、劉勰の文章観と重なるものである。劉勰はまた『文心雕龍』宗経篇において「楊子《[揚雄]》の玉を雕りて以て器を作《な》すに比するは、五経の文を含むを謂うなり（楊子比雕玉以作器、謂五経之含文也）」と述べており、揚雄の言説を支持している。

（一六）阮瑀と応瑒の「文質論」は、いずれも『芸文類聚』巻二二・質文に収載されている。本稿での引用は『芸文類聚』（上海古籍出版社、一九六五）にもとづくが、適宜、兪紹初輯校『建安七子集』（中華書局、二〇〇五）を参照した。

（一七）『三国志』魏書王粲伝に「太祖《[曹操]》並びに琳《[陳琳]》瑀《[阮瑀]》を以て司空軍謀祭酒と為し、記室を管《つかさど》らしむ。軍国の書檄は、多く琳瑀の作る所なり（太祖並以琳瑀為司空軍謀祭酒、管記室。軍国書檄、多琳瑀所作也）」とある。

（一八）後漢末期における人物評価の盛行については、岡村繁「後漢末期の評論的気風について」（『名古屋大学文学部研究論集』二二、一九六〇）参看。

（一九）なお、この評言のうち「学優」ということは『論語』を典拠とする。『論語』子張篇には子夏の発言として「仕えて優なれば則ち学び、学びて優なれば則ち仕う（仕而優則学、学而優則仕）」とあり、馬融は「優」とは「余力」のあることとしている。

（二〇）曹丕「与呉質書」には、徐幹について「中論二十余篇を著し、一家の言を成す。辞義は典雅にして、後に伝うるに足る。

此の子不朽たり（著中論二十余篇、成一家之言。辞義典雅、足伝于後。此子為不朽矣）」との評言がある。また『典論』論文にも「融《［孔融］》等已に逝く。唯だ幹《［徐幹］》のみ論を著して一家の言を成す（融等已逝。唯幹著論成一家言）」とある。

（二一）応場の行論は、『周易』乾卦文言伝「夫れ大人とは、天地と其の徳を合し、日月と其の明を合し、四時と其の序を合し、鬼神と其の吉凶を合す（夫大人者、与天地合其徳、与日月合其明、与四時合其序、与鬼神合其吉凶）」および『周易』繋辞下伝「古《いにしえ》者包犠氏の天下に王たるや、仰ぎては則ち象を天に観、俯しては則ち法を地に観、鳥獣の文と地の宜とを観て、近きは諸《これ》を身に取り、遠きは諸を物に取る（古者包犠氏之王天下也、仰則観象於天、俯則観法於地、観鳥獣之文与地之宜、近取諸身、遠取諸物）」にもとづいている。

（二二）『周易』繋辞下伝に「神を窮め化を知るは、徳の盛なり（窮神知化、徳之盛也）」とある。のちに孔穎達が「若し能く此を過ぎて以往なれば、則ち微妙の神を窮極し、変化の道を暁知す。乃ち是れ聖人の徳の盛極なり（若能過此以往、則窮極微妙之神、暁知変化之道。乃是聖人徳之盛極也）」と注するように、「窮神知化」とは聖人の徳において最高度のものである。

（二三）六十四卦において「否」卦は、上卦が乾、下卦が坤であり、「泰」卦は、上卦が坤、下卦が乾である。たがいに上下が真逆になっており、いわゆる反卦の関係をなしている。とくに「否」「泰」の関係は、上下の陰陽がまるごと反転している。なお『周易』雑卦伝に「否・泰は、其の類を反するなり（否泰、反其類也）」とある。

（二四）「済済」は『毛詩』大雅「文王」に「済済たる多士、文王以て寧《やす》し（済済多士、文王以寧）」とある。有能な群臣により、文王の治世は安定していたのである。毛伝には「済済とは、威儀多きなり（済済、多威儀也）」とある。「休令」は後漢の朱浮「為幽州牧与彭寵書」に「惜しいかな、休令の嘉名を棄つ（惜乎、棄休令之嘉名）」とある。

（二五）それぞれの紋様について、『春秋左氏伝』桓公二年の伝「火龍黼黻は、其の文を昭らかにするなり（火龍黼黻、昭其文也）」の注に「火は、火を画くなり。龍は、龍を画くなり。白と黒と、之を黼と謂い、形は斧の若し。黒と青と、之を黻と謂い、両已相《［二つの已字が反転している］》いに戻る（火、画火也。龍、画龍也。白与黒、謂之黼、形若斧。黒与青、謂之黻、両已相戻）」とある。

(二六)「袞冕」は、袞服と冕冠を指す。『周礼』春官・司服には王の吉服について「先王を享すれば則ち袞冕す（享先王則袞冕）」という。「旂旐」は、はたとはたあしを指す。その紋様について『周礼』春官・司常には「交龍を旂と為す（交龍為旂）」という。「旒」は『玉篇』に「旌旗の垂るる者なり（旌旗垂者）」とある。

(二七)この「文章」について、何晏は「煥とは、明なり。其の文を立て制を垂るること又た著明《あき》らかなり（煥、明也。其立文垂制又著明）」とする。

(二八)この一文について、兪紹初輯校『建安七子集』（前掲）は、文章に脱誤がある可能性を指摘している。

(二九)なお『論語』雍也篇に「子曰く、如《も》し周公の才の美有るも、驕且つ吝ならしむれば、其の余は観るに足らざるのみ（子曰、如有周公之才之美、使驕且吝、其余不足観也已）」とあるように、孔子はたとえ周公旦ほどの人物であっても、吝嗇であれば評価に値しないという。

(三〇)ここには『春秋』のいわゆる「撥乱反正」の理念が投影されている。『春秋公羊伝』哀公十四年には「君子曷為《なんす》れぞ春秋を為《つく》るや。乱世を撥《おさ》め諸《これ》を正に反すは、春秋より近きは莫し（君子曷為為春秋。撥乱世反諸正、莫近乎春秋）」とある。

(三一)『漢書』郊祀志に「帝王の事は天の序を承くるより大なるは莫し。天の序を承くるは郊祀より重きは莫し（帝王之事莫大乎承天之序。承天之序莫重於郊祀）」とあるように、皇帝は祭祀を方法として天の秩序を承継し、それを地上に反映させる。それは具体的には『尚書』舜典に「時月を協《ととの》え、日を正しくし、律度量衡を同じくす（協時月、正日、同律度量衡）」とあるように、社会生活における基準を制定することである。

(三二)「不刊」については、杜預『春秋左氏伝』序に「左丘明経を仲尼より受けて以為《おもえ》らく、経とは不刊の書なりと（左丘明受経於仲尼、以為経者不刊之書也）」とある。「微言」は『漢書』芸文志「仲尼没して微言絶ゆ（仲尼没而微言絶）」の顔師古注によれば「精微要妙の言（精微要妙之言）」である。

(三三)「郊労」については、『周礼』秋官・小行人に「凡そ諸侯入りて王［朝見］すれば、則ち逆《むか》えて畿に労う。郊労し、館を眂《み》、幣を将《おこな》うに及びて、承［丞］と為りて擯す（凡諸侯入王、則逆労于畿。及郊労、眂館、将幣、為承而擯）」とある。

(三四)「相鼠」は、『毛詩』鄘風の詩題であり、詩序に「相鼠は、礼無きを刺るなり（相鼠、刺無礼也）」とあるように、礼儀にもとる者を批判する内容をもつ。「相鼠」第一章には「人にして儀無ければ、死せずして何をか為さん（人而無儀、不死何為）」、第二章には「人にして止無ければ、死せずして何をか俟たん（人而無止、不死何俟）」、第三章には「人にして礼無ければ、胡《なん》ぞ遄《すみ》やかに死せざらん（人而無礼、胡不遄死）」との言がある。

(三五)なお、襄公二十八年にも、慶封が「詩」に込めた寓意を理解できなかったという記事がある。

(三六)たとえば『管子』牧民に「倉廩満ちて礼節を知り、衣食足りて栄辱を知る（倉廩実則知礼節、衣食足則知栄辱）」とあるように、管仲は経済的基盤に対して礼節が二次的なものであるとする。また『史記』斉世家に「太公国に至り、政を修むに、其の俗に因りて、其の礼を簡にし、商工の業を通じ、魚塩の利を便にす。而して人民多く斉に帰し、斉は大国と為す（太公至国、修政、因其俗、簡其礼、通商工之業、便魚塩之利。而人民多帰斉、斉為大国）」とあるように、太公望呂尚の政治的手腕は、礼を簡約化する方向性をもつものであった。また『老子』第三十八章には「夫れ礼とは、忠信の薄きにして、乱の首《はじ》めなり（夫礼者、忠信之薄、而乱之首）」との言がある。いずれも「礼」を簡素化したり、軽視したりするものである。

(三七)「国典」については『礼記』月令に「天子乃ち公卿・大夫と共に国典を飭《ととの》え、時令を論じ、以て来歳の宜を待つ（天子乃与公卿大夫、共飭国典、論時令、以待来歳之宜）」とあり、鄭玄は「国典を飭うとは、六典の法を和《ととの》うるなり（飭国典者、和六典之法也）」と注している。

(三八)串田久治「徐幹の政論――賢人登用と賞罰」（『愛媛大学法文学部論集（文学科編）』一八、一九八五）によると、徐幹『中論』の議論は、後漢王朝再建を目的とするものではなく、むしろ「来るべき新時代、将来を見通す英明の君主（曹氏）に希望を託してなした」議論であるという。

(三九)曹操の「文学」については、渡邉義浩「三国時代における「文学」の政治的宣揚――六朝貴族制形成史の視点から」（『東洋史研究』五四‐三、一九九五、のちに改題して渡邉義浩『三国政権の構造と「名士」』、汲古書院、二〇〇四に所

収）参看。

※　本稿は平成二十八年度日本学術振興会科学研究費補助金（特別研究員奨励費）による成果の一部である。

煢煢たる呉質

髙橋　康浩

はじめに

延康元（二二〇）年、獻帝は曹丕へ帝位を禪讓し、四百年續いた漢は終焉を迎える。漢の崩壞は儒教の價値を相對的に下落させるとともに、多くの文化的價値の擡頭を招いた。就中、曹操・曹丕・曹植親子の得意とした「文學」は代表的な新興文化の一つであり、建安年間に隆盛する。本稿で扱う呉質は、かかる時代に生きた人物である。呉質の列傳は、『三國志』卷二十一 王粲傳附呉質傳に、[一]

> 呉質は濟陰の人なり。文才を以て文帝の善くする所と爲り、官は振威將軍・假節・都督河北諸軍事に至り、列侯に封ぜらる。

という簡素な記述しかないが、そのわずかな本傳にも記される文才を持っていた。換言すれば、それを恃みとして生涯を送ったのである。

從來、建安文學および建安文人を取りあげた論考は枚擧にいとまがないが、呉質の專論は少ない[二]。かかる研究状況の中で、松本幸男は呉質の生涯を追いつつ、その事跡や作品の成立時期等を總合的に檢討している[三]。これを踏まえつつ、本稿は呉質の政治的位置を考察する。漢が崩壞しつつも儒教の理念・教義およびその影響力が根強く殘る當時に

において、また「文學」を重視した曹魏において、吳質はいかに政權内を生きたのか。現存する吳質の書簡や詩を手がかりに、曹丕や建安七子との關わりを含めて吳質の政治的位置を探ることにより、漢魏交代期における知識人像のあり方を照射していくものである。

一、單家

吳質は字を季重といい、兗州濟陰郡の人である。靈帝期の熹平六（一七七）年に生まれた。光和七（一八四）年、吳質が八歳の時に黃巾の亂が起こり、漢は統治能力を喪失する。こうした混亂の眞っ只中で少年期を送ったのである。そんな吳質は單家の出身であった（『三國志』卷二十一 王粲傳附吳質傳注引『魏略』）。單家とは族的結合力のない家柄を指す。そのため、吳質の祖先・一族に著名な人物はいない。

かかる家柄の出自で曹魏政權に仕えた者は吳質以外にも數名確認できる。薛夏・隗禧・張既・嚴幹・李義・徐庶である。似たような出自の彼らはいかなる官位に就いたのか。これについてはすでに川合安によって考察されているが[四]、本節はそれを參考にしつつ、曹魏政權における單家出身者の位置づけをまず整理したい。

薛夏は、天水の人。博學であった。姜・閻・任・趙の「天水の四姓」に屈服しなかったため、彼らに害されそうになり、逃れて都に向かった。曹操はその名聲を聞いて取りたて、軍謀掾に任じた。曹丕もその才能を嘉し、秘書丞に就けたという（『三國志』卷十三 王朗傳附孫叔然傳注引『魏略』）。

隗禧は、京兆の人。若い頃より學問を好んだ。初平年間（一九〇〜一九三）に京兆で亂が起こると、荊州に避難し、常に經書を携え、農事の傍らにそれを學習した。ついには『詩經』の齊・韓・魯・毛の四家に通じたという。曹魏に

仕えて軍謀掾、郎中となった（『三國志』巻十三 王朗傳附孫叔然傳注引『魏略』）。

張既は、小郡の吏をつとめ、孝廉・茂才に察擧された經歴を持つ。新豐令を務めたのち、やがて京兆尹・尚書・雍州刺史を歴任し、西鄕侯に封ぜられた（『三國志』巻十五 張既傳・同傳注引『魏略』）。

嚴幹は、馮翊の人。孝廉に察擧されて蒲阪令になったが、病で辭し、のち至孝に察擧されて公車司馬令となった。やがて議郎・弘農太守・漢陽太守・益州刺史・五官中郎將を歴任し、太僕となって沒した。嚴幹は經書に通じ、とりわけ『春秋公羊傳』に詳しく、『春秋左氏傳』を尊重する鍾繇と議論を交わしたこともあった。しかし、頭の回轉が速い鍾繇にやり込められることも多かったという（『三國志』巻二十三 裴潛傳注引『魏略』）。

李義は、嚴幹と同鄕かつ友人同士であった。上計掾となったのち、平陵令となり、冗從僕射に遷った。さらに軍祭酒・尚書左僕射を務め、曹丕即位後は諫議大夫・執金吾・衞尉を拜した（『三國志』巻二十三 裴潛傳注引『魏略』）。

徐庶は、諸葛亮らとともに荊州で新興の儒教「荊州學」を學んだ。（五） 一時は劉備陣營にいたものの、曹操陣營に行き、右中郎將・御史中丞の地位に昇ったという。蜀漢が曹魏への北伐を敢行した際、かかる地位にあった徐庶の名を見て、諸葛亮は曹魏の人材の多さに驚歎したという（『三國志』巻三十五 諸葛亮傳注引『魏略』）。

このように、單家であっても京兆尹・尚書に就いた張既、尚書左僕射に就いた李義のような人物がおり、あるいは太守・刺史という秩祿二千石の地位に就き得た嚴幹もいた。同じ單家の吳質は、本傳にあるように、振威將軍・假節・都督河北諸軍事に至って列侯に封ぜられたほか、『魏略』によれば、曹丕即位後に北中郎將・使持節幽并諸軍事となり、最晩年の明帝曹叡期には侍中に就いたことが確認できる。したがって、出自の不利こそあれど、充分な顯位に至ったと言ってよい。『晉書』巻四十五 劉毅傳には、家柄によって官位の高低がほぼ定まることを示した「上品に寒門無く、下品に勢族無し（上品無寒門、下品無勢族）」という有名な文言がある。しかし、後漢末から曹魏にかけては

單家であっても高位への道は開けていた。注（四）所掲川合論文が指摘するように、身分的流動性をまだ殘していたのである。（六）

なお、呉質を含め、前述の單家出身者の記録はほぼ『魏略』に基づく。『魏略』は曹魏の魚豢が著した史書であり、陳壽『三國志』の種本の一つでもある。内藤湖南によれば、陳壽は『魏略』を最も多く採用しているという。（七）また、『三國志』卷二十三 裴潛傳注には、（八）

> 魏略の列傳は徐福・嚴幹・李義・張既・游楚・梁習・趙儼・裴潛・韓宣・黄朗十人を以て卷を共にし、其れ既・習・儼・潛の四人は自ら傳有り。徐福の事は諸葛亮傳に在り、游楚の事は張既傳に在り。餘の韓ら四人は之を後に載す。

とあり、『魏略』には『三國志』とは異なる詳細な記録および列傳の構成があったことが分かる。しかし呉質の場合、その豊富な記録が陳壽によって採録されることはなかった。『三國志』の本傳は冒頭に引用したわずかな分量しかない。ここに史料操作の痕跡を窺えよう。（九）

ともあれ、前述の六人を見ると、經學に通じていた隗禧・徐庶、孝廉に察擧された經緯を持つ張既・嚴幹など、概ね儒教を修めていたことが分かる。だが呉質には、孝廉に察擧された、あるいは儒教經典に通じたという記録がない。呉質がいつどのようにして曹魏に初從したか詳しいことは不明だが、出仕してほどなく曹丕に目をかけられ、五官將長史になった。（一〇）曹丕は呉質の數少ない理解者であり、彼から厚遇されたことで朝廷内に立ち位置を築いていく。換言すれば、曹丕との私的な繫がりをもとに擡頭したのである。同時にそれは批判を浴びることとなった。

二、貴戚の間に游遨す

　建安十三（二〇八）年の赤壁の戦いで敗れた曹操は、漢を正統化していた儒教の相對化と、儒教官僚層の彈壓を行い、漢を滅ぼす準備に取りかかる。孔融・荀彧・崔琰らを死に追いやる一方で、唯才主義を發布して儒教に基づく人事登用制度たる孝廉を否定し、また「文學」を宣揚した。從來の『詩經』や『楚辭』とは異なる新風を吹き込んだ一連の活動が、今日「建安文學」と呼ばれていることは周知のとおりであろう。（一一）史書に記録されるほどの文才を持つ吳質にとって、曹魏政權は歡迎すべき場所であった。これにより「貴戚の間に游遨」、すなわち、公子たちと交流し、後述するような書簡のやりとりを行う。

　ところが、順調に見えた吳質の官吏生活はにわかに頓挫する。『三國志』巻二十一　王粲傳附吳質傳注引『魏略』（一二）に、

> 河北平定するに及びて、五官將　世子と爲る。（吳）質　劉楨らと並びに坐席に在り。楨　坐にて譴せらるるの際、質　出されて朝歌長と爲り、後に元城令に遷る。

とある。これだけでは分かりにくいので補足すると、『三國志』巻二十一　王粲傳附劉楨傳注引『典略』（一三）に、

> ……其の後、太子　嘗て諸文學に請ひ、酒酣にして坐歡し、夫人の甄氏に命じて出拜せしむ。坐中の衆人　咸《み》な伏すも、而るに（劉）楨のみ獨り平視す。太祖　之を聞き、乃ち楨を收《とら》へ、死を減じて輸作せしむ。

とある。ある時、曹丕（五官將）は宴席にて夫人の甄氏を呼んで挨拶させた。みなが平伏する中、劉楨だけが甄氏を直視したため、これを咎め、死一等を減じて輸作（勞役刑）に處した。吳質は劉楨の不敬事件の巻き添えを食う形で朝歌縣の長へ左遷され、元城縣の令に遷ったのである。こうして曹丕の側を離れることになったが、曹丕の吳質への

信頼は衰えなかった。『三國志』巻十九 陳思王傳注引『世語』（一四）に、

（楊）脩 年二十五、名公の子にして才能有るを以て、太祖の器とする所と爲る。丁儀兄弟と與に、皆な（曹）植を以て嗣と爲さんと欲す。太子 之を患へ、車を以て廢簏を載せ、朝歌長の呉質を内《い》れて與に謀る。脩 以て太祖に白《まう》すも、未だ推驗するに及ばず。太子懼れ、質に告ぐ。質曰く、「何をか患《うれ》へん。明日、復た簏を以て絹を車内に受けて以て之を惑はせば、脩 必ず復た重ねて白さん。重ねて白せば必ず推し、而して驗無ければ、則ち彼罪を受けん」と。世子 之に從ふ。脩 果たして白すれども人無し。太祖 是れに由り疑へり。

とある。弟曹植との後繼者争いに危機感を持った曹丕は、朝歌令に左遷中の呉質を廢簏に入れて呼び寄せ、相談した。曹丕が呉質の獻策に從ったところ、曹操に曹植派の楊脩を疑わせることに成功したという。曹丕が呉質の智恵を借りた逸話はこれだけではない。『三國志』巻二十一 王粲傳附呉質傳注引『世語』には次のようにある。（一五）

魏王 嘗て出征するや、世子及び臨菑侯植 並びに路の側に送る。植 功德を稱述し、發言に章有り。左右屬目し、王 亦た悦べり。世子 悵然として自失す。呉質 耳して曰く、「王 行くに當つて、流涕すれば可なり」と。辭するに及びて、世子 泣きて拜し、王及び左右 咸な歔欷す。是に於て皆な以《おも》へらく、植の辭は多く華にして、誠心及ばずと。

曹操の出征時、曹植が功德を稱贊する美文をものしたことで曹操を喜ばせた。一方でがっくりするばかりの曹丕に呉質は耳打ちし、策を授ける。曹丕はその獻策どおりに泣いたところ、みなもまた涙にむせび、卻って曹植の美文を誠心が及ばないと見なしたという。これらの逸話はいささか突飛な内容ゆえ、信憑性には疑問も殘るが、曹丕の呉質への信頼を想起させるには充分であろう。

さて、建安文人の一人として知られる呉質だが、現存する作品は多くない。例えば、詩は裴松之注に引用される形

で後掲の「思慕詩」一首がわずかに殘るだけである。[一六] むしろ呉質の文才は詩賦よりも書簡に表われた。曹丕に送った「在元城與魏太子牋」「答魏太子牋」や、曹植に送った「答東阿王書」は、後世、『文選』に收められる。注（三）所掲松本論文は、曹丕・曹植それぞれの書簡のやりとりを表にまとめているが、それを參考にして呉質に關するものを拔き出すと次のようになる。[一七]

著者	表題（出典）	執筆時期
曹植	與呉季重書（『文選』巻四十二）	建安十九（二一四）年～建安二〇（二一五）年三月頃
呉質	答東阿王書（『文選』巻四十二）	
呉質	在元城與魏太子牋（『文選』巻四十）	建安二十一（二一六）年
曹丕	朝歌令呉質書（王粲傳附呉質傳注引『魏略』・『文選』巻四十二）	
曹丕	與呉質書（王粲傳附呉質傳注引『魏略』・『文選』巻四十二）	建安二十三（二一八）年
呉質	答魏太子牋（『文選』巻四十）	
曹丕	又與呉質書（王粲傳附呉質傳注引『魏略』）	

貴戚と呉質の書簡の中でも、とりわけ曹丕の「與呉質書」は、從來、『典論』とも關わるものとして、文學史を研究する上で重要視されてきた。その内容は、亡き建安文人を追憶しつつ、彼らへの批評を加えたものである。福井佳夫は、その特徴として、書簡文中で文學批評が行われていること、曹丕とその周圍にいる文人たちとの間で行われた文雅な集いが敍述されていること、書簡文の中に君臣の隔てなき親しい交友が見られること、文人の死を仲間の死と

して悼み、それに伴う盛衰無常の感を述べた内容が見られることを擧げ、『典論』論文篇とはまた別の意味で六朝期の文學に大きな影響を與えた作品であるとする。(一八)となれば、曹丕はかかる重要な文章を吳質にしたためたのであり、彼への信頼を物語る。また、それに對する吳質の「答魏太子牋」は、彼の思想および同時代の文人に對する評價を知るうえで格好の史料となろう。以下、その内容を検討する。

二月八日庚寅、臣質言《まう》すらく、「手命を奉讀し、亡を追ひ存を慮り、恩哀の隆、文墨に形《あら》はる。①日月冉冉として、歲は我と與にせず。昔 左右に侍し、衆賢に廁坐し、出でて微行の遊有り、入りて管絃の懽有り、置酒樂飲、詩を賦し壽を稱す。自ら謂へらく、終始相ひ保ち、材力を並び騁せ、節を明主に刊す可しと。何ぞ意《おも》はん數年の間、死喪して略《ほ》ぼ盡く。臣獨り何の德ありて、以て久長に堪へたると。②陳（琳）・徐（幹）・劉（楨）・應（瑒）、才學の著す所は、誠に來命の如し。其の遂げざるを惜しみ、痛切と爲す可し。凡そ此の數子、雍容侍從に於ては、實に其の人なり。若し乃ち邊境に虞有り、羣下鼎沸し、軍書輻《なら》び至り、羽檄交ゝ馳すれば、彼の諸賢に於ては、其の任に非ざるなり。往者《さきに》、孝武の世、文章を盛んと爲す。③東方朔・枚皐の徒の若き、論を持する能はず、即ち阮（瑀）・陳（琳）の儔《たぐひ》なり。④其れ唯だ嚴助・壽王は、政事に與聞す。然れども皆な其の身を愼みて、善く國を謀らず、卒に以て敗亡す。臣 竊かに之を恥づ。⑤司馬長卿の疾と稱し事を避け、著書を以て務めと爲すに至りては、則ち徐生 焉《これ》に庶幾《ちか》し。而るに今 各ゝ逝き、已に異物と爲れり。後來君子、實に畏る可し。⑥伏して所天を惟《おも》ふに、典籍の場に優游し、篇章の囿に休息し、言を發し論を抗げ、理を窮め微を盡くし、藻を摛《の》べ筆を下し、鸞龍の文 奮《ふる》へり。⑦年は蕭王に齊《ひと》しと雖も、才は實に之を百にす。此れ衆議の高きに歸する所以、遠近の聲を同じくする所以なり。然れども年歲は墜つるが若し。今 質 已に四十二なり、白髮 鬢に生じ、慮る所 日に深し。實に復た平日の時の若からざるなり。但だ身を保ち行ひを勑《ただ》し、有過の地を蹈みて、以

て知己の累《わざはひ》と爲らざらんと欲するのみ。遊宴の歡、再び遇ふ可きこと難し。盛年一たび過ぐれば、實に追ふ可からず。⑧臣 幸ひにも下愚の才を得て、風雲の會に値《あ》たる。時邁《ゆ》き齒《よはひ》載《お》いたるも、猶ほ匈《むね》を觸《う》ち首を奮ひ、其の割裂の用を展《の》べんと欲するなり。悽悽たるに勝へず、來命の備悉を以ての故に、略ぼ至情を陳ぶ。質 死罪死罪」と（『文選』巻四十 呉季重答魏太子牋）[一九]。

二月八日、呉質は曹丕への返信をしたためた。①は『論語』陽貨篇の「日月逝けり。歳は我と與にせず（日月逝矣。歳不我與）」を踏まえる。歡樂をともにした建安七子（實際に交流があったと思しき人物は五人）が相次いで沒したことで、無常の念を強く抱く。②は建安七子に對する呉質の總合的な評價であろう。陳琳・徐幹・劉楨・應瑒は才學があり、輔佐役としては適當だが、天下が亂れた有事の際には役立たずと斷ずる。

これを承けて、③は賦の作者として有名な前漢の文人東方朔・枚皋を引き合いに出し、阮瑀・陳琳が彼らと同類であることを述べる。阮瑀・陳琳はともに檄文を得意とし、政事に關わる實用的な文書を著した人物である[二〇]。しかし、「論を持する能はず」と言っていることから、高い評價ではない。そして、④は前漢武帝期の嚴助（莊助）・吾丘壽王を例に出す。前者は會稽太守、後者は東郡都尉として地方に赴任した經驗があり、やがて中央に戻るが、それぞれ棄市・誅殺という末路をたどった（『漢書』巻六十四上 嚴助傳・吾丘壽王傳）。呉質は地方官の立場にある自身を彼らと照らし合わせたうえで、政事に參與しながらも敗亡した二人を恥じる[二一]。續けて、⑤では徐幹（徐生）を論ずる。徐幹は司馬長卿（相如）に近いと述べており、著述面に關する評價は低くない。そもそも曹丕が徐幹を「一家の言を成」した人物と評價しているため、その點は呉質も認めざるを得なかったのであろう[二二]。一方で、「疾と稱し事を避け」た司馬相如に擬し、この點を批判する。

一連の評價について、松本幸男は、呉質が他人を貶めることに終始しすぎていること、また競爭意識が強く、自分

を賣りこもうとしすぎで、そのために曹丕の文藝評論にも十分な對應ができなかったことを指摘する。（二三）確かにその傾向は窺えよう。だがそれだけではあるまい。整理すると、呉質は、③政事に關する文章を著しながらも自論を固持できなかった東方朔・枚皐と阮瑀・陳琳、④政事に關與しながらも敗亡した嚴助・吾丘壽王、⑤政事を避けた司馬相如と徐幹を批判した。ただ單に著述あるいは政事に專念すればいいのではない。著述したとて俳倡的な存在であってはならない。すなわち、呉質は文章・文才をもって政事に關わることを強く意識しており、それこそが彼の姿勢と見ることができる。

　かかる主張を展開したのち、⑥では「所天」たる曹丕に言及する。曹丕が古典や文章にゆったりと憩い、その發言は道理を極め細微を盡くし、文章を著す時は鸞龍のごとき彩りを發揮すると綴った。絶賛と言ってよい。⑦の蕭王とは光武帝を指す。曹丕の「與呉質書」には、「光武言へらく、「年三十餘、兵中に在ること十歳、更《へ》る所は一に非ず」と。吾が徳は之に及ばず、年は之と齊《ひと》し」とあり、（二四）曹丕は自らを謙遜して、後漢の光武帝の徳に及ばないことを記している。この謙遜に對して呉質は、曹丕には光武帝の百倍の才があると追從を述べた。前王朝建國者の光武帝と新王朝建國者となる曹丕の對比は、詩賦を著さなかった光武帝と、すぐれた文才を持つ曹丕の對比としても見ることができよう。そして、⑧の「下愚の才」は『論語』陽貨篇に、「風雲の會」は『周易』乾卦 文言傳の「雲は龍に從ひ、風は虎に從ふ（雲從龍、風從虎）」に基づく。呉質は自らを不變の愚かさを持つ者と卑下したうえで、曹丕という風雲の會に巡りあったことを喜んでいる。（二五）

　「答魏太子牋」は建安七子および前漢武帝期の文人に評價を下し、そのいずれをも批判する。合わせて呉質の著述と政事への強い關心を示した。さらに、東方朔らを從えた前漢の武帝、後漢を建國した光武帝を遙かに凌駕する存在として曹丕を稱贊し、「文學」のさらなる隆盛を期待したのである。もちろん、呉質が曹丕の側に侍ることを望んで

いるのは言うまでもない。

このように呉質と曹丕の交流は現存する書簡文や記録より充分に窺える。では、呉質は建安七子といかに交流したのであろうか。鈴木修次は、建安文學を詩人間のサークル活動と指摘する。[二六] 建安七子・三曹の間で相互に詩文を應酬したことは周知のとおりであり、その作品もいくつか殘っている。とりわけ、公子時代の曹丕が建安文人らを連れて南皮に遊び、文學を語り合い、作品を應酬したこともあった。[二七] 前述のとおり、建安七子が全員沒した後の建安二十三（二一八）年、曹丕は往時を追憶しつつ呉質に書簡を送り、呉質もまた過去を懷かしみながら返信している。であれば、呉質と建安七子の間で作品を應酬していてもおかしくはない。ところが、彼らの間で應酬された作品は現存しないのである。これは意圖的に排除されたと見るべきか。次節で述べるように、自らの文才を恃み、貴戚の間に取り入ることで擡頭した呉質は、知識人層から嫌惡された。いかに高位に昇ろうとも、呉質は孤立を深め、ますます曹丕に依存していく。

三、士名を與へず

曹魏における「文學」隆盛の背景には、曹操の後繼者問題が存在していた。曹操は曹丕・曹植を候補としたが、最終的な決定をなかなか下せなかった。曹丕・曹植は、父の持つ文才を受け繼ぎ、當時を代表する文人として評價される。特に弟の曹植は父を超えるほどの才能を見せ、それが曹操に立太子を逡巡させた要因の一つであった。

建安二十二（二一七）年、曹操はようやく曹丕を太子に立てた。呉質は、陳羣・司馬懿・朱鑠とともに「太子四友」となる（『晉書』卷一 宣帝紀）。しかし、曹丕は後繼者爭いにおいて儒教官僚層の支持を受け、儒教の論理を以て

地位を正統化したため、「文學」重視の方針を採れなかった。(一八) それでも漢魏革命後、曹丕を支えた功績により、呉質は北中郎將・使持節督幽并諸軍事となり、列侯に封ぜられた。呉質は確かに顯位に就いて重きをなしたが、

少くして貴戚の間に游遨す。蓋し鄕里と相ひ沈浮せず、故に已に官に出づると雖も、本國は猶ほ之に士名を與へず（『三國志』巻二十一 王粲傳附呉質傳注引『魏略』(一九)）。

とあるように、本國（本貫）の兗州濟陰郡からは士名を與えられなかった。この士名とは、名聲の一種であり、九品中正制度の鄕品に類するものと推測される。九品中正制度の鄕品は、それを得ることで起家して高位に昇り得る資格のようなものだが、呉質は官に就き、高位に昇ったうえで濟陰郡に士名を求めている。しかも前掲の『魏略』は、「鄕里と相ひ沈浮」しなかったことを理由としている。鄕里と沈浮し、士名を得るとは、果たして何なのか。

『三國志』で士名を得たことが記録されているのは、曹魏の鄧颺と孫呉の濮陽興の二人である。前者は後漢建國の功臣鄧禹の末裔という名門であるため、ここでは後者を見ていこう。

濮陽興 字は子元、陳留の人なり。父の逸、漢末に亂を江東に避け、官は長沙太守に至る。興 少くして士名有り、孫權 時に上虞令に除し、稍く遷りて尚書左曹に至り、五官中郎將を以て蜀に使ひし、還りて會稽太守と爲る（『三國志』巻六十四 濮陽興傳(二〇)）。

濮陽興は、兗州陳留郡出身ながら、孫呉政權に仕えた。父の濮陽逸が後漢末の混亂を避けて江東に移住したためである。『三國志』巻五十七 陸瑁傳に、(二一)

陸瑁 字は子璋、丞相遜の弟なり。少くして學を好み義に篤し。陳國の陳融・陳留の濮陽逸・沛郡の蔣纂・廣陵の袁迪ら、皆な單貧にして志有り、瑁に就きて遊處す。瑁 少なきを割き甘《うま》きを分け、與に同《とも》に豐約す。

とあるように、濮陽興の父濮陽逸は單貧であった。この「單」は、呉質と同じく單家の意味と考えてよい。濮陽逸は

江東に避難した際、當地の名族たる陸氏に身を寄せた。(三二)陸瑁は濮陽逸らと貧富をともにしたのである。このときに濮陽逸が江東名族に評價されたことが、のちに子の濮陽興の士名獲得に繫がったのであろう。濮陽逸・興父子は、本貫から遠く離れた江東の地を名聲の場とした。(三三)つまり、そこが彼らの「鄉里」と言ってよい。

また、呉質と違い、「鄉里」に浮沈した例として、第一節で擧げた嚴幹と李義の記録を見てみよう。『三國志』卷二十三 裴潛傳注引『魏略』(三四)に、

嚴幹 字は公仲、李義 字は孝懿、皆な馮翊東縣の人なり。馮翊東縣に舊《も》と冠族無きが故に、二人並びに單家たるも、其の器性は皆な重厚たり。中平の末に當つて、同に年二十餘、幹は擊劍を好み、義は喪事を辦護するを好む。馮翊の甲族たる桓・田・吉・郭及び故《もと》の侍中の鄭文信ら、頗る其の各〻器實有るを以て、共に之を紀識す。會〻《たまたま》三輔亂るるや、人 多く流宕す。而して幹・義 去らず、諸〻の知故と與に相ひ浮沈し、樵を採りて自活す。建安の初に逮《およ》びて、關中 始めて開く。詔して馮翊の西の數縣を分ちて左內史郡と為し、高陵に治す。東の數縣を以て本郡と為し、臨晉に治す。義は縣に於て分れて西屬に當るも、義 幹に謂ひて曰く、「西縣の兒曹、與に坐席を爭ふ可からず。今 當に共に方牀を作るべきのみ」と。遂に相ひ附結し、皆な東郡に仕へて右職と爲る。司隸 幹を辟すも、至らず。歲終りにして、郡は幹を孝廉に擧げ、義は上計掾たり。

とある。單家出身であった彼らは、地元馮翊の名族や侍中の鄭文信に人物を認められ、評價された。鄉里で亂が起こり人々が他所に流れても、二人は鄉里にあり續けて浮沈したのである。建安年間になって行政區畫の變更があり、二人は本來西方に屬すべきところを東の郡に仕えたものの、重職に就き、やがて辟召を受け、孝廉に察擧された。つまり、彼らは鄉里と運命をともにし、そこで獲得した名聲を前提として、のちの高位への道を開いた。

如上に基づくと、「鄉里」とは士名(名聲)の場となり、同時にそれを擔保するものと言えよう。また、本貫であ

るか否かは必ずしも關係ないことも理解できる。中村圭爾は、「鄕里」を具體的なものではなく、上流士人層が觀念的に構築したものと捉えるが（三五）、首肯し得る見解である。いずれにせよ、前引の『魏略』のとおり、吳質は若年時から貴戚たちとの交流を優先した結果、本貫の兗州濟陰郡から士名を與えられなかった。けれども吳質の官位は、晩年に就いた侍中が九品中正制度の三品官に相當するように充分高く、また假節・使持節といった專斷權を附與され、州の軍事を預かる要職に就いたこともある。したがって、貴戚の間では士名を得ていたと見てよい。すなわち吳質にとっての「鄕里」は、兗州濟陰郡ではなく、貴戚（＝宗室）がいる「京師」と言うことができよう。

ところが、吳質の最大の不運が黃初七（二二六）年に訪れる。五月、長らく自分を評價してくれた曹丕が四十歲の若さで崩じたのである。『三國志』卷二十一 王粲傳附吳質傳注引『吳質別傳』は以下のような詩を載せる。

愴愴懷殷憂　殷憂不可居　　愴愴として殷憂を懷く　殷憂は居る可からず
徙倚不能坐　出入步踟躕　　徙倚して坐する能はず　出入に步むこと踟躕たり
念蒙聖主恩　榮爵與衆殊　　念《おも》ふらくは聖主の恩を蒙り　榮爵の衆と殊なりしを
自謂永終身　志氣甫當舒　　自ら謂へらく身を終ゆるまで永らへ　志氣 甫《はじ》めて當に舒《の》ぶべしと
何意中見棄　棄我歸黃壚　　何ぞ意《おも》はん中ごろに棄てられ　我を棄てて黃壚《くわうろ》に歸するとは
煢煢靡所恃　淚下如連珠　　煢煢《けいけい》として恃む所靡《な》く　淚下ること連珠の如し
隨沒無所益　身死名不書　　沒するに隨ふも益する所無く　身は死して名は書せられず
慷慨自僶俛　庶幾烈丈夫　　慷慨して自ら僶俛《びんべん》し　烈丈夫たらんと庶幾《こひねが》ふ

吳質はこの「思慕詩」を詠んで悲歎に暮れた。彼の文才は曹丕という理解者があってこそ生き、その顯位は曹丕という庇護者があってこそ許されるものであった。「榮爵の衆と殊な」るのも、その後ろ盾ゆえの結果である。しか

し、曹丕は「我を棄てて黄壚に歸」してしまった。單家ゆえに一族からの支援もなく、士名を持たぬがゆえに知識人層からは相手にされない。「煢煢」とは依るもののない孤獨なさまをいい、『詩經』周頌 閔予小子篇（『春秋左氏傳』哀公十六年）を典據とする。[三六]「煢煢として恃む所靡く」とは、まさに呉質自身の置かれている境遇を示す。呉質が本貫の濟陰郡に士名を求めたのも、曹丕を喪った危機感の現れである。

だが、どれだけあがこうと濟陰郡から士名を得られない呉質は、同郡出身の董昭に愚痴をこぼす。『三國志』巻二十一 王粲傳附呉質傳注に、[三七]

（呉）質 自ら本郡の饒《ゆる》す所と爲らざるを以て、司徒の董昭に謂ひて曰く、「我 郷里に溺さんと欲するのみ」と。昭曰く、「君 且《しばら》く止めよ。我は年八十、老いて君の溺の爲に攢《うが》つ能はず」と。

とある。呉質が郷里に溺（小便）を引っかけてやりたいと言えば、董昭は自らの老齢を理由に、君が小便する穴を掘ってやることもできないと返す。曹丕期以降に導入された九品中正制度では、中正官が郷品を定めると、それを司徒府に推擧する。つまり、この時の董昭は人事と名聲を管轄する中樞におり、儒教官僚層の上位にいる人物なのである。[三八]曹操・曹丕が沒し、九品中正制度が軌道に乗り出すと、知識人層の價値基準は「唯才」でも「文學」でもなく、再び儒教重視の方向に回歸していく。であれば、「答魏太子牋」で見られたように「文學」を重視する呉質が士名を得られるはずもない。董昭の發言は冗談めかしているが、決して士名を與えぬことを示唆しており、事實、死ぬまで呉質は拒否され續けた。

庇護者であった曹丕の死後、子の明帝曹叡が即位した。曹叡はやはり曹氏の一族であり、後世、『詩品』で下品に序されるように文人としての一面を有していた。呉質は再び「文學」重視の方針を期待したのかも知れない。しかし、即位二年目の太和二（二二八）年六月に出された詔は、儒教に基づく人事および經學の重視を宣布するものであ

った[三九]。呉質の存命中、かつてのような「文學」重視の状況は二度と復活しなかったのである。

なおも呉質はあがき、陳羣を扱きおろして司馬懿を稱贊する[四〇]。呉質の權勢への嗅覺は死ぬまで衰えることはなかった。しかし、明帝が儒教重視の方向性を示した以上、代々儒教を家學とする司馬氏にとって、呉質のような文才は不要であった[四一]。呉質の死は太和四（二三〇）年に訪れる。曹丕の死からわずか四年後のことであった。

おわりに

單家出身の呉質は、儒教という漢代の名教を重視せず、己の文才を據り所として擡頭した。また、貴戚の間を泳ぎ、曹丕に取り入ったうえで高位に昇り得たのである。しかし、それは儒教知識人層の嫌惡するところとなり、批判を浴びる。ゆえに呉質はますます曹丕に接近することとなった。こうした呉質に對し、建安文人は距離を置き、本國の濟陰郡は士名を與えることを拒み續け、それは死ぬまで徹底されていく。曹丕あっての自分ということを十二分に理解していたからこそ、呉質は曹丕の死に深い悲しみを以て答え、「思慕詩」を著したのである。呉質が得意とした「文學」という新興の文化的價値は、曹操・曹丕の死後、價値觀の中心に据えられることはなくなり、結局は儒教重視の方針へと回歸していく。

生前の行狀ゆえ、呉質は「醜侯」という諡を與えられた[四二]。子の呉應がそれに抗議したことで、正元年間（二五四～二五六）にようやく「威侯」と改められるに至る（『三國志』卷二十一　王粲傳附呉質傳注引『呉質別傳』）。死後二十年餘りを經てようやく名譽回復の機を得られたのである。劉宋時代にまとめられた知識人の説話集たる『世説新語』、魏晉南北朝期の文人をランク付けした梁の鍾嶸『詩品』において、呉質はともに扱われていない。しかし、『詩品』より

やや遅れて成立した『文選』において作品が收録されたことで、吳質は再び評價されることとなる。

《注》

（一）吳質、濟陰人。以文才爲文帝所善、官至振威將軍・假節・都督河北諸軍事、封列侯（『三國志』卷二十一 王粲傳附吳質傳）。

（二）建安文學を扱った研究書をいくつか擧げるならば、伊藤正文『建安詩人とその傳統』（創文社、二〇〇二年）、福山泰男『建安文學の研究』（汲古書院、二〇〇二年）、柳川順子『漢代五言詩歌史の研究』（創文社、二〇一三年）、渡邉義浩『「古典中國」における文學と儒教』（汲古書院、二〇一五年）などがある。吳質に言及している箇所はあるが、專論したものはない。

（三）松本幸雄「曹丕と吳質――曹丕の評論活動の契機」（『立命館文學』三五八・三五九合併號、一九七五年五月／『魏晉詩壇の研究』、朋友出版、一九九五年に所收）。

（四）川合安「九品官人法の制定と貴族制の形成」（『三國志研究』四、二〇〇九年）。

（五）後漢末の荊州では、經典內容の實踐を重んじた新たな儒教、「荊州學」が起こった。加賀榮治『中國古典解釋史―魏晉篇―』（勁草書房、一九六四年）を參照。

（六）川合以外にも、多田狷介は後漢末の庾乘を取りあげ、潁川の庾氏が擡頭し貴族化していく過程を考察し、後漢末の身分の流動性を指摘した。多田狷介「魏晉代の潁川庾氏について」（『史艸』一六、一九七五年十一月）、「潁川庾氏の人びと―西晉代の庾衮を中心に」（『木村正雄先生退官記念 東洋史論集』汲古書院、一九七六年）を參照。

（七）內藤湖南『支那史學史』（弘文堂、一九四九年／『內藤湖南全集』第十一卷、一九七〇年に所收）。

（八）魏略列傳以徐福・嚴幹・李義・張既・游楚・梁習・趙儼・裴潛・韓宣・黃朗十人共卷、其既・習・儼・潛四人自有傳。徐福事在諸葛亮傳、游楚事在張既傳。餘韓等四人載之於後（『三國志』卷二十三 裴潛傳注）。

（九）『魏略』→陳壽『三國志』魏志という編纂過程において、記録が削減・削除された人物は少なくないが、呉質と司馬氏との關係から類推すると、呉質の記録は殘すに値しないと見ていたのではあるまいか。なお、津田資久「『魏略』の基礎的研究」（『史朋』三一、一九九八年十二月）は、『魏略』の逸文を考察しつつ、想定篇目一覽を作成している。それによると、呉質の本傳も『魏略』にあったことが確實視される。

（一〇）呉質の初從時期については、洪飴孫『三國職官表』（中華書局、一九八五年）を參考にした。

（一一）曹操は、建安十五（二一〇）年・建安十九（二一四）年・建安二十二（二一七）年に「唯才主義」を布告し、才能があれば性行を問わぬというこの方針を打ち出した。合わせて第一回の二年前に孔融、第二回の二年前に荀彧、第三回の前年に崔琰を死に追いやっている。また、建安年間における文學活動の興隆について、岡村繁「建安文壇への視角」（『中國中世文學研究』五、一九六六年六月）は、卑賤な家柄出身の曹氏が支配者として知識人のうえに君臨するために、學問・文化面で卓越化を圖った結果とする。他方、渡邉義浩「三國時代における「文學」の政治的宣揚―六朝貴族制形成史の視點から―」（『東洋史研究』五四―三、一九九五年十二月／「曹操の「文學」宣揚」と改題して、『「古典中國」における文學と儒教』、汲古書院、二〇一五年に所收）は、曹魏が儒教を價値觀の根底に置く「名士」に對抗するために、文學を宣揚することでその相對化を圖ろうとしたと捉える。

（一二）及河北平定、五官將爲世子、質與劉楨等並在坐席。楨坐譴之際、質出爲朝歌長、後遷元城令（『三國志』卷二十一 王粲傳附呉質傳注引『魏略』）。

（一三）……其後、太子嘗請諸文學、酒酣坐歡、命夫人甄氏出拜。坐中衆人咸伏、而楨獨平視。太祖聞之、乃收楨、減死輸作（『三國志』卷二十一 劉楨傳注引『典略』）。

（一四）脩年二十五、以名公子有才能、爲太祖所器、與丁儀兄弟、皆欲以植爲嗣。太子患之、以車載廢簏、内朝歌長呉質與謀。脩以白太祖、未及推驗。太子懼、告質。質曰、何患。明日、復以簏受絹車内以惑之、脩必復重白。重白必推、而無驗、則彼受罪矣。世子從之、脩果白、而無人。太祖由是疑焉（『三國志』卷十九 陳思王傳注引『世語』）。

（一五）魏王嘗出征、世子及臨菑侯植並送路側。植稱述功德、發言有章、左右屬目、王亦悅焉。世子悵然自失、吳質耳曰、王當行、流涕可也。及辭、世子泣而拜、王及左右咸歔欷。於是皆以植辭多華、而誠心不及也（『三國志』卷二十一 王粲傳附吳質傳注引『世語』）。

（一六）これ以外には、「魏都賦」「答文帝箋」「與文帝書」「將論」が『文選』注や『藝文類聚』などに引用される形で斷片的に殘る。これらは嚴可均『全三國文』卷三十に輯佚される。表題から察するに、曹丕とは頻繁にやりとりしていたようである。

（一七）各書簡の表題は、基本的に『文選』に準據する。『文選』にない「又與吳質書」は、出典の『三國志』卷二十一 王粲傳附吳質傳注より便宜的に付けた。

（一八）福井佳夫「曹丕の「與吳質書」について ―六朝文學との關連―」（『中國中世文學研究』二〇、一九九一年二月）。一方で、稀代麻也子「「與吳質書」の曹丕」（『狩野直禎先生傘壽記念 三國志論集』、汲古書院、二〇〇八年）は、文學史構築の材料としてではなく、この作品から感じ取れる曹丕を考察している。

（一九）二月八日庚寅、臣質言、奉讀手命、追亡慮存、恩哀之隆、形於文墨。①日月冉冉、歲不我與。昔侍左右、廁坐衆賢、出有微行之遊、入有管絃之懽、置酒樂飲、賦詩稱壽。自謂可終始相保、並騁材力、刊節明主。何意數年之間、死喪略盡。臣獨何德、以堪久長。②陳・徐・劉・應、才學所著、誠如來命、惜其不遂、可爲痛切。凡此數子、於雍容侍從、實其人也。若乃邊境有虞、戝下鼎沸、軍書輻至、羽檄交馳、於彼諸賢、非其任也。往者、孝武之世、文章爲盛。③若東方朔枚皐之徒、不能持論、即阮・陳之儔也。④其唯嚴助・壽王、與聞政事、然皆不愼其身、善謀於國、卒以敗亡、臣竊恥之。⑤至於司馬長卿稱疾避事、以著書爲務、則徐生庶幾焉。而今各逝、已爲異物矣。後來君子、實可畏也。⑥伏惟所天、優游典籍之場、休息篇章之囿、發言抗論、窮理盡微、摛藻下筆、鸞龍之文奮矣。⑦雖年齊蕭王、才實百之。此衆議所以歸高、遠近所以同聲。然年歲若墜、今質已四十二矣、白髮生鬢、所慮日深、實不復若平日之時也。但欲保身队行、不蹈有過之地、以爲知己之累耳。遊宴之歡、難可再遇。盛年一過、實不可追。⑧臣幸得下愚之才、値風雲之會。時邁齒載、猶欲觸匃奮首、展其割裂之用也。不勝慺慺。以來命備悉、故略陳至情。質死罪死罪（『文選』卷四十 吳季重答魏太子牋）。

（二〇）『三國志』卷二十一　王粲傳に、「太祖並以（陳）琳・（阮）瑀爲司空軍謀祭酒、管記室、軍國書檄、多琳・瑀所作也」とある。

（二一）吳質は地方に左遷中、「在元城與魏太子牋」を曹丕に送っている。その中で吳質は、「往者嚴助釋承明之懽、受會稽之位。壽王去侍從之娛、統東郡之任。其後皆克復舊職、追尋前軌。今獨不然、不亦異乎」（『文選』卷四十　吳季重在元城與魏太子牋）としたため、地方からやがて中央に呼び戻された嚴助・吾丘壽王を引き合いに出し、自身の境遇の不滿を述べている。

（二二）『三國志』卷二十一　王粲傳注引『魏略』に、「而偉長獨懷文抱質、恬淡寡欲、有箕山之志、可謂彬彬君子矣。著中論二十餘篇、成一家之業、辭義典雅、足傳于後、此子爲不朽矣」とあり、曹丕は『中論』を著した偉長（徐幹）を、「一家の業」を成し、「不朽」と稱贊した。串田久治「徐幹の政論―賢人登用と賞罰」（『愛媛大學法文學部論集』文學科編一八、一九八五年十一月）は、徐幹が後漢を見限っており、來たるべき新時代、将來を見通す英明の君主（曹氏）に希望を託して『中論』を著したと述べる。また、渡邉義浩「曹丕の『典論』と政治規範」（『三國志研究』四、二〇〇九年九月／『「古典中國」における文學と儒教』、汲古書院、二〇一五年に所收）は、『中論』の特徴的主張として、曹操の政策の正統化を擧げている。この他、池田秀三「徐幹の人間觀」（『哲學研究』五七一、二〇〇一年四月）、伊藤浩志「徐幹『中論』における君臣関係の構造」（『哲學』六〇、二〇〇八年十月）等を參照。

（二三）松本幸男「建安詩人の文學精神」（『魏晉詩壇の研究』、朋友出版、一九九五年）。

（二四）『三國志』卷二十一　王粲傳附吳質傳注引『魏略』に、「光武言年三十餘、在兵中十歳、所更非一。吾德不及之、年與之齊矣」とある。

（二五）『三國志』王粲傳附吳質傳および同裴松之注では一切觸れられていないが、傍線①の箇所と合わせて、吳質が儒教經典を學んでいたことが窺える。しかし、書簡からも分かるように、儒教を價値觀の第一に置かなかった。

（二六）鈴木修次『漢魏詩の研究』（大修館書店、一九六七年）。

（二七）太子時代の曹丕は文人たちを從えて南皮へ遊びに出かけたことがあった。いわゆるこの「南皮の遊」については、注（三）

所掲松本論文の考察がある。

(二八)『三國志』卷十二 崔琰傳に、「時未立太子、臨菑侯植有才而愛。太祖狐疑、以函令密訪於外。唯琰露板答曰、蓋聞、春秋之義、立子以長。加五官將仁孝聰明、宜承正統。琰以死守之。植、琰之兄女壻也」とあり、崔琰は『春秋公羊傳』隱公元年の論理を示し、曹丕が後繼者として適當であると主張した。また卷十 賈詡傳では、賈詡が曹操から後繼者の相談を持ちかけられた際、嫡長子相續をしなかったために滅びた袁紹・劉表を例に出して諭している。

(二九)始質爲單家。少游遨貴戚間、蓋不與鄉里相沈浮。故雖已出官、本國猶不與之士名(『三國志』卷二十一 王粲傳附吳質傳注引『魏略』)。

(三〇)濮陽興字子元、陳留人也。父逸、漢末避亂江東、官至長沙太守。興少有士名、孫權時除上虞令、稍遷至尚書左曹、以五官中郎將使蜀、還爲會稽太守(『三國志』卷六十四 濮陽興傳)。

(三一)陸瑁字子璋、丞相遜弟也。少好學篤義。陳國陳融、陳留濮陽逸、沛郡蔣纂、廣陵袁迪等、皆單貧有志、就瑁遊處、瑁割少分甘、與同豐約(『三國志』卷五十七 陸瑁傳)。

(三二)後漢以降、江東吳郡では陸・顧・朱・張氏の「吳の四姓」が隆盛した。これについては、大川富士夫「吳の四姓について」(『歴史における民衆と文化 —酒井忠夫先生古稀祝賀記念論集』、國書刊行會、一九八二年九月/『六朝江南の豪族社會』、雄山閣出版、一九八七年に所收)、方北辰『魏晉南朝江東世家大族述論』(文津出版社、一九九一年)に詳しい。

(三三)濮陽氏父子は孫吳政權に仕えたため、九品中正制度とは直接關係ない。しかし、士名を獲得することは曹魏政權の人士に限るものではないことが理解できる。

(三四)嚴幹字公仲、李義字孝懿、皆馮翊東縣人也。馮翊東縣舊無冠族、故二人並單家、其器性皆重厚。當中平末、同年二十餘、幹好擊劍、義好辦護喪事。馮翊甲族桓・田・吉・郭及故侍中鄭文信等、頗以其各有器實、共紀識之。會三輔亂、人多流宕、而幹、義不去、與諸知故相浮沈、採樵自活。逮建安初、關中始開。詔分馮翊西數縣爲左內史郡、治高陵。以東數縣爲本郡、治臨晉。義於縣分當西屬、義謂幹曰、西縣兒曹、不可與爭坐席、今當共作方牀耳。遂相附結、皆仕東郡爲右職。司隸辟幹、不至。

歳終、郡擧幹孝廉、義上計掾（『三國志』巻二十三 裴潛傳注引『魏略』）。
（三五）中村圭爾「鄕里の論理 ―六朝貴族社會のイデオロギー」（『東洋史研究』四一―一、一九八二年六月／『六朝貴族制研究』、風間書房、一九八七年に所收）。
（三六）『詩經』周頌 閔予小子篇に、「閔予小子、遭家不造、嬛嬛在疚」とあり、『春秋左氏傳』哀公十六年に、「俾屛余一人以在位、煢煢余在疚」とある。「嬛嬛」は「煢煢」と同義である。
（三七）質自以不爲本郡所饒、謂司徒董昭曰、我欲溺鄕里耳。昭曰、君且止。我年八十、不能老爲君溺攢也（『三國志』巻二十一 王粲傳附吳質傳注引『魏略』）。
（三八）九品中正制度については、宮崎市定『九品官人法の研究 科擧前史』（東洋史研究会、一九五六年）を參照。なお、「司徒の董昭」とあるが、『三國志』巻十四 董昭傳によれば、「太和四年、行司徒事。六年、拜眞」となっており、吳質が没する太和四（二三〇）年の時點では、まだ行司徒事である。いずれにせよ、董昭が司徒の職務を行っていたことは確かであり、九品中正制度に關わる重要な地位に就いていた。
（三九）『三國志』巻三 明帝紀に、「（太和二年）六月、詔曰、尊儒貴學、王教之本也。自頃儒官或非其人、將何以宣明聖道。其高選博士、才任侍中常侍者。申敕郡國、貢士以經學爲先」とある。やがて、吳質没後のことだが、儒教官僚層の人物評價を嫌惡し、名聲に基づく人事に警戒感を抱くようになる。明帝の生涯および政策については、福原啓郎「三國魏の明帝 ―奢靡の皇帝の實像―」（『古代文化』五二―八、二〇〇〇年八月／「曹魏の明帝 ―奢靡の皇帝の實像―」と改題して、『魏晉政治社會史研究』、京都大學出版會、二〇一二年に所收）を參照。
（四〇）『三國志』巻二十一 王粲傳附吳質傳注引『吳質別傳』に、「驃騎將軍司馬懿、忠智至公、社稷之臣也。陳羣從容之士、非國相之才、處重任而不親事」とある。
（四一）吳質の死後のことではあるが、司馬師は青龍二（二三四）年に夏侯徽（景懷夏侯皇后）を死に追いやると、吳質の娘を娶った。しかし、のちに離縁し、羊祜の姉（景獻羊皇后）を新たに娶っている（『晉書』巻三十一上 后妃上 景獻羊皇后傳）。ちな

みに夏侯徽や羊祜の姉は『晉書』の皇后傳に立傳されているが、呉質の娘の傳はない。

(四二)『三國志』巻二十一 王粲傳附呉質傳注引『呉質別傳』に、「質先以怙威肆行、謚曰醜侯。質子應仍上書論枉、至正元中乃改謚威侯」とある。『逸周書』謚法解には、「威を怙《たの》みて肆《ほしいまま》に行ふを醜と曰ふ（怙威肆行曰醜）」とあり、呉質は權勢に阿って高位に就き、好き勝手に振る舞ったとして死後も批判された。呉質の態度は生前から人々の嫌悪を買っており、『三國志』巻十七 胡綜傳には、孫呉への降伏をでっちあげられた上に、降伏状まで僞作されたことが記録されている。

『魏略』の撰者、魚豢の思想

柳川　順子

はじめに

『三国志』裴松之注に引く諸文献の中でも最多を占める『魏略』[一]は、三国魏の魚豢という人物によって編まれた私撰の歴史書である。『隋書』経籍志の史部・雑史類に「典略八十九巻、魏郎中魚豢撰」と記録される『典略』の内の、現代史を扱った三十八もしくは三十九巻が『魏略』に相当すると推定されている[二]。完本は伝存しないが、本来は本紀・志・列伝から成る紀伝体、いわば正史のスタイルを取っていたらしい[三]。一方、魚豢という人物についてはほとんど未詳である。前掲の『隋書』経籍志に、『典略』の著者として魏の郎中であったことが付記され、唐代の歴史家劉知幾（六六一―七二一）の『史通』外篇「古今正史」に、京兆（陝西省西安市の北西）の人であることが記されている以外は、自身が歴史書にその伝を記されることもなく[四]、その著書も、『旧唐書』経籍志の乙部史録・正史類に「魏略三十八巻」、同雑史類に「典略五十巻」が著録されているのを最後に、完本の消息を断ってしまった、今ではほとんど無名の歴史家である。この魚豢という人物の思想を、その著書『魏略』の記述内容や編集態度を通して蘇らせようというのが本稿の目論見である。

『魏略』には、陳寿の『三国志』本文にも、裴注に引く他の文献にも記されていない記述が散見する。また、本書

はその断片からも特徴的な編目構成を取っていたらしいことが窺われる。更に、時には魚豢その人が前面に出てきて熱く語り始める部分も少なくない。それでも、これは魚豢の私的著作物ではなく、当代の王朝を対象とした紀伝体の歴史書である。すると、もしかしたら彼は、個人による正史『魏略』の編纂という営為を通して、何らかの強い思いを後世に書き残そうとしたのではないか。こう考えて、魚豢の『魏略』に注目し始めたのであったが、このような観点からの『魏略』研究は、今のところ管見の及ぶ範囲内ではほとんど見当たらない(五)。本稿は、『魏略』という歴史書を、事実究明のための資料として用いるのではなく、それ自体をひとつの著作として捉えようとするものである。

一

先に、『魏略』は私撰の歴史書であると述べた。では、魚豢はなぜ個人の立場から国史を編纂しようとしたのだろうか。この問題に関して、先にも触れた劉知幾の『史通』外篇「古今正史」には、次のような示唆に富む記述が見えている。

魏史、黄初・太和中、始命尚書衛覬・繆襲、草創紀伝、累載不成。又命侍中韋誕・応璩、秘書監王沈、大将軍従事中郎阮籍、司徒右長史孫該、司隷校尉傅玄等、復共撰定。其後王沈独就其業、勒成魏書四十四巻。其書多為時諱、殊非実録。

魏史は、黄初・太和中に、始め尚書の衛覬・繆襲に命じて紀伝を草創せしめしが、載を累ぬるも成らず。又た侍中の韋誕・応璩、秘書監の王沈、大将軍従事中郎の阮籍、司徒右長史の孫該、司隷校尉の傅玄等に命じて、復た共に撰定せしむ。其の後 王沈 独り其の業に就き、『魏書』四十四巻を勒成す。其の書は多く時諱を為

し、殊に実録には非ず。

これによると、魏の王朝史は次のような経緯を経て成ったという。魏の文帝曹丕が治めた黄初年間（二二〇―二二六）、及び明帝曹叡の太和年間（二二七―二三三）中のこと、最初、衛覬・繆襲の両名に紀伝体の歴史書編纂を開始するよう命が下ったが、何年たっても出来上がらなかったので、重ねて韋誕・応璩・王沈・阮籍・孫該・傅玄等に、国史の共同撰定が命ぜられた。(六) その後、王沈が単独でこの事業に就き、『魏書』四十四巻（『隋書』経籍志には四十八巻と記す）を完成させたが、それは、王朝に差し障りのある時事を多く忌避する、とても実録とは呼べないものであったという。なお、このことに関連しては、唐の貞観二十二年（六四八）に成った『晋書』巻三十九・王沈伝にも、次のような記述が見えている。

　正元中、遷散騎常侍・侍中、典著作。与荀顗・阮籍共撰魏書、多為時諱、未若陳寿之実録也。

　正元中、散騎常侍・侍中に遷り、著作を典る。荀顗・阮籍と共に『魏書』を撰するも、多く時諱を為し、未だ陳寿の実録に若かざるなり。

この記事は、前掲の『史通』との間に若干の食い違いがあるが、正元年間（二五四―二五六）に成った王沈主編の『魏書』を、実録には程遠いと酷評している点では一致している。『晋書』と『史通』とでは、前者の方が先行する資料ではあるのだが（『史通』は七一〇年に一応の成立）、史官として宮中の善本を閲覧できる立場にあった劉知幾の眼識を信頼して、(七) ここは『史通』の記述内容に沿って論を進めよう。

　さて、魏朝は二度にわたって国史編纂の勅命を下し、当代を代表する知識人たちを一堂に集めたにも拘わらず、その事業が遅々として進まなかったのはなぜか。また、なぜ最後には王沈一人がその任に当たることとなったのか。その理由は、おそらくこの『魏書』を評する「多為時諱」の一言に帰着しよう。推し測るに、当時の魏王朝内部には、

歴史家が歴史家たることを許されない空気が充満していたのではないか。それゆえにこそ、心ある文筆家たちは、事実を事実として記せない歴史書の編纂にはどうしても積極的に関わる気にはなれず、そのような膠着した状況の中で、最終的には王沈がほぼ単独でとりまとめに当たることとなったのではあるまいか。

歴史家たちの内情はともかく、事実としてこのように魏朝の国史編纂が難航していた同じ時期、個人的な立場で密かに歴史書を編んでいたのが魚豢である。前掲の『史通』は、先の王沈『魏書』に関する記述に続いて、呉史の編纂、更に西晋の陳寿『三国志』へと論じ至った後、「先是魏時京兆魚豢私撰魏略、事止明帝（是に先んじて魏の時京兆の魚豢　私《ひそか》に『魏略』を撰するも、事は明帝に止まる）」と述べて、後に『三国志』裴松之注に流れ込む、三国時代に関する後続の諸史料のはじめにこの書を置いている。

魏朝に仕える身である以上、魚豢は当然、王朝内で『魏書』等の編纂が行われていることを知っていたはずである。それなのに、敢えて重ねて私撰の国史を編んだのはなぜか。それはおそらく、魚豢の内部に、勅撰の国史とは異なる独自のスタンスで、当代の史実を書き記しておきたいと願う強い動機があったからだろう。この彼の思想内容は以下の章で詳しく考察するが、ここでは、事実を正確に記しておきたいということそれ自体を明言する例を二三挙げておきたい。まず、卞太后（文帝曹丕の母）の甥、卞蘭の死因について、明帝曹叡（曹丕の子）が勧める水療法を拒絶して病を悪化させたためであることを述べた後で、魚豢はわざわざ「故時人見蘭好直言、謂帝面折之、而蘭自殺、其実不然（故に時人は蘭の好んで直言するを見て、帝　之を面折し、而して蘭自殺せりと謂ふも、其の実は然らず）」と記し、世間の誤解を解こうという自身の意思を付記している（『三国志』巻五・卞皇后伝裴注所引『魏略』）。また、明帝の後継者となった斉王曹芳と密議を重ねていた李豊が、司馬師にその内容を白状するよう迫られながらも事実を告げず、ために殺害されたことを述べた後に、「其の事は秘なり」と記し、ここに機密事項を敢えて書き留める

のであることを明言している（同巻九・夏侯玄伝裴注所引『魏略』）。このように撰者の立ち位置にまで言及する記述は、当代の官撰の歴史書には不可能なことであっただろう。

ただし、ここでひとつ補記しておきたいことがある。それは、津田資久氏が夙に指摘しているとおり[八]、魚豢は『魏略』編纂に当たって、国史の依拠した原資料に触れる機会を持っていたはずだということである。彼は、前掲の『史通』に記された、国史編纂者の一人韋誕（一七九―二五三）との間にたしかな交友関係を持っていた。このことは、『三国志』巻二十一・王粲伝の裴松之注に、『典略』二条を引いた後に載せる魚豢自身の次のようなコメントによって知られる。すなわち、彼は戦国時代の魯仲連や前漢の鄒陽といった言葉の達人たちを挙げ、当代の王粲・繁欽・阮瑀・陳琳・路粋らの文章を、先人に引けを取らぬ出来だと称賛した上で、「余又窃怪其不甚見用、以問大鴻臚卿韋仲将（余は又た窃かに其の甚だしくは用ひられざるを怪しみ、以て大鴻臚卿の韋仲将に問ふ）」と述べているのがそれである。「仲将」は韋誕の字で、彼は京兆の人であるが（『三国志』巻二十一・劉劭伝、及び同裴松之注に引く『文章叙録』）、魚豢はこの同郷の先輩に、親しく自身の疑問を投げかけているのである。こうしてみると、彼は自身の見聞のみに頼ったのではなく、宮中に蔵された様々な史料を閲覧する便宜を得、また国史編纂に携わった人物たちの見解にも触れながら、自らの志にかなう歴史書を編んだのだと推測され得よう。

更に言えば、魚豢は韋誕を通じて、官撰の国史が現王朝に対して憚るところの多い編纂物であることを知っていた可能性も高い。それがために、無名の個人の立場であってこそ可能な史実の記録を、彼はひそかに志したのではないか。『魏略』に散見する曹氏一族の内部事情にまで踏み込んだ記述も、魚豢が興味本位で拾い上げたゴシップというよりは、王朝内でたしかに起こった出来事を、事実として包み隠さず書き残しておこうとした結果であるのかもしれない。人の世の流れは、たとえ大きな組織においてであっても、時として非常に個人的な感情のすれ違いから変ずる

ことも少なくないのだから、それを記さないことには見えてこない歴史的必然性もあるだろう。だとしたら、魚豢の『魏略』は、私撰の編纂物ではありながら、むしろ自己規制による歪みを蔵した国史以上にある意味厳正な、極めて信憑性の高い王朝史であるとさえ言えるかもしれない。

二

紀伝体を取る『魏略』は、その始祖である司馬遷の『史記』に倣って、各列伝の末尾に撰者の論評を付していたようである。『三国志』裴松之注に引かれて現存するところでは、巻三・明帝紀、巻十二・崔琰伝、巻十三・王朗伝、巻十八・閻温伝、巻十九・任城陳蕭王伝、巻二十一・王粲伝、巻二十三・裴潜伝、巻三十・烏丸鮮卑東夷伝の注に、魚豢の名を冠するそうした記述を見ることができる。裴松之が残しておいてくれたこれらの部分は、魚豢が直接その思いを語っているところだけに、彼の思想を探る上での貴重な糸口となるはずである。

その中から、ここではまず明帝紀注に引くところを取り上げたい。裴松之は、明帝曹叡の驍騎将軍であった秦朗の事跡を『魏略』によって紹介し、続いて、『魏略』には佞倖伝が立てられており、秦朗や孔桂がそこに名を連ねていることを指摘した上で、『魏略』に記された孔桂の伝を引用し、その後に魚豢の論評を書き記している。この「魚豢曰」以下を見る前に、佞倖として記された二人について、『魏略』の内容を概略紹介しておこう。孔桂は、武帝曹操に寵愛され、その意を汲んで後継者候補の曹植に肩入れしたところ、このことで曹丕の恨みを買い、後に文帝として即位した丕から収賄の罪により殺害された。秦朗は、武帝・文帝の時代には特に咎もなかったが、明帝の親昵となったため、世の人々は彼が無能であることを知りながらも盛んに賄賂を贈り、その富は公侯にも匹敵するほどになった

という。こうした者たちの伝を記した上で、魚豢は次のように述べる。今、その文意をより明らかにするために、対句を意識しながら原文を提示する。

　為上者不虚授　　上為る者は虚しくは授けず、
　処下者不虚受　　下に処る者は虚しくは受けず。
然後外無伐檀之歎　　然る後に外には「伐檀」の歎き無く、
　内無尸素之刺　　内には尸素の刺《そし》り無く、
　雍熙之美著　　雍熙〈和らぎ楽しむ〉の美は著はれ、
　太平之律顕矣　　太平の律は顕はる。
而佞倖之徒　　而るに佞倖の徒は、
　但姑息人主　　但だ人主に姑息たりて、
至乃無徳而栄　　乃ち 徳無くして栄え、
　無功而禄　　功無くして禄あるに至る。
如是焉得不使中正日朘　　是くの如くんば焉んぞ得んや 中正をして日々朘《よわ》り、
　　傾邪滋多乎　　傾邪をして滋々多からしめざるを。
以武皇帝之慎賞　　武皇帝（曹操）の賞を慎しみ、
　明皇帝之持法　　明皇帝（曹叡）の法を持するを以てしても、
　　而猶有若此等人　　猶ほ此くの若き等の人有り、
而況下斯者乎　　而して況んや斯《これ》に下る者をや。

三行目に見える「伐檀」は『詩経』魏風の詩の篇名で、毛伝の小序には「伐檀、刺貪也。在位貪鄙、無功而受禄、君子不得進仕爾（伐檀は、貪を刺るなり。位に在るものは貪鄙にして、功無くして禄を受け、君子は進仕するを得ざるのみ）」とその主題を解説している。(九)これと対を成す「尸素」は、古くからある慣用語「尸位素餐」あるいは「尸禄素餐」の略語で、職務を全うしないで禄を食むことをいう。魚豢の主張を代弁するならば、こうした弊害は、恩賞などの授受が公平に為されてこそ解消するものだろう。ところが、ただ主に取り入るだけの佞倖の徒は、徳も功績もないのに栄華を極めている。これでは、正直な人間が日々弱り、邪悪な連中が益々はびこっていくことをどうして阻止できようか。賞与に慎重であった武帝、法規に準拠した明帝でさえ、このような輩を存在せしめたのであるから、ましてこれ以下の者においては尚更であろう。こう彼は慨嘆している。

魚豢のこの論評は、佞幸伝に附せられたものではありながら、興味深いことに、その批判の矛先は、主君に媚びへつらう彼らの卑しい心根に向かうのではなく、彼らを金満家に成り上がらせる社会的風土、すなわち当代の王朝に蔓延する贈収賄、不当な勤務評定と富の不均衡という事象の方へと向かっている。つまりこれは、社会的に低い階層の者が上位者に向けて放つ風刺の矢、一種のルサンチマン的傾きを持った現実批判なのである。

佞倖伝に見える社会風刺と同質の傾きは、この他、王朗伝裴注に引く儒学者たちの伝にも認めることができる。魚豢の『魏略』は、董遇・賈洪・邯鄲淳・薛夏・隗禧・蘇林・楽詳ら七人を儒宗と仰ぎ、彼らの列伝の序文に、漢魏における学術界の推移変遷を次のように記している。その前半は、かいつまんで紹介することとしよう。

天下が分裂した後漢末、学問はひどく衰退したが、魏王朝の成立（二二〇）とともに復興し、太学には各地から数百人もの学生が集った。ところが、太和・青龍年間（二二七―二三七）になると、内外に事変が多発したため、人々は災難を逃れようと、元来が学問を解するわけでもないのに、こぞって太学に入りたがるようになった。学生数は千

の位に上り、博士たちはだいたい皆いいかがんで、弟子を教育する能力もなかった。それに、優秀な者もいたとはいえ、政府機関が示す合格基準はあまりにも高く、加えて本質的な大義の把握は求めずに、語義、筆法、句読のような細かいことばかりを問うものだから、百人が受験して、合格者は十人にも満たないという状況であった。かくして学に志す人士は次第に衰微し、些末にも浮ついたことを追求するような連中がしのぎを削るようになったのである、と。これに続けて、魚豢は次のように述べている。

正始中、有詔議圜丘、普延学士。是時郎官及司徒領吏二万餘人、雖復分布、見在京師者尚且万人、而応書与議者略無幾人。又是時朝堂公卿以下四百餘人、其能操筆者未有十人、多皆相従飽食而退。嗟夫、学業沈隕、乃至於此。

正始中、詔有りて圜丘を議せんとし、普《あまね》く学士を延《まね》く。是の時　郎官及び司徒領吏二万餘人、分布せりと雖《い》復《へ》ども、京師に見《あ》る者は尚ほ且つ万人、而して書に応じて議に与る者は略《ほぼ》幾人も無し。又た是の時　朝堂の公卿以下四百餘人、其の能く筆を操る者は未だ十人も有らず、多くは皆相従ひて飽食して退く。嗟夫《ああ》、学業の沈隕せるは、乃ち此に至れり。

ここに記されている正始年間（二四〇―二四九）の有様は、おそらく魚豢がその目と耳で捉えた事実であるに違いない。天を祭る王朝祭祀の検討のために、天下に広く学士を招集する詔が下っても、万をもって数える知識人のうち、これに応ずる者は幾人もいなかった。また、朝廷内の公卿以下四百あまりの人々のうち、達者に筆を執ることができる者は十人にも満たず、多くは連れ立って飽食して退出するのみであった。学問はここまで落ちぶれたのだと魚豢は嘆く。

もちろん、こうした大勢の中にあっても、少数ながら真っ当な学者はいたに違いなく、たとえば魚豢自身も儒宗と

仰ぐ楽詳は、魏朝成立当初の太学の、さしあたり人数を揃えただけのような教授陣の中で、唯一人、五経すべてを教授し、ものわかりの悪い者たちにも辛抱強く説いて聞かせ、晩年の正始年間には、郷里に退居して門徒数千人を抱えていたという（『三国志』巻十六・杜畿伝裴注所引『魏略』）。魚豢はこうした人物たちの列伝を記した後に、学業を積む必要性を説きながら、「今此数賢者、略余之所識也。検其事能、誠不多也、但以守学不輟、乃上為帝王所嘉、下為国家名儒、非由学乎（今此の数賢者は、略《ほぼ》余の識《し》る所なり。其の事能を検ずるに、誠に多からざるとも、但だ学を守りて輟《や》めざるを以て、乃ち上は帝王の嘉する所と為り、下は国家の名儒と為るは、学に由るに非ざらんか）」（同王朗伝裴注所引『魏略』）と論評し、彼らのような、たしかに多くの業績を持つわけではないが、それでも地道に学問を続けた身近な儒者たちを高く顕彰しているのである。魚豢が彼らの足跡に目を留めたのは、およそ世に学者と称せられている人々、高い学識があってしかるべき高級官僚たちの無能ぶりに、日々深い失望と憤懣とを感じていたからにほかなるまい。ここでも佞倖伝と同様に、彼の視線は社会の歪みの方へ鋭く注いでいる。魚豢は、学問の内容的堕落を慨嘆する以上に、知識人たる者が、その地位にふさわしい責務を全うしていないことに憤っているのである。

こうした社会批判に通底する記述は、『魏略』の他の部分にも見出せる。たとえば、その清介伝に記された吉茂は、清貧の生活を貫きながら、人に対して高尚ぶった態度も取らず、それでも「心疾不義而貴且富者（心に不義なるも貴く且つ富める者を疾《にく》む）」という人物であったが、その九品官人法との関わりを、魚豢は次のように詳述している（『三国志』巻二十三・常林伝裴注所引）。

先時国家始制九品、各使諸郡選置中正、差叙自公卿以下至于郎吏、功徳材行所任。茂同郡護羌校尉王琰、前数為郡守、不名為清白。而琰子嘉仕歴諸県、亦復為通人。嘉時還為散騎郎、馮翊郡移嘉為中正。嘉叙茂雖在上第而状甚下、云徳優能少。茂慍曰、痛乎、我効汝父子冠幘劫人邪。

先の時に国家始めて九品を制し、各《おのおの》諸郡をして中正を選置して、公卿より以下郎吏に至るまで、功・徳・材・行の任ずる所を差叙せしむ。茂の同郡の護羌校尉王琰、前に数《しばしば》郡守と為り、名じて清白とは為されず。而して琰の子嘉 仕へて諸県を歴、亦復《ま》た通人と為さる。嘉 時に還た散騎郎と為り、馮翊郡は嘉を移して中正と為す。嘉は茂を叙して「上第に在りと雖ども状は甚だ下なり」とし、「徳は優るるも能は少なし」と云ふ。茂慍《いか》りて曰く、「痛なるかな、我は汝ら父子の冠幘もて人を劫かすに効《なら》はんや」と。

魏朝が成立する直前の延康元年（二二〇）、陳羣の建議によって成った九品官人法（『三国志』巻二十二・陳羣伝）は、各郡に置かれた中正なる役人が、その土地の人物を評定して推薦するという制度であるが、この中正官を勤めていた王嘉から、理不尽な酷評を受けたのが吉茂である。世間では雅俗諸事に明るい「通人」[一〇]と褒めそやされる王嘉と、郡守を歴任しながら清廉潔白とは言い難い所業を重ねたらしいその父王琰とを指して、「自分はあなた方のように官権を笠に着て人を脅しつけたりはしない」と彼は憤った。この吉茂の言葉を直接話法で記す『魏略』は、たしかに王朝史としては客観性に欠けているのかもしれない。梁の劉勰が「激抗難徴（激抗して徴し難し）[一一]」と批評するのは、他ならぬ『魏略』のこのような筆致に向けてのものだろう。だが、魚豢その人に視点を置いてみるならば、この吉茂の憤怒は彼にとって強い共感を呼び起こす声であった。だからこそ、この一連の経緯を委細漏らさず抄出しないではいられなかったのではあるまいか。

不当な人材登用に対する魚豢の義憤は、『魏略』のその他の部分にも散見する。たとえば、大将軍曹爽の幕僚で、何晏や丁謐・李勝らと反乱を起こして司馬懿に誅殺された鄧颺は、元来が財貨を好む性格で、臧艾なる者に顕官を授ける代わりに、その父の妾を贈与されて世間の噂となったが、彼の人材推挙はおおむねこの類であったと述べること（『三国志』巻九・曹真伝裴注所引）、また、その友人の何晏は、尚書となって選挙を主宰した際、多くその旧知の者

を抜擢したと記すこと（同何晏伝裴注所引）等々はその一端である。反面、知識人社会に人脈を持たない単家出身者の事跡を丁寧に拾い上げているのは[一二]、この彼の義憤と表裏一体の関係を為すだろう。また、先にも触れた「儒宗伝」の論評、あるいは、市場の仲買人から一念発起して学者となった劉仲始なる先人に論及する、裴潜伝裴注に引く魚豢の論評から窺えるように、彼は、地道な努力を重ねて成果を収めた人物をとりわけ高く評価するが、それも、私的な人脈がものをいう、軽佻浮薄な上流社会への批判と同根に出るものだろう。

以上、『魏略』の記述姿勢から読み取れる、撰者魚豢の現実批判を見てきた。彼自身がその事績も知られぬ無名の知識人であったことを思えば、財貨を貪る佞幸の徒、無能な知識人たち、適正さに欠ける人材登用、権力を振りかざして人を愚弄する役人たちに向けられたその憤懣は、もしかしたら、社会的に多くを恵まれていない者が抱きがちな、個人的不公平感に深く根差したものであったのかもしれない。それでも、それが単なる私憤に終わっていないのは、その怒りの根本に、正邪を正し、真っ当な者が報われる世の中を希求する強い思いがあればこそだろう。次章で考察するのはこの彼の思いである。

三

紀伝体を取る『魏略』には、清朝の銭大昕が指摘するように（『二十二史攷異』三国志一「高貴郷公紀」の項）、他の歴史書にはない独特の立伝が認められる。今、先学の指南によりながら、必ずしも特殊ではないものや、前章で既に言及したもの（この場合は巻次を省略）、また伝目の不明なものをも含めて、『三国志』裴松之注に示すところをすべて抽出すれば次のとおりである。

イ、秦朗・孔桂らの「佞倖伝」（『三国志』明帝紀裴注）
ロ、東里袞らの「游説伝」（同巻四・高貴郷公紀裴注）
ハ、脂習・王脩・龐淯・文聘・成公英・郭憲・単固ら七人の「純固伝」（同巻十一・王脩伝裴注）
ニ、許攸・婁圭らを合伝（同崔琰伝裴注）
ホ、董遇・賈洪・邯鄲淳・薛夏・隗禧・蘇林・楽詳ら七人の「儒宗伝」（同王朗伝裴注）
ヘ、王思・薛悌・郤嘉らの「苛吏伝」（同巻十五・梁習伝裴注）
ト、賈逵・李孚・楊沛の三人を合伝（同巻十五・賈逵伝裴注）
チ、孫賓碩・祝公道・楊阿若・鮑出ら四人の「勇侠伝」（同閻温伝裴注）
リ、曹植・曹彰らを合伝（同任城陳蕭王伝裴注）
ヌ、王粲・繁欽・阮瑀・陳琳・路粋らを合伝（同王粲伝裴注）
ル、常林・吉茂・沐並・時苗ら四人の「清介伝」（同常林伝裴注）
ヲ、徐福（徐庶）・厳幹・李義・張既・游楚・梁習・趙儼・裴潜・韓宣・黄朗の十人を合伝（同裴潜伝裴注）
ワ、「西戎伝」（同烏丸鮮卑東夷伝裴注）

この他、『梁書』巻五十二・止足伝序には、『魏略』が田疇・管寧・徐幹[12]・胡昭を併せて「知足伝」としていたことが見えている。また、『三国志』巻十一・管寧伝裴注に引く焦先・扈累・寒貧ら諸人も、その伝目は未詳ながら、ひとつの列伝としてまとめられていたであろうと銭大昕は推測する。至当であろう。

さて、『魏略』列伝の篇目を概観するに、銭大昕も言うとおり、「佞倖伝」は『漢書』を踏襲するものだろう。また、「儒宗伝」「苛吏伝」「勇侠伝」「西戎伝」は、班固の立てた「儒林伝」「酷吏伝」「游侠伝」「西域伝」にそれぞれ

近似する。「純固伝」「清介伝」といった見慣れない列伝もあるにはあるが、総じて、伝目それ自体は、先行する紀伝体の流れに沿ったと見てよいように思われる。ただし、後に成った陳寿『三国志』と照らし合わせてみると、前掲の『魏略』列伝はこれと重なるところがほとんど見当たらない。

他方、『魏略』における列伝と人物たちとの組み合わせには意外性がある。一例を挙げるならば、「純固伝」に合伝された人々のうち、王脩・龐淯・文聘の三人は『三国志』にもそれぞれ独立した伝が立てられているが（王は巻十一、龐・文は巻十八）、それ以外の人物たちはいずれも『三国志』本文にはほとんど登場せず、その事跡はかろうじて『魏略』（成公英は巻十五・張既伝、単固は巻二十八・王淩伝、脂習と郭憲は王脩伝の裴注に引く）によって知られるのみだと言ってよい。魚豢は、そうした人々を「純固」という共通項で括っているのである。こうした編集態度からは、人物たちの社会的有名無名性とは無関係に、その人の根本にある、生きる姿勢そのものに目を向けようとする彼独特のまなざしが感受される。

これと同質の価値観は、たとえば、明帝の奢侈を強く諫めた司徒軍議掾董尋についての記述からも窺える。この董尋という人物もまた、『魏略』によって後世にその名が伝わった[一四]無名の一属官であるが、魚豢はその上書の全文を載せ、死罪にも当たりかねないこの諫言を明帝が不問に付したこと、後に貝丘県の令となった彼が民心に寄り添う清らかな善政を行ったことを付記している（明帝紀裴注所引『魏略』）。このような『魏略』の記述姿勢を、『史通』載文篇は「若乃歴選衆作、求其穢累、王沈魚豢、是其甚焉（若《も》し乃ち衆作を歴選し、其の穢累を求むれば、王沈・魚豢、是れ其の甚しきなり）」と酷評しているけれども、想像するに、浮華の蔓延を悪む魚豢は、この直諫の士に深く共鳴し、彼が一介の下級役人であろうが何であろうが、その上書の全文を抄出しないではいられなかったのではあるまいか。同じように、たとえば上記「儒宗伝」所掲の七名のうち、賈洪・薛夏・隗禧の三名は『魏略』によってのみ事跡

が伝わる人物であるようだが、魚豢は細やかな筆致で彼らの生きた証しを書き記している。

こうした魚豢のまなざしは、知識人階級に属さない人々へも等しく向けられる。たとえば、前掲「勇侠伝」に付するその論評において、亡命中の趙岐をかくまった孫賓碩、捕虜となった賈逵を脱出させた祝公道の眼識は、「三月、仁に違わず」（『論語』雍也篇）と顔回を称賛した孔子以上であると評せられ、彼らの義侠心は、かの季布の苦境を救った濮陽の周氏や魯の朱家（『史記』巻一〇〇・季布伝）にも勝ると絶賛され、また、近年の楊阿若と鮑出についても、魚豢は次のように高く評価している。

至於鮑出、不染礼教、心痛意発、起於自然、跡雖在編戸、与篤烈君子何以異乎。若夫楊阿若、少称任侠、長遂踏義、自西徂東、摧討逆節、可謂勇而有仁者也。

鮑出の、礼教に染まらず、心に痛み意に発すること、自然に起こるに至りては、跡は編戸に在りと雖ども、篤烈なる君子と何を以てか異ならんや。夫の楊阿若の、少くして任侠と称せられ、長じては遂に義を踏みて、西より東へ徂き、逆節を摧討せしが若きは、勇にして仁有る者と謂ふ可きなり。

この中でも特に、鮑出を評した言葉には注目すべきものがある。魚豢は、礼教という知識人の道徳には染まらず、内から自然にほとばしり出る義侠心によって行動した彼を高く評価して、名もなき平民ではありながら、心篤き君子と何ら異なるところがないと最大級に褒め称えているのである。ちなみに、魚豢による鮑出伝（閻温伝裴注所引『魏書』）には、ごく普通の農民である彼が、戦乱の中で賊に囚われたその母らを全力で救い出した顛末が活写されている。京兆の人と記されているところから推すと、魚豢と同郷の知人であった可能性も高い。そうした一般庶民を、立派な君子と同等に尊重するのが魚豢である。そして彼は、孫・祝・楊・鮑らの伝を記す意図を、「既不欲其泯滅、且敦薄俗（既に其の泯滅を欲せず、且つ薄俗を敦《ただ》さんとすればなり）」と述べている。ここには、軽薄な世俗に対する

手厳しい批判精神と、そうした世にあっても、筋を通して真っ当に生きる人々への熱い敬意とを読み取ることができよう。

先に触れた焦先・扈累・寒貧ら諸人の伝記についても同様のことが言えるだろう。彼らは、前掲の勇侠者たちとは異なって、自ら世の中に向かって何かを働きかけるでもない、むしろ、その存在の意味は周囲の人々の思念によって形作られるというタイプの人々であるが、そうした彼らの事跡を、魚豢は実に詳細に書き記している。ここでは、その中から焦先の伝をかいつまんで紹介しよう。

焦先、字は孝然。中平年間（一八四―一八九）の末に白波賊が起こり、二十歳あまりの焦先は、同郡の少年、侯武陽とその母を助けて逃亡し、東のかた揚州で妻を娶った。建安年間（一九六―二二〇）の初め、西方へ帰還した。建安十六年、関中が混乱すると、焦先は家族を失い、一人、黄河のほとりで草を食べ水を飲み、衣服も履物もない生活をした。土地の長官は彼を逃亡者だと思って捉えようとしたが、武陽は「彼は狂人にすぎません」と言い、かくして戸籍が与えられ、穀物が配給されるようになった。後に疫病が流行り、多くの死者が出たが、役所はいつも焦先に埋葬させて、子供たちはみな彼を軽んじた。しかし、道を行くときは横道をこそこそ通ったりせず、必ず大通りを行き、落ち穂拾いをするときは大きな穂は取らず、飢えても凍えても安易には衣食せず、草を編んで袴を作り、むき出しの頭に裸足だった。外出の際、女性に出会えば姿を隠し、通り過ぎるのを待ってから出てきた。自分でかたつむりのような家を作り、その中を綺麗に掃き清めて、木で寝床を作り、その上に草を敷きつめた。寒いときは火をおこして体をあぶり、独り言を唸っていた。飢えると小作人として働いたが、腹を満たすだけで、賃金は受け取らなかった。道で人に会うと、道を下りて陰に隠れ、人にそのわけをたずねられるといつも「草むらの人間は、狐や兎と同類ですから」と答え、みだりに語ろうとしなかった。太和・青龍年間中

（二二七—二三七）、一本の杖を持って河を南へ渡ろうとし、「まだだめだ」などと独り言を言うので、人々は、彼は狂人ではないのではないかと疑った。嘉平年間中（二四九—二五四）、土地の長官が訪問して食事を共にし、語り合おうとしたが、まったく応じなかった。翌年、呉への出兵についてある人が焦先に問うと、歌を歌って答えたが、誰もその意味がわからなかった。出兵が失敗に終わると、好事家たちは彼の歌の意味を詮索した。こだわりを持った変人を好む董経という人間が、焦先に様々なアプローチを試みたが、相手にされなかった。八十九歳で病没した。

この焦先伝には、後漢末という混乱の時代の実相が、英雄でも知識人でもない、ひとりの名もなき庶民の足跡を通して詳細に描き出されている。魚豢のこうした記述姿勢は、貴族制社会が成立しつつあった当時にあっては、ほとんど異端とも言えるようなものであったかもしれない。

様々な階層に属する人の事跡を、様々な視点から分け隔てなく書き記そうとする『魏略』には、たとえば先に見た「勇侠伝」のように、『史記』列伝を想起させるような自由闊達な気風も垣間見える。魚豢の中には、古代社会への回帰を志向する、ラディカルな思想が蔵せられていたのかもしれない。家柄や人脈、文化資本[二五]に囚われることなく、個々人がそれぞれにその持ち味を発揮して活路を切り開く、流動性の高い社会への希求である。

むすびにかえて

魚豢は、その『魏略』西戎伝に、次のような論評を付している。

俗以為営廷之魚不知江海之大、浮游之物不知四時之気、是何也。以其所在者小与其生之短也。余今氾覧外夷大秦

諸国、猶尚曠若発蒙矣、況夫鄒衍之所推出、大易太玄之所測度乎。徒限処牛蹄之涔、又無彭祖之年、無縁託景風以迅游、載騕褭以遐観、但労眺乎三辰、而飛思乎八荒耳。

俗に以為へらく営廷の魚は江海の大なるを知らず、浮游の物は四時の気を知らずと、是れ何ぞや。其の在る所の小さきと其の生の短かきを以てなり。余は今汜《ひろ》く外夷大秦諸国を覧るに、猶ほ尚ほ曠《あか》るむこと蒙を発するが若きに、況んや夫の鄒衍の推出せる所、大易太玄の度を測る所においてをや。徒らに限りて牛蹄の涔《みずたまり》に処り、又た彭祖の年無ければ、景風に託して以て迅く游び、騕褭に載りて遐《とほ》く観るに縁無く、但だ労《はる》かに三辰を眺め、而して思ひを八荒に飛ばすのみ。

「営廷」は珍しい語だが、両字の意味と文脈とから、小さく囲い込まれた庭園の池と取っておく。魚豢の言葉を代弁してみよう。俗に、小さな池の魚は江海の広大さを知らず、浮遊するカゲロウは四季折々の気候を知らぬと言う。これはどういうことか。その居る場所が小さいことと、その生命が短いことのためである。私は今、国外の異民族や大秦（ローマ）帝国に連なる諸国を広く眺め渡し、それだけでも目の前が明るくなって蒙昧が切り開かれたような気持ちになっている。まして、かの鄒衍が推定した大世界（『史記』巻七十四・孟子列伝）や、『易経』『太玄経』が推し測る遠大な時間を思えばなおさらだ。ただ牛の蹄の跡にできた水溜り（『淮南子』氾論訓）に居場所を限定され、加えて彭祖の如き永遠の命も与えられていない身としては、和やかな風に乗って天空を疾走し、駿馬に乗って広大な世界をはるばると眺め渡すすべもなく、ひたすら日月星辰をはるかに眺めやり、思いを世界の果てに飛ばすのみである。

今、長々と通釈を示したのは、ここに、魚豢の肉声を聴き取る思いがするからだ。多様な異国の風土について書き記した後、彼の心中に去来したのは、今ここではない遠い世界へのあこがれである。彼は、自身の境遇に言い知れぬ

閉塞感を感じていたのだろう。と同時に、自身が生きざるを得ないこの狭い世の中を、遠く離れた広大な世界から鳥瞰しているようにも感じ取れるのだ。この俯瞰の視点があればこそ、彼は忌憚なく貴族社会の腐敗ぶりを克明に書き記し、また、そこから外れる人々の尊い生の軌跡にも目を留めることができたのだと、そう私には思われる。『魏略』という歴史書は、魏王朝の内実を細密に伝える記録として、意外に高い信憑性を持つと判断されたのであったが、それ以上に、魚豢というひとりの無名の知識人の、生きた証しと言える著作物であった。

《注》

（一）民国の張鳳一『魏略輯本』（陝西文献徵輯処、采華書林、一九七二年）は、裴注に引くところを中核として資料収集を図っている。

（二）津田資久「『魏略』の基礎的研究」（『史朋（北海道大学文学部東洋史談話会）』三十一号、一九九八年）を参照。

（三）津田前掲論文に、魚豢『典略』との関係性を論ずる中で、姚振宗『三国藝文志』の「典略」の項を援用しつつ指摘する。

（四）張鳳一の前掲書には、諸々の史料を綴り合せた「補三国魏志魚豢伝」が見えている。

（五）川合安「九品官人法の制定と貴族制の形成」（『三国志研究』第四号、二〇〇九年）の注（二）に、『魏略』に「著姓」と「単家」との対立に関する記載が多いのは、撰者魚豢の思想あるいは関心のあり方によるのかもしれないとの指摘が見える。

（六）津田前掲論文に夙に指摘するとおり、この時の編纂物は、西晋の摯虞注『三輔決録』（『太平御覧』巻七四七）によると、『散騎書』あるいは『大魏書』とも称される、全五十篇の書物として結実したらしい。ただし、この王朝史の内容について、今は知る由もない。『隋書』経籍志にすらすでにその名を認めることができない事実からすれば、時の研磨には耐え得ない代物であったのかもしれない。

（七）劉知幾『史通』の成立経緯については、西脇常記訳注『史通内篇』（東海大学出版会、一九八九年）の「原序」を参照。

（八）津田前掲論文に、『魏略』が基づいた史料は、韋誕が編纂に従事した第二期の国史であった可能性が高いと結論付けられている。

（九）王先謙『詩三家義集疏』によると、斉・魯・韓の三家詩も『毛詩』と同方向の解釈を取っている。なお、魚豢が師事した隗禧は、四家の詩説いずれをも諳んじていたという（『三国志』王朗伝裴注に引く『魏略』）。

（一〇）六朝知識人の理想像となった「通人」については、吉川忠夫「六朝士大夫の精神生活」（『六朝精神史研究』一九八四年、同朋舎。初出は『岩波講座世界歴史5』一九七〇年、岩波書店）を参照。

（一一）『文心雕龍』史伝篇に、「陽秋魏略之属、江表呉録之類、或激抗難徴、或疎闊寡要（『（晋）陽秋』『魏略』の属、『江表（伝）』『呉録』の類は、或いは激抗して徴し難く、或いは疎闊にして要寡なし）」とある。

（一二）『三国志』本文及び裴松之注の中で、「単家」という語句が用いられているのは六箇所、すべて裴注所引『魏略』であって、「儒宗伝」の薛夏・隗禧（本文既出）、合伝であったらしい徐福（巻三十五・諸葛亮伝）・張既（本文既出）・厳幹・李義（裴潜伝）、及び呉質（王粲伝）の七人についてこう記されている。『魏略』では、「単貧」であったと記される常林（本文既出）もこれに加えてよいだろう。このうち、張既と常林は『三国志』に本伝があるが、そこでは特にこのことへの言及があるわけではない。魚豢独特の着眼であったと言える。

（一三）銭大昕が徐庶と比定するのを、津田前掲論文附表（一）「『魏略』想定篇目一覧」に従って改める。徐庶（徐福）は、本文のヲに示した合伝に見えている。

（一四）董尋の記事は、『北堂書鈔』巻六十八、『太平御覧』巻二四九には『魏志』として引かれているが、『三国志』本文にこの人物の名前は見当たらない。

（一五）柳川順子『漢代五言詩歌史の研究』（創文社、二〇一三年）第六章第一節を参照されたい。渡邉義浩氏をはじめとする先学の研究を踏まえながら、後漢知識人層の文化資本に論及している。

「春秋左氏傳序」と「史」の宣揚

渡邉　義浩

はじめに

唐の劉知幾『史通』巻一 六家は、史書の体裁として尙書家・春秋家・左傳家・國語家・史記家・漢書家を挙げ、このうち祖述すべきものは、左傳家と漢書家だけであるとする(一)。唐ではすでに、劉知幾が漢書家と称する紀傳體・斷代史の組み合わせによる正史の編纂が行われていた。また、左傳家の評価も、ひとり劉知幾に止まるものではない。司馬光の『資治通鑑』が編年體と呼ばれる左傳家に範を仰ぐ体裁で書かれるように、後世に至るまで左傳家の尊重は継続する。こうした史學における『春秋左氏傳』の重視は、杜預の「春秋左氏傳序」によるところが大きい。その意義について、川勝義雄は、(『春秋左氏傳』において)「孔子はむしろ史官の最も偉大なる人物として聖人なのであり、『春秋』はそのような聖人によってまとめられた史書であるがゆえに經典なのである。『春秋』の大部分を「史記」として捉えなおした杜預の認識は、孔子と『春秋』について、このような見方に導かざるを得ないであろう」と述べ(二)、『春秋左氏傳』を史書と理解している。

しかし、言うまでもなく『春秋左氏傳』は、あくまで經書である『春秋』の注釈書であり、「史」ではなく「經」に分類される。それがなぜ、劉知幾や川勝義雄のように「史」と認識され、さらには、正史と並ぶ編年體の体裁にも

影響を与えたのであろうか。

その契機となった『春秋左氏傳』の注釈書である『春秋左氏經傳集解』三十巻は、西晉の杜預によって、『春秋釋例』十五巻と共に、六十三歳で死去する太康五（二八四）年に近いころに著された。(三) やがて唐代には、「五經正義」の底本の一つに採用される『春秋左氏經傳集解』には、杜預による序が附された。現在は、『春秋左傳正義』の巻頭に「春秋序」として収録されているが、正義によれば、本来は「春秋左氏傳序」と題されていた。「春秋左氏傳序」に示される杜預の左傳理解を検討すると、『春秋左氏傳』を「史」と捉えられないことは明らかとなる。ただし、それは、杜預の「春秋左氏傳序」が「史」と係わらないことを意味しない。本稿は、杜預の「春秋左氏傳序」が「史」を宣揚し、四部分類における「史」の地位を高めた理由を追究していくものである。

一、素王から筆削者へ

杜預の「春秋左氏傳序」は、注（三）所掲加賀著書によれば、以下の五つの部分から構成される。

一、「春秋」から「春秋経」へ、さらに「左氏伝」にいたるその成立過程と、合わせて経・伝の性格を規定して、義例説樹立の原則を確立。

二、伝を発《おこ》す三つの体《もと》、すなわち義例説の樹立の方法の原則。

三、経が伝をよび発す五つの情《すがた》、すなわち「春秋経」の文表現の五体。

四、杜預が先儒と異なる春秋解釈、すなわち「集解」と「釈例」とを作るにいたった・立場・方法（＝拠伝解経法の徹底）。

五、「春秋経」の制作に関して先儒が提示している諸問題、孔子素王説とか・「春秋経」が隠公に始まり獲麟に終わっているいわれとか、をとりあげて旧説を批判し、「春秋経」の制作に対する自己の見解を述べる。

少し長い引用になるが、「春秋左氏傳序」の一から検討しよう（なお、引用文の数字と傍線は渡邉が附した）。

①春秋なる者は、魯の史記の名なり。事を記す者は、事を以て日に繫け、日を以て月に繫け、月を以て時に繫け、時を以て年に繫くるは、遠近を紀《しる》し、同異を別つ所以なり。故に史の記す所は、必ず年を表して以て事を首《はじ》む。年に四時有り。故に錯《まじ》へ擧げて以て記す所の名と爲すなり。周禮に史官有り、邦國 四方の事を掌り、四方の志を達す。諸侯も亦た各〻國史有りて、大事は之を策に書し、小事は簡牘にするのみ。②孟子曰く、「楚には之を檮杌と謂ひ、晉には之を乘と謂ひ、而して魯には之を春秋と謂ふ、其の實は一なり」と。韓宣子 魯に適《ゆ》き、易象と魯の春秋とを見て曰く、「周の禮は盡く魯に在り。吾は乃ち今にして周公の德と、周の王たる所以とを知れり」と。③韓子が見る所は、蓋し周の舊典・禮經ならん。周の德 既に衰へて、官は其の守りを失ひ、上の人は、春秋をして昭明ならしむる能はず。赴告の策書、諸〻の記し注する所は、多く舊章に違へり。仲尼は魯史の策書の成文に因りて、其の眞僞を考へ、其の典禮を志《しる》す。上は以て周公の遺制に遵ひ、下は以て將來の法を明らかにす。其の敎への存する所にして、④文の害ある所は、則ち刊《けづ》り之を正して、以て勸戒を示す。⑤其の餘は則ち皆 卽きて舊史を用ひたり。史に文質有り、辭に詳略有るも、必ずしも改めざるなり。故に傳に曰く、「其れ善志なり」と。又曰く、「聖人に非ずんば孰《たれ》か能く之を脩めんや」と。⑥蓋し周公の志にして、仲尼 從ひて之を明らかにせしなり。左丘明は經を仲尼に受けて、以爲へらく、經なる者は不刊の書なりと。故に傳は或いは經に先んじて以て事を始め、⑦或いは經に後《おく》れて以て義を終へ、或いは經に依りて以て理を辯じ、或いは經に錯へて以て異を合はせ、義に隨ひて發するなり。其の例の重《かさ》なれる所は、舊史の遺文なれば、略して盡くは擧げず。⑧聖人

の脩むる所の要に非ざるが故なり。⑨身國史爲《た》りて、躬ら載籍を覧、必ず廣く記して備《つぶ》さに之を言へり。其の文は緩くして、其の旨は遠し。將に學ぶ者をして始めを原《たづ》ね終はりを要《もと》め、其の枝葉を尋ねて、其の窮まれる所を究めしめんとす。優《ゆた》かにして之を柔《のびや》かにし、自ら之を求めしめ、饜《あ》くまで之を飫《あきた》らしめ、自ら之に趨《おもむ》かしむ。江海の浸《ひた》し、膏澤の潤すが若くにし、渙然として冰のごとくに釋《と》け、怡然として理は順ひ、然る後に得たりと爲すなり。（四）

杜預は、序の冒頭において、①「春秋」が「魯の史記」であることを明言する。これは、儒家の典籍の中で、最も古く『春秋』に触れる『孟子』の理解と大きく異なる。

世衰へ道微《かすか》にして、邪説暴行有《また》作る。臣にして其の君を弑する者之《これ》有り。子にして其の父を弑する者之有り。孔子懼れて春秋を作る。春秋は天子の事なり。是の故に孔子曰く、「我を知る者は其れ惟だ春秋か。我を罪する者も其れ惟だ春秋か」と。（五）

『孟子』は、『春秋』の制作者を孔子であるとし、孔子は『春秋』によって自らの評価が定まるとするほど、『春秋』に自信を持っていたとする。杜預は、②に『孟子』を引用しながらも、『春秋』を孔子の制作とはせずに、「魯の春秋」である、とするのである。もちろん、留保はある。『春秋』は、「魯の春秋」そのものではなく、孔子によって、④「文の害ある所」は「刊《けづ》り」「正」されたものである。それでも、孔子を『春秋』の制作者とする『孟子』の主張とは大きく異なる。

杜預が、『孟子』の理解を否定する論拠は、左傳に置かれる。注（三）所掲加賀著書が明らかにするように、杜預の經典解釈は據傳解經法による。左傳に拠り『春秋』經を解釈するのである。『春秋左氏傳』昭公傳二年の条において、杜預は、次のように左傳に拠り、『春秋』經が本来「魯の春秋」であったことを主張する。

二年春、晉侯 韓宣子をして來聘せしむ。且つ政を爲すことを告げて來り見ゆ。禮なり。書を大史氏に觀る。易の象と魯の春秋を見て曰く、「周の禮は盡く魯に在り」と[六]。

杜預は、この左傳に注をつけて、次のように述べている。

魯の春秋は史記の策書なり。春秋 周公の典に遵ひて、以て事を序す。故に「周の禮は盡く魯に在り」と曰ふ[七]。

先に引用した「春秋左氏傳序」の一の③は、これに基づく。すなわち、杜預は、『春秋左氏傳』昭公 傳二年に、「魯の春秋」を見た韓宣子が、周の禮は尽く魯にあると言ったことを踏まえ、「魯の春秋」を「史記の策書」であり、それが「周公の典」に従って事を序していたと解釈することで、『孟子』の『春秋』理解を打破したのである。この結果、孔子は、『春秋』の制作者から④筆削者へと、その地位を下げられることになった。もちろん、孔子は筆削によって、周の典禮である「魯の春秋」から⑥「周公の志」を明らかにしている。それでも、孔子が義理を示す必要がないと考えた部分は、⑤そのまま「舊史」を用いている。魯の⑨「國史」(史官)である左丘明は、そこから⑦「義」と「理」を明らかにしたが、左丘明もまた、⑧「聖人」(孔子)が「脩」めた要所ではないところは、尽くは挙げなかったという。

このように孔子を『春秋』の筆削者と位置づけることは、後漢「儒教國家」の中心的な經學であった春秋公羊學の理解とは明確に異なる。後漢の公羊學を集大成した何休は、『春秋公羊傳』哀公十四年に、孔子による『春秋』の制作に関わり、次のような注をつけている。

〔傳〕君子 曷《なん》の爲にして春秋を爲りしや。……

〔注〕……孔子 仰ぎて天命を推し、俯して時變を察し、卻きて未來を觀、豫め無窮を解す。漢の當に大亂の后を繼ぐべきを知り、故に撥亂の法を作りて以て之に授くるなり。

〔傳〕春秋の義を制して、以て後聖を俟つ。

〔注〕聖漢の王、以て法と爲すを待つなり。(八)

孔子は、何休注では、漢の成立を予知し、そのために法とすべき「春秋の義」を制定した神秘的な存在と位置づけられている。無冠であるが真の王者である「素王」孔子が、後世の「聖漢」のために、真の王者たるものの法を『春秋』において指し示す。何休に代表される公羊家の「孔子素王説」は、こうして「聖漢」の正統性を支えることにより、左氏傳を圧倒し、官學の地位に君臨していたのである。(九)

杜預は、こうした公羊學による素王としての孔子像を否定し、孔子を『春秋』の筆削者の地位に下げることによって、公羊學を否定し、漢から『春秋』を自立させたのである。

注(二)所掲川勝著書は、これを「素王」としての孔子から、史官の最も偉大なる人物としての孔子への変化と考えたい、と述べる。しかし、史官は⑨「國史」(史官)である左丘明であって、孔子ではない。孔子はあくまで⑧「聖人」である。史官は、聖人を助ける職務の故に尊重されるのである。さらに、川勝義雄は、『春秋』は、実は本質的には史書にほかならない、とも述べている。しかし、史書は孔子の筆削する前の「魯の春秋」であり、『春秋』は孔子が「魯の春秋」を「刊《けづ》り」「正」したものである。そして、何よりも、『春秋』は、二で検討するような義例が示されている点において、儒教の經典なのであり、史書ではない。

二、周公の尊重

続いて、「春秋左氏經序」より、義例説を論じた二を掲げよう。

①其の凡を發して以て例を言ふは、皆 經國の常制、周公の垂法、史書の舊章なり。仲尼 從ひ之を脩めて、以て一經の通體を成す。其の顯《あらは》なるを微《かすか》にし幽なるを闡《ひら》き、義類を裁成する者は、皆 舊例に據りて義を發し、行事を指して以て褒貶を正す。②諸ゝの書す、書せず、先づ書す、故に書す、言はず、稱せず、書して曰くと稱するの類は、皆 新舊を起こして大義を發する所以なり。之を變例と謂ふ。然れども亦た史の書せざる所にして、卽きて以て義と爲す者有り。此れ蓋し春秋の新意ならん。故に傳に凡を言はずして、曲にして之を暢《の》べたり。③其の經に義例無く、行事に因りて言へるは、則ち傳に直《ただ》に其の歸趣を言ふのみ。例に非ざるなり(一〇)。

杜預の『春秋左氏經傳集解』における義例説の特徴は、『春秋』という經典において最も尊重すべき存在を孔子から周公へと移したことにある。

杜預は、『春秋』に記された義例を、①「周公の垂法」にして「史書の舊章」である「凡例」と、②孔子の新意に基づく「變例」(「不凡」ともいう)の二つとし、それ以外の部分は、③義例の記されない「非例」である、とする。そして、孔子が述べた「變例」よりも、周公の「凡例」こそ最も重要な義例である、としたのである。

周公の尊重は、古文學に共通する特徴ではあるが、劉向・劉歆は『漢書』藝文志に伝わる「七略」において、『春秋左氏傳』の義例を次のように説明している。

魯は周公の國なるを以て、禮文 物を備へ、史官 法有り。故に左丘明と與に其の史記を觀、行事に據り、人道に仍《よ》り、興に因りて以て功を立て、敗に就きて以て罰を成し、日月を假りて以て曆數を定め、朝聘を藉《か》りて以て禮學を正す。褒諱貶損する所有り、書に見《あら》はす可からざれば、弟子に口授す。弟子 退きて異言す。丘明 弟子各ゝ其の意に安んじて、以て其の眞を失はんことを恐る。故に本事を論じて傳を作り、夫子の空言を以て經を説かざるを明らかにするなり(一一)。

劉向・劉歆は、左丘明が『春秋左氏傳』を著した理由を孔子の毀誉褒貶を口授された弟子たちが、自分の考え方に基づいて論ずることで、その真実が失われることを恐れ、具体的な史実を論じて左傳を作り、孔子が事実に基づかない空言で經を説かないことを明らかにした、とする。すなわち、ここでは『春秋』の義例は、あくまで孔子が口授した義例だけであり、古文學ではあるが、周公が『春秋』に義例を残したとは考えられていない。

「凡そ」から始まる左傳の「五十凡例」に、周公の義例が示されているという考え方は、杜預の完全な新説なのである。新説の主張の背景には、政治的意図があった。別稿で論じたように（一二）、杜預の仕えた西晉は、建国者司馬炎の父司馬昭が、仕えていた曹魏の皇帝曹髦を弑殺するという汚点を持っていた。したがって、司馬昭の皇帝弑殺の正当化は、西晉の安定的な国家支配にとって重要な課題であった。そこで、杜預は、「凡そ」から始まる「五十凡例」の中から「書弑例」という義例を導き出す。そこでは、君主であっても無道（「君無道」）であれば弑殺され、それは君主の罪である、と主張される。こうして杜預は、漢を正統化していた公羊傳と孔子に代わるものとして、周公が残したという左傳の凡例を創りあげ、無道な君主は弑殺しても良いとして、司馬昭、延いては西晉の正統性を『春秋左氏經傳集解』により明らかにした。「凡例」の約三分の二が、ただ策書の方式を記しているに過ぎないにも拘らず、そこに「周公の垂法」を見るのは、こうした政治状況の中で、『春秋左氏經傳集解』が著されたためなのである。

「春秋左氏傳序」は、續く三の部分において、經に傳を附して義例を説く「三體」の原則を承けて、その義例を説明する態度である「五情」を述べていく。

故に傳を發するの體に三有り、例を爲すの情に五有り。①一に微なれども顯《あらは》るを曰ふ。文 此に見ゆるも、義を起こすこと彼に在り。族を稱するは君命を尊ぶなり。族を舍《す》つるは夫人を尊ぶなり。梁亡ぶ。緣陵に城くの類是れなり。②二に志《しる》せども晦《くら》しを曰ふ。言を約《つづ》めて制を示し、推して以て例を知るなり。參《み》たび會すれば地いは

ず。謀に與《あづか》るを及と曰ふの類 是れなり。③三に婉《ま》げて章を成すを曰ふ。曲げて義訓に從ひて、以て大順を示すなり。諸〻の諱み辟くる所、璧もて許の田を假るの類 是れなり。④四に盡《つ》くして汙《ま》げずを曰ふ。其の事を直書し、文を具《そな》へて意を見《しめ》すなり。楹に丹《に》ぬり桷に刻む。天王 車を求む。齊侯 捷を獻ずの類 是れなり。⑤五に惡を懲らして善を勸むを曰ふ。名を求めて亡ひ、蓋《かく》さんと欲して章《あらは》るるなり。齊豹を盗と書し、三叛人に名いふの類 是れなり。⑥此の五體を推して、以て經傳を尋ね、類に觸れて之を長じ、二百四十二年の行事に附くれば、王道の正、人倫の紀 備はれり。(一三)

杜預は、左傳が義例を表現する方法を次の五つにまとめている。①「微なれども顯《あらは》る」、文字の表現は微妙であるが義は明確に現れているもの。②「志《しる》せども晦《くら》し」、事柄は記されているが文字の表現がぼんやりしているもの。③「婉《ま》げて章を成す」、婉曲に表現してあやをなしているもの。④「盡《つ》くして汙《ま》げず」、徹底的に表現して歪曲しないもの。⑤「惡を懲らして善を勧む」、名を挙げようと求めて惡をなした者は名をいわず、惡名を隠蔽しようとする場合は名を明記するもの。以上である。①～⑤の傍線部に続く部分は、「五情」それぞれの具体的事例である。そして、⑥この五つの表現方法を全体に及ぼして、『春秋』經と左氏傳を研究すれば、王道の正しいあり方も、人間のあるべき大綱も、すべて完全に備わる、としているのである。

このように、『春秋』は「魯の春秋」という史書を素材とはしているものの、孔子の筆削により、周公の「凡例」・孔子の「變例」・義例を持たない「非例」の「三體」と、義例の表現方法としての「五情」を備えた經書となった、と杜預は説くのである。(一四) あくまでも『春秋』は、史書ではなく、王道の正しいあり方、人間世界の秩序原理と価値の根拠を明示した經典なのであった。(一五)

三、杜預の方法論

杜預は、こうした新しい『春秋左氏傳』理解のために、二つの方法論を用いた。それが、「據傳解經法」と「經傳分年比附」である。注（三）所掲加賀著書によれば、この二つは並列するものではなく、據傳解經法を徹底した結果として、經傳分年比附の形態を取るに至ったという。據傳解經法を論ずる「春秋左氏傳序」の四を検討しよう。

或ひと曰く、「①春秋は文を錯ふるを以て義を見《しめ》せり。若し論ずる所の如くならば、則ち經には當に事 同じく 文異なるも、而して其の義 無きもの有るべきなり。先儒の傳ふる所は、皆 其れ然らず」と。答へて曰く、「春秋は一字を以て褒貶を爲すと雖も、然れども皆 數句を須《ま》ちて以て言を成せり。八卦の爻の、錯綜して六十四と爲す可きが如きに非ざるなり。②固より當に傳に依りて以て斷を爲すべし」と。古今 左氏春秋を言ふ者多し。今其の遺文の見る可き者、十數家なり。大體 轉《うた》た相 祖述せり。進みては爲に經文を錯綜して、以て其の變を盡くすを成さず、退きては丘明の傳を守らず。丘明の傳に於て、通ぜざる所有れば、皆 沒《かく》して說かず。而して更に公羊・穀梁を膚引するは、適《まさ》に自ら亂るるに足れり。預が今 異を爲す所以は、③專ら丘明の傳を修めて以て經を釋かんとすればなり。經の條貫は、必ず傳より出づ。④傳の義例は、摠べて諸〻の凡に歸す。變例を推して以て褒貶を正し、二傳を簡びて異端を去《す》つ。蓋し丘明の志ならん。其の疑錯有るは、則ち備《つぶさ》に論じて之を闕きて、以て後賢を俟つ。然れども劉子駿は、創《はじ》めて大義に通じ、賈景伯父子・許惠卿は、皆 先儒の美なる者なり。末に潁子嚴なる者有り、淺近なりと雖も亦た復た名家なり。故に特に劉・賈・許・潁の違へるを擧げて、以て同異を見《しめ》す。⑤經の年と傳の年とを分けて相 附け、其の義類を比べ、各〻隨ひて之を解く。名づけて經傳集解と曰ふ。

⑥又 別に諸例、及び地名・譜第・歴數を集め、相與に部を爲し、凡そ四十部・十五卷とす。皆 其の異同を顯《あらは》し、從ひて之を釋く。名づけて釋例と曰ふ。將に學ぶ者をして、其の聚むる所と、異同の說を觀しめんとす。釋例に之を詳らかにす。（一六）

杜預の序はここから、予想される批判とそれに対する反論を問答形式で述べていく。①先儒の『春秋』は文字表現に差異をもたせることによって、義を示すものである、という批判は、第一に予想されるものである。『春秋』經の微細な文字の用い方の違いから、義を説くことが、公羊・穀梁・左氏を問わず、春秋學の基本であったためである。ところが、杜預の「凡例」・「變例」・「非例」の「三體」分類に基づけば、圧倒的に「非例」の部分が多くなる。従来は、そこから多くの義例が取られてきた。たとえば、同盟国の君主がその戦争で死去した場合、事情が同じであるにも拘らず、僖公四年の經では、「許の男の新臣 卒す」と書かれ、成公十三年の經では、「曹の伯の盧 師に卒す」と書かれている。後漢を代表する左氏學者の賈逵は、「師に」と書かないのは、魯と同盟した許國の新臣を褒めて、故国で死んだように書いたという義例を立てる（『春秋左傳正義』僖公四年注疏）。ところが、杜預は、「師に卒す」と「卒す」という表現の違いは、「魯の春秋」の文の質文が異なるだけであるとして、ここに義例があるとは考えない。それは、②もとより左傳によって經義を判断しなければならないためである。すなわち、經文の字句のわずかな用い方の違いから、恣意的に義例を立てることは誤りであり、③専ら左傳によって『春秋』經を解釈すべきなのである。これが杜預の「據傳解經法」である。それは、④左傳の義例が、すべて凡例に基づいているためである。注（三）所掲加賀著書は、事実を説く左傳によって、理念を事実から切り離して強調せず、事実の上で切り離そうとした、こうした杜預の態度に、時代の文化意識の新しい動きである史学の勃興と相即するものを見る。

ただし、その場合でも、史実で表現された義例が、すべて周公の凡例を起源とされているように、史學が經學より

優越するものではないことに注意する必要がある。それでも杜預は、史學が尊重する事実によって義例を説き、これまでの春秋學の理念的な義例を打ち破った。その結果、史學は經學を資するものと位置づけられることで、自らの学問の存立基盤を正統化される。すなわち、杜預は、「據傳解經法」により、史學を利用して自らの經學中における地位を確立し、同時に史學を經學により正統化したのである。ここに「史」は宣揚される。

こうした意義を持つ「據傳解經法」に基づき、『春秋左氏傳』を読んでいくためには、⑤經を年ごとに分け、傳を年ごとに分けたものと、対応するごとに一緒に置く「經傳分年比附」によるテキストを用いることが必要となる。杜預の『春秋左氏經傳集解』は、經と傳を比較しやすい「經傳分年比附」のテキストが用いられ、そこに示された義例を比較検討しながら注をつけたものである。こうして抽出し得た⑥種々の義例、および地名・系譜・暦を集め、部類ごとの異同を明らかにしたものが『春秋釋例』である。『春秋釋例』は散逸したが、紀昀が『永樂大典』などより輯本を作成している。そこには、「公卽位例第一」から「戕殺例第四十二」までの分類に基づき、「釋例曰」として『春秋』の義例が、先儒の説や公羊・穀梁の義例説を批判する形で論じられる（一七）。

「春秋左氏傳序」の五は、そうした先儒や公羊・穀梁の義例説との違いが議論される。

或ひと曰く、「春秋の作は、左傳及び穀梁に明文無し。説者 以爲へらく、仲尼は衞より魯に反り、春秋を脩め、①素王を立て、丘明を素臣と爲すと。公羊を言ふ者も亦た云ふ、周を黜けて魯を王とし、行を危《たか》くし言孫《したが》ひて、以て當時の害を辟《さ》く。故に其の文を微にし、其の義を隱すと。②公羊の經は獲麟に止まりて、而して左氏の經は孔丘の卒するに終はる。敢て安んずる所を問ふ」と。答へて曰く、「余が聞く所に異なれり。仲尼曰く、文王 既に沒す。文 茲《ここ》に在らざらんやと。此れ制作の本意なり。歎じて曰く、鳳鳥は至らず、河は圖を出さず、吾 已《や》るんかなと。蓋し時王の政を傷《いた》めるなり。麟・鳳の五靈は、王者の嘉瑞なり。③今 麟の出でたるは其の時に非ず。

其の應を虛しくして其の歸を失へり。此れ聖人の感を爲せる所以なり。筆を獲麟の一句に絶つ者は、感ずる所にして起る。固より終はりと爲す所以なり」と。曰く、「然らば則ち④春秋は何ぞ魯の隱公に始まれるや」と。答へて曰く、「周の平王は、東周の始王なり。隱公は、讓國の賢君なり。其の時を考ふれば、則ち相 接し、其の位を言へば、則ち列國なり。其の始めを本づくれば、則ち周公の祚胤なり。若し平王 能く天の永命を祈《もと》めて、紹《つい》で中興を開き、隱公 能く祖業を弘く宣べ、王室を光《おほ》いに啓かば、則ち西周の美 尋《つ》ぐ可く、文武の迹は墜《お》ちざらん。是の故に其の歷數に因りて、其の行事を附け、周の舊を采りて、以て王の義を會成し、法を將來に垂る。⑤書する所の王は、卽ち平王なり。用ふる所の歷は、卽ち周の正なり。稱する所の公は、卽ち魯の隱なり。安んぞ其の周を黜けて魯を王とするに在らんや。子曰く、「如し我を用ふる者有らば、吾は其れ東周を爲さんか」と。此れ其の義なり」と。夫の制作の文は、往を章らかにし來を考ふる所以にして、情は辭に見《あらは》る。言 高ければ則ち旨は遠く、辭 約なれば則ち義は微なるが若きは、此れ理の常にして、之を隱すには非ざるなり。聖人は周身の防を包《か》ねたり。既に作りし後、方に復た隱し諱みて以て患を辟くとは、聞く所に非ざるなり。⑥子路 門人をして臣爲《た》らしめんと欲するや、孔子は以て天を欺くと爲す。而るに仲尼は素王、丘明は素臣と云ふは、又通論に非ざるなり。先儒 以爲へらく、制作すること三年、文 成りて麟を致すと。既已《すで》に妖妄なり。又 經を引きて以て仲尼の卒するに至るも、亦た又 誣ひたるに近し。公羊の經は獲麟に止り、左氏の小邾射は、三叛の數に在らざるに據る。故に余 以爲へらく、麟に感じて作ると。作ること獲麟に起れば、則ち文の起る所に止まるは、其の實を得たりと爲す。⑦袂を反《かへ》し面を拭《ぬぐ》ひ、吾が道 窮まれりと稱するに至りては、亦た取ること無し(二八)。

最初に取り上げられる論は、①孔子素王説と②『春秋』經の終わりの年についてである。孔子素王説は、孔子の『春秋』制作を王者の事業と考え、孔子は現実には王者としての地位を得たわけではなかったが、位なき王者であっ

たという公羊學派を中心とする説である。（一九）これが②の『春秋』の終わり方と関わりを持つ。公羊學派によれば、『春秋』經が哀公十四年の「獲麟」で終わるのは、孔子が哀公十一年に衞から魯に帰り、三年かがりで『春秋』經を作り上げた結果として、天が孔子のために下した瑞祥とされていた。（二〇）

これに対して、杜預は、本来、聖世に出現するはずの③麒麟の時ならぬ出現を論拠に、「獲麟」は瑞祥ではなく、慨嘆した孔子が『春秋』を筆削する契機である、と理解した。それは同時に、天が孔子に瑞祥を下したことの否定であり、孔子はここに天子ではなくなる。したがって素王ではない、という結論が導かれる前に、ある者の質問が差し挟まれる。

それは、④『春秋』が魯の隠公から始まるのはなぜか、という問いであった。この背後には、孔子が周の王室を貶め、真に王者たる地位を魯に託する意図で『春秋』を制作した、という公羊學者の黜周王魯説が存在する。（二一）

これに対して、杜預は、『春秋』經の最初に、「春 王の正月」と書かれる⑤王とは、平王のことで、正月の暦は周暦である。また、公が隠公である以上、孔子が真の王者を魯に託するはずはなく、『論語』陽貨篇の「周の王道を東で復興したい」という孔子の言葉こそ、『春秋』筆削の意図である、と主張する。

そして、⑥『論語』子罕篇の子路が門人を臣下としようとしたことへの孔子の叱責を論拠に、孔子素王説・左丘明素臣説を否定する。その上で、『春秋』經の終わりについては、「獲麟」で終わる、すなわち公羊の經に従うとしながら（二二）も、「獲麟」の際に孔子が⑦袂を反した、とか、道が極まった、とか言ったという公羊學説（二三）には与さないことが述べられて、序は終わる。

こうして杜預は、『春秋左氏經傳集解』において、「據傳解經法」と「經傳分年比附」という新しい方法論を用い、これまでの春秋學の理念的な義例を打ち破り、史學の尊重する事実により義例を説くことが、公羊・穀梁學派や左氏

學派の先学よりも、優れていることを主張したのである。

おわりに

杜預の『春秋左氏經傳集解』は、史學を利用して經學中における自らの優越性を確立すると同時に、史學を經學により正統化することで宣揚した。魯の史官である左丘明が、聖人の孔子を助けるだけではなく、「魯の春秋」に残されていた「周公の凡例」をも明らかにして左傳の中に書き記した、孔子に比肩する助力者と位置づけられたためである。また、魯の史官が記した文は、孔子が筆削すれば經となり、筆削から外れた部分も「非例」ながら經の一部を構成していることも明らかにされた。

こうして儒教により正統性を保証された史學は、その地位を高めていく。目録史上初の四部分類が採用された曹魏の荀勗の『新簿』において、甲部（のちの經部）・乙部（のちの子部）に続く丙部として初めて經部の春秋類から独立した史部が、東晉の李充の『晉元帝書目』において、子部と入れ代わって乙部に位置づけられたこと[二四]は、史學の正統性が認められた証拠となろう。杜預の宣揚は、ここに実を結ぶ。

四部分類を決定づけた『隋書』經籍志においても、史部は、『孟子』や『荀子』を含む子部よりも上位に置かれ続けた。それは、史官が、『史記』の「太史公曰」、『漢書』の「贊曰」、『三國志』の「評曰」、『後漢書』の「贊曰、論曰」のような史実への評価を行うことが[二五]、「魯の春秋」に対して、周公が「凡例」を含ませ、孔子が「變例」を込めた行為に準え得るためである。孫盛のような「歴史評」が流行したのも、そのためである[二六]。こうした史学の位置隆盛と向上の背景には、「春秋左氏傳序」の普及がある。それは、劉炫が注を附した『春秋左傳杜預序集解』の流通や

『文選』巻四十五に「春秋左傳序」が収録されることにつながる。

史學の正統性の確立は、史官の地位向上をもたらした。九品中正制度において、秘書郎に次いで起家官として尊重されたものは、史官の佐著作郎（劉宋以降は著作佐郎）であった。[二七] 実は、秘書郎も、史書の執筆に不可欠な秘籍を蔵する秘書省の郎官である。著作佐郎の尊重は、やがてかれらが別傳の執筆を課せられたことによる史書の増加と、その内容の杜撰さを生んだ。ここに裴松之は、内的・外的史料批判という史學独自の方法論を確立して、「史」の自立をもたらす。[二八] こうした動きはやがて、唐代における国家による史の権威の承認と収斂のための正史の編纂へと繋がっていく。

裴松之のもと「史」が自立を迎えることで、「史」にとって優先すべきことは、近代歴史学に近接性を持つ、記述の客観性・整合性からなる事実の記録としての正しさなのか、『春秋』の義例を起源とするような、倫理的・観念的な正しさなのか、という新たな問題が生まれた。劉知幾の『史通』が、「史」の起源を『春秋』に求めることは、劉知幾にとって優先すべきものが、杜預を起源とする後者であったことを示す。しかし、劉知幾は、唐の史局を追われた異端者である。この問題を検討するためには、『後漢書』を著した范曄、『宋書』を著した沈約、『南史』や『北史』を著した李延壽、李延壽も参加した『隋書』や『晉書』など唐代の正史編纂事業に従事した史官たちの歴史思想を追究しなければなるまい。今後の課題として掲げておきたい。

≪注≫

（一）『史通』巻一 六家に、「諸史の作、厥の體を恆とせず。権《はか》りて論を爲さば、其の流に六有り。一に尚書家と曰ひ、二に春

秋家と曰ひ、三に左傳家と曰ひ、四に國語家と曰ひ、五に史記家と曰ひ、六に漢書家と曰ふ。……是に於て茲の六家を考へ、千載を商榷するに、蓋し史の流品、亦た之 此れに窮まれり。而るに朴 散じ 淳 銷《き》へ、時 移り 世 異なり、尚書らの四家、其の體 久しく廢《すた》れ、祖述す可き所の者は、唯だ左氏及び漢書の二家なるのみ（諸史之作、不恆厥體。榷而爲論、其流有六。一曰尚書家、二曰春秋家、三曰左傳家、四曰國語家、五曰史記家、六曰漢書家。……於是考茲六家、商榷千載、蓋史之流品、亦窮之於此矣。而朴散淳銷、時移世異、尚書等四家、其體久廢、所可祖述者、唯左氏及漢書二家而已）」とある。なお、『漢書』が『尚書』を継承していることは、渡邉義浩「『漢書』における『尚書』の継承」（『早稲田大学大学院文学研究科紀要』六一―一、二〇一六年）を参照。

（二）川勝義雄『史学論集』春秋左氏伝序（朝日新聞社、一九七三年）。

（三）加賀栄治『中国古典解釈史』魏晉篇（勁草書房、一九六四年）第四章 杜預の春秋解釈の方法・態度によれば、『春秋左氏經傳集解』の完成は、太康三（二八二）、四（二八三）年ごろである、という。なお、本稿の記述は、加賀著書に大きく依拠している。このほか、左傳については、鎌田正『左伝の成立と其の展開』（大修館書店、一九六三年）もある。

（四）①春秋者、魯史記之名也。記事者、以事繫日、以日繫月、以月繫時、以時繫年、所以紀遠近、別同異也。故史之所記、必表年以首事。年有四時、故錯擧以爲所記之名也。周禮有史官、掌邦國四方之事、達四方之志。諸侯亦各有國史、事書之於策、小事簡牘而已。②孟子曰、楚謂之檮杌、晉謂之乘、而魯謂之春秋、其實一也。韓宣子適魯、見易象與魯春秋、曰、周禮盡在魯矣。吾乃今知周公之德、與周之所以王。③韓子所見、蓋周之舊典・禮經也。周德既衰、官失其守、上之人、不能使春秋昭明。赴告策書、諸所記注、多違舊章。仲尼因魯史策書成文、考其眞僞、而志其典禮。上以遵周公之遺制、下以明將來之法。其教之所存、④文之所害、則刊而正之、以示勸戒。⑤其餘則皆卽用舊史。史有文質、辭有詳略、不必改也。故傳曰、其善志。又曰、非聖人孰能脩之。⑥蓋周公之志、仲尼從而明之。左丘明受經於仲尼、以爲、經者不刊之書也。故傳或先經以始事、⑦或後經以終義、或依經以辯理、或錯經以合異、隨義而發。其例之所重。舊史遺文、略不盡擧。⑧非聖人所脩之要故也。⑨身爲國史、躬覽載籍、必廣記而備言之。其文緩、其旨遠、將令學者原始要終、尋其枝葉、究其所窮。優而柔之、使自求

之。饜而飫之、使自趨之。若江海之浸、膏澤之潤、渙然冰釋、怡然理順、然後爲得也（『春秋左傳正義』巻一 春秋序）。

（五）世衰道微、邪説暴行有作。臣弑其君者有之。子弑其父者有之。孔子懼作春秋。春秋天子之事也。是故孔子曰、知我者其惟春秋乎。罪我者其惟春秋乎（『孟子』滕文公章句下）。

（六）二年春、晉侯使韓宣子來聘。且告爲政而來見。禮也。觀書於大史氏。見易象與魯春秋曰、周禮盡在魯矣（『春秋左氏傳』昭公 傳二年）。

（七）魯春秋史記之策書。春秋遵周公之典、以序事。故曰周禮盡在魯矣（『春秋左氏經傳集解』昭公 傳二年注）。

（八）〔傳〕君子曷爲爲春秋。……〔注〕……孔子仰推天命、俯察時變、卻觀未來、豫解無窮。知漢當繼大亂之后、故作撥亂之法以授之。〔傳〕制春秋之義、以俟後聖。〔注〕待聖漢之王、以爲法（『春秋公羊傳解詁』哀公十四年）。

（九）両漢における公羊學と左氏學については、渡邉義浩「両漢における春秋三伝の相剋と国政」（『両漢における詩と三伝』汲古書院、二〇〇七年、『後漢における「儒教国家」の成立』汲古書院、二〇〇九年に所収）を参照。

（一〇）①其發凡以言例、皆經國之常制、周公之垂法、史書之舊章。仲尼從而脩之、以成一經之通體。其微顯闡幽、裁成義類者、皆據舊例而發義、指行事以正襃貶。②諸稱書、不書、先書、故書、不言、不稱、書曰之類、皆所以起新舊、發大義、謂之變例。然亦有史所不書、卽以爲義者、此蓋春秋新意、故傳不言凡、曲而暢之也。③其經無義例、因行事而言、則傳直言其歸趣而已、非例也（『春秋左傳正義』巻一 春秋序）。

（一一）以魯周公之國、禮文備物、史官有法。故與左丘明觀其史記、據行事、仍人道、因興以立功、就敗以成罰、假日月以定曆數、藉朝聘以正禮學。有所襃諱貶損、不可書見、口授弟子。弟子退而異言。丘明恐弟子各安其意、以失其眞。故論本事而作傳、明夫子不以空言説經也（『漢書』巻三十 藝文志）。

（一二）渡邉義浩「杜預の左伝癖と西晉の正統性」（『六朝学術学会報』六、二〇〇五年、『西晉「儒教国家」と貴族制』汲古書院、二〇一〇年に所収）。このほか、杜預が、西晉の武帝司馬炎の実質的な心喪三年を經學により正統化し、皇弟司馬攸の政治的発言力を維持するために、諒闇心喪説を左傳に基づき主張したことは、渡邉義浩「杜預の諒闇説と皇位継承問題」

（『大東文化大学漢学会誌』四四、二〇〇五年、『西晉「儒教国家」と貴族制』前掲に所収）を参照。

（一三）故發傳之體有三、而爲例之情有五。①一曰微而顯。文見於此而起義在彼。稱族尊君命。舍族尊夫人。梁亡。城緣陵之類是也。②二曰志而晦。約言示制、推以知例。參會不地。與謀曰及之類是也。③三曰婉而成章。曲從義訓、以示大順。諸所諱辟、璧假許田之類是也。④四曰盡而不汙。直書其事、具文見意。丹楹刻桷。天王求車。齊侯獻捷之類是也。⑤五曰懲惡而勸善。求名而亡、欲蓋而章。書齊豹盜、三叛人名之類是也。⑥推此五體以尋經・傳、觸類而長之、附于二百四十二年行事、王道之正、人倫之紀備矣（『春秋左傳正義』卷一　春秋序）。

（一四）陳恩林「評杜預《春秋左伝序》的"三体五例"問題」（『史学集刊』一九九九―三、一九九九年）は、杜預の「三體」と「五情」を『春秋』の大義を去る解釈であると批判している。

（一五）『春秋』を杜預以降、史と見ることを批判するものに、晁天義「《春秋》為史学著作説質疑―兼論杜預的"経承旧史"説及其影響」（『人文雑誌』二〇〇二―六、二〇〇二年）がある。なお、方韜「杜預"経承旧史"説探析」（『孔子研究』二〇一五―五、二〇一五年）も参照。

（一六）或曰、①春秋以錯文見義。若如所論、則經當有事同文異、而無其義也。先儒所傳、皆不其然。答曰、春秋雖以一字爲褒貶、然皆須數句以成言。非如八卦之爻、可錯綜爲六十四也。②固當依傳以爲斷。古今言左氏春秋者多矣。今其遺文可見者、十數家。大體轉相祖述。進不成爲錯綜經文、以盡其變、退不守丘明之傳。於丘明之傳、有所不通、皆沒而不說。而更膚引公羊・穀梁、適足自亂。預今所以爲異、③專脩丘明之傳以釋經。經之條貫、必出於傳。④傳之義例、摠歸諸凡。推變例以正褒貶、簡二傳而去異端。蓋丘明之志也。其有疑錯、則備論而闕之、以俟後賢。然劉子駿、創通大義、賈景伯父子・許惠卿、皆先儒之美者也。末有潁子嚴者、雖淺近亦復名家。故特擧劉・賈・許・潁之違、以見同異。⑤分經之年與傳之年相附、比其義類、各隨而解之。名曰經傳集解。⑥又別集諸例、及地名・譜第・歷數、相與爲部、凡四十部・十五卷。皆顯其異同、從而釋之。名曰釋例。將令學者、觀其所聚、異同之說。釋例詳之也（『春秋左傳正義』卷一　春秋序）。

（一七）「釋例」以外には、「世族譜」「經傳長曆」が収録されているが、このうち長曆については、渡邉義浩「杜預の春秋長曆に

ついて」（『東洋研究』一五五、二〇〇五年、『西晉「儒教国家」と貴族制』前掲に所収）を参照。

（一八）或曰、春秋之作、左傳及穀梁無明文。説者以爲、仲尼自衞反魯、修春秋、①立素王、丘明爲素臣。言公羊者亦云、黜周而王魯、危行言孫、以孫當時之害。故微其文、隱其義。②公羊經止獲麟、而左氏經終孔丘卒。敢問所安。答曰、異乎余所聞。仲尼曰、文王既沒。文不在茲乎。此制作之本意也。歎曰、鳳鳥不至、河不出圖、吾已矣夫。蓋傷時王之政也。麟・鳳五靈、王者之嘉瑞也。③今麟出非其時。虛其應而失其歸。此聖人所以爲感也。絕筆于獲麟之一句者、所感而起。固所以爲終也。曰、然則④春秋何始於魯隱公。答曰、周平王、東周之始王也。隱公、讓國之賢君也。考乎其時、則相接、言乎其位、則列國。本乎其始、則周公之祚胤也。若平王能祈天永命、紹開中興、隱公能弘宣祖業、光啓王室、則西周之美可尋、文武之迹不墜。是故因其歷數、附其行事、采周之舊、以會成王義、垂法將來。⑤所書之王、卽平王也。所用之歷、卽周正也。所稱之公、卽魯隱也。安在其黜周而王魯乎。子曰、如有用我者、吾其爲東周乎。此其義也。若夫制作之文、所以章往考來、情見乎辭。言高則旨遠、辭約則義微、此理之常、非隱之也。聖人包周身之防。既作之後、方復隱諱以辟患、非所聞也。⑥子路欲使門人爲臣、孔子以爲欺天。而云仲尼素王、丘明素臣、又非通論也。先儒以爲、制作三年、文成致麟、既已妖妄、又引經以至仲尼卒、亦又近誣。據公羊經止獲麟、而左氏小邾射、不在三叛之數。故余以爲、感麟而作。作起獲麟、則文止於所起、爲得其實。⑦至於反袂拭面、稱吾道窮、亦無取焉（『春秋左傳正義』卷一 春秋序）。

（一九）日原利国『春秋公羊伝の研究』一、春秋学の成立（創文社、一九七六年）を参照。

（二〇）賈逵・服■・穎容らの説である（『春秋左傳正義』哀公十四年注疏）。

（二一）黜周王魯説は、後漢末の何休の説として、西晉の王接も批判している（『晉書』卷五十一 王接傳）。

（二二）杜預は、「獲麟」以降を孔子の弟子の続成としている。その論拠は、「獲麟」の次の經文である「小邾射」を左傳の昭公三十一年の義例において三叛人に加えていないことに置かれている。注（三）所掲加賀著書参照。

（二三）これらの公羊學説が、漢との関わりの中で展開したことは、狩野直喜『春秋研究』（みすず書房、一九九四年）を参照。

（二四）興膳宏・川合康三『隋書経籍志詳攷』（汲古書院、一九九五年）の「解説」を参照。

(二五) 前四史の論賛については、趙彩花『前四史論賛研究』(中山大学出版社、二〇〇八年) がある。また、南朝における史論の重視については、胡宝国「史論」(『漢唐間史学的発展』商務印書館、二〇〇三年) を参照。

(二六) 孫盛の歴史評については、蜂屋邦夫「孫盛の歴史評と老子批判」(『東洋文化研究所紀要』八一、一九八〇年) を参照。

(二七) 宮崎市定『九品官人法の研究』(東洋史研究会、一九五六年、『宮崎市定全集』6、岩波書店、一九九二年に所収) を参照。

(二八) 渡邉義浩「「史」の自立—魏晉期における別伝の盛行について」(『史学雑誌』一一二—四、二〇〇三年、『三国政権の構造と「名士」』汲古書院、二〇〇四年に所収) を参照。

あざわらわれた洛神 ——南朝陳・顧野王の「豔歌行」をめぐって——

大村　和人

〈序章〉南朝陳時代の「羅敷古辞」模擬作品

筆者はこれまで南朝斉梁陳時代の艶詩[一]の作品と作者たちの創作活動を支えた文学思想の言説を取り上げ、この時代の艶詩の性質について多角的に論じてきた。[二]この中で、別稿三では美しい桑摘みの女性、秦羅敷を主人公とする「羅敷古辞」[三]の南朝梁陳時代の模擬作品を取り上げた。羅敷古辞のあらすじは、立派な夫を持つ美しい羅敷が「使君」の誘引を拒絶し、自分の夫自慢をするというものである。この楽府の模擬作品は魏晋南北朝期、中でも南朝斉梁陳期に数多く生みだされ、別稿一および三で指摘したように、この時期に制作された楽府の中で、作品数と作者数は最多である。この一連の楽府は南北朝後期の艶詩の代表的作品群の一つと見做せるであろう。従って、これら一連の楽府の研究も、この時期の艶詩の本質の解明に資すると予測されるのである。

別稿三で主に取り上げたのは陳・張正見の「豔歌行」であった。この作品の最大の特徴は、後半部で楽府「相逢行」中の表現を借り、主人公が待つ豪邸に夫が帰ることが描かれる点である。それは張正見が青年期に仕えた梁・蕭綱の「豔歌篇十八韻」「豔歌曲」の特徴を継承したものであったが、このようなモチーフは祭祀歌等に見られる降神儀礼や招魂儀礼の表現や景物を重ね合わせることによって幸福を重層的に表現するものであると別稿三では結論づけ

た。このように、蕭綱の文学集団のメンバーによる羅敷古辞模擬作品のテーマは幸福な夫婦像を描くことに変化していた。別稿三の末尾では、南朝陳の他の羅敷古辞の模擬作品を見ることの必要性を述べ、その後の筆者にとっての課題とした。本稿はその課題に取り組もうとするものである。

〈第一章〉南朝陳・顧野王「豔歌行」其二

本稿では南朝陳・顧野王の「豔歌行」を取り上げよう。作者・顧野王の伝記は『陳書』巻三〇および『南史』巻六九に収録されている。それらによれば彼の字は希馮といい、呉郡呉の人というから、三国呉の「四姓」の一つに数えられた名家顧氏の出身である。南朝の梁と陳に仕えた文人で、前掲の史書は陳の太建一三（西暦五八一）年卒、享年六十三歳と記しているため、梁の天監一八（五一九）年の生まれということになる。彼は字書『玉篇』の著者として知られるが、梁代では臨賀王蕭正徳と宣城王蕭大器に仕え、陳代では江総や姚察らと共に皇太子時代の陳叔宝の文学サロンのメンバーであった。(四)

『樂府詩集』巻三九に顧野王の「豔歌行」は三首収録されているが、まず取り上げるのは第二首である。

夕臺行雨度、　夕臺 行雨度り、
朝梁照日輝。　朝梁 照日輝く。
東城採桑返、　東城 桑を採りて返り、
南市數錢歸。　南市 銭を數へて歸る。
長歌挑碧玉、　長歌 碧玉に挑み、

羅塵笑洛妃。　　羅塵　洛妃を笑ふ。
欲知歡未盡、　　歡の未だ盡きざるを知らんと欲せば、
棲烏已夜飛。　　棲烏　已に夜飛するあり。(五)

各句で用いられている典故と詩歌におけるその先行例を見ていこう。冒頭句「夕臺行雨度」は、戦国楚・宋玉「高唐賦」序に由来する。これは有名な故事で、和歌でもしばしば用いられるが、高唐観で楚の懐王と情を交わした神女が去り際に、自分は巫山の南に住んでいるが、朝は雲となり、夕べは雨となり、高唐観の陽台に参ると言い残したという。(六)

建物の梁が朝日に照らされて輝くという第二句「朝梁照日輝」は、南朝梁・張率「日出東南隅行」の冒頭二句「朝日照屋梁、夕月懸洞房（朝日は屋梁を照らし、夕月は洞房に懸かる）」（『樂府詩集』四二〇頁、巻二八）に表現が酷似しており、張率のこの作品に直接由来すると考えられる。しかし、これは宋玉「神女賦」の神女の描写、「其始來也、耀乎若白日初出照屋梁（其の始めて來るや、耀として白日の初めて出でて屋梁を照らすが若し）」（『文選』二六七頁、巻一九）を淵源とする。顧野王は冒頭句で「高唐賦」の故事を用いているが、この原典だけでも朝夕の対句は構成できる。しかし、敢えて同じ作者の「神女賦」中の一句を典故とする張率「日出東南隅行」の表現を用いることによって、第三句の「採桑」のモチーフの橋渡しもするという重層的な典故の用い方を実践している。この冒頭二句は有名な女神の典故を用いており、情景描写であると同時にこの作品の主人公の美しさも暗示する表現であると解釈される。

第三句「東城採桑返」の「東城」は古詩十九首「東城高且長」（『文選』巻二九）にも見られるが、「採桑」との組み合わせを考慮するならば、南朝梁・蕭子顕「日出東南隅行」の一節「蠶園拾芳繭、桑陌采柔條。出入東城里、上下

洛西橋（蠶園にて芳繭を拾ひ、桑陌にて柔條を采る。東城の里に出入し、洛西の橋を上下す）」（『玉臺新詠箋注』三二五頁、巻八）を直接の典故と考えるべきであろう。注三で挙げた佐藤氏の論考においても取り上げられているが、この蕭子顕の作品は羅敷古辞の構成を踏襲し、古辞以上に夫の称賛に力を入れている。蕭子顕の作品では「東城」に「出入」りするといい、その途中で羅敷古辞の「使君」に相当する「車馬客」に声を掛けられるのだが、顧野王の作品では自宅に「返」るといい、「使君」に類する人物と出会うことはない。

第四句「南市數錢歸」は『後漢書』「五行志」一に記録されている、後漢の桓帝の時に民間で流行した童謡歌中の一節、「河間姹女工數錢、以錢爲室金爲堂（河間の姹女は錢を數ふるに工みなり、錢を以て室と爲し金を堂と爲す）」に由来する。冀州の河間出身の美女は銭を数えるのが得意で、稼いだ銭や黄金で豪邸を建てたという。この童謡は『玉臺新詠』にも「漢桓帝時童謡歌」其二という題名で収録されている。この「河間の姹女」とは後漢の霊帝の母である永楽太后を指し、この作品は彼女の奢侈を諷刺するものであるというが、[七]南朝期に「銭を数えるのが上手で裕福な美しい女性」というモチーフが一人歩きしてしばしば詩歌に用いられた。[八]顧野王の作品では「錢を數へて歸る」というが、その「歸る」自宅とは典故の内容を踏まえるならば、稼ぎで建てた豪邸ということになる。

第五句「長歌挑碧玉」の「碧玉」とは『通典』巻一四五によれば、晋の汝南王司馬義の妾の名で、王から寵愛されたために「碧玉歌」が作られたという。[九]『玉臺新詠』には東晋・孫綽の「情人碧玉歌」二首が収録されており、碧玉の美しさを讃え、男性から愛される彼女の喜びを詠う。[一〇]艶詩でこの碧玉というキャラクターが好んで詠われるようになったのは南朝斉からである。[一一]

顧野王の作品では主人公が碧玉に挑めるほど「長歌」、長く声を引く歌を得意とするという。前掲の孫綽の作品に碧玉が楽器を演奏する描写は無いが、南朝梁・王僧孺の「爲人有贈」前半は「碧玉與綠珠、張盧復雙女。曼聲古難

四、長袂世無侶（碧玉と綠珠と、張盧に復た雙女あり。曼聲 古に匹し難く、長袂 世に侶無し）」（『玉臺新詠箋注』二四二頁、巻六）と詠う。呉兆宜注によればこの「曼聲」とは声を長く引く歌いぶりであるといい[12]、この種の歌は歡楽の永続の具体的要素の一つとして詩歌にしばしば描かれる[13]。

王僧孺の右の作品の他に碧玉を描いた作品として取り上げなければならないのは、梁武帝蕭衍の「碧玉歌」である。五言四句の作品全文を挙げよう。

杏梁日始照、　杏梁 日 始めて照らす、
蕙席歡未極。　蕙席 歡 未だ極まらず。
碧玉奉金杯、　碧玉 金杯を奉じ、
綠酒助花色。　綠酒 花の色を助く。（『玉臺新詠箋注』五〇七頁、巻一〇）

冒頭句は顧野王「豔歌行」其二の第二句や梁・張率の「日出東南隅行」に見えた、「神女賦」由来の陽光に照らされる梁の描写である。第二句では宴席で歓楽が尽きないことを言う。この「歡未極」という表現も顧野王の第七句に見える「歡未盡」と酷似している。顧野王の「豔歌行」其二の場合、「歡未盡」を導くのは直接的には後述する西曲「西（棲）烏夜飛」であり、蕭衍の作品の碧玉は酒を注ぐ役回りであるが、右のように蕭衍の作品前半の表現を顧野王の作品が継承している点も留意する必要があろう。

第六句「羅塵笑洛妃」には「洛妃」が登場する。これは、三国魏・曹植の「洛神賦」に登場する洛水の女神、宓妃である[14]。この作品は南朝梁の昭明太子蕭統が主編者とされる『文選』の巻一九に収録されている。有名な作品ではあるが、内容の概略を確認しておこう。作品の序によれば、「黄初三（二二二）年」、曹植は魏の都・洛陽から任地に戻る途中、洛水のほとりで伝説の女神、宓妃と邂逅する。両者は惹かれあうが、他の神霊たちが迎えに来臨して宓妃は

その神霊たちと共に消える（一五）。

顧野王の作品に見える「羅塵」という語は、「洛神賦」に見える「陵波微歩、羅襪生塵（波を陵ぎて微歩し、羅襪より塵を生ず）」（『文選』二七一頁、巻一九）、洛水の波の上をゆっくりと歩み、薄絹の靴から塵のように波しぶきが舞い上がる、という宓妃の幻想的な歩む姿の美しさを描写した箇所を熟語化したものであると解釈される。この語の南朝梁以前の先行例は現存作品の中には無く、陳代の他の詩人の作品にも見られない。後述するように、この「豔歌行」其二以外で、この語は顧野王の別の作品に見られるのみである。「笑」は対象の水準を低く見て発せられる動作、和語で言う「あざわらう」ことである。この句は主人公の歩む姿の美しさを表面上は表現したと一応考えられるが、後に詳しく論じたい。

末句「棲烏已夜飛」は注五でも指摘したようにやや字句の異同があるが、この句としては南朝楽府の西曲の「西（棲）烏夜飛」という作品を指すと解釈される。『樂府詩集』巻四九「西烏夜飛」の題辭は次のように解説する。

「『西烏夜飛』者、宋元徽五年、荊州刺史沈攸之所作也。攸之擧兵發荊州、東下、未敗之前、思歸京師、所以歌。和云、『白日落西山、還去來』。送聲云、『折翅烏、飛何處、被彈歸』（『西烏夜飛』は、宋の元徽五年、荊州刺史沈攸之の作る所なり。攸之 兵を擧げて荊州を發して東下す、未だ敗れざる前に、京師に歸らんことを思ふ、歌ふ所以なり。和に云ふ、『白日は西山に落つ、還た去來せん』と。送聲に云く、『翅を折る烏は、何處に飛ばん、彈を被りて歸らん』と）」（『樂府詩集』七一二頁、巻四九）

「西烏夜飛」とは、南朝宋の元徽五（四七七）年に当時荊州刺史であった沈攸之が作ったものである。沈が挙兵して東に向かい、敗れる前に都に帰ることを考えて歌を作ったが、それに唱和する和声の歌詞は「白日は西山に落つ、還た去來せん」といい、曲の終わりに歌われる送声の歌詞は「翅を折る烏は、何處に飛ばん、彈を被りて歸らん」とい

う。『新唐書』巻二一「禮樂志」と『舊唐書』巻二九「音樂志」に同様の記述が見られるが、作品のタイトルを前者は「烏夜飛」と、後者は「棲烏夜飛」と記す。

さて、作品そのものであるが、其一は次の通り。

日從東方出、　日は東方從り出づ、
團團雞子黃。　團團たり雞子の黃。
夫歸恩情重、　夫 歸り 恩情を重んず、
憐歡故在傍。　歡を憐れむ 故に傍に在り。(一六)

「太陽は東より昇ってきました。それは卵の黄身のように丸々と輝きます。夫は帰宅して私を大切にしてくれます。あなたが愛おしくて私はあなたのおそばを離れないのです。」前半の太陽の「団円」の表現は夫婦円満の隠喩であると解釈されるが、末尾で主人公の女性が夫のそばを離れない、といい、夫婦の幸福を象徴的に描いて作品が締めくくられる。日の出を表現する冒頭句が、羅敷古辞の冒頭句「日出東南隅」と類似している点が注意される。『樂府詩集』巻四九は他に四首を収録するが、いずれも情熱的な愛情を訴えるものばかりである。顧野王のこの作品では直前の第七句で「欲知歡未盡」、彼女の幸福が尽きないことを知りたければといい、末句でその暗喩として西曲「棲烏夜飛」のモチーフを用いている。これは情景描写と幸福な女性の典故となる作品名を重ね合わせた表現である。なお、「棲烏」と言えば同じく西曲の「烏棲曲」も想起されるが、別稿二でも論じたように南朝梁時代のこの楽府の模擬作品の中にも歡楽や幸福の永続を詠う作品は少なくない。

右のように、この作品の全ての句に典故や先行作品に基づく表現がある。つまりこの「豔歌行」其二は典故とそれを取り扱った先行作品が作り上げてきたイメージを用いて主人公像を多面的に形成しており、精緻な描写を積み重ね

て作品世界を作り上げるという性質の作品ではない。南朝時代、特に斉梁時代の文学の特徴として、対句表現の洗練と典故の多用、声律理論の形成と実践の試み、そして艶詩の流行が挙げられてきた（一七）。顧野王のこの作品は典故を多用する傾向を極端に推し進めた作品であると言える。

以上の語釈を踏まえて顧野王の作品の試訳を挙げよう。「夕暮れの台観には通り雨が降るとき、その女性は高唐の女神のようである。朝には梁が太陽に照らされて輝くとき、彼女は古の宋玉が出会った神女のようである。彼女は羅敷のようにまちの東の郊外で桑を採っては戻り、河間の女のようにまちの南の市場で銭を数えては豪邸に帰る。長歌を歌っては碧玉といい勝負だし、塵を舞い上がらせながら歩むことにおいて宓妃をあざわらう。彼女が「棲烏夜飛」の主人公のように幸福が尽きないことを知りたいなら、既に夜に烏が飛ぶのを御覧なさい（一八）。」

全文を一応右のように訳してみたが、表現の意図がまだ不明な句がある。特に、第六句の「羅塵笑洛妃」である。前述の如く、「羅塵」とは原典である「洛神賦」では宓妃が洛水の波の上をゆっくりと歩み、薄絹の靴から塵のように波しぶきが舞い上がるという箇所を圧縮した顧野王の造語である。前に指摘したようにこれは美しさの表現であると解釈できるが、他にも有名な美女が存在するのにここでなぜ敢えて宓妃が取り上げられ、しかもあざわらわれるのか。

宓妃以外の美しい女神と言えば、例えば「豔歌行」其二冒頭句の典故でもある宋玉「高唐賦」に登場する女神が挙げられよう。一例として、南朝梁の湘東王蕭繹に仕えた劉緩の「敬酬劉長史詠名士悦傾城」の前半を引用しよう。

不信巫山女、　巫山の女を信ぜず、
不信洛川神。　洛川の神をも信ぜず。
何關別有物、　何ぞ關せん別に物有るに、

還是傾城人。　還た是れ傾城の人なり。
經共陳王戲、　經〔すで〕に陳王と共に戲れ、
曾與宋家鄰。　曾て宋家と鄰りなり。
未嫁先名玉、　未だ嫁せざるに先ず玉を名づけ、
來時本姓秦。　來たる時には本と秦を姓とす。（『玉臺新詠箋注』三四五―六頁、巻八）

この冒頭二句で「高唐賦」の神女も「洛神賦」の宓妃も信じないと宣言され、次の二句以降で二人以上に美しいという主人公が登場する。第七句で嫁入り前の彼女の名は玉といい、第八句では彼女が嫁ぐ際、姓を秦と名乗ったという。「未嫁」句の典故は『捜神記』に登場する呉王夫差の娘・紫玉であり、[一九]「來時」句の典故は漢楽府「陌上桑」の羅敷である。このように、高唐の女神と宓妃がセットで用いられる例は南朝期の艶詩で珍しくない。[二〇]

しかし、顧野王のこの作品では扱いが分かれている。主人公の美しさの暗喩として作品冒頭で用いられている高唐の女神と、あざわらわれる宓妃とではその扱いに雲泥の差が存することを認めざるを得ない。他にも美女と言えば、人間界では西施や趙飛燕など枚挙に暇が無い。ここでなぜ宓妃が「笑」われているのか。次章ではこの問題について考える。

〈第二章〉あざわらわれた宓妃

（一）顧野王「豔歌行」其三に見える宓妃と「羅塵」

前章において、魏晋南北朝時代の現存する詩歌作品の中で、「豔歌行」其二を除き、「羅塵」という語は顧野王の他

の作品にしか見られないと述べた。その作品が「豔歌行」其三である。

齊倡趙女盡妖妍、　齊倡趙女　盡く妖妍なり、
珠簾玉砌併神仙。　珠簾玉砌に神仙を併〔なら〕ぶ。
莫笑人來最落後、　笑ふ莫かれ　人の來りて最も落後するを、
能使君恩得度前。　能く君恩をして前に度るを得しむ。
豈知洛渚羅塵歩、　豈に洛渚に羅塵の歩むを知らんや、
詎減天河秋夕渡。　詎ぞ天河に秋夕に渡るに減ぜんや。
妖姿巧笑能傾城、　妖姿巧笑　能く城を傾く、
那思他人不憎妬。　那ぞ他人の憎妬せざるを思はんや。
蓮花藻井推芰荷、　蓮花藻井　芰荷を推し、
采菱妙曲勝陽阿。　采菱妙曲　陽阿に勝る。（二）

詳しい語釈は省くが、この作品は「君恩」によって大抜擢された美女を主人公とし、その非凡さを描いている。作品の前半では、「神仙」のように美しい「齊倡趙女」が居並ぶ後から遅れて来たある美女が、主君の寵愛を受けて抜擢され、他の美女たちより前に進み出ることができたという。そして続いてその美女について「豈に洛渚に羅塵の歩むを知らんや、詎ぞ天河に秋夕に渡るに減ぜんや」という。「洛渚羅塵歩」は宓妃を、「天河秋夕渡」とは七夕の織女を指す。この二句は、直前の二句からの内容の繋がりを考慮すれば、ただ単にこの主人公の美しさが宓妃と七夕の織女に優るというだけではない。主君から寵愛される幸福な主人公にとって、歩む姿は美しいものの結局は曹植と結ばれなかった宓妃は主人公の眼中に無く、また、年に一回しか牽牛と会えない織女より彼女の幸福が劣るということはな

いのである。つまり、顧野王「豔歌行」其三の「羅塵（歩）」という語は、美しいながらも想い人と結ばれなかった宓妃の不幸を象徴するものなのである。同じ作者の「豔歌行」其二に登場する主人公も幸福に描かれているため、この作品の第六句に用いられている「羅塵」という語も其三と同じ意味を持つと考えられる。ただ、宓妃をあざわらうという表現は其三と異なる。次に「笑洛妃」という表現に注目してみよう。

（二）梁陳艶詩における宓妃と羅敷

「豔歌行」其二で宓妃をあざわらうという特徴的表現を顧野王が用いた原因としてまず考えられるのは、陳代の他の詩人の作品の影響を受けたか、あるいは他の陳代詩人の作品への唱和なのではないかということである。しかし、宓妃が頻繁に登場する梁代と比較して、[二二] 意外にも陳代の艶詩に宓妃はあまり登場しない。少なくとも、陳後主の作品には登場せず、他の陳代詩人の作品の中で、宓妃を取り上げる作品でも彼女をあざわらうものはない。[二三] なお、陳後主の作品は後に取り上げる。

次に考えられるのは顧野王が青春期を過ごした南朝梁の艶詩の影響を受けたことである。梁代の艶詩に宓妃は枚挙に暇が無いほどに登場する。その一端は、実在の美女に対して贈られた艶詩を取り上げた別稿四で論じた。そこで幾つかの例を取り上げて論じたように、梁代の詩人たちはそれぞれの個性に応じて悲恋の女神としての宓妃像をそのまま用いたり、あるいは変更を加えて応用したりしたのだが、この時期の宓妃像を総括することは難しいほど梁代艶詩における宓妃像は多種多様である。

その中で、前掲の南朝梁・劉緩の作品では、高唐の女神も宓妃もこの作品の主人公である美女の引き立て役に過ぎ

ない。しかも、作品の主人公は高唐の女神や宓妃ではなく、紫玉や秦羅敷と重ね合わせられている。劉緩のこの作品が象徴するように、梁代において羅敷の人気は高唐の女神と宓妃を遙かに凌ぐようになったのである。(二四)このようにこの二人の女神の地位は総じて梁代艶詩において低下しているが、筆者の調査の結果、現存する梁代艶詩の中で宓妃と高唐の女神をあざわらう作品は現存するものの中から見出せない。

(三) 南朝宋・鮑照の「採桑」

更に時代を遡れば、「あざわらわれる宓妃」は南朝宋の鮑照が制作した「採桑」に見られる。やや長いので、後半部を挙げよう。省略する前半部、冒頭から第十二句までは、晩春の時期に女性たちが養蚕の仕事に取り組み、かつ行楽を楽しむことが晩春の情景を交えつつ描写され、彼女たちの衣服が作りたてで輝いているという。次に引用するのはその続き、第十三句以降である。

斂歎對回塗、　歎きを斂めて回塗に對し、
揚歌弄場藿。　歌を揚げて場藿を弄す。
抽琴試佇思、　琴を抽きて試みに思ひを佇べ、
薦珮果成託。　珮を薦めて果たして託を成す。
承君郢中美、　君が郢中の美を承け、
服義久心諾。　義に服して久しく心に諾す。
衛風古愉豔、　衛風は古の愉豔、

鄭俗舊浮薄。　鄭俗は舊浮薄。
虛願悲渡湘、　虛願　渡湘を悲しみ、
空賦笑瀍洛。　空賦　瀍洛を笑ふ。
盛明難重來、　盛明は重ねて來たり難し、
淵意爲誰涸。　淵意　誰が爲めにか涸れん。
君其且調絃、　君　其れ且く絃を調せよ、
桂酒妾行酌。　桂酒　妾　酌を行はん。(二五)

この後半部ではある一人の女性に焦点が当てられ、彼女が意中の男性に自分の恋心を告白し、それが受け入れられたという。(二六)第十九・二十句は衛地方の歌謡が古来歓楽と艶麗さに富み、鄭地方の習俗が浮薄であったという。第二十一句は『楚辭』九歌の「湘君」「湘夫人」を指す。九歌の作者は屈原とされ、作中では湘水の神である「湘君」「湘夫人」それぞれを慕う人物が登場するが、それが誰なのかは諸説紛々である。(二七)しかし、いずれにせよその人物がこれらの神々と結ばれることはない。鮑照のこの作品ではそれらの作品で述べられている「願」いが空しいものであるとする。次の第二十二句が指すのが宓妃をヒロインとする「洛神賦」であるが、それが「空」しい賦であり、「瀍洛」、すなわち「瀍水」「洛水」を舞台とする「洛神賦」を主人公はあざわらうという。第二十三句で人生で良い時期は二度と来ないと推移の悲哀を述べ、第二十四句では男性への永遠の愛を誓う。

末尾から二句目の「調絃」という語は弦楽器の演奏を指すが、詩歌においては古辞「相逢行」の末尾、後の所謂「三婦艷」の部分、「小婦無所作、挾瑟上高堂。丈人且安坐、調絃未遽央（小婦は作す所無く、瑟を挟みて高堂に上る。丈人且く安坐せよ、絃を調すること未だ遽かに央きず）」（『玉臺新詠箋注』一〇—一一頁、巻一）に見られる。「相

逢行」では三人兄弟の末子の妻が舅を持て成す動作とされているが、鮑照のこの作品では、桑摘みの女性が男性に勧める動作となっている。動作が異なっているとは言え、「採桑」の「且」という語の用い方自体は、古辞「相逢行」の末尾と共通する。別稿一で論じたように、「相逢行」の末句は一家の永遠の幸福を言祝ぐものであり、鮑照のこの作品でも二人の幸福を象徴する動作として描かれ、作品が締めくくられる。

右のようにこの作品は桑摘みの女性が想い人と結ばれた幸福な姿を描くが、（二八）本稿の研究テーマから見て注目されるのは、第二十一・二句である。文脈から考えるに、この「笑」もあざわらう意味である。男性と結ばれたこの幸福な女性の視点から、九歌の「湘君」「湘夫人」を「悲」しむといい、「洛神賦」が「笑」われている。鮑照のこの作品におけるこの両者の扱いの違いの差は歴然としている。仮にここでの「悲」と「笑」を互換可能だとしても、漢魏晋南北朝期の現存作品の中に二湘をあざわらうという例は無い。前掲の顧野王の作品に二湘は見えないが、宓妃の登場する「洛神賦」をあざわらうという点と、桑摘みのモチーフ、そして末二句における永遠の幸福の表現は少なくとも鮑照の作品と共通する。宓妃をあざわらう先行例が他に無いため、顧野王が「豔歌行」其二で桑摘みする幸福な主人公像は鮑照のこの作品も踏襲したと考えて良いであろう。

以上のように、顧野王「豔歌行」其二の第六句の前後の句に見られる特徴的表現の典故の女性は、みな南朝期の艶詩では幸福な女性として描かれていた。第五句の碧玉は歓楽の永続の具体的要素の一つである「長歌」が得意であると描かれているが、これは南朝期の碧玉像を継承したものであった。また、表現が見られる梁の蕭衍「碧玉歌」中の幸福の永続の表現と梁の描写も顧野王のこの作品は踏襲している。第八句が基づく西曲「棲烏夜飛」に登場する女性も想い人と結ばれている。この二つの典故の間に宓妃が挿入されれば、その悲劇性はどうしても際だってしまう。更に、顧野王の「豔歌行」其三で「羅塵」の表現は主君に寵愛される幸福な主人公像との対比として用いられており、

鮑照「採桑」にも想い人と結ばれた幸福な女性の立場から宓妃をあざわらうという句が見えた。これらのことから、顧野王の「豔歌行」其二の「羅塵」句で宓妃が主人公からあざわらわれているのは、容姿だけでなく、愛する男性と結ばれなかった点も含まれていると考えられるのである。

〈第三章〉羅敷古辞模擬作品群における顧野王「豔歌行」の位置づけ

これまでに論じたことを踏まえて、顧野王「豔歌行」其二の内容と羅敷古辞の構成要素との対応を確認しよう。別稿三でも言及したが、羅敷古辞の構成要素として次の六点が挙げられる。一「日の出と美しい主人公の住む建築物の描写」、二「女性主人公の美しさ」、三「主人公は既婚」、四「桑摘み」、五「男性による誘引と主人公による拒絶」、六「主人公の夫褒め」(一九)。これらの構成要素のうち、第一点は顧野王「豔歌行」其二の第二句に、第二点は第六句に、第四点は第三句に見られる。羅敷古辞の最たる特徴は第五点と第六点にあるが、顧野王のこの作品からはいずれの要素も見出すことはできない。

顧野王「豔歌行」の他の二首における、羅敷古辞の六つの構成要素との対応関係についても見よう。前掲の七言体の其三は、第二点「女性主人公の美しさ」しか該当せず、第五・六点どころか、第四点の桑摘みの要素さえ無い。

残る其一の原文全文と訓読文を掲げておく。

燕姫妍、趙女麗、　燕姫は妍に、趙女は麗なり、
出入王宮公主第。　王宮公主の第に出入す。
倚鳴瑟、歌未央、　鳴瑟に倚り、未央にて歌ひ、

調弦八九弄、　弦を調すること 八九弄、
度曲兩三章。　曲を度すること 兩三章。
唯欣春日永、　唯だ欣ぶ春日の永きを、
詎愁秋夜長。　詎ぞ愁へん 秋夜の長きを。
歌未央、倚鳴瑟。　未央にて歌ひ、鳴瑟に倚る。
輕風飄落蕊、　輕風 落蕊を飄へし、
乳燕巣蘭室。　乳燕 蘭室に巣くふ。
結羅帷、玩朝日。　羅帷を結び、朝日を玩ぶ。
窗開翠幔卷、　窗開きて翠幔卷き、
妝罷金星出。　妝罷みて金星出づ。
爭攀四照花、　爭ひて攀づ 四照の花、
競戲三條術。　競ひて戲る 三條の術。[三〇]

この作品は三言と五言が混じる雑言体であり、「倚鳴瑟」「歌未央」という句が繰り返されることが目を引く。作品のテーマは、春の室内外の風景と宮女たちの行楽である。この其一では冒頭二句が羅敷古辞の第二要素に適合するのみであるが、其三とは異なり、「唯欣春日永」という春の歓楽の日の永さを言祝ぐ句が見られる点が注目される。ただし、この作品の主人公は複数の宮女たちであり、彼女たちの愛する男性らしき人物は登場しない。

顧野王の「豔歌行」三首の制作時期は不明であるが、以上のようにそれぞれ重なり合う部分を持ちつつも、詩型や内容、表現において明確な特徴の違いが存する。其一と其二は梁・蕭綱らの羅敷古辞模擬作品に見られた幸福の永続

という テーマを明確に打ち出しているが、前者には主人公たちの想い人は登場しない。表現の点では其一が描写を多く含むのに対して、其二は典故を多用し、それぞれの持つイメージによって主人公像を多面的に形成している。其三に歓楽や幸福の永続の要素は見られないが、典故や描写を折衷的に折込み、主君に寵愛された幸福な主人公を描いている。(三二)

それでは同世代の詩人の羅敷古辞模擬作品と比較して顧野王の作品はどう位置づけられるか。まず陳・張正見の「豔歌行」を再度取り上げよう。張正見は梁陳二王朝に仕えたが、別稿三で論じたように彼の「豔歌行」は梁・蕭綱の「豔歌篇」を踏襲し、夫の帰宅という幸福を象徴的に描いたものである。顧野王の「豔歌行」其二と其一が張正見の作品に直接唱和した形跡は見出すことができないが、幸福の永続を描くという大きな方向性は共有していると言える。ただし、表現の方法という視点から言えば、蕭綱や張正見の作品が幸福を象徴する描写を積み重ねるのに対して、顧野王の其二は各句にそれぞれ別の美女に関する典故やそれを描いた先行作品の表現が用いられており、一人の女性像を多面的に造形しようとしている点で異なっている。

最後に、陳代に顧野王が所属した文学サロンの領袖であった陳後主叔宝の作品を見てみよう。陳後主の現存作品に「豔歌行」は見えないが、羅敷古辞模擬作品として「採桑」「日出東南隅行」は残っている。ここでは内容や表現に注目しよう。

・「採桑」(『樂府詩集』四一六頁、巻二八)

春樓髾梳罷、　春樓　髾を梳くを罷め、
南陌競相隨。　南陌　競ひて相隨ふ。
去後花叢散、　去りて後に花叢散り、

風來香處移。　風來たりて　香りは處を移す。
廣袖承朝日、　廣袖　朝日を承け、
長鬢凝聚枝。　長鬢　聚枝に凝げらる。
柯新攀易斷、　柯　新たに　攀ぢて斷ち易く、
葉嫩摘前萎。　葉　嫩らかに　前に萎れるを摘む。
採繁鉤手弱、　採ること繁く　鉤手弱く、
微汗雜妝垂。　微汗　妝を雜へて垂る。
不應歸獨早、　應に歸るに獨り早かるべからず、
堪爲使君知。　使君に知らるるに堪へん。

・「日出東南隅行」（『樂府詩集』四二〇頁、巻二八）

重輪上瑞暉、　重輪　瑞暉上り、
西北照南威。　西北　南威を照らす。
南威年二八、　南威　年二八、
開牖敞重闈。　牖を開きて重闈を敞〔ひら〕く。
當壚送客去、　壚に當たりて客の去るを送り、
上苑逐春歸。　苑に上がりて春の歸るを逐ふ。
鬢下珠勝月、　鬢下の珠は月に勝り、
窗前雲帶衣。　窗前の雲は衣に帶ぶ。

紅裙結未解、　紅裙　結びて未だ解けず、
緑綺自難徽。　緑綺　自ら徽〔ひ〕き難し。

前者「採桑」の第十句までは女性たちが桑を摘む様子を周囲の情景を交えながら精緻に描写する。末二句で彼女の美しさは「使君」の目を引くに充分だから桑摘みを早めに切り上げて帰ってはいけない、と歌って作品を締めくくっている。羅敷古辞では道化役である「使君」側にこの作品の語り手は立っている。羅敷古辞の構成要素で言えば、第二点と第四点を有すると言える。後者「日出東南隅行」は『戰國策』魏策二に見える晋の文公の寵姫・南威を主人公とし、美しくも男性に靡かないことが描写される。冒頭二句や容姿の描写以外に羅敷古辞との関連性は見られない。

陳後主の二作品に違いは存するが、共通するのはいずれも歓楽や幸福の永続というモチーフにはもはや拘っていないことである。この点が蕭綱や張正見の作品および顧野王の「豔歌行」其一・二と大きく異なる。表現の面で言えば、陳後主の両作品ともに女性の容姿や行動を精緻に描写しようとしているのに対し、顧野王の「豔歌行」其二は典故に頼り切っている点で異なっている。顧野王の「豔歌行」其三に幸福の永続の明確な表現は見られず、女性描写に偏っているのは、どちらかと言えば陳後主の詩風に近づいている。ただし、顧野王の其三は七言体で、陳後主の両作品は共に五言体であり、其三が陳後主の作品に唱和したものであるとは断定できない。

〈終章〉—本稿の総括と今後の課題

以上のように、南朝の掉尾を飾る陳代に生きた顧野王の「豔歌行」其二は、各句にそれぞれ別の美女に関する典故やそれを描いた先行作品の表現を用いることによって、ある一人の女性像を多面的に造形しようとしており、典故を

多用しがちな南朝期の詩歌の傾向を極端に推し進めている。内容について言えば主人公の幸福の永続をテーマとしているが、その主人公の立場から、宓妃をあざわらうという印象的な表現が第六句にある。この句の前後には幸福な女性の典故が用いられており、「羅塵」という「洛神賦」中の表現を圧縮した造語は顧野王の「豔歌行」其三にも見られ、宓妃をあざわらうポイントとなる表現である。男性と結ばれた幸福な桑摘みの女性の立場から宓妃をあざわらうというモチーフ自体は、南朝宋・鮑照の「採桑」に由来する。これらのことから、顧野王の「豔歌行」其二の第六句で宓妃をあざわらうのは、容姿だけでなく、愛する男性と結ばれなかった点も含まれると考えられる。これらの作品において悲恋や閨怨というテーマ自体が否定されているわけではないが、幸福な女性を主人公とする作品の一つの極端な発展の形として位置づけられる。

一連の羅敷古辞模擬作品群における「豔歌行」其二の位置については以下のようにまとめることができる。幸福な女性をテーマとする点において、梁代の蕭綱の「豔歌篇」「豔歌曲」およびそれを継承する張正見の「豔歌行」と方向性を同じくしているが、その表現方法は異なる。また、陳後主の羅敷古辞模擬作品二首は女性をより繊細に描こうとしているが、梁代の詩人とその影響を受けた詩人の模擬作品に見られる歓楽や幸福の永続のモチーフには拘泥していない。この点において、顧野王の「豔歌行」其二は後主の詩風とも距離がある。なお、「豔歌行」其三は後主寄り、其一は其二と其三の中間に置くことができる。総じて、顧野王の「豔歌行」三首は、かなり多くの句を費やして幸福の永続を描写しようとする蕭綱と張正見らの詩風から、幸福の永続の表現には拘らずに美女の美しさを繊細に描くことに偏向する陳後主の詩風への過渡的段階に位置づけることができる。

本稿では顧野王の「豔歌行」其二を主に取り上げ、宓妃をあざわらうという表現の背景について考察したが、その過程において幾つかの問題が発見された。例えば、鮑照の「採桑」という作品の制作の背景と羅敷古辞模擬作品の制

作の歴史におけるその位置、また、本稿でその一端について考察した、梁代の艶詩と陳代の艶詩の違いとそれが意味するもの等である。筆者の今後の課題としたい。

《注》

(一) ここで言う「艶詩」とは、女性とそれに関連する事物および当時それに類する性質を持つと見なされた事物をテーマとした詩歌のジャンルを意味する。なお、蕭綱が皇太子に選ばれたあとに、彼およびその文学集団のメンバーが中心となって制作した詩およびその影響を受けたとされる作品を指す「宮体詩」という語がしばしば用いられる。しかし、現存する梁代の艶詩の大部分の制作時期が不明であるため、筆者は基本的に使用しない。

(二) 本稿と直接的な内容の関連性を持つ拙稿は以下の通りである。『梁代「艶詩」の再検討—楽府「相逢行」「長安有狭斜行」「三婦艶」に基づく考察—』(コンテンツワークス社・東京大学大学院人文社会系研究科博士論文ライブラリー、二〇一〇(オンデマンド出版。二〇一六年三月現在絶版)。以後、「別稿一」とする)、「蕭綱の西曲模擬作品再考」(『高崎経済大学論集』五六巻—三号、二〇一三。以後、「別稿二」とする)、「夫の帰宅—南北朝後期の「羅敷古辞」模擬作品について」(『六朝学術学会報』第一五集、二〇一四。以後、「別稿三」とする。)、「美女に贈る詩—梁簡文帝蕭綱の「戲贈麗人」「絶句賜麗人」について」(『中国文化—研究と教育—』七三、二〇一五。以後「別稿四」とする)。)

(三) 佐藤大志氏『六朝楽府文学史研究』(渓水社、二〇〇三)所収の「楽府題変遷考—楽府題「陌上桑」を中心として—」は、羅敷が登場する数種類の楽府題の変遷を論じているが、羅敷が登場する漢楽府、「羅敷　豔歌羅敷行」(『宋書』巻二一「樂志」三)、「日出東南隅行」(『玉臺新詠箋注』巻一)、「陌上桑」(『樂府詩集』巻二八)を「羅敷古辞」と呼んでいる。本稿もそれに従う。なお、本稿では、『樂府詩集』のテキストは基本的に一九九八年中華書局標点本、『玉臺新詠箋注』は一九九九年中華書

局標点本による。

（四）『陳書』（三四九頁、巻二七）「姚察傳」「使還、補東宮學士。于時濟陽江總、吳國顧野王、陸瓊、從弟瑜、河南褚玠、北地傅縡等、皆以才學之美、晨夕娛侍（還りて、東宮學士に補はしむ。時に于て［陳叔宝がまだ皇太子であった陳宣帝の太建年間。五六九―五八三］濟陽の江總、吳國の顧野王、陸瓊、從弟瑜、河南の褚玠、北地の傅縡等、皆な才學の美を以て、晨夕に娛侍す）」

（五）『樂府詩集』五八一頁、巻三九。「棲烏已夜飛」は原文では「棲夜已烏飛」となっているが、『嘉靖本古詩紀』（汲古書院、二〇〇五。以後、『古詩紀』のテキストは基本的にこれに拠る。）第二冊、五二六頁、巻一〇六・陳九によって改めた。なお、この『古詩紀』ではこの作品が其一、「齊倡趙女盡妖妍」句で始まる作品が其二、「燕姬妍」句で始まる作品が其三となっているが、本稿は『樂府詩集』に従う。

（六）この有名なエピソードが見える「高唐賦」序の当該部分の原文は次の通り。「去而辭曰、妾在巫山之陽、高丘之阻、旦爲朝雲、暮爲行雨。朝朝暮暮、陽臺之下。旦朝視之如言（去りて辭して曰く、妾は巫山の陽、高丘の阻に在り、旦は朝雲と爲り、暮は行雨と爲る。朝朝暮暮、陽臺の下にあり、と。旦朝これを視るに言の如し）。」（『文選』［中華書局、一九八一］二六五頁、巻一九。以下、『文選』は基本的にこのテキストに拠る。）

（七）『後漢書』「五行志」一「桓帝之初、京都童謠曰、『城上烏、尾畢逋。公爲吏、子爲徒。一徒死、百乘車。車班班、入河閒。河閒姹女工數錢、以錢爲室金爲堂。石上慊慊舂黃粱。梁下有懸鼓、我欲擊之丞卿怒。』案此皆謂爲政貪也（桓帝の初め、京都の童謠に曰く、『城上の烏、尾は畢逋。公は吏と爲り、子は徒と爲る。一徒死して、百乘の車あり。車は班班として、河閒に入る。河閒の姹女は錢を數ふるに工みなり、錢を以て室と爲し金を堂と爲す。石上に慊慊として黃粱を舂く。梁下に懸鼓有り、我之を擊たんと欲すれば丞卿怒らん』と。案ずるに此れは皆な政を爲すこと貪なるを謂ふなり）。」（『後漢書』［中華書局、一九九六］三二八二頁「五行志」一。歌の本文は『玉臺新詠箋注』巻九にも収録されている。）この童謠の詳細については、串田久治氏の『中国古代の「謠」と「予言」』（創文社、一九九九）一六〇―五頁参照。

（八）その代表作として梁簡文帝蕭綱の西曲「雍州曲・大堤」を挙げる。「宜城斷中道、行旅亟流連。出妻工織素、妖姫慣數錢。炊雕留上客、貰酒逐神仙（宜城に中道斷ゆ、行旅は亟〔しばしば〕流連す。出妻は素を織るに工みに、妖姫は錢を數ふるに慣る。雕を炊ぎて上客を留め、酒を貰〔おきの〕りて神仙を逐ふ）。」（『玉臺新詠箋注』二八四—五頁、巻七）この作品は別稿二でも取り上げたが、襄陽近郊の繁華街が舞台であり、人の滞留という永遠の歓楽のモチーフのバリエーションが見える。

（九）唐・杜佑『通典』（中華書局、一九九六。以下、『通典』は基本的にこのテキストに拠る。）三七〇二頁、巻一四五「樂」五「碧玉歌者、晉汝南王妾名。寵好、故作歌之。」この話が南朝宋であるとする記録もあるが、王運熙氏は晋のことでよいと論じている。王氏の『樂府詩述論』（上海古籍出版社、一九九六）所収「呉聲西曲雜考」参照。

（一〇）原文を挙げる。其一「碧玉小家女、不敢攀貴德。感郎千金意、慚無傾城色（碧玉は小家の女、敢て貴德を攀ぢず。郎が千金の意に感ずるも、傾城の色無きを慚ず）。」其二「碧玉破瓜時、相爲情顛倒。感郎不羞難、迴身就郎抱（碧玉破瓜の時、相爲に情は顛倒す。郎の羞難せざるに感じて、身を迴らせて郎に就きて抱かる）。」（『玉臺新詠箋注』四七一頁、巻一〇）。なお、『樂府詩集』巻四五はこの孫綽の作品と後掲の梁武帝の作品を無名氏の作品とする。

（一一）直後に挙げる梁の武帝蕭衍と王僧孺の作品の他、謝朓「贈王主簿」其二（『玉臺新詠箋注』巻四）、王僧孺「在王晉安酒席數韻」（『玉臺新詠箋注』巻六）、蕭綱「雞鳴高樹顛」（『樂府詩集』巻二八）、徐陵「雜曲」（『樂府詩集』巻七七）などに見える。

（一二）呉兆宜が引用する『通典』には「韓娥還、復爲曼聲長歌（韓娥は還りて、復た曼聲長歌を爲す）」とある（『通典』三六九九頁、巻一四五「樂」五）。

（一三）一例を挙げよう。曹丕の「大牆上蒿行」に「女娥長歌、聲協宮商、感心動耳、蕩氣回腸。酌桂酒、鱠鯉魴、與佳人期、爲樂康。前奉玉巵、爲我行觴。今日樂、不可忘、樂未央（女娥長歌するに、聲は宮商に協ひ、心を感ぜしめ耳を動かし、氣を蕩かし腸を回らす。桂酒を酌み、鯉魴を鱠にし、佳人と期し、樂康を爲す。前みて玉巵を奉じ、我が爲めに觴を行らす。今日の樂しみは、忘るるべからず、樂は未だ央まず）」とある（『樂府詩集』五六九—五七〇頁、巻三九）。

（一四）宓妃について、「洛神賦」の李善注が引用する『漢書音義』の如淳注は「宓妃、宓羲氏之女。溺死洛水、爲神（宓妃は、宓羲

氏の女なり。洛水に溺死し、神と爲る）」と解説する。この「女」は「むすめ」と解釈されるが、屈復は「妃」であるとし、游国恩も『離騒纂義』（『離騒纂義』（中華書局、一九八二）三〇四頁。）で賛同している。「虙妃」という表記もあるが、以後、本稿は「宓妃」で統一する。

（一五）「洛神賦」制作の背景については、日本人学者による研究として、目加田誠氏の「洛神の賦」（『洛神の賦』〔講談社学術文庫、一九八九〕所収。初出は一九四八年）、山口為広氏の「曹植『洛神賦』考—その作意をめぐって—」（都留文科大学国語国文学会編『国文学論考』二七〔一九九一〕）、鈴木崇義氏の「曹植『洛神賦』小考」（早稲田大学中国古典研究会編『中国古典研究』五三〔二〇〇八〕）参照。中国では戦前から研究が多いが、その研究史の概略については呉雲氏の『二十世紀中國文學研究・魏晉南北朝文學研究』（北京出版社、二〇〇一）一二四—九頁に譲る。

（一六）小尾郊一・岡村貞雄両氏の『古樂府』（東海大学出版会、一九八〇）三二九頁は第三句を「夫婦恩情重」と改めるが、『樂府詩集』の原文のままでも不自然に過ぎるというわけではないため、『樂府詩集』に従っておく。

（一七）王瑤氏の「隷事・聲律・宮體」（『中古文學史論』〔北京大学出版社、一九九八〕所収。初版は一九五六年）参照。

（一八）第三・四句をそれぞれ別の美女を指すと見做して、この作品の主人公が複数おり、後半四句はそれぞれに共通する点であるとも解釈できる。しかし、それでは焦点がややぼやけるので、本稿ではこの作品の主人公が一人として訳した。また、文法的には第七句の「欲知」という語の主語を主人公と見做すことも可能だが、文脈上は不自然である。よって、この「欲知」の主語は読者と解釈しておく。

（一九）内容の概要を説明しよう。紫玉は韓重という若者と結婚を約束したが、両親に反対され、悲しみの余りに亡くなってしまう。韓重が紫玉の墓前で嘆き悲しんでいると、玉の霊魂が現われ、二人は墓の中で三日三晩行動を共にした。別れ際に紫玉は美しい珠玉を韓に与えた。韓はこのことを王に報告したが王は激怒し、韓を捕らえようとする。彼が紫玉の墓前まで逃げてくると彼女の霊魂が再び現れ、父王に事の次第を説明した。彼女の母が彼女を抱きしめようとしたが、彼女の霊魂は消えてしまったという。

（三〇）他にも蕭衍「戯作」（『玉臺新詠箋注』巻七）、何遜「七夕」（『玉臺新詠箋注』巻五）、何思澄「南苑逢美人」（『玉臺新詠箋注』巻六）、劉孝威「擬古應教」（『玉臺新詠箋注』巻九）、蕭綱「詠煙」（『藝文類聚』巻八〇）、北朝でも魏收「美女篇二首」其一（『樂府詩集』巻六三）などに見られる。

（三一）『樂府詩集』五八一―二頁、巻三九。「詎減天河秋夕渡」は原文では「詎減河天秋夕渡」となっているが、文意を考慮し、『嘉靖本古詩紀』第二冊五二六頁、巻一〇六・陳九に従って改めた。

（三二）宓妃を取り上げた劉緩以外の梁代詩人の作品として以下のものが挙げられる。蕭衍「戯作」（『玉臺新詠箋注』巻七）、江淹「詠美人春遊」（『古詩類苑』巻九三）、何遜「七夕」（『玉臺新詠箋注』巻五）、何思澄「南苑逢美人」（『玉臺新詠箋注』巻六）、費昶「和蕭記室春旦有所思」・「春郊望美人」（『玉臺新詠箋注』巻六）、蕭綱「絶句贈麗人」（『玉臺新詠箋注』巻一〇）・「詠煙」（『藝文類聚』巻八〇）・「棗下何纂纂」（『樂府詩集』巻七四）・「三月三日率爾成詩」（『藝文類聚』巻四）、劉孝綽「爲人贈美人」（『藝文類聚』巻一八）、劉孝威「賦得香出衣」（『藝文類聚』巻六七）・「擬古應教」（『玉臺新詠箋注』巻九）、戴暠「月重輪行」（『初學記』巻一）、王筠「五日望採拾」（『初學記』巻四）、劉令嫻「答外」其二（『玉臺新詠箋注』巻六）。これら以外にも、宓妃の名は明示せずとも、「洛神賦」中の表現を用いた作品数は更に増えることが予想される。

（三三）陳後主は楽府「採桑」と「日出東南隅行」（いずれも『樂府詩集』巻二八）の模擬作品を残しているが、後述。他の陳代詩人の中で、宓妃を取り挙げたのは陳暄の「洛陽道」の「臨淄逢麗神」（『樂府詩集』三四二頁、巻二三）と江総の「新入姫人應令詩」の「數錢拾翠爭佳麗」（『藝文類聚』三三〇頁、巻一八）のみである。後者の「拾翠」は「洛神賦」の「或采明珠、或拾翠羽」に由来する。いずれの両作品でも宓妃をあざわらうことはない。なお、調査には海外のインターネット上で公開されている電子テキストデータの検索機能と紙媒体の逐字索引を用いた。

（三四）高唐の女神と宓妃をセットで取り上げながら、羅敷および羅敷古辞に由来する表現やモチーフを中心に据える作品として、他に費昶「春郊望美人」（『玉臺新詠箋注』巻六）、何思澄「南苑逢美人」（『玉臺新詠箋注』巻六）、劉孝綽「爲人贈美人」（『藝文類聚』巻一八）を挙げておく。

（二五）『玉臺新詠箋注』巻四。『樂府詩集』四一四頁、巻二八は「虛願悲渡湘」を「靈願悲渡湘」と、「空賦笑瀍洛」を「宓賦笑瀍洛」とする。錢振倫注『鮑參軍集注』（古典文学出版社、一九五八）五八頁、巻三は「歛歎對回塗」を「綿歎對回塗」と、「虛願悲渡湘、空賦笑瀍洛」を「靈願悲渡湘、宓賦笑瀍洛」とする。

（二六）「場藿」とは『詩經』小雅「白駒」の「皎皎白駒、食我場藿。縶之維之、以永今夕（皎皎たる白駒、我が場の藿を食らふ。之を縶｛つな｝ぎ之を維｛つな｝ぎ、以て今夕を永うせん）」（十三經注疏本［上海古籍出版社、一九九七］四三四頁『毛詩正義』巻一一之一）に由来する語で、「白駒」に乗った人物を引き留めようとすることを意味する。「抽琴」「薦珮」は求愛の動作。「郢中美」とは『戰國策』楚策、劉向『新序』、宋玉「對楚王問」等に見える故事で、楚の都・郢で「陽春」「白雪」の歌を歌う者がいたが、それに唱和しようとする者は数人に過ぎなかったという。鮑照のこの作品では、他の人があまり顧みない主人公の求愛を相手の男性が受け入れたことを表現する。

（二七）九歌「湘君」「湘夫人」のこの問題に関する先行研究の整理については石川三佐男氏の『楚辭新研究』（汲古書院、二〇〇二）第四章参照。

（二八）清末・呉汝綸『古詩鈔』は「孝武宮闈瀆亂、傾惑殷姫、詩殆爲此而作（孝武の宮闈瀆亂し、殷姫に傾惑す、詩殆ど此の爲めに作る）」、宋孝武帝劉駿の宮廷の風気は乱れ、帝は南郡王・劉義宣の娘である殷姫を溺愛したが、鮑照の「採桑」はこのことを受けて作られたと言う（錢振倫注『鮑參軍集注』六〇頁）。殷姫の事件は『宋書』巻六八「武二王・南郡王義宣傳」および巻四一「后妃上・文帝路淑媛傳」、『南史』巻一一「后妃傳上」に見えるが、鮑照のこの作品がその事件を諷刺して作られたのかは疑わしい。少なくとも、この作品には、諷刺をテーマとする他の作品に見られるような鋭い批判精神を示す表現を見出すことはできない。鮑照の諷刺作品については、伊藤正文氏の「鮑照詩論」（『建安詩人とその伝統』（創文社、二〇〇二）初出は一九五九年。）、向嶋成美氏の「鮑照の詩風」（『漢文学会会報』二八、一九六九）と「鮑照『擬行路難』について」（『東京教育大学国文学漢文学論叢』一五、一九七〇）、中原健二氏の「鮑照の文学」（『立命館文学』一〇・一一・一二、一九七五）、曹道衡氏の「論鮑照詩歌的幾個問題」（『中古文學史論文集』（中華書局、一九八六）収録）、蘇瑞隆氏の『鮑照詩文研究』（中華

書局、二〇〇六）第四章、丁福林氏の『鮑照研究』（鳳凰出版社、二〇〇九）下篇第一章参照。従って筆者は諷刺説を採らない。

（二九）この六点は藤野岩友氏「楽府「陌上桑」の源委」（『大東文化大学漢学会誌』一四、一九七五）と注三で挙げた佐藤大志氏著書による。

（三〇）『樂府詩集』五八一頁、巻三九。「乳燕巣蘭室」の「乳燕」は原文に無いが、『古詩紀』第二冊、五二六頁、巻一〇六・陳九で補った。

（三一）「豔歌行」三首とは別に、顧野王は「羅敷行」という作品も残している。「東隅麗春日、南陌採桑時。樓中結梳罷、提筐候早期。風輕鶯韻緩、霜灑落花遲。五馬光長陌、千騎絡青絲。使君徒遣信、賤妾畏蠶飢（東隅 麗春の日、南陌 採桑の時。樓中梳を結ぶことを罷め、筐を提げて早きに候〔ま〕たんことを期す。風 輕く鶯韻 緩く、霜 灑〔そそ〕ぎ 落花 遲し。五馬 長陌に光〔かがや〕き、千騎 青絲を絡ふ。使君 徒らに信を遣はし、賤妾 蠶の飢うるを畏る）。」（『樂府詩集』四一八頁、巻二八。）詳しい語釈は省くが、羅敷古辞の構成要素のうち、第一点はこの作品の第一句に、第三点は第七・八句および十句に、第四点は第二・四句に、第五点は第九句に、第六点は七・八句に見える。このように、「羅敷行」の方は羅敷古辞の構成要素の大部分を含んでおり、比較的に言って古辞を踏襲したものと見做され得る。

※本研究は、二〇一五年度科学研究費補助金（若手研究B・一五K一六七二三）の援助を受けたものである。

唐庚の『三国雑事』について

矢田　博士

一、序

唐庚（字は子西）は、北宋・神宗の熙寧四年（一〇七一）から徽宗の宣和三年（一一二一）にかけての人。その出身地が眉州丹稜（四川省眉山市丹稜県）と、蘇軾の郷里の眉州眉山（四川省眉山市東坡区）に近く、また蘇軾と同じく恵州（広東省）に貶謫された経験を有することから、「小東坡」とも称される。詩文ともに優れ、それらはいずれも『眉山集』二十二巻、『眉山唐先生文集』三十巻などに収められている。(一)

唐庚には、それとは別に、『唐子西文録』と『三国雑事』と題する著作がある。(二) 前者は、正確には唐庚自身の著作というよりは、詩文に対する唐庚自身の認識・見解や、先人の詩文について論評した唐庚の言葉を、南宋・高宗の紹興八年（一一三八）に、強幼安が自らの記憶をもとに書き記したもので、全部で三十五条からなる。後者は、『三国志』を読んで感じたことを随時書き記した劄記のようなもので、全部で三十六条からなる。『唐子西文録』については、関連の論文等を発表したことがあるので、詳細はそちらに譲ることとし、(三) 本稿では『三国雑事』を取り上げ、唐庚が『三国志』のどのような問題に関心を寄せ、どのように議論を展開しているのか、その一端を紹介してみたい。(四)

二、序に見える陳寿への批判

『三国雑事』には、唐庚の序が付されており、以下のように言う。

上自司馬遷『史記』、下至『五代史』、其間數千百年。正統偏霸與夫僭竊亂賊、甚微至弱之國、外至蠻夷戎狄之邦、史家未有不書其國號者。而『三國志』獨不然。劉備父子相繼四十餘年。始終號漢、未嘗一稱蜀。其稱蜀俗流之語耳。陳壽黜其正號、從其俗稱、循魏晉之私意、廢史家之公法。用意如此、則其所書善惡褒貶予奪、尚可信乎。魏晉之世、稱備爲蜀、猶五代稱李璟爲呉、稱劉崇爲晉矣。今『五代史』作南唐東漢世家、未嘗以呉晉稱之。獨陳壽如此。初無義例、直徇好惡耳。往時歐陽文忠公作『五代史』、王荊公曰、「五代之事、無足采者。此何足煩公。三國可喜事甚多、悉爲陳壽所壞。可更爲之。」公然其言、竟不暇作也。惜哉。

〔上は司馬遷の『史記』より、下は『五代史』に至るまで、其の間 千百年を數ふ。正統・偏霸と夫の僭竊・亂賊と、甚微至弱の國より、外は蠻夷戎狄の邦に至るまで、史家 未だ其の國號を書せざる者有らざるなり。而れども『三國志』のみ獨り然らず。劉備父子 相ひ繼ぐこと四十餘年。始終 漢と號し、未だ嘗て一たびも蜀と稱せず。其の蜀と稱するは俗流の語なるのみ。陳壽 其の正號を黜《しりぞ》け、其の俗稱に從ふは、魏晉の私意に循《したが》ひて、史家の公法を廢すればなり。意を用ふること此くの如くんば、則ち其の書する所の善惡・褒貶・予奪、尚ほ信ずべけんや。魏晉の世に備を稱して蜀と爲すは、猶ほ五代に李璟を稱して呉と爲し、劉崇を稱して晉と爲すがごとし。今、『五代史』 南唐・東漢の世家を作り、未だ嘗て呉・晉を以って之れを稱せず。獨り陳壽のみ此くの如し。初めより義例無く、直だ好惡に徇《したが》ふのみ。往時、歐陽文忠公 『五代史』を作るに、王荊公 曰はく、「五代

の事、采るに足る者無し。此れ何ぞ公を煩はすに足らんや。三國は喜《この》むべき事 甚だ多かるも、悉く陳壽の壞す所と爲る。更に之れを爲《つく》るべし。」と。公 其の言を然りとするも、竟に作るに暇あらざるなり。惜しきかな。」

唐庚は、史家が歴史書を書くにあたっては、正統や異端を問わず、またたとい弱小の国や夷狄の国であったとしても、正式な国号を用いるべきとの認識を示す。ところが、『三国志』においては、劉備父子が統治する国を称するにあたり、正号である「漢」ではなく、俗称である「蜀」を用いていることを理由に、書かれてある内容に対しては「尚ほ信ずべけんや」と、そして著者である陳寿の史家としての資質に対しては「魏晉の私意に循《したが》ひて、史家の公法を廢す」「初めより義例無し、直だ好惡に徇《したが》ふのみ」などと、辛辣な批判を浴びせかける。（五）そしてさらに、欧陽脩に『三国志』を書き改めるように求めた王安石の言葉―「三國は喜《この》むべき事 甚だ多かるも、悉く陳壽の壞す所と爲る」―を引用し、欧陽脩もまたその言葉を「然り」と認めていたことを示すことで、自らの陳寿批判の妥当性を補強するのである。

このように、序を読む限りにおいては、『三国雑事』は、陳寿の認識・見解に対する批判を専ら意図した著作かのような印象を抱くかもしれないが、実際はそうではない。もちろん陳寿の説に疑義を呈する条も見られるものの、その数は意外と少なく、それ以外にも、裴松之の注に引用されている諸説に対して疑義を呈する条や、『三国志』に登場する人物の言動そのものに対して自説を示す条なども多く見られることから、むしろ冒頭でも述べたように、陳寿の原文および裴松之の注を含め、『三国志』を読んで感じたことを随時書き記した剳記のようなものと捉えるのが穏当のようである。

以下、全三十六条の中から、具体的にいくつかの条を示しつつ、その点を確認してみたい。なお、『三国雑事』の

本文は、いずれの条も、『三国志』の記述の中から、唐庚が問題として提起する事柄を抄録した部分と、その事柄に対する唐庚の見解を示した部分の二段構成を取る。便宜上、前段を〔A〕、後段を〔B〕で示すこととする。

三、陳寿の説に疑義を呈する条

序の中では陳寿を痛烈に批判していた唐庚であるが、本文の中で陳寿に対する唐庚の批判が見えるのは、第八条・第十一条・第三十四条と、全三十六条のうちのわずか三条にすぎない。その中から第八条を例に挙げてみよう。

〔A〕　章武三年四月、先主崩於永安宮。五月後主襲位於成都、改元建興。
〈章武三年四月、先主 永安宮に崩ず。五月、後主 位を成都に襲ひ、建興と改元す。〉

〔B〕　人君繼體、踰年改元。而章武三年五月改爲建興。此陳壽所以短孔明也。以吾觀之、似不爲過。古者人君雖立、尚未卽位也。明年正月行卽位之禮、然後書卽位而稱元年。後世承襲之初、固已卽位矣。稱元不亦可乎。故曰不爲過也。古者人君襲位未踰年不稱君。故子猛不書王、子般子赤不書公。後世承襲之初、固已稱君矣。稱元不亦可乎。故曰不爲過也。春秋之時、未有一年而二名者。如隱公之末年、既名之爲十一年矣。不可復名爲桓公元。自紀元以來、有一歲而再易者矣。有一歲而三四易者也。豈復以二名爲嫌而曰不可乎哉。故曰不爲過也。非特此也。今之所謂元年與古異矣。古之所謂元年者、某君之一年也。故必踰年而後稱之、如前所云。後世所謂元年者、某號之一年耳。嗣位而稱之、可也。踰年而後稱之、亦可也。
〈人君 體を繼げば、年を踰えて改元す。而れども章武三年五月、改めて建興と爲す。此れ陳壽の孔明を短《そし》る

所以なり。吾れを以って之れを観るに、過ちと爲さざるに似たり。古は、人君 立つと雖も、尚ほ未だ卽位せざるなり。明年正月、卽位の禮を行ひ、然る後に卽位と書して元年と稱す。後世 承襲するの初めより、固より已に卽位せり。元と稱するも亦た可ならずや。故に過ちと爲さずと曰ふなり。古は、人君 位を襲ひて未だ年を逾えざれば君と稱せず。故に子猛は王と書せず、子般・子赤は公と書せざるなり。後世 承襲するの初めより、固より已に君と稱せり。元と稱するも亦た可ならずや。故に過ちと爲さずと曰ふなり。春秋の時、未だ一年にして二名なる者《こと》有らず。隱公の末年の如きは、既に之れを名づけて十一年と爲す。復た名づけて桓公の元と爲すべからず。紀元より以來、一歲にして再び易ふる者《こと》有り。一歲にして三たび四たび易ふる者《こと》有るなり。豈に復た二名を以って嫌と爲して可ならずと曰はんや。故に過ちと爲さずと曰ふなり。特だに此れのみに非ざるなり。今の謂ふ所の元年は古と異なれり。古の謂ふ所の元年なる者は、某君の一年なり。故に必ず年を逾えて而る後に之れを稱するは、前に云ふ所の如し。後世の謂ふ所の元年なる者は、某號の一年なるのみ。位を嗣ぎて之れを稱するも、可なり。年を逾えて而る後に之れを稱するも、亦た可なり。〉

第八条は、章武三年四月に劉備が永安宮にて崩じ、後を継いだ劉禅が年明けを待たず、翌月の五月に建興と改元したことに関する議論である。(六)

陳寿は、年内に後を継いだ場合は、年を越えるのを待って、明年の正月に改元すべきとの立場から、年内の改元を容認した諸葛亮を批判したという（「後主伝」末尾の評）。それに対して唐庚は、年内の改元を必ずしも過ちではないとの見方を示す。そしてその根拠として、かつては後を継いでも即位の礼は明年正月を待って行われたが、今は後を継ぐと同時に即位していること、かつては後を継いでも年を越さなければ君と称することはなかったが、今は後を継

ぐと同時に君と称していること、かつては同一年に複数の君の名が見えることはなかったが、今はそのようなことも珍しくないことなどを挙げる。そして元年の意味合いも以前と今とでは異なり、かつてはある君主の一年目を意味していたが、今ではある元号の一年目を意味するにすぎないとし、必ずしも年明けを待っての改元に拘ることはないとの結論を導く。

陳寿の見解に対して、唐庚は複数の根拠を示しつつ反論を試みる。その当否はともかく、感情を極力抑え、論理的な議論の展開に努めようとしている唐庚の姿勢が見て取れるものと思われる。少なくとも序に見られたような辛辣さは、ここでは見られない。この点については、他の二条においても同様である。紙幅の関係で原文は省略し、概容のみを示す。

第十一条は、呉の孫権が魏の封爵を受けたことに関する議論である。[七] その行為を容認する『魏略』の見解に対して、唐庚は、封爵を受けるということは、魏と呉との関係が君臣の関係になることを意味するとし、臣下となれば、貢ぎ物を差し出さなければならなくなること、防衛のために兵を興すのにも許可が必要となること、子を人質としなければならなくなることなど、臣の立場になった場合の弊害を幾つも列挙したうえで、魏の封爵を受けた孫権の行為を誤りとする。このように第十一条は、『魏略』の見解に対する反論を主としたものであるが、末尾に付け足すかのように、「而陳壽以句踐奇之。句踐事呉、則嘗聞之矣。受呉封爵、則未之聞也〔而れども陳寿は句践を以って之れを奇とす。句践の呉に事ふるは、則ち嘗て之れを聞く。呉の封爵を受くるは、則ち未だ之れを聞かざるなり。〕」と、「呉主伝」末尾の評で、春秋時代の越王・句践を引き合いに出し、句践と同様に非凡な人物だと孫権を評価する陳寿への批判が見える。

第三十四条は、蜀は史官を置かず、注記を掌る官もなかったとする陳寿の説に対して、[八] 唐庚が疑義を呈したもので

ある。唐庚は、かつては占卜を掌る者も注記を掌る者も太史と称していたこと、太史の職が二分されたのは魏晋の際に注記を掌る著作郎が置かれて以降のことであること、諸葛亮の時には太史の職はまだ二分されていなかったこと、景耀元年に蜀の史官が景星の出現を上奏し、それをもとに大赦と改元を行ったという事実があることなど、ここでも複数の論拠を挙げたうえで、「而曰蜀不置史、妄矣〔而らば蜀は史を置かずと曰ふは、妄なり。〕」と、陳寿の説を誤りだとする。

以上、唐庚は、序においては、陳寿への辛辣極まる批判を展開していたが、本文においては、陳寿に対する批判はわずか三条に見られる程度であり、しかもその批判のあり方も、序におけるような必要以上の攻撃性は見受けられず、むしろ自らが提示する論拠に基づいて、論理的な議論の展開に努めようとする姿勢が確認できるものと思われる。

四、孫盛に対する辛辣な批判

序において陳寿に向けられていた唐庚の攻撃性は、本文においては、むしろ東晋の孫盛に向けられるのである。以下、その点について確認してみたい。

孫盛に対する唐庚の批判は、第二条・第七条・第三十一条・第三十三の四条に見られるが、唐庚の孫盛に対する批判の矛先は、その学説のみならず、その人格に対しても向けられる。第七条と第三十三を例に挙げてみよう。まずは第七条を以下に掲げる。

〔A〕　曹公定鄴、祠袁紹墓、哭之流涕。孫盛評曰、「先王誅賞、將以懲勸。而盡哀於逆臣之家、爲政之道躓矣。匿怨友人、前哲所恥。説駿舊館、義無虚涕。道乖好絶、何哭之有。漢祖失之于項氏、曹公遵謬於此舉、百慮之一失也。」

〈曹公　鄴を定むるや、袁紹の墓を祠り、之れに哭して流涕す。孫盛　評して曰はく、「先王の誅賞は、將に以って懲勸せんとすればなり。而れども哀を逆臣の家に盡くせば、爲政の道　躓《つまづ》けり。怨みを友人に匿すは、前哲の恥づる所なり。駿を舊館に説くは、義にして虚涕無し。道の乖きて好みの絶つるは、何ぞ哭すること之れ有らんや。漢祖　之れを項氏に失ひて、曹公　謬りを此の舉に遵ふは、百慮の一失なり。」と。〉

〔B〕　禹見刑人于市、下車而哭之。況劉項受命懷王、約爲兄弟、而紹與操少相友善、同起事而紹又盟主乎。雖道乖好絶、至於相傾。然吾以公義討之、以私恩哭之、不以恩掩義、亦不以義廢恩、是古之道也。何名爲失哉。孫氏之論、非但僻學也。蓋亦可謂小人矣。

〈禹　刑人を市に見れば、車を下りて之れに哭す。況んや劉・項は命を懷王に受け、約して兄弟と爲り、而して紹と操とは少くして相ひ友として善く、同に事を起こして而《しか》も紹は又た盟主なるをや。道は乖き好みは絶つと雖も、相ひ傾くるに至る。然らば吾れ以《おも》へらく、公義もて之れを討ち、私恩を以って之れに哭す、と。恩を以って義を掩はず、亦た義を以って恩を廢せざるは、是れ古の道なり。何ぞ名づけて失と爲さんや。孫氏の論は、但だに僻學なるのみに非ざるなり。蓋し亦た小人と謂ふべし。〉

第七条は、袁紹を討って鄴を平定した曹操が、袁紹の墓前で哭泣したことに関する議論である。(九)孫盛は、逆臣の墓前で哀悼の意を尽くすのは、為政の道を頓挫させる行為であり、そもそも互いに異なる道を進み

友好関係も断ちきれた者に対しては哭泣する必要もないとして、項羽に対する漢の劉邦の行為と同様、曹操の行為もまた誤りとする。

これに対して唐庚は、まず比較対照例として市場で死刑に処せられそうな人を見て哭泣した禹の逸話を挙げ、（一〇）曹操と袁紹のかつての友好関係と照らし合わせて、反論を試みる。そして討伐は公義によるもの、哭泣は私恩によるものと捉え、恩によって義を覆い隠すこともなく、逆に義によって恩を廃除することもないという姿勢は、古の教えに適ったものであるとし、曹操の行為を是認する。

記述がここで完了していれば、本条もまた、あるいは論理的で冷静な議論と評しうるかもしれない。ところが唐庚は、最後に、「孫氏の論は、但だに僻學なるのみに非ざるなり。蓋し亦た小人と謂ふべし」と、あたかも追い打ちをかけるかのように孫盛の学説のみならず、その人格をも貶める発言をするのである。

さらに、次に掲げる第三十三条に至っては、ほとんど議論の体をなしておらず、専ら孫盛の人格批判に徹していると言ってよいほどである。

〔A〕　魏文帝賜羣臣没入生口。惟歆出而嫁之。帝歎息。孫盛評曰、「子路私饋、仲尼毀其食器。田氏盜施、『春秋』著以爲譏。拏戮之家、國刑所肅、縱在哀矜、理無偏宥。歆居股肱之任、當公言於朝、而默受嘉賜、獨爲君子、可謂匹夫之仁、蹈道則未也。」

〈魏の文帝　羣臣に没入せし生口を賜る。惟だ歆のみ出して之れを嫁がしむ。帝　歎息す。孫盛　評して曰はく、「子路は私かに饋《おく》りて、仲尼は其の食器を毀つ。田氏は盜施して、『春秋』著して以って譏りを爲す。拏戮の家は、國刑の肅する所なれば、縱ひ哀矜に在るも、理として偏宥する無し。歆は股肱の任に居り、當

に朝に公言すべきも、而るに黙して嘉賜を受け、獨り君子と爲るは、匹夫の仁と謂ふべきにして、道を蹈むは則ち未しなり。」と。〉

〔B〕　孫盛以刻薄之資、承學於草竊亂賊之世、性習皆惡。故其論議類皆如此。夫見牛未見羊、孟子所謂「仁術」也。何名爲偏宥哉。使盛爲廷尉於魏文之時、則歆當以私饋盜施誅矣。東晉之不用盛、不爲過也。

〈孫盛　刻薄の資を以って、學を草竊・亂賊の世に承くれば、性習　皆な惡なり。故に其の論議の類は、皆な此くの如し。夫れ牛を見るも未だ羊を見ざるものにして、孟子の謂ふ所の「仁術」なり。何ぞ名づけて偏宥すと爲さんや。盛をして廷尉に魏文の時に爲《な》らしめば、則ち歆は當に私かに饋り盜施するを以って誅せらるべし。東晉の盛を用ひざるは、過ちと爲さざるなり。〉

第三十三条は、没収した罪人の妻を魏の文帝から女奴隷として賜った華歆が、その女を解放して他家に嫁がせたことに関する議論である[一一]。

孫盛は、労役者に個人的に食事を出してやった子路の行為を、恩を売るためのものだとしてその食器を壊した孔子の逸話[一二]や、春秋時代の斉において勢力を拡大するために民の歓心を買おうと散財し、『春秋』の非難するところとなった田氏の逸話を例に挙げ[一三]、女奴隷を解放してやった華歆の行為もまた、これらと同様、独りだけ君子ぶろうとする「偏宥（偏った赦免）」だと非難する。

これに対して唐庚は、『孟子』に見える斉の宣王の逸話を典故として引用し[一四]、華歆の行為もまた、孟子も評価する斉の宣王の「仁術」―生け贄にされる牛を実際に目にし、同情を示した宣王の心の働き―と同様に、哀れな女奴隷を目の前にした華歆の純粋な同情心から出た行為であって、「偏宥（偏った赦免）」などではないと反論する。

陳寿の説に対しては、幾つも論拠を挙げて論理的な反論に努めていた唐庚であるが、ここでは『孟子』の一節を引用し、ごく簡単に反論するのみで、記述の大半は、「孫盛は酷くて薄情な資質のうえに、北方を夷狄が侵略する乱世に学を承けたため、生まれついての性質のみならず、生後に身についた習慣ともに忌まわしい。」、「かりに孫盛が魏の文帝の時代に刑獄を掌る廷尉の任にあったならば、華歆は子路や田氏と同様な行為をしたという理由で誅殺されていたにちがいない。」、「東晋王朝が孫盛を登用しなかったのは、間違った判断ではない。」など、孫盛の人格に対する誹謗の言葉で占められている。

その他、第三十一条においても、末尾で「孫盛梟音、使人聞而悪之〔孫盛の梟音、人をして聞きて之れを悪《にく》からしむ。〕」という具合に、孫盛への嫌悪感を剥き出しにする。

孫盛は、東晋期の史家で、『魏氏春秋』『晋陽秋』の著者として知られ、「漱石枕流」の故事で知られる孫楚は、その祖父に当たる。孫盛は篤学で、幼少期から老年期にいたるまで、手からは書物を放すことなく勉学に励み、彼の著した『晋陽秋』は表現が率直なうえ論理も公正であったため、当時の人々からは良史と称賛されたという。またその一方で、財物をしきりにためこんでは弾劾されそうになったり、収賄ぶりが目に余るとして、護送車で州の役所まで運ばれ罪に問われそうになったともいう(一五)。

孫盛の人格に対して、唐庚が嫌悪の情を露わに攻撃する理由も、こうした孫盛の金銭財物に貪欲すぎる側面に、あるいは求められようか。それはともかく、孫盛に対しては、明らかに陳寿に対するのとは異なった唐庚の姿勢が見て取れるであろう。

五、議論の論理性

こと孫盛に対しては、感情を剥き出しに批判を展開していた唐庚であるが、陳寿説に対する姿勢にも見られたように、その他の条では、論理的な議論の展開に極力努めていたように思われる。以下、『三国志』に登場する人物の言動そのものに対して自説を示す条から、第九条・第十六条・第二十三条の三条を例に挙げ、その点を確認してみたい。

《第九条》

〔A〕　建安十三年、曹公自江陵征備、至赤壁、與備戰不利。退保南郡。

〔建安十三年、曹公 江陵より備を征せんとし、赤壁に至り、備と戰ふも利あらず。退きて南郡を保つ。〕

〔B〕　世之爲將者、務多其兵、而不知兵至三十萬難用哉。前代以六十萬勝楚、以四十萬勝秦、惟王翦項籍二人。而多多益辨者、獨韓信能之。其餘兵至三十萬、未有得志者。趙括以四十五萬敗於長平、漢初合五諸侯兵五十六萬敗於彭城、以三十萬困於白登、王恢引三十二萬伏馬邑無功、王邑以百萬敗于昆陽、黄巾以百萬敗於壽張、苻堅以八十萬敗於合肥、隨以九十萬敗於遼東。其衆愈多、其敗愈毒。然猶有委者曰將不善。若曹公可謂善將矣。復以水軍六十萬、號稱八十萬而敗於烏林。是歳戰艦相接、故爲敵人所燒。大衆屯聚、故疫死者幾半。此兵多爲累之明驗也。以高祖之才、不過能將十萬衆、則水軍六十萬、當得如高祖者六人、乃能將之。高祖豈易得哉。其敗也固宜。

〔世の將たる者、其の兵を多くするを務むるも、而るに兵 三十萬に至れば用ひ難きを知らざらんか。前代 六十萬を以って楚に勝ち、四十萬を以って秦に勝つは、惟だ王翦・項籍の二人のみ。而して多多益々辨ずる者は、獨り韓信のみ之れを能くす。其の餘は、兵 三十萬に至れば、未だ志を得る者有らざるなり。趙括は四十五萬を以って長平に敗れ、漢の初め、五諸侯の兵 五十六萬を合するも彭城に敗れ、三十萬を以って白登に困しみ、王恢は三十二萬を引きて馬邑に伏すも功無く、王邑は百萬を以って昆陽に敗れ、黄巾は百萬を以って壽張に敗れ、苻堅は八十萬を以って合肥に敗れ、隨は九十萬を以って遼東に敗る。其の衆 愈々多ければ、其の敗るること愈々毒《はげ》し。然れども猶ほ委ぬる者有りて、將の善からざればなり、と曰ふ。曹公の若きは善き將と謂ふべし。復た水軍六十萬を以って、號して八十萬と稱して烏林に敗る。是の歳、戰艦 相ひ接すれば、故に敵人の燒く所と爲る。大衆 屯聚すれば、故に疫死する者 幾ど半ばす。此れ兵の多きは 累《わづら》ひと爲るの明驗なり。高祖の才を以って、能く十萬の衆を將ゐるに過ぎざれば、則ち水軍六十萬は、當に高祖の如き者六人を得て、乃ち能く之れを將ゐるべし。高祖は豈に得ること易からんや。其の敗るるや固より宜なり。〕

第九条は、『三国志』の記事の中から、いわゆる「赤壁の戦い」における曹操の敗戦を取り上げ（一六）、その敗因に対する唐庚自身の見解を示したものである。

唐庚はまず、「世の武将たる者は、兵の数を増やすことに努めるが、兵の数が三十万に至ると、かえって統御し難くなることを知らないのだろうか。」と、疑問の形を用いて、読み手の注意を引きつけるかのように自説を提示する。兵の数が三十万を越えると、たとい有能な武将といえども、それを統御することが難しくなり、かえって敗戦を招く原因となると言うのであろう。

次に、その自説を裏付ける論拠を列挙するにあたり、唐庚はまず、六十万の兵を率いて楚の項燕の軍を破った戦国秦の王翦の例(一七)、後にその秦を四十万の兵を率いて滅ぼした楚の項籍の例(一八)、さらに兵の数が多ければ多いほど実力を発揮できると、前漢の高祖（劉邦）に対して自ら豪語する韓信の例を挙げ(一九)、それらが極めて少数の例外であることを指摘する。そしてそのうえで、長平の戦いで秦の白起に敗れた戦国趙の趙括の例(二〇)、彭城の戦いでは項籍に敗れ、白登山の戦いでは匈奴の軍に苦戦した前漢の高祖の例(二一)、匈奴を馬邑におびき寄せ討とうとしたが、匈奴に覚られ功績もなく撤退した前漢の王恢の例(二二)、昆陽の戦いで漢軍の劉秀に敗れた新の王邑の例(二三)、百万の大軍を擁しながら寿張にて曹操に敗れた後漢末の黄巾軍の例(二四)、淝水の戦いで東晋の謝玄に敗れた前秦の苻堅の例(二五)、高麗遠征にて大敗を喫した隋の煬帝の例など(二六)、自説を裏付ける論拠を列挙するのである。

　このように自説の裏付けとなる論拠をいくつも列挙した後で、唐庚は一転して、「大軍を率いながら敗戦するのは、武将が優れていないからだ」と、自説に対して異を唱える者の存在を明かす。それに対して唐庚は、曹操を例に挙げ、曹操が優れた武将であること―現に曹操は『孫子』に注釈を施すなど、兵法に精通していた三国きっての武将であったのだが―、それにも関わらず、六十万という兵を率いながら「赤壁の戦い」で敗れたという事実をもとに、大軍を率いながらの敗戦は、武将としての能力に原因があるのではなく、やはり兵が多すぎることにあるのであり、曹操の「赤壁の戦い」の例は、その「明験（明白な証拠）」であると反論する。そしてさらに、前漢の高祖（劉邦）に向けて韓信が言った言葉(二七)―「陛下不過能將十萬〔陛下は能く十萬を將ゐるに過ぎず。〕」―を踏まえ、前漢の高祖の才能を持ってしても、統御できる兵の数がせいぜい十万にすぎないとすれば、水軍六十万は、高祖のような優れた武将が六人いてこそ、はじめて統御が可能となるのであり、ましてや高祖のような武将はたやすく見つかるものではない以上、「赤壁の戦い」での曹操の敗戦は当然の結果であったと、結論づけるのである。

自説の提示、事例に基づく自説の裏付け、異論の紹介、異論への反論による自説の正当性の強化といった具合に、起承転結の整った論理性の高い議論と言ってよいであろう。

《第十六条》

〔A〕　諸葛孔明説先主以跨有荊益、保其巖阻、天下有變、則命一上將以荊州之軍向宛雒、而身率益州之衆以攻秦川。先主稱善。

〔諸葛孔明 先主に說くに、荊・益を跨有し、其の巖阻なるを保ち、天下に變有れば、則ち一上將に命じて荊州の軍を以って宛・雒に向かはしめ、而して身《みづか》らは益州の衆を率ゐて以って秦川を攻むるを以ってす。先主 善しと稱す。〕

〔B〕　高祖既破陳豨、還至雒陽、嘆曰、「代居常山北、而趙從山南有之遠。」乃立子常爲代王、以代郡鴈門屬焉。地固有封境、雖接而形勢非便者矣。荊州在山前、距蜀五千餘里、而蜀從山後有之、其勢實難。非獨不能有荊州也。雖得秦川亦不能守。何者、梁益險絕、蓋自守之國而不可以兼幷。凡物之在山外者、尺寸不能有。此高祖所以棄漢中而取三秦也。

〔高祖 既に陳豨を破り、還りて雒陽に至り、嘆きて曰はく、「代は常山の北に居り、而して趙は山より南のかた之れ有ること遠し。」と。乃ち子の常（恒）を立てて代王と爲し、代郡・鴈門を以って焉《これ》に屬せしむ。地は固より封境有り、接すと雖も、形勢 便なる者に非ざるなり。荊州は山前に在りて、蜀を距つること五千餘里、而も蜀は山より後ろに之れ有りて、其の勢ひ實に難し。獨り荊州を有《たも》つこと能はざるのみに非ざるなり。秦川を得たりと雖も、亦た守る能はず。何となれば、梁益は險絕なれば、蓋し自ら守るの國にして以って兼幷

すべからず。凡そ物の山外に在る者は、尺寸も有《たも》つこと能はず。此れ高祖の漢中を棄てて三秦を取る所以なり。」

第十六条は、荊州と益州を領有して双方面から魏を攻めるという、いわゆる「草廬対（隆中対）」において諸葛亮が劉備に示した戦略についての議論である。（二八）

劉備はそれを「善し」と称えたが、唐庚は逆にそれを正しい戦略とは見なさない。そしてその論拠として、唐庚は、趙・代の地で起こった陳豨の反乱を平定した前漢の高祖の逸話を例として挙げる。（二九）高祖は反乱を平定した後、子の劉恒を代王として治めさせたが、そもそも代と趙とは、その間を常山が隔てているという地勢面で不便な位置にあり、境を接しているとはいえ、治めるのが難しいと、頭を悩ませていたと言うのである。

その事例を踏まえて唐庚は、まず益州と荊州について、距離が五千里以上も離れていること、しかもその間を険しい巫山が隔てていることなど、その地理的位置関係を分析したうえで、益州と同時に荊州をも領有することは不可能と指摘する。さらに、その間を険峻な秦嶺山脈が立ちはだかる秦川（関中平原）と梁益（漢中および益州）との関係についても、（三〇）地勢の面から双方の地を兼併することは困難であるとし、かりに益州を拠点に秦川（関中平原）を獲得できたとしても、守り続けることはできないと指摘する。

そして最後に唐庚は、議論の結びとして、「凡そ」という語で示されていることからも窺えるように、「山の向こう側の地は、わずかな地でさえも保有することはできない」ということが、一般原理であるということを改めて確認したうえで、秦嶺山脈を間に挟んで、その北側の三秦（関中平原）の地を獲得するにあたり、高祖がその南側の漢中の地を放棄したのも、この一般原理によるものだと、再び前漢の高祖の事例を踏まえて、諸葛亮の戦略を誤りとするの

である。

その当否はともかくとして、話の切り出しとして前漢の高祖の事例を挙げ、そこから、山を挟んだ両側の地を同時に領有することは不可能との一般原理を確認し、それに基づいて諸葛亮の戦略の不適切さを判断するという具合に、先の第九条が帰納的な手法による論の展開とすれば、この第十六条は演繹的な手法を用いた論の展開と言えよう。

《第二十三条》

〔A〕　建安二十年、先主居公安、使關羽爭荊州。會曹公征漢中、先主恐失益州、與呉連和分荊州、引軍還蜀。

〔建安二十年、先主 公安に居り、關羽をして荊州を爭はしむ。曹公の漢中を征するに會ひ、先主 益州を失ふを恐れ、呉と和を連ねて荊州を分かち、軍を引きて蜀に還る。〕

〔B〕　曹公征漢中。先主聞之、與呉連和分荊州、是矣。引軍還蜀、非也。是時蜀有南郡之地、而先主以蜀兵五萬居公安。若進據襄陽、而羽師五萬之衆以襲許、巻甲疾趨、五日而可至。事成、則天下未可量。不成、則漢中之師不攻而自退。此兵法所謂攻其所必救者。初曹公征柳城、備勸表以襲許、及備據荊州、亦不能辨。此信天命有在焉。

〔曹公 漢中を征す。先主 之れを聞き、呉と和を連ねて荊州を分かつは、是なり。軍を引きて蜀に還るは、非なり。是の時、蜀は南郡の地を有《たも》ち、而して先主は蜀兵五萬を以って公安に居る。若し進みて襄陽に據り、羽の師五萬の衆 以って許を襲はしめば、甲を巻き疾趨して、五日にして至るべし。事 成れば、則ち天下は未だ量るべからざるなり。成らざるも、則ち漢中の師 攻めずして自ら退かん。此れ兵法に謂ふ所の其の必ず救ふ所を攻むる者なり。初め曹公の柳城を征するに、備は表に勸むるに許を襲ふを以ってするも、備の荊州に據る

に及び、亦た辨ずる能はず。此れ信に天命の焉《ここ》に在る有り。」」

第二十三条は、建安二十年、荊州の統治をめぐって呉と対立していた劉備が、曹操の漢中平定により、益州を失うことを恐れ、荊州を分割することで呉と和議を結び、軍を引いて蜀（益州）に還ったことに関する議論である。[三二]

劉備のこうした行動に対して、唐庚はまず、呉と和議を結び荊州を分割したことは正しいが、軍を引いて蜀（益州）に還ったことは間違いであると、自らの見解を示す。

そのうえで唐庚は、荊州という地の優位性に着目し、このとき劉備が取るべきであったと自身が考える戦略、具体的には荊州に拠点を置いたまま益州を守るという戦略を示す。まず唐庚は、当時の蜀が荊州の南郡を領有し、劉備自身も五万の兵を率いて公安に拠点を置いていた事実を確認する。そしてそのことを踏まえて、劉備自身が公安から襄陽に拠点を移したうえ、五万の関羽軍に曹操の本拠地である許を襲撃させるといった戦略を示す。そして、許への襲撃が成功すれば、天下の形勢はまだ分からない状態になるとの見方を、かりに成功しなくても、曹操軍は必ず許を救おうとし、漢中からの撤退を余儀なくされるとの見方を、それぞれ示す。

関羽軍の許への到着を最短で五日と予測したり、あるいは事が成った場合と成らなかった場合の双方について、それぞれに想定される結果を示すなど、その戦略は具体的かつ周到なものであり、さらには事が成らなかった場合でも、曹操軍の漢中からの撤退という最低限の成果が得られるという点では、極めて効果的な戦略であったとも言えよう。

実は、荊州を拠点として許を襲撃するという戦略は、柳城を平定した曹操軍に対抗するために、劉備自身がかつて荊州牧の劉表に提言したものでもあった。[三三] 唐庚はそのことを最後に指摘し、自らが荊州に拠点を置くに及んでは、そ

の戦略を実行することもできず、みすみす天下取りの好機を逃してしまった劉備に対して、これもまた劉備に与えられた宿命であったと結ぶ。

当時の情勢を的確に見極めたうえで自らの戦略を示したかと思えば、実はそれは劉備自身がかつて唱えていたのと全く同じ戦略であったことを、最後に明かすといった論の構成に、唐庚の工夫を見て取ることができるであろう。南宋の陳振孫は『直斎書録解題』巻十七の中で、唐庚の文を評して、「其文長於論議（其の文は論議に長ず。）」と言うが、この評語が『三国雑事』にもそのまま当てはまるであろうことは、以上に掲げた例からも、十分に察することができるものと思われる。

六、結語

以上、本稿では、唐庚の『三国雑事』を取り上げてみた。以下、本稿で確認できた点を整理して結語としたい。

① 唐庚はその序において、『三国志』の著者である陳寿を痛烈に批判していることから、序を読む限りにおいては、『三国雑事』は陳寿の見解を批判することを専ら意図した著作であるかような印象を受けるが、本文においては、陳寿説にたいする批判はわずか三条に見られる程度に過ぎない、ということ。

② それ以外にも、裴松之の注に引用されている諸説に疑義を呈する条や、「赤壁の戦い」における曹操の敗因、「草廬対（隆中対）」で示された諸葛亮の戦略の是非に関する議論など、『三国志』に登場する人物の言動そのものに対して自説を示す条も多く見られることから、陳寿の原文および裴松之の注を含め、『三国志』を読んで感じたことを随時書き記した劄記のような著作と見るのが穏当であること。

③　序の中では陳寿を痛烈に批判していた唐庚であるが、金銭や財物に貪欲すぎる東晋の孫盛の性質を嫌ってか、本文においては、その矛先はむしろ孫盛に向けられ、その学説のみならず人格に対しても、嫌悪の情をむき出しに批判していた、ということ。

④　唐庚は、こと孫盛に対しては感情をむき出しに批判を加えたが、むしろそれは例外で、他説を批判するにも、また自説を主張するにも、その当否はともかく、過去の事例を踏まえ、それを論拠として示しつつ、時には帰納的な方法を用い、時には演繹的な方法を用いるなどして、論理的な議論の展開に努めようとしていた、ということ。

本稿での要点をひとまずこのように整理してみた。ただし、本稿で例示し得たのは全三十六条のうちのわずか六条にすぎず、『三国雑事』の全容を紹介しきれたとはとても言い難い。これを機に、全ての条に訳注を施し、その成果を随時発表できればと思う。

《注》

（一）前者は文淵閣四庫全書に、後者は四部叢刊三編に、それぞれ収められている。

（二）文淵閣四庫全書は、『三国雑事』二巻を単著として扱い、『眉山集』とは別に収めるが、『眉山唐先生文集』は、巻十一から巻十四に『三国雑事』を収める。

（三）「『唐子西文録』訳注稿（上）」（『名古屋大学中国語学文学論集』第二十五輯、二〇一三年）、「『唐子西文録』訳注稿（下）」（『名古屋大学中国語学文学論集』第二十七輯、二〇一四年）、「唐庚の作詩観」（『橄欖』二十号、宋代詩文研究会、二〇一五

年)。
(四)『学海類編』所収『三国雑事』を底本とする。
(五)陳寿が「蜀」と表現せざるを得なかった背景については、渡邉義浩著『三国志　演義から正史、そして史実へ』(中央公論新社、中公新書、二〇一一年)第一章「4『三国志』の偏向」を参照。
(六)『三国志』巻三十三「蜀書・後主伝」。
(七)『三国志』巻四十七「呉書・呉主伝」。
(八)『三国志』巻三十三「蜀書・後主伝」。
(九)『三国志』巻一「魏書・武帝紀」。
(一〇)『説苑』巻一「君道」。
(一一)『三国志』巻十三「魏書・華歆伝」。
(一二)『韓非子』巻三十四「外儲説篇右上」。
(一三)『春秋左氏伝』「昭公三年」「昭公二十六年」に見える晏氏の言葉。
(一四)『孟子』巻一「梁恵王上」。生け贄となる牛を目にして不憫に思い、羊に替えるように命じた宣王に、高価な牛を惜しみ羊に替えたとの非難の声が集まったのに対して、孟子は、羊への同情心が働かなかったのは、実際にまだそれを目にしていなかったからだと説いて、牛を目にして同情した宣王の心の働きを「仁術」と称して讃えた。
(一五)『晋書』巻五十六「孫盛伝」。松岡栄志論文「孫盛伝(晋書)ある六朝人の軌跡」(『中国の古典文学―作品選読―』東京大学出版会、一九八一年)、竹内肇論文「孫盛と羅含の処世とその交渉」(『茨城女子短期大学紀要』二十四、一九九七年)を参照。なお、蜂屋邦夫論文「孫盛の歴史評と老子批判」(『東洋文化研究所紀要』八十一、一九八〇年)は、『魏氏春秋』『晋陽秋』に見える孫盛の議論の特徴について、「魏晋の事柄を、主として『左伝』を規準とし、さらにその他のいわゆる先王の典に依拠して、一概に裁定したところにもっとも特徴がある。」と指摘する。

（一六）『三国志』巻一「魏書・武帝紀」。
（一七）『史記』巻七十三「王翦列伝」。
（一八）『史記』巻七「項羽本紀」。
（一九）『史記』巻九十二「淮陰侯列伝」。
（二〇）『史記』巻八十一「廉頗藺相如列伝」。
（二一）前者は『史記』巻七「項羽本紀」、後者は『史記』巻一一〇「匈奴列伝」。
（二二）『漢書』巻六「武帝紀」。
（二三）『漢書』巻九十九下「王莽伝下」。
（二四）『三国志』巻一「魏書・武帝紀」。
（二五）『晋書』巻一一四「載記・苻堅下」。
（二六）『隋書』巻四「煬帝下」。
（二七）『史記』巻九十二「淮陰侯列伝」。
（二八）『三国志』巻三十五「蜀書・諸葛亮伝」。
（二九）『史記』巻九十三「韓信盧綰列伝」。
（三〇）漢中は益州に属していたが、益州が分割されると、梁州に属することとなった。『晋書』巻十四「地理志上」に、「及武帝泰始二年、分益州置梁州、以漢中屬焉〔武帝の泰始二年に及び、益州を分けて梁州を置き、漢中を以って焉に屬す。〕」とある。
（三一）『三国志』巻三十二「蜀書・先主伝」。
（三二）『三国志』巻一「魏書・武帝紀」。

『李卓吾先生批評三国志真本』について

中川　諭

一

周知のとおり、『三国志演義』は数多くの版本が現存している。そしてその中に明末の思想家李卓吾の名前を冠する版本が存在することも、またよく知られている。いわゆる『李卓吾先生批評三国志』と題する版本が、現在における通行本である毛宗崗本の直接の底本になったこと[一]、我が国初の『三国志演義』の翻訳である湖南文山『通俗三国志』の底本でもあることからも[二]、注目される版本であると言える。そして『李卓吾先生批評三国志』と題する版本は大きく四つの系統に分けられること、すでに論じたとおりである[三]。

さて、その四つの系統に分けられるいわゆる「李卓吾本」の中に、書名を『李卓吾先生批評三国志真本』と題する版本がある。この本は、本文の版式が半葉十行行二十二字であること、本文は百二十回に分かれ、各回はさらに二則に分かれること、框郭上部に眉批があること[四]、各回末に総評があることは、呉観明本など『李卓吾先生批評三国志』と同じである。一方、書名に「真本」の二文字が加えられている点が、その他の『李卓吾先生批評三国志』と異なる（以下、「真本」と略称する）。また本文にも多少の文字の異同があり、批評については大きく異なるところが多い。いわゆる「李卓吾本」の中でもいささか異色の様相がうかがえる。

この「真本」について、つとに孫楷第『中国通俗小説書目』に著録されているが、無論書目という性質上その詳細については述べられていない。また笠井直美氏は「呉郡宝翰楼書目」[五]で『李卓吾先生批評三国志真本百二十回不分巻』を著録し、その書誌情報と呉観明本・緑蔭堂本との文字の異同をいくつか記録する。また笠井直美「呉郡宝翰楼初探」[六]においても「宝翰楼本《李卓吾先生批評三国志真本》」を取り上げる。そして馬廉「旧本三国演義板本的調査」を初めとする『李卓吾先生批評三国志真本』を著録している歴代の目録・論文等を紹介し、梁蘊嫻氏が京都大学蔵本・北京師範大学図書館蔵本・イェール大学図書館蔵本を「宝翰楼本」と称する[七]ことに対して、

以這兩部目録將這些版本鑒定爲寶翰樓本的根據似乎有失妥當。

と述べる。さらに「呉郡宝翰楼」の封面を持つ『李卓吾先生批評三国志真本』は台湾大学図書館蔵本のみであることを指摘した上で、

雖有可能寶翰樓兩次（以上）印行此書，更有可能此兩者有別的書肆刊行或印行（換言之，刊行或印行京都大學藏本等的不是寶翰樓），筆者認爲稱京都大學藏本等爲「寶翰樓本」是有所缺乏慎重的態度。

と述べて、「真本」と題する版本を全て「宝翰楼本」と称することに異議を唱えている。

笠井氏の指摘は確かにそのとおりであろう。『李卓吾先生批評三国志』の中でもこれまで「緑蔭堂本」・「藜光楼本」と称されていた版本が、同版であっても必ずしも一つの書肆から刊行されたとは限らないこと、筆者がすでに指摘した。[八]しかし笠井氏の論考は「呉郡宝翰楼」という書肆が刊行した様々な版本についての考察であり、その中で

『李卓吾先生批評三国志真本』を取り上げているのであって、『李卓吾先生批評三国志』諸本について、あるいは『三国志演義』の版本についての観点から研究されたものではない。そのためその他の『李卓吾先生批評三国志』との関わり、『三国志演義』の版本諸本の中での位置づけについて詳しく掘り下げたものではない。

そこで本稿では、まず世界各地に現存する「真本」諸本の印刷順序を明らかにする。そして呉観明本など他の李卓吾本と比較して、「真本」の本文と批評の特徴を考察しようとするものである。

二

では本稿において取り上げる「真本」を紹介する。（〔　〕内は、本稿で用いる各本の略称。）

1、イェール大学図書館蔵本〔イェール本〕

本文のみ存する。一部破損が見られるが、第一回から第一百二十回まですべて揃う。

2、北京師範大学図書館蔵本〔北師大本〕

図像と本文ともに全て存する。また図像は各回本文の前に配される。

3、中国国家図書館蔵本〔国図本〕

図像と本文ともに存する。ただし、現存するのは、第十二回から第二十七回、第三十三回から第三十八回、第四十四回から第七十六回、第八十回から第九十四回、第一百回から第一百二十回である。また図像は各回本文の前に配される。

4、京都大学大学院文学研究科図書館蔵本「三國志」〔京大文本A〕

図像のみ存する。表紙に「三國志」と題する。全五冊であるが、前三冊（天・地・人の各冊）と後二冊（乾・坤の各冊）では別の本である。前三冊は第一回から第一百二十回の図像で、第七十四回・第七十五回の図像を欠く。後二冊の一冊目（乾）は「三國志姓氏」と題する人名目録である。（九）二冊目（坤）は図像で全部で四十九葉あるが、前三冊のものとは別の本の図像である。前三冊が「真本」の図像と考えられる。

5、京都大学大学院文学研究科図書館蔵本「三國志繡繪」〔京大文本B〕

図像のみ存する。表紙に「三國志繡繪」と題する。封面があり、中央に大きく「三國志」と題し、その右に「李卓吾先生評次」、左上に「繡繪全像」、左下に「金閶大業堂藏板」とある。梁蘊嫻氏の指摘によれば、（一〇）第一回の図像は異なるが、第二回以降は「真本」の図像である。

図1-1　北師大本　第五十三回図

6、上海図書館蔵本〔上図本〕

図像のみ存する。ただし現存するのは、第一回から第十七回までと第二十四回から第一百二十回の図像である。

これらのうち、4京大文本A・5京大文本B・6上図本は図像しか残っておらず、書名が「李卓吾先生批評三国志真本」なのかどうかは分からない。そこで図像と本文ともに残っている2北師大本・3国図本と比較して、これら三本の図像が「真本」のものであることを確認しておきたい。

図1-2 国図本 第五十三回図

図1-3 京大文本Ａ 第五十三回図

図1-4 京大文本Ｂ 第五十三回図

図1-5 上図本 第五十三回図

図1は、各本五十三回「黄忠魏延獻長沙」の図像で、1-1は北師大本、1-2は国図本、1-3は京大文本A、1-4は京大文本B、1-5は上図本である。いずれの図も、上部に長沙城の門があり、右下に関羽が、左側に韓玄の首級を持った魏延・黄忠らがひざまづいて関羽を迎え入れようとしている。構図はみな同じといえよう。そして図1-1を見てみると、版面の右側中央、関羽のお付きの者が持っている旗のところに割れ目が一本見える。そして1-2・1-3・1-4・1-5を見ても同じ個所に割れ目が見られる。(割れ目の大きさに違いがあるが、これについては後述する。)このことからこの五つの本は同版であることが分かる。つまり、図像しか残っていない京大文本A・京大文本B・上図本は「真本」の図像だということが確かめられる。

三

それでは、「真本」各本が印刷された順序を考えてみよう。

前節でも触れたとおり、1イェール本は本文のみ、4京大文本A・5京大文本B・6上図本は図像のみしか残っておらず、2北師大本・3国図本のみが図像と本文ともに残っている。よってこの問題を考えるに当たって、図像が残っているものと本文が残っているものとに分けて考えた方がよさそうである。

まず図像が残っている本について取り上げる。前節で見た図1について、もう少し細かく見てみよう。1-1・1-2・1-5はいずれも関羽の後ろにある旗のところに割れ目が見える。その割れ目の大きさを比較してみると、この三本の中では北師大本のものがやや大きく、上図本・国図本のものはそれより小さい。上図本と国図本を比較すると、わずかに国図本の方が小さい。このことから、1国図本、2上図本、3北師大本の順序で印刷されたであろうと考えられる。

続いて1-3・1-4を見てみると、1-1・1-2・1-5に比べて割れ目がかなり大きく、関羽の後ろの旗のところのみならず、韓玄の首級を捧げ持っている魏延の首のところまではっきりと割れている。このことから、1-1・1-2・1-5の三本は1-3・1-4の二本よりも印刷が早いことが分かる。そして1-3・1-4では、1-4京大文本Bの方が1-3京大文本Aよりも割れ目が太い。よって京大文本Aの方が京大文本Bよりも印刷が早いと考えられる。

以上のことから、図像が残っている「真本」五本は、国図本の印刷が最も早く、上図本がそれに次ぎ、その後、北師大本、京大文本A、京大文本Bの順序で印刷されたと考えられる。

続いて本文が残っている1イェール本・2北師大本・3国図本について考えてみよう。図2は各本第七十二回三葉裏で、2-1はイェール本、2-2は北師大本、2-3は国図本である。図2-1を見ると、版面の左側中央、十行目「若」字から「千」・「相」・「何」字のところに割れ目が見え、その割れ目はさらに六行目「將」字の旁「爿」にまで達する。2-2にも同様の個所に割れ目が見られるが、2-1よりも細く、「何」字の最終画までで、「將」字までは達していない。さらに2-3では、やはり同じ個所に割れ目が認められるものの、その割れ目は極めて小さく、「若」・「千」字がごくわずかに割れているのみである。これらのことから、本文が残っている「真本」三本は、国図本のの印刷が最も早く、次いで北師大本、イェール本の順序で印刷されたと考えられる。

以上から、「真本」六種は、国図本の印刷が最も早く、上図本がそれに次ぎ、北師大本がさらにその後に印刷されたであろうこと、イェール本・京大文本A・京大文本Bは国図本など三本よりも印刷が遅れることは間違いあるまい。しかしイェール本と京大文本A・京大文本Bの印刷順序を確定することは難しい。イェール本は本文のみ、京大文本A・京大文本Bは図像のみしか存していないからである。しかし次のように推測することは可能ではあるまいか。すなわち、図3は京大文本Aの第一百三回表の図像であるが、版面の端から端まで大きく割れている。一方イェ

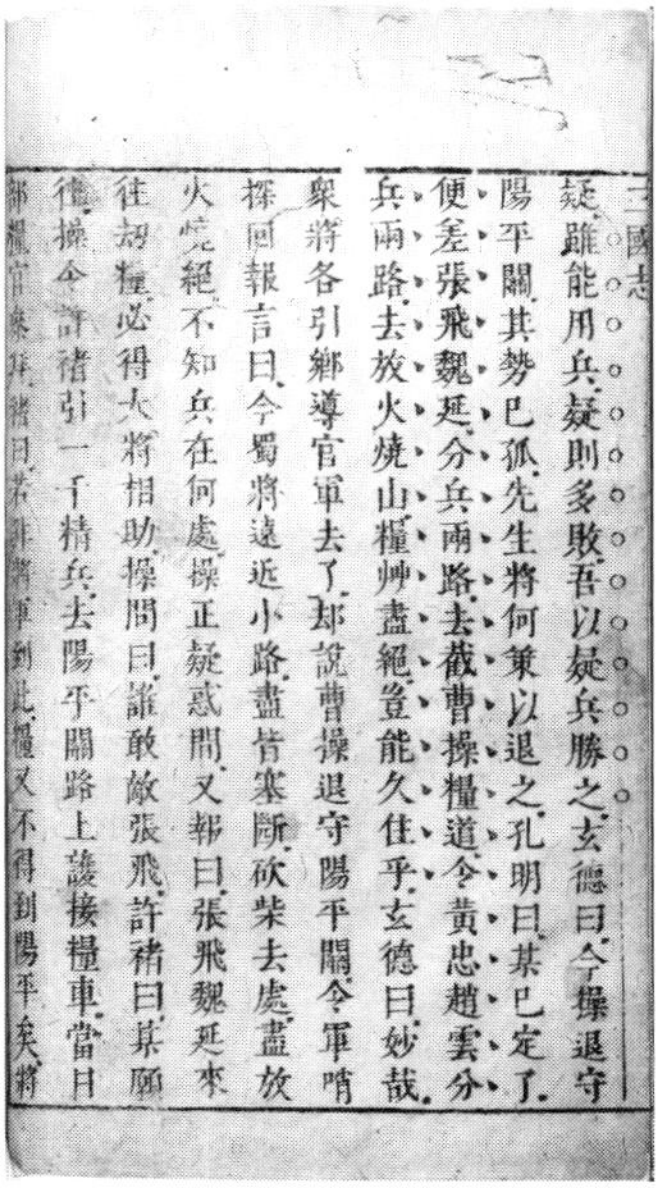

三國志
疑雖能用兵疑則多敗吾以疑兵勝之玄德曰今操退守
陽平關其勢已孤先生將何策以退之孔明曰某已定了
便差張飛魏延分兵兩路去截曹操糧道令黄忠趙雲分
兵兩路去放火燒山糧艸盡絶豈能久住乎玄德曰妙哉
衆將各引鄉導官軍去了郤說曹操退守陽平關令軍哨
探回報言曰今蜀將遠近小路盡皆塞斷砍柴去處盡放
火燒絶不知兵在何處操正疑惑間又報曰張飛魏延來
往刧糧必得大將相助操問曰誰敢敵張飛許褚曰某願
往操令許褚引一千精兵去陽平關路上護接糧車當日
部糧官衆拜褚曰若非將軍到此糧又不得到陽平矣將

図2-1 イェール本 第七十三回三葉裏

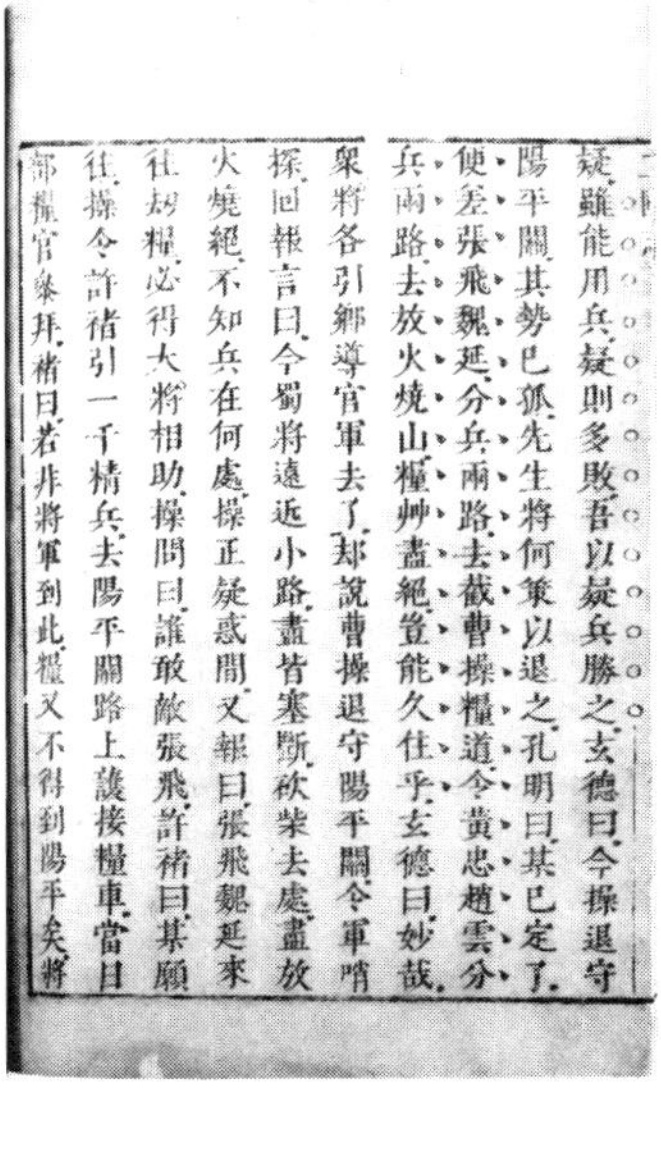

三國志
疑雖能用兵疑則多敗吾以疑兵勝之玄德曰今操退守
陽平關其勢已孤先生將何策以退之孔明曰某已定了
便差張飛魏延分兵兩路去截曹操糧道令黄忠趙雲分
兵兩路去放火燒山糧艸盡絶豈能久住乎玄德曰妙哉
衆將各引鄉導官軍去了郤說曹操退守陽平關令軍哨
探回報言曰今蜀將遠近小路盡皆塞斷砍柴去處盡放
火燒絶不知兵在何處操正疑惑間又報曰張飛魏延來
往刧糧必得大將相助操問曰誰敢敵張飛許褚曰某願
往操令許褚引一千精兵去陽平關路上護接糧車當日
部糧官衆拜褚曰若非將軍到此糧又不得到陽平矣將

図2-2 北師大本 第七十三回三葉裏

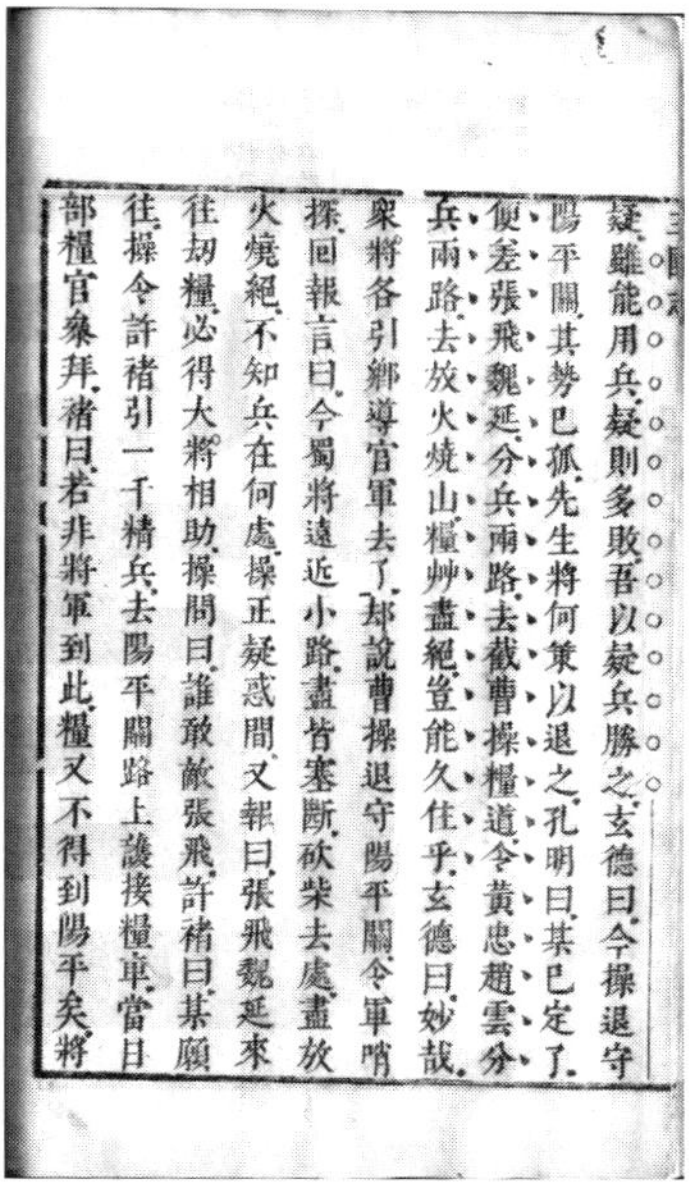

三國志
疑雖能用兵疑則多敗吾以疑兵勝之玄德曰今操退守
陽平關其勢已孤先生將何策以退之孔明曰某已定了
便差張飛魏延分兵兩路去截曹操糧道令黄忠趙雲分
兵兩路去放火燒山糧艸盡絶豈能久住乎玄德曰妙哉
衆將各引鄉導官軍去了郤說曹操退守陽平關令軍哨
探回報言曰今蜀將遠近小路盡皆塞斷砍柴去處盡放
火燒絶不知兵在何處操正疑惑間又報曰張飛魏延來
往刧糧必得大將相助操問曰誰敢敵張飛許褚曰某願
往操令許褚引一千精兵去陽平關路上護接糧車當日
部糧官衆拜褚曰若非將軍到此糧又不得到陽平矣將

図2-3 国図本本 第七十三回三葉裏

図3 京大文本A 第一百三回表図像

ール本にはこのような大きな割れ目は存在しない。よって、イェール本は京大文本Ａ・京大文本Ｂよりは印刷が早いかもしれない。

　以上のような推測をも踏まえれば、「真本」六本は、①国図本・②上図本・③北師大本・④イェール本・⑤京大文本Ａ・⑥京大文本Ｂの順序で印刷されたと考えられる。

四

　次に、「真本」の本文について検討してみよう。まず「真本」以外の李卓吾本、すなわちいわゆる甲本・乙本・丙本（一一）の間でで文字の異同がある個所について、「真本」の文字文章がどのようになっているのかを見てみる。これによって、「真本」の底本の様相がおおよそ判断できよう。

　以下の表は、台湾国家図書館蔵本・甲本（「呉観明本」）・乙本・丙本の間で文字の異同がある場合、その異同個所を「真本」がどのように作っているかを示したものである（一二）。

	巻・葉	台湾本	甲本	乙本	丙本	真本
1	001・4・a	次收封諝等一干人下獄	次收封諝等一千人下獄	次收封諝等一干人下獄	次收封諝等一干人下獄	次收封諝等一干人下獄
2	002・7・a	張讓等十三人	張讓等十三人	張讓等十二人	張讓等十二人	張讓等十三人
3	002・7・b	尚自與閣官共語耶	尚自與閣官共語耶	尚自與閣官共語耶	尚自與□官共語耶	尚自與閣官共語

4	006・6・b	劫少帝出北印回宮失此寶	劫少帝出北印回宮失此寶	劫少帝出北邙回宮失此寶	劫少帝出北邙回宮失此寶	劫少帝出北邙回宮失此寶
5	008・4・b	少頃二青衣了鬟引貂蟬	少頃二青衣了鬟引貂蟬	少頃二青衣丫鬟引貂蟬	少頃二青衣丫鬟引貂蟬	少頃二青衣丫鬟引貂蟬
6	018・4・a	故雖用敗兵而戰必勝也	故雖用敗兵而載必勝也	故雖用敗兵而戰必勝也	故雖用敗兵而戰必勝也	故雖用敗兵而戰必勝也
7	021・2・b	操仰面大笑曰	操仰面大笑曰	操抑面大笑曰	操抑面大笑曰	操仰面大笑曰
8	029・9・a	喚妻橋氏曰	喚妻喬氏曰	喚妻橋氏曰	喚妻橋氏曰	喚妻橋氏曰
9	030・11・b	操用其謀	橾用其謀	操用其謀	操用其謀	操用其謀
10	032・4・a	就中埋伏刀斧手	就中埋伏刀斧手	就中埋伏刀斧手	就中埋伕刀斧手	就中埋伏刀斧手
11	034・9・b	兩岸蹄蹤埋綠草	兩岸蹄蹤埋綠草	兩岸蹄踪埋綠草	兩岸蹄宗埋綠莫	兩岸蹄踪埋綠草
12	036・7・a	吾樗櫟庸才	吾樗櫟庸才	吾樗櫟庸才	吾樗櫟庸木	吾樗櫟庸才
13	040・1・b	張遼張郃爲第三隊	張遼張郃爲第三隊	張遼張郃爲第二隊	張遼張郃爲第二隊	張遼張郃爲第二
14	041・12・b	解開勒甲縧	解開勒甲縧	解開勒冑縧	解開勒冑縧	解開勒甲縧
15	043・5・b	劫劉表烏合之衆	劫劉表烏合之衆	劫劉表烏合之衆	劫劉表烏合之衆	劫劉表烏合之衆
16	044・4・b	誓娶二橋	誓娶二喬	誓娶二橋	誓娶二橋	誓娶二橋
17	044・4・b	挾二橋於東南兮	挾二喬於東南兮	挾二橋於東南兮	挾二橋於東南兮	挾二橋於東南兮
18	044・5・a	大橋是討虜將軍	大喬是討虜將軍	大橋是討虜將軍	大橋是討虜將軍	大橋是討虜將軍

19	044・5・a	小橋乃吾之妻也	小喬乃吾之妻也	小橋乃吾之妻也	小橋乃吾之妻也	小橋乃吾之妻也
20	044・7・a	今北土未平	今北土未乎	今北土未平	今北土未平	今北土未平
21	047・2・b	糧草軍儲隨船獻納	糧草軍儲隨船獻納	糧草軍器隨船獻納	糧草軍器隨船獻納	糧草軍儲隨船獻
22	047・6・a	你却盜吾私書	你却盜吾私書	你□盜吾私書	你却盜吾私書	你却盜吾私書
23	048・3・a	於漳水之上	於漳水之上	於漳水之土	於漳水之土	於漳水之上
24	048・4・b	命請送靈柩	命請送靈柩	命請送靈柩	命請送靈柜	命請送靈柩
25	052・1・a	即目起兵打南郡	即目起兵打南郡	即目起兵打南郡	即日起兵打南郡	即日起兵打南郡
26	052・3・b	四郡即目何人爲守	四郡即目何人爲守	四郡即日何人爲守	四郡即日何人爲守	四郡即目何人爲
27	054・5・a	適間十易	適間十易	適間卜易	適間卜易	適間卜易
28	055・2・a	終非池中之物也	終非池中之物也	終非池内之物也	終非池内之物也	終非池中之物也
29	055・3・a	使荊州有失	使荊川有失	使荊州有失	使荊州有失	使荊州有失
30	056・7・b	到今又不動兵	到今又不動兵	他今又不動兵	他今又不動兵	到今又不動兵
31	060・5・b	松全懼怯之意	松全無懼怯之意	松全無怯之意	松全無怯之意	松無懼怯之意
32	060・7・a	荊州乃暫借東呉的	荊州乃暫借東呉的	荊州可暫借東呉的	荊州可暫借東呉的	荊州乃暫借東 呉
33	64・6・b	可令張翼呉懿引趙雲撫外水定江捷爲等處所屬州郡	可令張翼呉懿引趙雲撫外水定江捷爲等處所屬州郡	可令張翼呉懿引趙雲撫外水定江捷爲等處所屬州郡	可令張翼呉懿引趙雲撫涪水定江健爲等處所屬州郡	可令張翼呉懿引趙雲撫涪水定江捷爲等處 所屬州
34	66・5・a	左將軍親冒矢石戮	左將軍親冒矢石戮	左將軍親冒矢石戮	左將軍親冒矢石戮	左將軍親冒矢石戮

		力破破敵	力破破敵	力□破敵	力□破敵	力破敵
35	68・12・a	操取観之一字不差	操取観之一字不差	操又讀之一字不差	操又讀之一字不差	操取観之一字不
36	69・8・b	截住城内救軍	截住城内救軍	截住城内救軍	截住城向救軍	截住城内救軍
37	69・8・b	勿似董承自取其禍	勿似董承自取其禍	勿似董承自収其禍	勿似董承自収其禍	勿似董承自取其
38	79・1・b	所有臨淄矦曹植	所有臨淄矦曹植	所有臨淄疾曹植	所有淄疾曹植	所有臨淄侯曹植
39	80・10・a	幸主公有兩川之地	幸主公有兩川之地	今主公有兩川之地	今主公有兩川之地	幸主公有兩川之
40	90・13・b	見火必著	見火必著	見火必著	見火必燃	見火必燃
41	99・6・b	自有解危之策	自有解危之策	自有解危之策	目有解危之策	自有解危之策
42	100・6・b	願去者百餘人	願去者百餘人	願去者千餘人	願去者千餘人	願去者千餘人
43	100・7・b	文官秉筆而記録	文官秉筆而記録	史官秉筆而記録	史官秉筆而記録	史官秉筆而記録
44	102・12・a	汝二人各引百百軍	汝二人各引百百軍	汝二人各引百十軍	汝二人各引五百軍	汝二人各引五百
45	119・12・a	付託不専必參枝族	付託不専必參枝族	何託不専必參枝族	何託不専必參枝族	付託不専必參枝

さてこの表に基づき、「真本」の文字がどの本と等しいのかを見てみると、次のように分けられよう。

（1）台湾本と甲本が、乙本と丙本がそれぞれ等しく、「真本」は台湾本・甲本と同じ例

2、7、14、15、21、23、26、28、30、32、35、37、38、39、45

（2）台湾本と甲本が、乙本と丙本がそれぞれ等しく、「真本」は乙本・丙本と同じ例

（3）台湾本と甲本が、乙本と丙本がそれぞれ等しく、「真本」はどの本とも異なる例
4、5、6、8、13、27、42、43
34

（4）台湾本・乙本・丙本と「真本」が等しい例
1、9、10、16、17、18、19、20、29

（5）台湾本・甲本・乙本と「真本」が等しい例
3、12、24、36、41

（6）台湾本・甲本・丙本と「真本」が等しい例
22

（7）甲本と「真本」が等しい例
31

（8）乙本と「真本」が等しい例
11

（9）丙本と「真本」が等しい例
25、33、40、44

これらの文字の異同を検討してみよう。

（1）が一番多いようである。例を示そう。用例7、第二十一回「青梅煮酒論英雄」の一節である。台湾本・甲本

で「仰面」となっているところが、乙本・丙本ともに「抑面」となっている。ここは曹操が大笑いする場面であるから「上を仰ぎ見る」方が正しい。乙本・丙本の誤りである。「真本」は「仰面」に作り、台湾本・甲本に同じである。このように台湾本・甲本と乙本・丙本で文字が異なりかつ乙本・丙本の方が誤っている場合は、「真本」は台湾本・甲本と等しい場合が多い。

用例21、第四十七回「闞沢密献詐降書」の一節で、台湾本・甲本は「軍儲」に、乙本・丙本は「軍器」に作る。ここは闞澤が曹操に齎した黄蓋の偽の降伏書の一節で、黄蓋が曹操に降参する際に献上しようとするものを列挙している個所である。ここは「軍儲」でも「軍器」でも文意は通じ、どちらでも構わない。このように台湾本・甲本と乙本・丙本で文字に異同があり、かつ文意上どちらでも通じる場合、「真本」は台湾本・甲本に等しいことが多い。

この二つの例のとおり、本文の文意からして台湾本・甲本の文字が正しい場合と、台湾本・甲本のような文字でも乙本・丙本のような文字でも、どちらでも文意が通じる場合、「真本」の文字は台湾本・甲本に等しいのである。よって（1）からは、「真本」の底本は台湾本または甲本である可能性が考えられる。

（2）の用例を一つ見てみよう。用例4、第八回「司徒王允説貂蝉」の一文である。台湾本・甲本は「了鬟」となっているところが、乙本・丙本では「丫鬟」となっている。ここは王允が呂布を屋敷に招き、二人の下女に連れられて貂蝉が呂布の前に現れる場面であるから、「丫鬟」でなければならない。すなわち乙本・丙本の文字の方が正しい。このように乙本・丙本の文字が正しく台湾本・甲本の文字が誤っている場合、「真本」の文字は乙本・丙本に等しくなっている。よって（2）からは、「真本」の底本は乙本または丙本である可能性が考えられる。

次に（3）の例を挙げる。用例35、第六十六回「関雲長単刀赴会」の一節である。台湾本・甲本は「戮力破破敵」となっていて、「破」一字が衍字である。乙本・丙本は「戮力□破敵」と、台湾本・甲本で衍字であった「破」一字

を削除して、そこは空格になっている。「真本」は「戮力破敵」と衍字も空格もなく、正しい表記になっている。衍字や空格を削除することはそれほど難しい修正ではないので、この例からはいずれの本も「真本」の底本となり得る可能性が考えられる。

（4）の例。用例9、第三十回「曹操烏巣焼糧草」の一節である。台湾本・乙本・丙本は「操用其謀」となっているが、甲本のみ「橾用其謀」となっている。この「操」は曹操のことなので、もちろん「橾」は誤りである。「真本」は正しく「操」字になっている。この例から、「真本」は甲本を底本にしたのではないと思われる。

（5）の例。用例12、第三十六回「徐庶走薦諸葛亮」の一節である。台湾本・甲本・乙本は「吾樗櫟庸才」となっているが、丙本は「吾樗櫟庸木」となっている。ここは徐庶が劉備に対して自らの才能を謙って述べているのであるから、当然「庸才」でなければならず、「庸木」では意味をなさない。丙本の誤りである。「真本」は正しく「庸才」になっている。この例からは、丙本は「真本」の底本ではないという可能性が考えられる。

（6）の例。用例22、第四十七回「龐統詐献連環計」の一節である。台湾本・甲本・丙本は「你却盗吾私書」となっているが、乙本のみ他本の「却」字がなく、空格になっている。「真本」は空格となることなく、「却」字がある。この例からは、乙本は「真本」の底本ではないという可能性が考えられる。

（7）の例。用例31、第六十回「張永年反難楊修」の一節である。台湾本は「全無懼怯之意」となっている。ここは張松が曹操に「我が蜀は仁義で天下の士を治めている」と言って全く恐れる様子がない、という文脈である。台湾本のような文字では文意が逆になり、通じない。そこで甲本では「全無懼怯之意」と「無」字を挿入している。これで文意は通じるが、台湾本の版式を変えないために本来三字分のスペースに「之松全無」の四字を入れて、不自然な字並びになっている。乙本・丙本は、「懼」字を削除して文意も通じ字並びも自然にしている。ただこれでは「懼怯」

という熟語でなくなってしまい、その点不自然さが残る。一方「真本」は、乙本・丙本と異なり、甲本に比べて「全」字が削除されており、「全」字の持つ強調のニュアンスはなくなるものの、自然な文章に改められている。この例から、「真本」は先行する版本の文字の誤りを訂正しようとする様子が見られると同時に、「真本」は乙本・丙本を底本としない可能性が考えられる。

（８）の例。用例11、第三十四回「玄徳躍馬跳檀溪」の一節で、劉備が的盧馬とともに檀溪を飛び越えた場面の後に挿入される詩の中の一句である。台湾本・甲本は「蹄蹤」に、乙本は「蹄踪」に、丙本は「蹄宗」になっている。「蹤」と「踪」は異体字である。また丙本の「宗」の字を見ると、字の左側に不自然な空白がある。おそらく版木を刻する時に偏の「足」が落ちてしまったのであろう。「真本」は乙本に同じく「蹄踪」になっている。また丙本の「莫」はもちろん「草」の誤りで、他の本のように作るのが正しい。この例からは「真本」の底本は乙本である可能性が考えられる。

（９）の例。用例33、第六十四回「孔明定計捉張任」の一節である。台湾本・甲本・乙本いずれも「外水」となっているところが、丙本では「涪水」となっている。[一三]「真本」は丙本に同じく、「涪水」となっている。この例からは、「真本」の底本は丙本である可能性が考えられる。

以上の検討から、「真本」の底本は台湾本や甲本である可能性、乙本である可能性、丙本である可能性、いずれも考えられる。ただ、台湾本・甲本・乙本・丙本の間で文字の異同があっていずれかの本に誤りがある場合、「真本」の文字は必ず正しいものとなっている。このことから、「真本」はある特定の李卓吾本を底本としながらも、適宜修正を加えて編纂し直したのではないだろうか。そして「真本」の文字は台湾本・甲本に一致する例が多いことから、「真本」の底本は甲本系の李卓吾本ではないかと思われる。

五

続いて、甲本・乙本・丙本の間で文字文章に異同がなく、かつ「真本」ではそれらと異同がある場合を見てみよう。これによって「真本」の文章の特徴を考えていく。

まず、「真本」と他の李卓吾本で大きく異なっている例を一つ示してみる。場面は、曹操に一時降参している関羽が袁紹軍の大将文醜を斬り、曹操軍が大勝利を収めて許昌に帰ってきたところである。李卓吾本からは甲本（呉観明本）を用いる。また比較対象として、周日校乙本も示す。[一四]

第二十六回「雲長延津誅文醜」

周日校乙本	李卓吾甲本	李卓吾真本
操班師回許都、大宴衆官、賀雲長之功。席上曹操與呂虔曰「昔日吾以糧草在前者、乃餌敵之計也。惟荀公達知吾心耳。」衆皆服其論。正飲宴間、忽有人報～	操班師回許都、大宴衆官、賀雲長之功。席上曹操與呂虔曰「昔日吾以糧草在前者、乃餌敵之計也。惟荀公達知吾心耳。」衆皆服其論。正飲宴間、忽有人報～	操班師回許都、大宴衆官、賀雲長之功。正飲宴間、忽有人報～

呉観明本と「真本」を比べてみると、呉観明本には見られる「席上曹操與呂虔曰、昔日吾以糧草在前者、乃餌敵之

計也。惟荀公達知吾心耳。衆皆服其論。」の三十六文字が「真本」にはない。周曰校乙本には同様の文字が見られることから、この三十六文字は本来『三国志演義』本文中にあるべきもので、「真本」における脱落だと考えられる。しかしこれを「真本」における誤りだと簡単に断ずることもできまい。「真本」で脱落している文字は、二度出てくる同じ文字を混同して誤って脱落したいわゆる「同詞脱文」ではない。また翻刻する際に底本の一行分をそのまま脱落してしまったものでもあるまい。脱落している文字は三十六字であり、「真本」の底本であろう李卓吾本はおそらく呉観明本などと同様行二十二字だと思われるからである。そして何よりも、脱落しているはずの「真本」で、文意が問題なく通じているのである。これはむしろ、「真本」における故意の削除とみるべきではないだろうか。そしてこのような故意の削除は、「真本」全体をとおして決して多くはない。

　では「真本」はなぜこのような故意の削除を行ったのだろうか。もう少し別の例を見てみよう。

第九十六回「孔明揮涙斬馬謖」

周曰校乙本	李卓吾甲本	李卓吾真本
大小將士、無不流涕。馬謖亡年三十 九歲。時建興六年夏五月也。後人有 詩曰、 失守街亭罪不輕　堪嗟馬謖枉談兵 轅門斬首嚴軍法　拭涙猶思先帝明 又詩曰、	大小將士、無不流涕。馬謖亡年三十 九歲。時建興六年夏五月也。後人有 詩曰、 失守街亭罪不輕　堪嗟馬謖枉談兵 轅門斬首嚴軍法　拭涙猶思先帝明 又詩曰、	大小將士、無不流涕。馬謖亡年三十 九歲。時建興六年夏五月也。後人有 詩曰、 失守街亭罪不輕　堪嗟馬謖枉談兵 轅門斬首嚴軍法　拭涙猶思先帝明

賞罰分明可告軍　賞無讐恨罰無親
街亭敗失堪誅戮　灑涙成行勸後人
却説孔明斬了馬謖、將首級遍示各營
巳畢～

賞罰分明可告軍　賞無讐恨罰無親
街亭敗失堪誅戮　灑涙成行勸後人
却説孔明斬了馬謖、將首級遍示各營
巳畢～

却説孔明斬了馬謖、將首級遍示各營
巳畢～

諸葛孔明が、街亭で敗戦した馬謖を斬った、いわゆる「泣いて馬謖を斬る」の場面の直後に引用される詩の部分である。甲本には「失守街亭～」と「賞罰分明～」の二首の詩が引用されている。ところが「真本」には二首目の「賞罰分明～」の詩が削除されている。周曰校乙本にはこの二首があることから、李卓吾本としては甲本のように二首の詩がある方がもとの形であろう。「真本」は二首目の詩を故意に削除したと考えられる。削除された詩はそもそも引用されたものであるから、削除されたとしても本文・物語の展開に影響はない。

このように、「真本」では時折本文・物語の展開に影響のない部分が削除されることがある。これは簡本系テキストによく見られる特徴である。（二五）しかし簡本系テキストではこのような削除は頻繁に行われ、それによって全体の分量を大幅に少なくしようとするのが一般的である。ところが「真本」の場合、このような削除はごくわずかで、簡本のように全体の分量を大幅に縮小するほどではない。その点で簡本系テキストの省略の仕方とは一線を画している。

もう一つ別の例を見てみよう。曹操軍に敗れた劉備は、多くの人民を引き連れて逃げて行く。そこで劉備は関羽を派遣して江夏の劉琦に助けを求めた。しばらくしても関羽からの音信がないので、劉備は諸葛孔明を江夏に派遣することにした、という場面である。

第四十一回「長坂坡趙雲救主」

周曰校乙本	李卓吾甲本	李卓吾真本
玄德曰「欲煩軍師親往催促。劉琦昔日感公之教、以獲全生。今公一往、事必諧矣。」孔明不敢推辭、引劉封帶五百軍、先往江夏求救應允去了。	玄德曰「欲煩軍師親往催促。劉琦昔日感公之教、以獲全生。今公一往、事必諧矣。」孔明不敢推辭、引劉封帶五百軍、先往江夏求救應允去了。	玄德曰「欲煩軍師親往催促。劉琦昔日感公之教、以獲全生。今公一往、事必諧矣。」孔明奉命、即引劉封帶五百軍士、星夜先往江夏求救去了。

甲本と「真本」を比べてみると、甲本の「不敢推辭」が「真本」では「奉命即」に、また「五百軍」が「五百軍士」になっている。さらに「真本」では「五百軍士」の後に「星夜」の二字が挿入され、また甲本の「應允」が「真本」にはない。周曰校乙本の同一個所を見ると、甲本と同じになっている。したがって甲本のような文章が元の形で、「真本」による文章の改変であろう。甲本のような文章でも「真本」のように改められた文章でも、どちらでも文意は通じる。しかし若干のニュアンスの違いは認められるだろう。すなわち、「不敢推辭」だと、劉備の命を受けた諸葛孔明はやむをえず江夏に向かうとなるが、「奉命即」だと諸葛孔明は命を受けて直ちに江夏に向かったとなる。諸葛孔明の劉備に対する姿勢に違いが出てくる。劉備に対する諸葛孔明の態度としては、「真本」のような記述の方が読者にとってより分かりやすいものではないだろうか。また「星夜」の二字が甲本にはないが、「真本」には挿入されている。この二字の有無で文意が大きく変わることはない。しかし「真本」のようにこの二字があった方が、諸葛孔明が急いで江夏の劉琦に助けを求めに行くというニュアンスが出てくる。劉備の危機をいち早く救わなけ

ればならないという諸葛孔明の姿勢が強調されよう。このように、甲本と「真本」で多少の文字の異同があることによって、両者の文章の間に若干のニュアンスの違いが認められる。そしてこのように改めることによって、本文が分かりやすくなっていると言えまいか。

先の第二十六回「雲長延津誅文醜」の例でも、「真本」で削除されている一文は曹操軍凱旋後の宴会での曹操のセリフであり、無くても特段文意に関わらない。むしろない方が、宴席で関羽の功績を称えている時に曹洪から救援を求める知らせが入って関羽が出撃を申し出るという繋がりがよりはっきりし、関羽の武勇もより分かりやすくならないか。つまり、第二十六回の例のようにまとまった字数の削除であっても、本文が分かりやすくなるような修訂と言えよう。第九十六回の挿入詩の削除も、同様の意図で行われたのかもしれない。

また前節で取り上げたように李卓吾本各本との異同でも、「真本」は原則として他本の誤りを修正している場合が多かった。文章・文字に誤りがあるということはその文章が読みづらいということでもあるのだから、誤りを修正するという作業は、文章を読みやすくする作業と言い換えることができよう。すなわち、「真本」の文章には底本の文章をより読みやすくしようとする姿勢が見て取れるのである。

六

「真本」を含めいわゆる李卓吾本には、本文中および各回末に批評がつけられている。本文中の批評は本文の框郭上に眉批として（丙本にあっては、本文行間に夾批として）記される。各回末の批評は、各回（二則）ごと本文の後に続けて、総評として記される。甲本・乙本・丙本の批評は、眉批（夾批）・総評とも原則として大きな違いはな

い。若干の文字の異同があり、また評語が部分的に脱落する程度である。一方「真本」の場合は、形式こそ甲本・乙本と同じく本文中に眉批、各回末に総評があるが、批評の文章は甲本などと異なることが多い。そこで、以下「真本」の批評を甲本と比較しながら見てみよう。

まず「真本」の批評が他の李卓吾本と同じ例を挙げる。第二回「安喜張飛鞭督郵」の一節で、朱雋が黄巾賊軍の趙弘・孫仲と戦っている時に孫堅が救援に現れたところ、甲本には

刺史臧旻上表奏孫堅功績、除堅爲鹽瀆丞、又除盱眙丞・下邳丞。見黄巾寇起、聚集鄉中少年及諸商旅并淮泗精兵一千五百餘人、前來接應。

という文章があり、そこに、

世上自無埋沒之豪傑。彼埋沒者、定非豪傑耳。

という批評がつけられている。そして「真本」を見ると、本文もつけられた批評も甲本と同じである。このように「真本」は先行する李卓吾本の批評をそのまま引き継いでいる例がいくつも見られる。また各回末の総評も同様である。例えば甲本第二回回末の総評には、

畢竟袁本初、曹孟德輩是英雄、若何進者、犬彘耳、何足與議大事哉。

とあるが、「真本」にも同様にこの批評がつけられている。

このように、甲・乙・丙本と「真本」で批評の文章が完全に一致することもある。しかしこのような例は全体から見ると決して多くはない。むしろ甲・乙・丙本と「真本」で批評が異なることの方が多い。以下、そのような例をいくつか見てみよう。

第七回「孫堅跨江戦劉表」の一節である。孫堅と劉表が争い、戦いの中孫堅は矢に打たれて討ち死にし、その死骸は劉表軍の手に落ちてしまった。一方孫策は劉表軍の大将黄祖を生け捕りにした。孫策は父親の亡骸を取り戻すため、捕らえた黄祖と交換することにした。この場面を甲本は次のように記している。

策曰「父屍在他處、安得回屍郷里。」黄蓋曰「今巳活捉黄祖在此。得一人入城講和、將黄祖去換主公屍首。」言未畢、軍吏桓楷出曰「某與劉表有一面舊識。某今便行。」策令桓楷上馬、到城中見劉表、具説其事。表曰「屍首吾巳用棺木盛貯在此。可速放黄祖。吾兩家各罷兵、再休侵犯。」

そしてこの個所について、次のような批評がつけられている。

死孫堅還換的活黄祖，終是下路人值錢，呵呵。

一方「真本」は、本文は甲本と文字の異同はないが、批評は次のようになっている。

換活黃祖。

「真本」の方が大幅に短くなっている。ただいずれも生存している黃祖とすでに亡くなった孫堅とを交換することを指摘した批評であるという点では共通している。このように「真本」の批評は、先行する李卓吾本の批評を短くして記していることがある。

次の例。第四回「曹孟徳謀殺董卓」の一節で、董卓暗殺に失敗した曹操は故郷へ向けて逃げて行った。途中陳宮に助けられ、父の義兄弟である呂伯奢の家に立ち寄った。呂伯奢は曹操をもてなし、家人に豚の料理を言いつけ、自らは酒を買いに出かけて行った。呂伯奢の留守中包丁の音を聞き勘違いした曹操は、誤って呂伯奢の家人を殺してしまった。この場面を「真本」は以下のように記述する。

操坐久、聞庄後磨刀之聲。操與宮曰「呂伯奢非吾至親、此去可疑。當竊聽之。」二人潛步入草堂後、但聞人語曰「縛而殺之。」操曰「不先下手、必遭擒矣。」與宮拔劍直入、不問男女、皆殺之、殺死八口。

この個所に「真本」には、次のような批評がつけられている。

既聞此聲、又聞此語、不能無疑。仁者之人、但該急走。英雄舉事、殺之亦不爲過。但殺伯奢未免太刻、至此已不得已矣。

一方甲本では本文には文字の異同はないが、批評は特につけられていない。（一六）このように、「真本」では先行する李卓吾本には見られなかった批評を新たに付け加えることが度々行われる。そしてこの場面について言えば、曹操が誤って呂伯奢の家人を殺してしまったことについて「至此已不得已矣」このような状況ではやむを得ないこと、と曹操の行為を正当化し、その立場を明確に述べている。

もう一つ別の例を見てみよう。第八回「鳳儀亭呂布戯貂蟬」の一節である。王允の連環計によって、貂蝉は董卓のもとにいた。呂布は董卓がいない隙に貂蝉を探す。貂蝉は呂布をみつけ、鳳儀亭で待つように告げる。鳳儀亭にて貂蝉は呂布に思いを述べる。そのセリフを甲本は次のように記す。

（貂蝉）泣與布曰「我雖非王司徒親生之女、待之若神珠玉顆。一見將軍、大人肯許妾巳、平生願足。誰想太師起不仁之心、將妾淫汚、恨不得死耳。今幸將軍至此、妾表誠心。此身巳汚、不得復事英雄。愿死于君前、以絶君念。」言畢、手攀曲欄、望荷花池便跳。

そしてその部分に次のような批評をつける。

妖美人驍將軍也。呂布如何敵得他過。

また回末の総評では次のように述べる。

司徒固是妙人、貂蟬亦是神女、不是兩人對手、亦算不倒董卓・呂布也。余嘗謂十八路諸侯到底不如此一女子也。雖然、今人但知畏十八路諸侯、豈知畏女子哉。真個是至險伏於至順、至剛伏於至柔也。世上有幾人悟此哉、世上有幾人悟此哉。

貂蟬のことを「勇敢な将軍」と言ったり、「十八路諸侯もこの一女子に及ばない」と言ったりして、武将にも匹敵する人物と評価している。

一方「真本」の同じ個所は、本文は甲本と同じで文字の異同はないが、ここの批評は次のように記される。

此是真話。

貂蟬が呂布に言った言葉は、貂蟬の本心なのだと言っている。そしてこの回の回末総評では、

十八路不能制卓賊、一蟬制之。劉關張不能勝布奴、一蟬勝之。所謂至險伏於至柔、可不慎歟。

と、貂蟬は董卓や呂布を倒すのに十八路諸侯や劉備・関羽・張飛以上の力を発揮していることを認めている。この点では甲本と同じような解釈をしていると言える。しかしその一方で、同じく総評で次のようにも述べている。

人知王允妙計貂蟬奇策、不知蟬愛呂布、實是真心也。不要十分看得他高了、倘先歸呂布、縱董卓十分調情、決不愛此肥胖老頭兒矣。允與范蠡大抵相同。蟬與西施終差一等。

貂蟬が呂布を愛しており、それは真心であると述べている。「貂蟬の呂布への愛は真実」という解釈は甲・乙・丙本には見られない。先行する李卓吾本とは異なる「真本」独自の解釈と言えよう。

このように、「真本」の本文解釈が先行する李卓吾本諸本と大きく異なる場合、先行諸本の批評を削り、新たに「真本」独自の批評を付け加えることを行っている。すなわち、「真本」は「李卓吾先生批評」とは称しているが、『三国志演義』の本文理解の仕方は他の李卓吾本とは異なっていることが分かる。李卓吾甲・乙・丙本では、『三国志演義』本文の表面には現れないところまで深く読み取ろうとするところがある。一方の「真本」は、本文の文章表現を素直にそのまま理解しようとしている。これは、前節で触れた「本文の文章・文字を読みやすく改めることがある」という点にも通じよう。ここにも「真本」の持つ一つの特徴を指摘することができるのではないだろうか。

七

以上「真本」とその他の李卓吾本諸本と比較することをとおして、さまざまな面から「真本」の特徴を検討してきた。その結果、「真本」は確かに『李卓吾先生批評三国志』の系列に属する一本であり、多くの『三国志演義』と比べれば、その他の李卓吾本との差異はそれほど大きいものではない。しかしその差異から、「真本」は李卓吾本甲本の系統に近い本を底本として成立したであろうこと、「真本」が編纂されるにあたり本文を読みやすく改めたところ

があること、が分かった。また「真本」では独自の本文解釈がなされている。すなわち、「真本」は『李卓吾先生批評三国志』の中において、独立した一本であると考えられる。

『李卓吾先生批評三国志』と題する本は様々な書肆から繰り返し出版され、多くの読者を獲得した。それだけ影響力も大きかったに違いない。実際毛宗崗本が李卓吾本の中の一本を底本にしている他、それに先立って成立した『鍾伯敬先生批評三国志』も李卓吾本を底本にしたことは間違いない。(一七)またいわゆる「英雄譜」と呼ばれる『三国志演義』と『水滸伝』の合刻本の『三国志演義』部分は、巻頭に「李載贄」の名前があるし、拙著で取り上げなかった遺香堂本は版式が李卓吾本と等しい。これらの版本はいずれも李卓吾本との関連性の強さを示唆する。それではこれらの本は『李卓吾先生批評三国志』と題する本とどのような関係にあるのであろうか。この問題を引き続き解決していくことで、『三国志演義』をはじめとする明代小説の出版状況、明代文人と小説の出版との関係について、明らかにしていくことができるであろう。

《注》

(一) 毛宗崗本の「凡例」に、「俗本謬托李卓吾先生批閲、而究竟不知出自何人之手」とあることによる。

(二) 小川環樹「関索の伝説そのほか」小川環樹著『中国小説史の研究』(岩波書店、一九六八年)所収。初出は、小川環樹・金田純一郎訳『三国志』第八冊(岩波文庫、一九六四年)附録。

(三) 中川諭「『李卓吾先生批評三国志』について」(『三国志研究』第十一号、二〇一六年、三国志学会)。

(四) いわゆる「藜光楼本」は眉批ではなく、本文行間に評語のある夾批となる。

（五）笠井直美「呉郡宝翰楼書目」（『東洋文化研究所紀要』第一六四冊、二〇一三年）。
（六）笠井直美「呉郡宝翰楼初探」（名古屋大学大学院国際開発研究科『古今論衡』第二七期、二〇一五年）。
（七）梁蘊嫻『『李卓吾先生批評三国志真本』（宝翰楼本）の挿絵について―合戦場面の表現を中心に―」（瀧本弘之編『全相平話五種／三國志演義（宝翰楼本）』、中国古典文学挿画集成（六）、遊子館、二〇〇九年）。
（八）注（三）前掲拙論。
（九）いわゆる「遺香堂本」のものと思われる。別に改めて検討したい。
（一〇）注（七）前掲梁蘊嫻氏論文。
（一一）甲本は従来「呉観明本」と呼ばれていた本、乙本は「緑蔭堂本」と呼ばれていた本、丙本は「藜光楼本」のことである。李卓吾本の呼称については、注三前掲拙論参照。
（一二）通し番号33～45、第六十一回から第一百二十回については、中川諭著『『三国志演義』版本の研究』（汲古書院、一九九八年）の第二章第二節で取り上げたものを用いる。また甲本・乙本・丙本において各回末の総評でも文字の異同が見られる個所があるが、「真本」の総評は文章が大きく異なるため、ここでは取り上げない。
（一三）嘉靖本・周曰校乙本・葉逢春本はいずれも「外水」に作る。周曰校丙本は「巡永」となっている。拙著で「永水」が正しいとしたのは誤りである。ここで訂正しておきたい。
（一四）『新刊校正古本大字音釈三国志通俗演義』十二巻。イェール大学図書館蔵本を用いる。
（一五）注（三）前掲拙著、第五章第二節。
（一六）ただし第四回回末の総評では、呉観明本においても「孟徳殺伯奢一家、誤也、可原也。」とあって、呂伯奢の家族を殺害した曹操の行為については、呉観明本も「真本」と同じ立場を取る。
（一七）注（三）前掲拙著第二章第六節。

毛宗崗本『三國志演義』における劉備の仁

仙石　知子

はじめに

『三国志演義』の通行本となった毛宗崗批評本『三國演義』（以下、毛宗崗本）は、関羽・曹操・諸葛亮の「三絶」を物語の主役と定めた小説である。（一）中国の小説では、主役と主人公が異なることも多い。『三国志演義』では、物語を動かし、「三絶」の活躍を際立たせるための主人公は、劉備である。「桃園結義」から始まり、「三顧の礼」を経て、「孤を托す」に至るまでの劉備の生涯は、『三国志演義』の核である。毛宗崗本は、この三つの有名な話の中で、（二）表現にどのような工夫を凝らしているのであろうか。

毛宗崗本は、それ以前の代表的版本である『李卓吾先生批評三國志』（以下、李卓吾本）の字句を改変し、評を加えることで、物語の表現を豊かにしようとしている。本稿は、それらのうち、劉備への書き換えに注目することにより、毛宗崗本が表現しようとした劉備の姿を明らかにして、毛宗崗本の文学としての完成度を追究するものである。

一、鞭打った者は誰か

『三国志演義』は、桃園結義の場面より始まっていく。劉備は、中山靖王劉勝の末裔ながら、むしろを織り、わらじを売って暮らしていた。黄巾討伐の義兵を募集する高札を見ていた劉備の救国の志に感じた張飛・関羽は、近くの桃園で天地神明を祭り、兄弟の契りを結んで共に立ちあがる。ここから「三国志」の物語が始まる。桃園結義について、李卓吾本は総評に次のように述べている。

桃園結義の冒頭で、（三人は）誓いを立てて言った、「心を同じくして力を協《あ》わせ、国を救い危きを扶《たす》け、上は国家に報《むく》ひ、下は黎庶《たみ》を安《やすん》じよう」と。(三)

李卓吾本は、三人の関係を「心を同じくして力を協《あ》わせ」る関係とするのである。一方、毛宗崗本の総評は、次のように述べている。

ためしに桃園における三人の結義を観ると、それぞれ自ら一姓であり、兄弟の約を見ることができる。（結義では）心を同じくして徳を同じくすることを（義を結ぶ理由として）取り、同姓同宗であることを取ってはいない。(四)（傍線、筆者。以下同じ。）

毛宗崗本は、李卓吾本では「心を同じくして力を協《あ》わせ」る関係としている三人の結びつきの理由を「心を同じくして徳を同じくする」ことに求めている。毛宗崗本は、こののち「仁徳」の人と描いていく劉備を初登場の桃園結義の場面から、「徳」によって人と結びつくものとするのである。

なお、李卓吾本では、関羽・張飛は、桃園結義の後、劉備の老母に義兄弟になったことの挨拶をしている。これに

対して、毛宗崗本は、それを削除する。それにより、義兄弟はあくまで漢を救う「義」のため「徳」に基づいて結んだものであり、三人が私的に「同姓同宗」となるために結んだものではないことを強調するのである。

こうして劉備は、関羽・張飛と共に、漢のために義兵を起こし、黄巾と戦って功績を挙げる。しかし、長らく恩賞の沙汰はなく、ようやく得た地位も安喜の県尉に過ぎなかった。その地位すら、宦官の手先である督郵という小役人に賄賂を渡さなければ守れない。張飛は我慢できずに督郵を打ち据えた。劉備は県尉を辞め、捲土重来を期す。

この場面は、現存する最古の版本とされる嘉靖本より張飛が督郵を打ったことになっているが[五]、史実では、打ち据えた者は劉備であった。

靈帝の末、黄巾 起こるや、州郡 各〻義兵を擧ぐ。先主 其の屬を率ゐ、校尉の鄒靖に従ひて、黄巾の賊を討ちて功有り、安喜尉に除せらる。督郵 公事を以て縣に到る。先主 謁を求むるも、通ぜず。直ちに入りて督郵を縛り、杖うつこと二百、綬を解き其の頸に繋け馬柳に着く。官を棄てて亡命す[六]。

『三国志』に記される劉備は、「梟雄」とも呼ばれ、傭兵隊長として武力で乱世に台頭した英雄であった[七]。その気性は烈しく、督郵を鞭打つことも辞さなかった。

これに対して、『三国志演義』は劉備を「仁徳」な人と描く。毛宗崗本の記述を掲げよう。督郵が県吏を圧迫して、賄賂を渡さない劉備を貶めようとしていると聞いた張飛は、督郵のもとに乗り込む場面からである。

張飛は一喝すると、「民を損なう賊め。おれさまを知らないか」と言った。【痛快な人の快事である。何も考えていないことが素晴らしい。】督郵が口を開く間もなく、すぐさま張飛に髪を摑まれ、宿舎から引きずり出された。(張飛は)そのまま県府まで連れて行き、(督郵を)馬つなぎの柱に縛りつけた。【昨日は馬上に座って(威張って)いたのに、今日は馬つなぎの柱に縛りつけられている、笑える。】柳の枝をとり、督郵の両腿を力まか

せに打ち据え【軽快に打ち据えている。督郵はいく条かの金の棒を望んだのに、張公からいく条かの柳の鞭を贈られようとは。】、柳の枝を十何本も叩き折った。……督郵は、「玄徳公、わたしをお助けください」と言った。【いやいや、わたしは（督郵さまがおっしゃったように）皇親を詐称し、功績を偽って報告した者ですから。どうして公を救うことなどできましょうか。】玄徳はつまるところ仁慈の人なので、急いで張飛を叱って止めさせた。……督郵は帰ると定州太守に告げ、太守は文書を省府に送り、追手が差し向けられた。(八)

嘉靖本より『三国志演義』は、実際に督郵を鞭打ったのは劉備であるのに、それを張飛に変更することで、暴れ役を張飛としている。また、督郵が報告に帰った「定州太守」は、『三国志平話』において、張飛が「定州太守」を殺害した場面の残滓と考えてよい。(九)『三国志平話』では、話しの中心に置かれて活躍していた張飛であるが、『三国志演義』では劉備に抑えられる役どころとなっている。

さらに、毛宗崗本は、劉備を「仁慈の人」と評する。桃園結義を「徳」で説明していたように、毛宗崗本は、「仁徳」の人として劉備の仁を物語の中心に置き、聖人君子とすることで、関羽・諸葛亮の活躍を描くようにしているのである。(一〇)

なお、督郵が鞭打たれる場面は、毛宗崗本と嘉靖本・李卓吾本に、大きな差異はない。劉備を「仁慈の人」と評する本質は、みな同じである。主人公の劉備の人物像を大きく変更することは、物語の展開を崩してしまう可能性があるため、大きく書き換えることは難しい。そうした制約の中で、毛宗崗本は劉備像をどのように工夫して描いていくのであろうか。

二、妓女の涙か求賢の涙か

官渡の戦いで曹操が袁紹を破り、その残存勢力を滅ぼしつつあるころ、劉備は未だ根拠地も持てず、荊州牧劉表の客将として新野に駐屯していた。髀肉がついたことを嘆く劉備は、司馬徽から伏龍・鳳雛のような人材がいないと大事は成し遂げられないと指摘される。やがて劉備は単福（徐庶）を得た。しかし、曹操に老母を軟禁された徐庶は、断腸の思いで劉備と別れ、伏龍とは諸葛亮であることを明かす。（一一）三回目に草廬を訪ねた建安十三（二〇八）年の新春、劉備は諸葛亮と初めて会い、これからの戦略を諮問する。諸葛亮は、劉備に天下三分の計を勧めるが、自らは出仕しないと言う。これに対して、劉備が諸葛亮に出仕を懇願する場面を李卓吾本から掲げよう。

玄徳は頓首すると謝して言った、「備《わたし》は名もなく徳も薄いものですが、願わくは先生には新野にご同行いただき、仁義の兵を起こし、天下の民を救ってください。孔明は、「亮《わたくし》は久しく農耕を楽しみ、ご命令を承ることはできません」と言った。玄徳苦しみ泣きながら言った、「先生が民草をお救いにならなければ、漢の天下はおしまいです」と。言い畢わると、涙が衣の襟と袍の袖に垂れ面《おもて》を覆って哭《な》いた。〔玄徳の哭き方は、今日の妓女に極めて似ている。大笑してしまう。〕孔明は、「将軍がもしお見捨てなければ、願わくは犬馬の労を尽くします」と言った。かくて関羽と張飛に入るよう命じた。（一二）

李卓吾本における劉備は、自らを「名もなく徳も薄い」と言いながらも、「仁義の兵を起こし、天下の民を救ってください」と諸葛亮に依頼する。自らの兵を「仁義」と称することは、「名もなく徳も薄い」という当初の自己認識とはそぐわない尊大さに見える。毛宗崗本は、ここを「先生には鄙賤（な備）を見捨てず、山を出てお助けいただけ

ないでしょうか」と表現する。あくまで諸葛亮に遜る態度は、「名もなく徳も薄い」という当初の自己規定と整合的である。

また、諸葛亮に同行を拒否された劉備は、単に泣くのではなく「苦しみ」ながら泣く。「苦」は、劉備が自分の今の境遇を苦しんでいることに繋がる。それが明確に表現されるのは、「哭」いた後の「漢の天下はおしまいです」という表現にも現れている。苦境に立っているのは、あくまでも漢の一族である自分の「苦」しさの問題であり、ここには「蒼生」を救っていくという毛宗崗本における劉備の「公」を見ることができない。

しかも、喪礼のときに行うべき「哭」は、この場面では泣き過ぎである。したがって、「うそ泣き」に見えるのであろう。李卓吾本の「玄徳の哭き方は、今日の妓女に極めて似ている。大笑してしまう」という評は、李卓吾本のこの場面での表現に対する評としては的確であるが、これでは、「仁」の人という劉備像は崩れてしまう。

これに対して、毛宗崗本は李卓吾本を次のように書き改めている。

玄徳は拝礼して孔明に請うて言った、「備《わたし》は名もなく徳も薄いものですが、願わくは先生には鄙賤（な備）を見捨てず、山を出てお助けいただけないでしょうか。備は（先生の）明らかな教えに何でも従うつもりです」と。孔明は、「亮《わたくし》は久しく農耕を楽しみ、怠惰な暮らしをしておりましたので、命を奉ずることはできません」と言った。【ここに孔明は策を定めた後で、忽然として山を出ることを拒否した。また（二人は）一度遠ざかった。】玄徳は泣いて、「先生が出盧されなければ、蒼生《たみ》はどうなりましょうか。」言い畢わると、涙が袍の袖に垂れ、衣の襟は尽く湿った。【前に水鏡先生のお宅に行った際には（檀溪を飛び超えたため）衣の襟は尽く湿り、いま臥龍のお宅にあって（民のために泣き）衣の襟はまた尽く湿った。前の湿りは（川の）水のためであり、今の湿りは涙である。前には難に遇っても涙せず、今は賢を求めるためにかえって涙した、前には一身のために涙

を落とさず、今は蒼生《たみ》のために涙した。】孔明は劉備の意がはなはだ誠であることを見て、そこで、「将軍がお見捨てなければ、願わくは犬馬の労を尽くします」と言った。【これは孔明が玄徳の意の誠であることに因って許諾したものである。また一度近づいた。】玄徳は大いに喜び、かくて関羽と張飛に入るよう命じた。（一三）

毛宗崗本においても、諸葛亮に出仕を断られた劉備は泣く。しかし、その涙は、李卓吾本のように、自分のためだけに、あるいは漢のためだけに流されたものではない。それは、「蒼生」すべてを救うために流されたものであった。毛宗崗本に表現されるすべての民のために泣く劉備像は、「仁」の人の涙として相応しいものである。しかも、その涙は、李卓吾本のように「哭」ではなく、「涙が袍の袖に垂れ、衣の襟は尽く湿った」という自然に涙があふれる表現とされている。

そして、毛宗崗本は、「前には難に遇っても涙せず、今は賢を求めるためにかえって涙した。前には一身のために涙を落とさず、今は蒼生《たみ》のために涙した」と評をつける。檀溪を飛び越えるほどの困難にも泣かなかった劉備が、賢を求めるために泣いた。自分一身のためには泣かなかった劉備が、蒼生のために泣いた、と表現することによって、劉備の「仁」を明確に表現しているのである。

そして、諸葛亮は、そうした劉備の「仁」に心を打たれて出仕を決意する。それを毛宗崗本は、「劉備の意がはなはだ誠であることを見て」と表現する。そして評を付けて、諸葛亮が「誠」に感じたことを強調して、「仁」の人劉備の「誠」に感じた諸葛亮をも高く評価することに成功しているのである。

このように、三顧の礼の場面において、毛宗崗本は、李卓吾本の未熟な表現を整え、「妓女の涙」と笑い物にされていた劉備の涙を「仁」より発した「誠」の涙と表現した。こうして、「仁」の人劉備は、「智絶」諸葛亮を陣営に加えることに成功するのである。

三、仁に過ぎる

三顧の礼で迎えられた諸葛亮は、攻め寄せてきた夏侯惇を破って、関羽・張飛に自らの力を認めさせる。これに対して、華北を統一していた曹操は、五十万の大軍を率いて南征に赴く。荊州では、劉表が死の床にあったのである。劉表が死去すると、蔡瑁は劉表の次子である劉琮を立て荊州を曹操に献上し、自らの出世を計る。一方、劉備は、樊城に立て籠もり、諸葛亮の計略により、先鋒の曹仁を散々に破る。諸葛亮は、劉琮の籠もる襄陽の奪取を勧めるが、劉備は、「忍びない」として襄陽に攻め入らずに江陵へ向かった。江陵に向かう劉備に、善政を慕って民が随行する。諸葛亮は、民を置いてにげることを勧めるが、劉備は「忍びない」として民を随行する。結局、曹操の軽騎兵に長坂坡で散々に破られた。趙雲が阿斗を救い、張飛が長坂橋に殿《しんがり》となって、何とか曹操軍を食い止めたものの、江陵を諦め、劉璋がいた江夏に駐屯せざるを得なくなった。

この場面について、毛宗崗本は、次のような総評を附している。

さきに孔明は劉琦に教え、走《にげ》ることを上計としていた。いま玄徳に教えて、また走ることを上計とした。しかし劉琦は走ることで難を免れることができるが、玄徳が走ることで難を免れることはほとんどない。その理由は何か。それはみな玄徳に忍びざるの心があって妨げとなるためである。もし劉表に対して忍びざるの心がなければ、走ることもなかったであろう。もし劉琮に対しても忍びざるの心がなければ、また走ることもなかったであろう。そして走た際にも、もし百姓に対して忍びざるの心がなければ、なお軽く走ることができ、早く走ることもでき、完全に走ることもできた。その走たことで難に陥ったのは、玄徳が仁に過ぎたためであり、孔明が計に

疎《うと》かったわけではない。(一四)

毛宗崗本が、劉備の特徴として繰り返す「忍びざるの心」は、『孟子』公孫丑章句上に展開される四端説において、「仁の端」と位置付けられる惻隠の心のことであり、「仁」の人劉備が持つべき特徴である。ただし、劉備は「仁に過」ぎるため、劉表・劉琮を殺して襄陽を拠点とすることに忍びず、曹操に追われる際にも百姓を見捨てるに忍びなかった。その結果として、長坂坡で大敗を喫するのである。毛宗崗本は、劉備の「過仁」によって、「智絶」諸葛亮の計略がうまく運ばなかったと説くことで、この場面では「孔明が計に疎《うと》かったわけではない」ことの理由とする。

さらに、毛宗崗本全体としては、「智絶」の諸葛亮と「義絶」の関羽が「仁」の人劉備に仕えながらも、「奸絶」の曹操に勝てなかった理由を劉備の「過仁」に求める。劉備が「忍びず」と言って、荊州を取らなかったとき、李卓吾本は、「衆はみな感嘆して已まなかった（衆皆嗟嘆不已）」（李卓吾本・第四十回）と、劉備の「仁」を称えているが、毛宗崗本はこれを削除し、劉備の「仁」を褒めたたえることはない。あるいは、入蜀の際、劉備が龐統の「三計」のうち、上計ではなく中計を用いることで、結果として龐統が戦死したことに対して、毛宗崗本は、「玄徳が上計を用いずに、中計を用いたのは、忍びざるの心があったためである（玄徳不用上計、而用中計、猶有不忍之心）」（毛宗崗本・第六十二回）と述べる。龐統の戦死の理由も、劉備の「過仁」に求められているのである。劉備の「仁」を守りながら、諸葛亮の「智」、関羽の「義」により、曹操の「奸」を破れなかった説明として巧みな設定がなされていると言えよう。

それでは諸葛亮は、劉備の「過仁」にどのように対処したのであろうか。毛宗崗本は、諸葛亮が蜀において恩赦の濫発を批判したことを描く第六五回の総評において、この問題に次のように答えている。

子産の言葉に、「水は懦弱であるから、民は狎《な》れてこれを玩《もてあそ》ぶ、このため（水に）死ぬものは多い。火は烈しいので、民は望んでこれを畏れる、このため死ぬものは少ない」とある。子産が猛を用いたのは、寛を用いるよりもよいためである。孔明の蜀の治め方は、この意図を継承している。法が（厳しく）行なわれて（はじめて）恩を知ることができる、これが猛によって寛を済《すく》う道である。玄徳は孔明を水と呼んだが、（孔明は）蜀を治めるに当たって、また水にはならず火となっ（て猛政を行っ）た。曹操は劉琮を青州に徙すと、その母子を殺した。（これに対して）劉備は劉璋を公安に遷すと、かれの財物を返した。劉備と曹操は（政治の方法が寛と猛で）異なる。劉備は寛によって蜀を慰撫し、これを恩によって懐けた。諸葛亮は厳によって蜀を統治し、これを法によって縛りつけた。諸葛亮と劉備もまた（政治の方法が猛と寛で）異なるのである。思うに自分と敵は相反する方法を取った方がよい。敵が暴であれば、我は仁、敵が急であれば、我は緩、このように相反することでうまくいくのである。君と宰相も互いに補いあった方がよい。君が仁であれば、宰相は義、君が柔であれば、宰相は剛、それによって互いに助け合うことができるのである。相反してなければ、互いに勝るところはない。相済《たす》けなければ、互いに成すところはない。[一五]

毛宗崗本が典拠としているものは、『春秋左氏傳』昭公 傳二十年の、「仲尼曰く、「善きかな。政 寛なれば則ち民 慢。慢なれば則ち之を糾すに猛を以てす。猛なれば則ち民 殘。殘なれば則ち之に施すに寛を以てす。寛 以て猛を濟ひ、猛 以て寛を濟はば、政 是を以て和す」と」という記述である。[一六] 渡邉義浩が論ずるように、諸葛亮と曹操は、これを典拠に「猛」政を展開している。[一七] 史実としても、諸葛亮は「猛」政を行い、恩赦をしなかった。ただし、それは劉備以前に益州を統治していた劉璋政権の「寛」治を刷新するためであった。毛宗崗本は、諸葛亮の「猛」政を「仁」の人劉備の「寛」を補うためと記述することにより、「過仁」の劉備を「猛」政で支える「智」絶諸葛亮の姿

として描き出したのである。

このように、毛宗崗本は、物語の主人公である劉備の「仁」を「過仁」と表現することにより、「智」絶の諸葛亮・「義」絶の関羽が「奸」絶の曹操に敗退する理由を合理的に説明し得た。ただし、史実の劉備は、「梟雄」とも評される、味方をも疑うことを辞さない人物であった。そうした「仁」ならざる姿が『三国志』にも記される場面が、諸葛亮に劉禅を委ねる「托孤」の場面である。毛宗崗本は、どのように劉備像の整合性を保つのであろうか。

四、梟雄劉備

漢中で曹操を破って絶頂を迎えた劉備の生涯は、関羽が荊州を失陥するときから急落していく。帝位についた曹丕に対抗して、章武元（二二一）年に即位して蜀漢を建国したものの、関羽の仇討ちをできないことに劉備は鬱々として楽しまなかった。やがて、趙雲の制止を振り切って討呉に向かった劉備は、その準備の途上に張飛を失い、夷陵の戦いで孫呉の陸遜に敗れ、挙兵以来の兵力をも失った。

白帝城に病で倒れた劉備は、成都より諸葛亮を呼び寄せ、「君の才能は曹丕の十倍である。必ずや国家を安んじ、最後には（天下統一の）大事業を成し遂げよう。もし後継ぎ（劉禅）が輔佐するに足りれば、これを輔佐せよ。もし才能がなければ、君が自ら（天子の位を）取るべきである」との遺言を残す。『三国志』諸葛亮伝では「君自ら取る可し」とする部分を毛宗崗本は「君自ら成都の主となってほしい」と改めているが、大意は同じである。

劉備の遺言について、陳寿は『三国志』先主伝に評をつけて、「君臣の至公、古今の盛軌」であると述べ、劉備と諸葛亮との信頼関係を象徴する言葉としている。李卓吾本は、この言葉を本文中に引用したうえで、次のような総評

を付けて、劉備の遺言を「奸雄の言」であるとする。

玄徳の孤を託する数語を、人は誠の言葉であるとする。（しかし）わたしはとくに（玄徳の）奸雄ぶりを示した言葉であると思う。この数語があることで、孔明がたとえ王莽・曹操のような奸であったとしても、また自ら手足を動かすことができなくなる。孔明は忠誠であること無二の存在であるためなおさらである。[一八]

李卓吾本は、「君自ら成都の主となってほしい」の部分にも評をつけて、「（劉備は）ただこの一語により、ただちに孔明の魄を奪った。玄徳は真の奸雄である（只此一語、便奪孔明之魄。玄徳眞奸雄哉）」と述べている。この言葉から劉備と諸葛亮との関係を「君臣の至公、古今の盛軌」と称える陳寿の理解を否定するのである。

明末の王夫之は、『三國志』諸葛亮傳では、「君自ら取る可し」となっている劉備の言葉に、諸葛亮への信頼のなさを見る。この遺言を「乱命」とするのである。渡邉義浩によれば、この言葉には、「名士」の勢力を糾合し、万全な政治基盤を持つ諸葛亮の即位を牽制する意味が含まれていたという。[一九]このように李卓吾本の解釈は、史実への理解としては、的外れではない。しかし、劉備を仁の人とする物語である『三国志演義』においては、受け入れられる解釈ではない。

そこで、毛宗崗本は、次のような総評を附す。

先主（劉備）の托孤の語を見ると、呉を伐つことを重んぜずに、魏を伐ち終わることを重んじていることが分かる。先主は、君の才は曹丕に十倍すると言って、どうして孫権に十倍すると言わないのか。それはおそらく漢と仇となるものは魏だけであり、我と対になるものは曹氏だけだったからである。先主が、嗣子を輔《たす》けられるのであればこれを輔け、輔けられなければ自らこれを取れと言ったのは、賊を討てるのであればこれを輔け、賊を討てなければこれを取れという意味である。重んじることは賊を討つことにあり、（皇帝の）位を嗣ぐことは重ん

じてはいない。このことは前出師の表と後出師の表が、（賊を討たなければ）已《や》むことはないと言っていることに明らかである。[一〇]

毛宗崗本は、劉備の遺言に孫権への言及がないことから、それを魏だけを敵としていると前提する。そのうえで、輔けるとは魏を討つことを輔けるのと同じように、これを取るとは魏を討つことを取ることであって、皇帝の位を嗣ぐことではない、と主張する。これにより、劉備が自らの死後、諸葛亮が即位することを恐れて遺言により釘を刺したとする李卓吾本の理解を否定する。それにより、劉備が奸雄であることは否定され、仁の人であるという劉備の像を一貫させることができる。

さらに、毛宗崗本は、太子劉禅に遺した「教」に関わり、次のような総評を付ける。

> 先主の太子（劉禅）への「教」の言葉で、（劉備が）すでに太子が使い物にならないことを知っている。なぜか。劉禅はもとより大善をなすことはできないが、また大悪をなすこともできない。大善をなすことができなければ、（「教」で劉禅に勧めるように）ただ勉めて小善を行うだけである。大悪をなすことができなければ、ただ小悪を行うことを戒めるだけである。先主は梟雄の才を持ち、権謀術数に通じていれば、その子の学べる範囲を計ることができた。そのため、「汝の父は徳が薄く真似てはならない」と言った。子は父のようにできないことを知っていたのである。そうであるかな。そうであるかな。[一一]

毛宗崗本は、劉備が「梟雄」であるため、劉禅が自分のように行動できないことを知っていたとする。『三国志』に記され、李卓吾本も言っている「梟雄」という劉備への評価を継承しながらも、それを李卓吾本のように「梟雄」であるから諸葛亮の即位を牽制したとは捉えない。「梟雄」であるが故に、劉備は、劉禅の大事を成せないことを知り、できる範囲で悪から遠ざかり、善に近づくよう「教」を遺したとしているのである。[一二] 劉備は、わが子の劉禅に対

しても「仁」の人であった、と描かれていることを理解できよう。

さらに毛宗崗本は、『三国志』にある「君自ら之を取れ」という言葉についても、ある人の疑問に答える形で言及している。

ある人は「先主が孔明に自らこれを取れと言った、これは真の話か、偽の語か」と問う。答えは「真となせば、真となる。偽となせば、偽となる」である。孔明に曹丕がした（国を奪う）ことをさせようとすれば、義としてあえて必ずすることはなく、必ずすることを忍びないはずである。孔明が必ずあえてせず、必ず忍びざることを知っているがために、これにこのことばを聞かせたのであり、そうすればその太子を輔ける心はいよいよ切にならざるを得ない。かつ太子にこの言葉を聞かせれば、孔明（の言うこと）を聞き、孔明を敬う意はいよいよ粛然とせざるを得ない。陶謙が（劉備に）徐州を譲ったことは、すべて真であり偽はない。劉表が（劉備に）荊州を譲ったのは、半ば偽であり半ば真である。先主の遺命と、みな同列に語ることはできないのである。(二三)

毛宗崗本は、劉備が諸葛亮に、「君自ら之を取れ」と言ったことについて、真であるとすれば真であり、偽であるとすれば偽であるとした。すなわち、言ったことは真であるが、自ら取ることは絶対にないので偽である、とするのである。取るはずがないものをあえて言った理由は、それを言うことで、諸葛亮が劉禅を輔ける懸命さが増し、劉禅の諸葛亮への信頼も増すためであるという。つまり、劉備と諸葛亮とが信頼関係で結ばれている中で言われた言葉であるために、陶謙や劉表の言葉とは、比べることができないとするのである。

このように、毛宗崗本は、李卓吾本によって諸葛亮の即位を遺言で牽制しようとする「奸雄」と描かれた劉備の像を修正し、あくまでも「仁」の人という劉備の像を統一的に描くと共に、諸葛亮が劉備から疑われたという疑惑も防いだのである。かつて論じたように、養子の劉封を殺害する場面でも、毛宗崗本は李卓吾本を書き換えて、劉備の仁

と諸葛亮の智を守っていた(二四)。そうした書き換えによって、毛宗崗本は主人公である劉備の生涯を「仁」の人として一貫して表現したのである。

おわりに

毛宗崗本は、劉備を「仁の人」と描いて物語の中心に置き、聖人君子とすることで、対照的に描かれる「奸絶」曹操を引き立てると共に、「義絶」関羽・「智絶」諸葛亮の活躍を描いていく。こうした役割分担は、すでに嘉靖本から見える『三国志演義』の基本的な構成であった。しかし、毛宗崗本が種本とした李卓吾本は、その場の理解を先行させるために、そうした構図が一貫して描かれているとは言えなかった。もちろん、李卓吾本にも「寛猛」の対比で劉備と諸葛亮を比較し、劉備の遺言を牽制と解釈するような、的確で興味深い指摘は見られる。それでも、その場に応じた解釈は、物語の全体像を歪めてしまう。李卓吾本は、物語の主人公である劉備ですら、一貫して仁の人として描くことができてはいない。文学としてそれが魅力の場合もある。人間は矛盾に満ちた存在であり、すべてにおいて常に善、あるいは悪な人は多くない。

これに対して、毛宗崗本は、「三絶」それぞれに役割を定め、物語を展開する主人公である劉備を「仁」の人として一貫して描いている。それは、毛宗崗本の文学としての完成度を高めるものと言えよう。むろん、画一的な勧善懲悪の物語は、近代的な文学観からは批判もあろう。しかし、毛宗崗本が目指したものは、朱子学の義に基づいて、三国時代の歴史物語を分かり易く説明することにあった。朱子学に規定される中国近世において、毛宗崗本は、李卓吾本の一つの場面における面白さの追究を抑えて、『三国志演義』の通行本へと押し上げられたのである。

《注》

(一)「三絶」の表現のうち、関羽については、仙石知子「毛宗崗本『三国志演義』における関羽の義」(『東方学』一二六、二〇一三年)、「毛宗崗本『三国志演義』における「関公秉燭達旦」について」(『三国志研究』九、二〇一四年)、曹操については、仙石知子「毛宗崗本『三国志演義』に描かれた曹操臨終の場面について―明清における妾への遺贈のあり方を手がかりに」(『三国志研究』四、二〇〇九年)を参照。

(二)たとえば、長坂坡の戦いの際、劉備が阿斗を投げる場面において、李卓吾本では投げ捨てられたままの阿斗を毛宗崗本では周りの臣下が拾い上げるよう書き換えられていることについては、仙石知子「毛宗崗本『三国志演義』における女性の忠」(『東洋の思想と宗教』三二、二〇一五年)を参照。

(三)桃園結義劈頭、發願便說、同心協力、救國扶危、上報國家、下安黎庶。(李卓吾本・第一回 總評)。なお、李卓吾本は、蓬左文庫に所蔵される呉観明本の『李卓吾先生批評三国志』(ゆまに書房、一九八四年)を使用した。なお李卓吾本の評は、〔 〕で示す。

(四)試觀桃園三義、各自一姓、可見兄弟之約。取同心同德、不取同姓同宗也。(毛宗崗本・第一回 総評)。なお、毛宗崗本は、酔耕堂本を底本とする『四大奇書第一種三国志演義』(中華書局、一九九五年)を使用し、時に刊本にあたって確認した。また、毛宗崗本の評は【 】で示す。

(五)嘉靖本は、『三国志通俗演義』(人民文学出版社、一九七五年)を使用した。

(六)靈帝末、黃巾起、州郡各舉義兵。先主率其屬、從校尉鄒靖、討黃巾賊有功、除安喜尉。督郵以公事到縣。先主求謁、不通。直入縛督郵、杖二百、解綬繫其頸着馬枊。棄官亡命(『三國志』巻三十二 先主傳)。

(七)劉備と関羽・張飛など初期劉備集団が、強い個人的結合関係で結ばれていたことは、渡邉義浩「蜀漢政権の成立と荊州人士」(『東洋史論』六、一九八八年、『三国政権の構造と「名士」』汲古書院、二〇〇四年)を参照。

(八)飛大喝、害民賊。認得我麼。【快人快事。妙在絶無商量。】督郵未及開言、早被張飛揪住頭髮、扯出館驛。直到縣前馬椿

上縛住。【前日坐馬上、今日縛馬椿上、好笑。】扳下柳條、去督郵兩腿上著力鞭打、【打得暢快。督郵所望者蒜條金耳、豈意張公以柳條鞭見贈。】一連打折柳條十數枝。……督郵告曰、玄德公、救我性命。【不敢不敢、我本許稱皇親、虛報功績者。安能救公耶。】玄德終是仁慈的人、急喝張飛住手。……督郵歸告定州太守、太守申文省府、差人捕捉。（毛宗崗本・第二回）。

（九）『三国志平話』では、功績を挙げた劉備を罰しようとする者は定州太守であり、張飛はそれに怒って定州太守を殺害する。そののち督郵が派遣される。『三国志平話』の邦訳には、立間祥介『全相三国志平話』（潮出版社、二〇一一年）がある。なお『三国志平話』の劉備像については、張真「《三国志平話》中的劉備形象」（『許昌学院学報』三一―三、二〇一二年）を参照。

（一〇）劉備が聖人君子と描かれることについては、李新年「劉備与聖德仁君及《三国演義》的正統観新探」（『大慶高等専科学校学報』一四―三、一九九四年）を参照。

（一一）徐庶とその母の忠については、仙石知子「毛宗崗本『三国志演義』における女性の忠」（『東洋の思想と宗教』三二、二〇一五年）を参照。

（一二）玄德頓首謝曰、備雖名微德薄、願先生同往新野、興仁義之兵、拯救天下百姓。孔明曰、亮久樂耕鋤、不能奉承尊命。玄德苦泣曰、「先生不肯救濟生靈、漢天下休矣」。言畢、涙沾衣襟袍袖掩面而哭。〔玄德之哭、極似今日妓女。可發大笑也。〕孔明曰、將軍若不相棄、願效犬馬之勞。玄德遂喚關・張入。（李卓吾本・第三十八回）。

（一三）玄德拜請孔明曰、備雖名微德薄、願先生不棄鄙賤、出山相助。備當拱聽明誨。孔明曰、亮久樂耕鋤、懶於應世、不能奉命。【此孔明於決策之後、忽然不肯出山。又作一折。】玄德泣曰、先生不出、如蒼生何。言畢、涙沾袍袖、衣襟盡濕。【前至水鏡莊上衣襟盡濕、今在臥龍莊上衣襟亦盡濕。前之濕是水、今之濕是涙。前遇難而不涙、今爲求賢而反涙者、前不爲一身而落涙。今則爲蒼生而涙也。】孔明見其意甚誠、乃曰、將軍既不相棄、願效犬馬之勞。【此孔明因玄德意誠而許諾。又作一收。】玄德大喜、遂命關・張入。（毛宗崗本・第三十八回　總評）。

（一四）前孔明教劉琦、是走爲上計。今教玄徳、亦是走爲上計。然劉琦之走得免於難、玄徳之走幾不免於難。其故何也。則皆玄徳不忍之心爲之累耳。若非不忍於劉表、則可以不走。若非不忍於劉琮、則又可以不走。卽走矣、若非不忍於百姓、則猶可以輕於走、捷於走、脱然於走。其走而及於難者、乃玄徳之過於仁、而非孔明之疏於計也。（毛宗崗本・第四十一回　總評）。

（一五）子産之言曰、水懦弱、民狎而玩之、故多死焉。火烈、民望而畏之、故鮮死焉。凡子産之用猛、正其善於用寛也。孔明之治蜀、其得此意乎。法行而知恩、卽猛以濟寛之道。玄徳以孔明爲水、而當其治蜀、則又不爲水而爲火矣。曹操徙劉琮於青州、而殺其母子。劉備遷劉璋於公安、而歸其財物。則備與操異矣。劉備寛以撫蜀、而收之以恩。諸葛嚴以治蜀、而繩之以法。則亮又與備異矣。蓋我與敵取其相反。敵以暴、我以仁、敵以急、我以緩、以相反爲能者也。君與相取其相濟。君以仁、相以義、君以柔、相以剛、以相濟爲用者也。不相反、則無以相勝。不相濟、則無以相成。（毛宗崗本・第六十五回　總評）。

（一六）仲尼曰、善哉。政寛則民慢。慢則糾之以猛。猛則民殘。殘則施之以寛。寛以濟猛、猛以濟寛、政是以和（『春秋左氏傳』昭公　傳二十年）。

（一七）後漢の「寛」治に対して、三国時代の曹操や諸葛亮が「猛」政を施行したことは、渡邉義浩「「寛」治から「猛」政へ」（『東方学』一〇二、二〇〇一年、『三国政権の構造と「名士」』汲古書院、二〇〇四年に所収）を参照。

（一八）玄徳託孤數語、人以爲誠語。予特以爲奸雄之言也。有此數語、孔明縱奸如莽・操、亦自動手脚不得矣。况孔明又原忠誠不二者乎。（毛宗崗本・第八十五回　總評）。

（一九）渡邉義浩「蜀漢政権の形成と荊州名士」（『東洋史論』六、一九八八年、『三国政権の構造と「名士」』汲古書院、二〇〇四年に改題・補訂のうえ所収）を参照。

（二〇）観先主托孤之語、而知其不以伐呉爲重、終以伐魏爲重矣。其曰、君才十倍曹丕、何以不曰十倍孫權乎。蓋以與漢爲仇者魏耳、與我爲對者曹氏耳。其曰、嗣子可輔則輔之、不可輔則自取之、猶云能討賊則輔之、不能討賊則取之也。重在討賊、故不重在嗣位。此前後出師之表、所以不能已歟。（毛宗崗本・第八十五回　總評）。

（二一）先主教太子之言、已知太子之無用也。何也。劉禪固不能爲大善、亦不能爲大惡者也。不能爲大善、則但勉之以小善而已。

不能爲大惡、則但戒之以小惡而已。先主梟雄之才、其權謀通變、料非其子之所能學。故曰、汝父德薄不足效。知子莫若父、然哉。然哉。（毛宗崗本・第八十五回 總評）。

(二二) 史実が持っていた梟雄と明君という劉備の二側面のうち、『三国志演義』では明君に重点が置かれていることは、沈伯俊「梟雄と明君―論劉備形象」（『中華文化論壇』二〇〇六―一、二〇〇六年）を参照。なお、森村森鳳「劉備と「義」―『三国演義』における儒教思想」（『同朋文化』三、二〇〇八年）もある。

(二三) 或問先主令孔明自取之、爲眞話乎、爲假話乎。曰、以爲眞、則是眞。以爲假、則亦假也。欲使孔明爲曹丕之所爲、則其義之所必不敢出、必不忍出者也。知其必不敢、必不忍、而故令之聞此言、則其輔太子之心愈不得不切矣。且使太子聞此言、則其聽孔明、敬孔明之意愈不得不肅矣。陶謙之讓徐州、全是眞不是假。劉表之讓荊州、半是假半是眞。与先主之遺命、皆不可同年而語矣。（毛宗崗本・第八十五回 總評）。

(二四) 仙石知子「毛宗崗本『三国志演義』における養子の表現」（『日本中国学会報』六三、二〇一一年）。

関帝の肖像について

伊藤　晋太郎

はじめに

三国蜀の関羽に対する崇拝は、遅くとも唐代に始まり、明清にいたって隆盛を極める。(一) また、北宋以降、関羽に対する爵位の追贈も続いた。北宋の徽宗が忠恵公に追贈したのをはじめ、明の万暦年間には帝位に登り、清代になっても加封は続けられた。(二) さらに、帝となった関羽を祀る関帝廟も各地に建立されていった。

関帝崇拝(三)の高まりと共に、元代以降、関羽／関帝の伝記や伝説、関羽／関帝に関する評論や詩詞などを収録した文献が数多く出版された。これらの文献を「関帝文献」と総称することにする。(四)「関帝文献」の内容は多岐に渉り、文献によって、また時代によってそれぞれ異なっている。(五)

「関帝文献」には崇拝の対象である関帝の肖像が収録される。魯愚等編『関帝文献匯編』(国際文化出版公司、一九九五年)には八種の「関帝文献」(『漢前将軍関公祠志』『関聖帝君聖蹟図誌全集』『関聖陵廟紀略』『聖蹟図誌』『関帝志』『関帝事蹟徴信編』『関帝全書』『関壮繆侯事迹』)が収められるが、このうち六種に関帝の肖像が収録される。異なる文献に同じ図(に基づいたもの)が見える場合もあるが、これらの文献に収められる肖像は多種多様である。

それでは、「関帝文献」に見える関帝の肖像には、どのような特徴があるのか。本稿では、まず各文献に収録される

関帝の肖像を概観し、それぞれの文献において関帝の肖像についてどのように述べられているかを見ていく。もちろん、それらの肖像の特徴を明らかにするためには、他の図像との比較も必要である。そこで、『三国志演義』等の挿図など、「関帝文献」以外に見える関羽／関帝を描いた図像とも適宜比較を行なう。これにより、「関帝文献」が志向した関帝の肖像の傾向を見て取ることができよう。

また、小川陽一氏によれば、明清に流行した人相術は肖像画にも深い影響を及ぼしているという。[六] とすれば、「関帝文献」に見える関帝の肖像も人相術の影響を受けている可能性が高い。そこで、関帝の肖像に描かれる顔の部位を人相術の書と照らし合わせながら、その影響関係についても探っていく。

関帝の肖像についての先行研究は少ない。就中、「関帝文献」における関帝の肖像に触れている論考ということになると、清・張鎮輯『関帝志』について全面的に検討を加えた洪淑苓「文人視野下的関公信仰――以清代張鎮《関帝志》為例」[七] のみであろう。ただし、肖像については『関帝志』が収録する二幅とそこに附された文章、および「考弁」篇に見える張鎮「図像考弁」の紹介にとどまる。

広く関羽や関帝の肖像について研究したものとしては、李福清「関羽肖像初探」[八] が挙げられる。李氏は民間の「紙禡」（紙馬とも。祭祀の時に焼く木版印刷された神像）や年画を中心に、各種の関羽／関帝の図像を網羅的に取り上げ、それぞれの特徴や傾向を論じる。その射程は中国のみならず、韓国・日本、そして西洋にまで及ぶ。

肖像に限らず、関羽や関帝の容貌について研究した論考は多い。胡小偉「金代関羽神像考釈」[九] は、年代が確定している中では現存最古の関帝の肖像である、金代に山西の平陽で作成された版画を起点とし、そこに描かれた諸要素から、関帝崇拝や金代の社会と文化をめぐる様々な事象について論じる。関帝の顔の部位やかぶり物についても細かく考証している。また、注（一）所掲の先行研究も多くが関帝の容貌について論及する。

『関帝文献匯編』所収の「関帝文献」のうち、関帝の肖像を収録するのは次の六種。（一〇）文献は古い順に並べ、便宜上書名の前にアルファベットを附した。

A『漢前将軍関公祠志』　九巻。趙欽湯撰、焦竑訂、万暦三十一年（一六〇三）序重刻本。

B『関聖帝君聖蹟図誌全集』　五巻。盧湛輯、康熙三十二年（一六九三）初刻、光緒二年（一八七六）上海翼化堂重刻本。

C『関聖陵廟紀略』　四巻、後続一巻。王禹書輯、康熙四十年（一七〇一）初刻、（一一）清代重刻本。

D『聖蹟図誌』　十四巻。葛崙輯、雍正十一年（一七三三）序劉茂生刻本。

E『関帝志』　四巻。張鎮輯、乾隆二十一年（一七五六）序刻本。

F『関帝全書』　四十巻。黄啓曙輯、咸豊八年（一八五八）初刻、光緒十五年（一八八九）序王家瑞重刻本。

一、「関帝文献」に見える関帝の肖像

本稿で対象とする「関帝文献」に見える関帝の肖像の収録状況は以下の通り。各文献の肖像は、肖像のみの収録である場合もあれば、文章が附されている場合もある。

A『漢前将軍関公祠志』　二幅（図①②）
B『関聖帝君聖蹟図誌全集』　一幅（図③）
C『関聖陵廟紀略』　三幅（図④⑤⑥）
D『聖蹟図誌』　一幅（図⑦）

E『関帝志』　　　　　　　　　　二幅（図⑧⑨）

F『関帝全書』　　　　　　　　　一幅（図⑩）

このうち、A『漢前将軍関公祠志』には「孫尚書古聖賢像二」と題された肖像（図②）があり、E『関帝志』にも「孫尚書蔵像」と題された肖像（図⑧）があって、同じ肖像に基づいたものであることが分かる。また、B『関聖帝君聖蹟図誌全集』の肖像（図③）とD『聖蹟図誌』の肖像（図⑦）も似ているが、これは両文献が共に「関帝聖蹟図」を収録し、文献Dの「関帝聖蹟図」が、図③を第一図とする文献Bの「関帝聖蹟図」を引き継いだものであるからである。（一二）一方、F『関帝全書』も「関帝聖蹟図」を収録するが、肖像（図⑩）は文献B・Dのものとは異なっている。（一三）

関羽の容貌については、『三国志演義』に見える描写が一般的であろう。現存最古の嘉靖壬午本（一四）では、

身長は九尺三寸、ひげの長さは一尺八寸。顔は重棗（一五）のごとくで、唇は紅を塗ったよう。丹鳳眼（丹鳳〔頭と翼が赤い鳳〕のように目じりのつり上がった細い眼）、臥蚕眉（蚕を横たえたような眉）。立派な容貌の持ち主で、威風堂々としている。（一六）（巻一「祭天地桃園結義」）

身長は九尺五寸、（一七）ひげの長さは一尺八寸、丹鳳眼、臥蚕眉、顔は重棗のごとくで、声は大きなつり鐘のよう。（一八）（巻一「曹操起兵伐董卓」）

と描写されており、他の版本においても多少の異同はあれ、ほぼ同じである。

図①〜⑩を見ると、いずれも墨摺の木版本であるため、顔や唇の色については判別のしようがないが、これらの肖像の多くが『三国志演義』の関羽の容貌と同じ特徴を持っていることが分かる。

一部の肖像には文章が附されている。図①について、A『漢前将軍関公祠志』は元・胡琦の語を引き、関帝の外見上の特徴として、「背丈が高く、美しいひげ（長大、美鬚髯）」を持つことを挙げる。図③について、B『関聖帝君聖蹟図

誌全集』には「身長九尺六寸、[一九]ひげの長さは一尺八寸。顔は熏棗《ママ》のごとくで、唇は朱のごとし。鳳目にして蚕眉、顔には七つのほくろがある（身長九尺六寸、鬚長一尺八寸。面如熏棗、唇若丹硃。鳳目蠶眉、臉有七痣）」とあり、「七つのほくろ」以外はやはり『三国志演義』とほぼ共通する。図③に基づく図⑦についてのD『聖蹟図誌』の説明文は、図③の説明文を敷衍する。いわく、「身長九尺六寸、ひげの長さは一尺八寸。顔は大きくて唇は赤く、高い鼻に鳳目、蚕眉にして猿臂。[二〇]その徳は五行（五常）を備える。顔には七つのほくろがある（身長九尺六寸、鬚長一尺八寸。面豊唇丹、龍準鳳目、蠶眉猿臂。徳全五行。面有七痣）」。『三国志演義』に基づいた図③の描写に、「高い鼻（龍準）」「猿臂」がつけ加えられており、やはり顔に「七つのほくろ」があったとする。ほくろについては改めて論じる必要があるが、ここでは「関帝文献」における関帝の肖像も『三国志演義』の関羽像の影響のもとに描かれていることを確認しておきたい。前稿でも指摘したが、『三国志演義』の関羽の人物像は、関羽像のスタンダードとして普及し、それは崇拝の対象としての関帝像とも一致するものであったからである。[二一]

しかし、その一方で、これら関帝の肖像に特有の特徴も指摘できる。以下、それらの特徴について見ていきたい。図①〜⑩を横断的に眺めてみると、全体に静的な傾向にある。肖像であるから静的なのは当然ともいえるが、李福清氏は、「一般の関帝の神像はいずれも彼の静的な様子を描いており、彼が怪力をふるったり動作をしたりしているものは見られない」[二二]と指摘している。「関帝文献」の肖像についての指摘ではないが、「関帝文献」は関帝崇拝に基づくものであるから、そこに収録される肖像も神像の一種には違いない。静的であることはこれらの肖像の特徴として挙げてよかろう。

図④と図⑤は動作をしている図になるが、それぞれ「秉燭達旦読春秋」「独行千里」と題されていることから分かるように、これらの図は肖像ではあるものの、『三国志演義』の一場面を描いた図でもあり、他の肖像と性格を異にす

る。だが、これらも『三国志平話』『三国志演義』「関帝聖蹟図」に見える敵将を討ち取る図などに比べれば、十分に落ち着いた姿であろう。

また、図①~⑩には武将らしくは見えない肖像が多い。どちらかというと文官に見えるものもある。李福清氏も関帝の神像を紹介する時に、しばしば文臣のようであるとか、文官の服を着ていると指摘する。(二三) 神となった関帝の像には冕冠を戴いたものもあるから、武将のいでたちはそぐわないのであろう。神像図と違って「関帝文献」の肖像に冕冠を戴いたものはないが、文官のように見えるのは、神像図と軌を一にする。

そのうち、先にも述べたように、A『漢前将軍関公祠志』所収の図②とE『関帝志』所収の図⑧は、いずれも孫尚書所蔵の関帝の肖像に基づいたものである。孫尚書とは、明の正徳六年(一五一一)の進士で、礼部尚書を務めたことのある孫承恩(一四八五~一五六五)のことであり、人物画をよくしたという。文献Aは図②の後に、以下のような孫承恩の語を引く。

孫承恩は言う。姑蘇(蘇州)の劉司直は、もともと絵を描くのが上手だったので、そこで古聖賢像の原書を縮小して模写させた。手に収まる大きさだが、そこに描かれた古人のほとんどは名を問わなくても、それが誰であるか見分けることができる。(二四)

孫承恩は古聖賢像を一冊にまとめ、『集古像賛』と題して出版したことがある。すなわち、ここでいう「古聖賢像の原書(古聖賢像原帙)」である。図②ももとはそこに収められていたものである。(二五) ゆえに「孫尚書古聖賢像」と題されているのである。「聊城陳一岳敬摹」とあるから、これをまた聊城(今の山東省)の陳一岳という人物が模写したのが図②である。文献Aの撰者である趙欽湯も図②の後で次のように言う。

今ここに収める第一図は胡琦(の『関王事迹』所収のもの)に拠っており、第二図は雲間(孫承恩の本籍地であ

る松江府の別称）の孫尚書の「先賢像賛図」を写したものである。一方はすなわち「公幞像」であり、端然として厳か、そのひげは大きく広がって当時そのままのようである。もう一方はすなわち「燕居巾幘像」であり、荘重典雅にして雄壮秀逸、見る者に並外れて衆に抜きん出ている点の全てを追想させる。(二六)

「公幞像」と題される第一図とは、すなわち図①のことであり、第二図の「燕居巾幘像」、つまり家でくつろいでいる頭巾姿の肖像が図②である。「並外れて衆に抜きん出ている（絶倫逸羣）」という語は、正史『三国志』関羽伝に見える、諸葛亮が関羽に送った手紙の中で使われている。この手紙は、新たに味方に加わった馬超について関羽が尋ねたことに対する返答であり、人の風下に立つことを嫌う関羽を刺激しないように関羽をおだてる内容になっている。諸葛亮は、馬超を「文武の才を兼ね備え、勇ましさや気性の激しさは人に勝り、当代の英傑である（兼資文武、雄烈過人、一世之傑）」と評した上で、関羽を「絶倫逸羣」と称えている。この文脈で考えれば、関羽の「絶倫逸羣」は文武の才を含めた人がら全てということになろうが、図②からその「全て（大全）」を追想できるだろうか。ここに趙欽湯ら当時の知識人が考える関帝像の偏りがうかがえる。

当初、関帝はその「武」ゆえに神格化されたが、この肖像はその服装やたたずまいから「武」を感じ取ることはできない。ここに表現されている関帝の「絶倫逸羣」はその精神性であり、関帝は神であるから、それは「神格」と呼ぶべきものである。黄華節氏は『関公的人格与神格』の中で、「神格」とは、最高の理想を代表するもの、神の神たるゆえんである特殊な人徳・性質であり、「人格」は学んで習得できるが、「神格」はそれができないと定義した後、関公の「神格」とは、「義」という道徳的理想の体現であると述べる。(二七) 図②をはじめ、武将よりも文官、文人のように描かれる関帝の肖像が表現しようとしているものは、まさにこれであろう。このことは何を意味するか。

図②を同じく文献Aに収載される図①と比べてみるとそれが分かる。図①は先に見たように、元・胡琦の『関王事

迹』所掲の関帝の肖像である。文献Aの編者である趙欽湯が「公幞像」と称しているのは、元代に漢人官僚が朝廷でかぶった幞頭を戴いているからであり、他の肖像と同じように文人化している。しかし、図①が一線を画しているのは、画面下方に雲が描かれている点である。この雲は関帝が天にいることを表す。図①と同時期の神仙図説である元刻『新編連相捜神広記』にも同じような幞頭をかぶり雲の上にいる神が描かれているから、元代にあって神をこのように描くことは自然だったのだろう。一方、図②をはじめ、それ以降の図⑩までには雲が描かれない。なぜ雲が描かれないのか。

図②は「燕居巾幘像」と題されている。『論語』述而篇第四章に、「子の燕居するや、申申如たり、夭夭如たり（孔子が家でくつろぐ時は、なごやかで、伸び伸びとした様子であった）」[二八]とあり、孔子の最も有名な肖像の一つに孔府所蔵の「孔子燕居像」がある。この肖像は明代の作というが、作者が不明であるため、図②との先後関係は不明であるものの、孔子の胸から上を描いており、構図は図②と同じである。「燕居巾幘像」と題されていることから、図②は孔子を意識して描かれたものであるとみて間違いなかろう。雲が描かれないのは聖人であって、神ではない孔子になぞらえたためである。儒教の徳目の一つである「義」を体現する関帝は、清代には孔子と並び称されるほどに地位が向上するが、その動きは明代の肖像においてすでに見られるということである。

かかる特質を持つ図②は、清の乾隆年間に成立したE『関帝志』に引き継がれる。すなわち図⑧である。そして、E『関帝志』はさらに図⑧とよく似た図⑨も収録する。図⑨の右上には、見にくくなっているものの、「果親王繪像」（「繪像」は肖像の意）とあり、図⑨のもとになった肖像の作者が清の康熙帝の第十七子である果親王允礼（一六九七～一七三八）であることが分かる。しかし、図⑨には図⑧と異なる点もある。

一つは、関帝が右手でひげをしごいている点である。ひげをしごく姿は関帝のポーズとしては定番である。王樹村編

著『関公百図』（嶺南美術出版社、一九九六年）は、関羽／関帝が描かれた挿図・年画・紙馬など様々なジャンルの関羽／関帝の図像を収録するが、そこにも関帝／関羽がひげをしごく姿は多く見られる。李福清氏によれば、このひげをしごくポーズを描いたものは、『三国志演義』周日校本の挿図「張遼義説関雲長」が最初であるという。[二九]今、この指摘の正否については判断できないが、おそらくポーズ自体の起源は演劇であろう。ひげをしごくポーズは、見栄を切る時に美しくて効果的だからである。

もう一つは、関帝の顔に見えるほくろである。前述のように、図③と図⑦の説明文にはすでにほくろのことが書かれていた。ただ、図③と図⑦の説明文では「七つのほくろ」となっているのに対し、図⑨では四つしか確認できない。E『関帝志』では図⑨の後に、関帝の顔の色や部位に関する資料として、いくつか文章を引用するが、その中に以下のような文章がある。

都城には以前、関帝の像があった。明代に宮中から移されたもので、顔の色は混じり気のない赤、顔には七つのほくろがあり、鼻筋の二つのほくろが最も大きい。ひげはまばらであごいっぱいに生えているが、五すじではない、と伝えられる。この言い伝えの真偽については分からない。[三〇]

図⑨を見ると、確かに鼻に二つほくろが見えるが、鼻筋というよりは小鼻（鼻翼）、人相術の用語でいうところの「蘭台」（左の小鼻）といった方がいい。ひげも図⑨は五すじあり、ここにいう宮中由来の関帝像とは異なる。果親王允礼は都城に以前あったというこの像をモデルにして描いたのではなさそうだ。

図⑨の後に引用された文章の末尾には、E『関帝志』の編者である張鎮の按語がある。

私、張鎮が思うに、……世に伝えられる関夫子の像は大変多い。今、解州関帝廟の石刻を見ると、五十三歳の時の肖像であり、果親王の描いた肖像とおおむね似通っている。[三一]

山西省運城市にある解州関帝廟と常平家廟（関羽の出生地とされる）を豊富な写真で紹介した『関公故里』[三二]という本には、この「五十三歳の時の肖像」の石刻の写真（図⑪）を収める（三四〇頁）。キャプションがついていないため、この石刻が今も解州関帝廟に現存するのか定かではないが、張鎮のいうように図⑨と確かに似ている。また、解州関帝廟のある解州鎮西元村の共産党委員会も「関公五十三歳真像」を保管するが、『関公故里』所掲のものほどは図⑨に似ていない。[三三]『関公故里』には、解州関帝廟の碑亭にある果新王允礼の詩を刻した碑や、春秋楼に掲げられた「忠貫天人」という果親王允礼による扁額の写真も収録する。特に詩は、E『関帝志』巻四「芸文下」に「謁解州廟」という題で収録されるものであり、実際に果親王允礼が解州関帝廟を訪れて詠んだものであることが分かる。よって、「果親王繪像」も果親王允礼が解州関帝廟に伝わっていた「五十三歳の時の肖像」を模写したものと考えられる。

もちろん、本当に関羽が五十三歳の時に描かせた肖像ではない。そもそも頭にかぶる頭巾は唐代以降のもので、関羽が生きていた時代には存在しないものである。図②⑧と似通っていながら、図②⑧が五十三歳の肖像としていないことも、これが本物でないことを雄弁に物語る。

以上、散漫ではあるが、図①〜⑩の「関帝文献」に見える関帝の肖像から指摘できることを述べてきた。次節ではこれら関帝の肖像と明清に流行した人相術の関係について見ていく。

二、人相術から見る関帝の肖像

小川陽一氏は、「人相術が肖像画の技法（肖像画の画論）に影響を与えていること」、「その技法で描かれた作品例」が見出せること、「その肖像画が人相術の視点で鑑賞されている」ことを指摘している。[三四]とすれば、「関帝文献」に収

められる関帝の肖像にも人相術の影響が及んでいる可能性が高い。

小川氏は、先に引いた『三国志演義』における関羽の容貌描写についても人相術に依拠していることをつとに指摘しており、[三五]「丹鳳眼」「臥蚕眉」が人相術の用語であったり、人相術の考え方に基づく表現であったりすることを確認して、その意味を考察している（類型化することで人物の内面や将来、他の人物との格の上下等を示す。例えば、顔の部位の表現が共通する関羽と『水滸伝』の宋江・朱仝・関勝とは同格となる）。

それでは、果たして「関帝文献」に見える関帝の肖像にも人相術の考え方が反映されているのか、反映されているとすればどのように反映されているのかを見ていこう。

人相術、すなわち相法は、類書の中にも収録される。今、明代の『三台万用正宗』[三六]巻三十「相法門」と『三才図会』[三七]身体七巻「人相類」を見ると、顔の部位の種類を示すたくさんの図が並び、それぞれを表す用語、そしてそのような部位を持つ者の運命について記される。関帝の肖像もこれらの図から、部位ごとに適切なものを選択し、あたかもモンタージュ写真のように一枚の紙の上で組み合わせることによって描かれているのだろうか。

しかし、それを確かめようにも、関帝の肖像の各部位を『三台万用正宗』や『三才図会』の図と同定することは困難である。そもそもこれら類書に描かれる顔の各部位は、その差異の区別がつけられない図も多い。そこで、今回は関帝の肖像に附された文章の中で特に人相術の用語を用いている部位、目・眉についてのみ検討することにしたい。

（一）目

図③と図⑦に附された説明文では、関帝の目は「鳳目」と表現される。『三国志演義』では「丹鳳眼」である。『三台万用正宗』と『三才図会』のいずれにも「丹鳳眼」は見えないが、「鳳目」に似た「鳳眼」を載せる。「鳳目」は、「蠶

眉」「龍準」と組み合わせて四字にするために縮めた表記に過ぎないかもしれないものの、図①〜⑩を通観すると、目が一本の線のみで表現されるC『関聖陵廟紀略』所収の図④⑤を除き、おおむね眼球が上まぶたに覆われるように描かれる。これは目が細いこと、あるいは目をあまり開かないことを表していると思われる。[三八]『三台万用正宗』『三才図会』に見える目の図のうち、両書とも眼球が上まぶたに覆われる形で描かれているのは、「鳳眼」だけである（図⑫）。さらに、『三台万用正宗』の「鳳眼」の図には、「富貴」「聰明」「超越」の文字も見え、[三九]まさに関帝にふさわしい。これらの肖像の作者は「鳳眼」のイメージで関帝の目を描いたのだろう。

（二）眉

次は眉。図③と図⑦の説明文は「蠶眉」とし、『三国志演義』は「臥蚕眉」とする。『三台万用正宗』にも『三才図会』にも「蠶眉」は見えず、「臥蚕眉」のみが見えるので、図③と⑦の「蠶眉」はやはり前後の語と組み合わせて四字とするために「臥蚕眉」を縮めた表現であろう。この「臥蚕眉」について小川陽一氏は、「語の由来は蠶が横臥したような太く濃い眉を言うのであろうが、この二書（筆者注：『三才図会』と『相法大全』）の図の眉は新月眉などと並んで細い方に属する。これは図がよくないせいであろうか[四〇]」と述べている。

『三国志演義』の邦訳を見ると、「臥蚕眉」はそれぞれ、「蚕のような眉毛」「蚕のまゆ」（小川環樹・金田純一郎訳『完訳三国志』（一）、岩波文庫、岩波書店、一九八八年、一四・一一二頁）、「太く濃い眉」（立間祥介訳『三国志演義』一〈改訂新版〉徳間文庫、徳間書店、二〇〇六年、一三・一一二頁）、「蚕のような眉」（井波律子訳『三国志演義』一、ちくま文庫、筑摩書房、二〇〇二年、二八・一二八頁）と訳されている。立間氏は小川陽一氏と同じ見解のもとに訳していることが分かるが、小川環樹・金田両氏と井波氏は蚕という比喩のまま訳していて具体的イメージに触れ

ない。

今、『三台万用正宗』と『三才図会』に見える「臥蚕眉」は、小川氏が指摘するようにそれほど太くはない（図⑬）。ただ、類書間において差異がない以上、小川氏のいうように「図がよくないせい」というわけでもなさそうだ。

そこで、関帝の肖像を見てみると、成立の比較的早い図②を除けば、それほど太くはない眉が目立つ。中には図⑤や図⑩のようにむしろ細く描かれているものもある。明清（時代が下れば下るほど）において「臥蚕眉」はこのようにあまり太くない眉として認識されていたのではなかろうか。もっとも、なぜ「臥蚕」というのかは謎のままであるが[四一]。あるいは蚕といっても繭や成虫ではなく、細長い形状の幼虫に例えているのかもしれない。少なくとも、関帝の肖像が人相術でいうところの「臥蚕眉」の概念に従って描かれていることは分かる。

『三国志演義』における関羽の容貌の描写に人相術の影響が見られることは指摘されていたが、本節では目と眉の分析を通して、「関帝文献」に見える関帝の肖像にも人相術の影響が多分に感じられることを確認できた[四二]。関帝の肖像を描くにあたっては、人相術の書に見える顔の部位の図から、関帝にふさわしいものが選択されている。関帝の肖像は『三国志演義』以上に人相術の深い影響を受けているとさえいえよう。

おわりに

本稿は「関帝文献」に収録される関帝の肖像について検討してきた。「関帝文献」にはいろいろなタイプの肖像が収録されるが、まずその基本として、すでに関羽像のスタンダードとして普及していた『三国志演義』の関羽像をおおむね踏襲していた。また、その姿は静的で、武将というよりは文官の趣である。「義」の理想を体現する関帝の「神格」

を表現しようとする明清の知識人の意識が見える。そして、そこには関帝を孔子になぞらえようとする動きが見出せた。顔の部位の一部については人相術の観点から検討した。その結果、「関帝文献」における関帝の肖像にも明清に流行した人相術の深い影響が見て取れた。尚、『三国志演義』の関羽の容貌との相違として、関帝の肖像の一部にほくろがあることを指摘したが、この関帝のほくろについては別稿で論じたい。(四三)

《注》

(一) 関帝崇拝については様々な論考が発表されている。ここでは主なものを挙げるにとどむ。井上以智為「関羽祠廟の由来並に変遷」(『史林』二六―一・二、一九四一年)、原田正巳「関羽信仰の二三の要素について」(『東方宗教』第八・九合集号、一九五五年)、金文京『三国志演義の世界』(東方選書、東方書店、一九九三年、一四九~一五五頁。増補版〔二〇一〇年〕では一五四~一六〇頁。さらに増補版では二六七~二七〇頁において朝鮮半島における関帝崇拝にも言及)、梅錚錚『忠義春秋―関公崇拝与民族文化心理』(四川人民出版社、一九九四年)、蔡東洲・文廷海『関羽崇拝研究』(巴蜀書社、二〇〇一年)、二階堂善弘『中国の神さま　神仙人気者列伝』(平凡社新書、平凡社、二〇〇二年、二一~四〇頁)、胡小偉『関公崇拝遡源』上下冊(北岳文芸出版社、二〇〇九年)、渡邉義浩『関羽　神になった「三国志」の英雄』(筑摩選書、筑摩書房、二〇一一年)。

(二) 爵位追贈の状況を一部示しておく。

北宋崇寧元年(一一〇二)　忠恵公

大観二年(一一〇八)　武安王

南宋淳熙十四年(一一八七)　義勇武安英済王

元天暦元年（一三二八）　　顕霊義勇武安英済王

明万暦四十二年（一六一四）　三界伏魔大帝神威遠震天尊関聖帝君

清代では順治九年（一六五二）に「忠義神武関聖大帝」に封じられたのを皮切りに、光緒五年（一八七九）まで加封が続き、最終的にその封号は「忠義神武霊佑仁勇威顕護国保民精誠綏靖翊賛宣徳関聖大帝」と長いものになった。

(三) 本稿では、歴史上の人物や『三国志演義』等文学の登場人物としての関羽を「関羽」、崇拝の対象となった神としての関羽を帝号追贈の前後を問わず「関帝」と呼称する。

(四) この種の文献を筆者はこれまで「関羽文献」と総称してきた。しかし、注(三)に示したように、「関羽」という語からは、神としての関羽ではなく、歴史上の人物や文学・伝説の登場人物としての関羽が連想されるという指摘を受けた。これらの文献の中には、関羽がまだ帝位を追贈されていない時期に成立したものもあるが、関帝崇拝の文脈の中で誕生したものであることには違いないので、今後はこの種の文献を「関帝文献」と呼称することにする。

(五) 本伝・世系・聖蹟図・翰墨・墳廟・遺跡・年表など。尚、「関帝文献」に関する主な論考としては以下のものがある。顏清洋『関公全伝』(台湾学生書局、二〇〇二年、三〇六～三一〇・三五〇～三五三・四一二～四一四・五二五～五三二頁)、拙稿「関羽文献の本伝について」(『芸文研究』九三、二〇〇七年)、拙稿「関羽の手紙と単刀会――関羽文献の本伝についての補説――」(『狩野直禎先生傘寿記念　三国志論集』三国志学会、二〇〇八年)、拙稿「関於〝関羽文献〟中的関羽書信」(『明清小説研究』二〇一一年第一期)。

(六) 小川陽一「明清の肖像画と人相術――明清小説研究の一環として――」(『東北大学中国語学文学論集』第四号、一九九九年)。

(七) 洪淑苓「文人視野下的関公信仰――以清代張鎮《関帝志》為例」(『漢学研究集刊』第五期、二〇〇七年)。

(八) 李福清「関羽肖像初探」(『関公伝説与三国演義』雲龍叢刊〇三九、雲龍出版社、一九九九年)。初出は「関公肖像初探」(上)(『国立歴史博物館館刊』四:四、一九九四年)・同(下)(『国立歴史博物館館刊』五:一、一九九五年)。

（九）胡小偉「金代関羽神像考釈」（『嶺南学報』新第一期、一九九九年）。

（一〇）各文献の書誌情報については、大塚秀高編「関羽関係文献目録兼所蔵目録」（『中国における「物語」文学の盛衰とそのモチーフについて——俗文学、とりわけ俗曲と宝巻を中心に——』、平成七年度科学研究費補助金〔一般研究〈C〉〕研究成果報告書、一九九六年）、および「東洋文化研究所所蔵漢籍目録」(http://www3. ioc. u-tokyo. ac. jp/kandb. html) も参照した。

（一一）『関帝事蹟徴信編』巻三十「書略」に拠る。『関帝事蹟徴信編』は三十巻、首一巻、末一巻。周広業・崔応榴輯、乾隆三十九年（一七七四）初刻。本稿では『関帝文献匯編』に影印される光緒八年（一八八二）序重刻本を用いた。

（一二）「関帝聖蹟図」とは、数十幅からなる図と、各図に附した説明の文字とによって関帝（関羽）の生涯を表現したもの。「関帝聖蹟図」に関する主な論考としては以下のものがある。大塚秀高「関羽の物語について」（『埼玉大学紀要』三〇、一九九四年）、洪淑苓『関公民間造型之研究——以関公伝説為重心的考察』（国立台湾大学出版委員会、一九九五年）、劉海燕『従民間到経典——関羽形象与関羽崇拝的生成演変史論』（上海三聯書店、二〇〇四年、一三五～一三八頁）、完顔紹元「転折時期的南派精品　漫説《関帝聖迹図》」（『美術之友』二〇〇六年第五期）、小久保元「関羽聖蹟図の基礎研究」（『中国語中国文化』第五号、二〇〇八年）、拙稿「『関帝聖蹟図』の構成要素について」（『二松学舎大学東アジア学術総合研究所集刊』第四十三集、二〇一三年）。

（一三）『関帝文献匯編』所収のB『関聖帝君聖蹟図誌全集』は光緒二年（一八七六）の重刻本であり、同書所収のD『聖蹟図誌』よりも後の刊刻になるが、文献Bの初刻本である康熙三十二年（一六九三）序刻本（東京大学東洋文化研究所蔵）に見える肖像と比べても、文献Dの肖像が文献Bのものを引き継いでいることが分かる。

（一四）羅貫中『三国志通俗演義』（人民文学出版社、一九七四年）に拠る。

（一五）「重棗」の解釈については諸説あるが、沈伯俊氏は「重陽節の時分の棗。その色は紫色を帯びた深紅に近い（重陽時的棗子、顔色接近紫紅）」（沈伯俊校理『三国演義（名家批注図文本）』〔全二冊〕鳳凰出版社、二〇〇九年、〇〇三頁）と説明し、立間祥介氏は「くすべた棗」と訳す（立間祥介訳『三国志演義』一〈改訂新版〉徳間文庫、徳間書店、二〇〇六年、一三頁）。駒

田信二「関羽の顔の『重棗』について」(『対の思想―中国文学と日本文学―』勁草書房、一九六九年）も参照されたい。

(一六) 身長九尺三寸、髯長一尺八寸。面如重棗、唇若抹朱。丹鳳眼、臥蚕眉。相貌堂堂、威風凜凜。

(一七) 身長に「九尺三寸」「九尺五寸」と異同が見えるのは、「三」と「五」の字形の近似による誤刻であろうか。

(一八) 身長九尺五寸、髯長一尺八寸、丹鳳眼、臥蚕眉、面如重棗、聲似巨鐘。

(一九) B『関聖帝君聖蹟図誌全集』が身長を「九尺六寸」とするのは、孔子に合わせたためであろう。呉嘉謨『孔聖家語図』所収の「孔子聖蹟図」(孔子の生涯を図によって示し、それに対応する説明文や詩を附したもの）は、孔子の身長を「九尺六寸」とする。「関帝聖蹟図」は関帝を孔子と並ぶ聖人とするために呉嘉謨本「孔子聖蹟図」を模倣して制作された。図③は「関帝聖蹟図」の第一図であるから、その説明文で関帝の身長を孔子に合わせているのである。詳しくは拙稿「『関帝聖蹟図』と『孔子聖蹟図』」(『林田愼之助博士傘寿記念　三国志論集』三国志学会、二〇一二年)、「『関帝聖蹟図』と『三国志演義』」(『三国志研究』第九号、二〇一四年）等を参照されたい。

(二〇) 猿のように長い腕。弓を射るのに都合がいいという。

(二一) 前掲注（一九）拙稿「『関帝聖蹟図』と『三国志演義』」参照。

(二二) 一般的關帝神像都畫他靜態的樣子、看不到他施展大力氣及動作、……（前掲注（八）李福清「関羽肖像初探」一四二頁）。

(二三) 「天地三教十八仏諸神」図において「關帝被稱爲『伏魔大帝』、衣服與關聖帝君圖不同、不像將軍而是文臣、頭戴冕旒冠、但是只可以看得見側面的各一面兩串、右爲持青龍刀的周倉、左爲捧印的關平、關帝紅臉、但只有八字鬍、與上類不同」(前掲注（八）李福清「関羽肖像初探」一一六頁)。「光緒二十七年（一九〇一年）泉州成美齋刻印的《喚醒新民》書中有『關聖帝君神像』、此與一般的關帝像不同、也坐椅上（無虎皮）、兩手持圭、穿文官服」(同)。

(二四) 孫承恩曰、姑蘇劉生司直、素善繪事、迺令昉古聖賢像原帙、縮而小之。不越指掌、而古人大都無須問名、而可識其爲某某矣。(『関帝事蹟徵信編』巻十九「雜綴一」は「昉」を「仿」に作る。こちらに従って訳出した。)

(二五) 『関帝事蹟徵信編』巻十九「雜綴一」に引く胡棟『関帝誌』に拠る。尚、国立公文書館のサイトでこの『集古像賛』中の関羽

／関帝の肖像をみることができる（http://www.archives.go.jp/exhibition/summerpopup_19/005_2.html、二〇一六年七月三日閲覧）。

(二六) 今所存第一圖仍胡公、第二圖則摹雲間孫尚書「先賢像贊圖」。一則「公幞」、端嚴、鬚磔磔如當年。一則「燕居巾幘」、莊雅雄秀、令人想見絶倫逸羣之大全也。（尚、「公幞」を「公幞像」、「燕居巾幘」を「燕居巾幘像」とそれぞれ図題として訳出したのは、『関帝事蹟徴信編』巻十九「雑綴一」に拠る。）

(二七) 黄華節『関公的人格与神格』（人人文庫、台湾商務印書館、一九六八年版〔一九六七年初印〕）一九九～二〇一頁。

(二八) 子之燕居、申申如也、夭夭如也。（阮元校刻『十三経注疏』全二冊〔中華書局、一九八〇年〕に拠る。）

(二九) 前掲注（八）李福清「関羽肖像初探」一〇三頁。

(三〇) 都城舊有帝像。言、先朝從大内出者、其面色正赤、面有七痣、鼻準二痣尤大、鬚髯則稀疎而滿頤、非五縷也。未知眞否。

(三一) 鎮按、……世傳關夫子像甚多。今閲解廟石刻、爲五十三歳眞容、與　果親王所繪大畧相彷。

(三二) 張成徳・黄有泉・宋富盛主編『関公故里』（山西人民出版社、一九九八年）。

(三三) 関新剛「解読関公五十三歳真像」（運城新聞網、二〇一四年五月二十四日、http://www. sxycrb. com/html/58/n-74758. html、二〇一六年七月三日閲覧）

(三四) 前掲注（六）論文参照。

(三五) 小川陽一「『三国志演義』の人間表現――相書との関係において――」（金谷治編『中国における人間性の探究』創文社、一九八三年）、同「明代小説における相法――三国志演義と金瓶梅詞話を中心に――」（『東方学』第七十六輯、一九八八年、のちに小川陽一『日用類書による明清小説の研究』〔研文出版、一九九五年〕に所収）。

(三六)『三台万用正宗』四十三巻。余象斗輯、万暦二十七年（一五九九）刊。本稿では坂出祥伸・小川陽一編『中国日用類書集成』第五巻（汲古書院、二〇〇〇年）所収のものを用いた。

(三七)『三才図会』百六巻。王圻輯、万暦三十五年（一六〇七）刊。本稿では『三才図会』（全六冊、成文出版社、一九七〇年）を

用いた。

(三八) 京劇において関羽を演じる「紅生」は、舞台上であまり目を開かず、まるで閉じているかのように見せる。これは「関老爺睜眼就要殺人」といわれているからだという。李洪春・董維賢・長白雁整理『関羽戯集 李洪春演出本』(上海文芸出版社、一九六二年)四二二頁参照。

(三九)『三台万用正宗』巻三十第十二葉表。

(四〇) 前掲注(三五)「明代小説における相法――三国志演義と金瓶梅詞話を中心に――」。

(四一) 胡小偉氏も指摘するように、「臥蚕」とは本来は下まぶたを指す(前掲注(九)論文参照)。『三才図会』身体七巻「人相類」に収録される顔の各部位の名称を示した図「十三部位総要図」でも右目の下に「臥蚕」の文字が見える。

(四二) 目と眉以外の部位についても図③⑦の説明文や『三国志演義』に描写があるが、人相術の用語を直接用いていないため、それぞれの部位の図と同定するのは困難である。口については、図③の説明文に「唇若丹硃」、図⑦の説明文に「唇丹」、『三国志演義』に「唇若抹朱」と唇の色についてのみ描写される。類書の口の図にもその韻文で色について「似硃砂」「唇紅似抹丹」「含丹」(『三台万用正宗』)、「唇紅光潤似硃砂」「若丹鮮」(『三才図会』)と描写されるものがある。しかし、類書に描かれる口の形は似通ったものが多く、また、肖像の方でも口がひげに隠れて輪郭が見えないものもあり、同定は難しい。鼻についても図⑦の説明文にある「龍準」という語が『三台万用正宗』と『三才図会』に見えないため同定は困難。ただし、各肖像の鼻の形状はおおむね共通している。よって、やはり人相術の概念に基づいて描かれていることが推定される。

(四三) 拙稿「関帝のほくろ」(『三国志研究』第十一号、二〇一六年)。

図①

図②

図③

図④

図⑦

図⑤

図⑧

図⑥

図⑨

図⑩

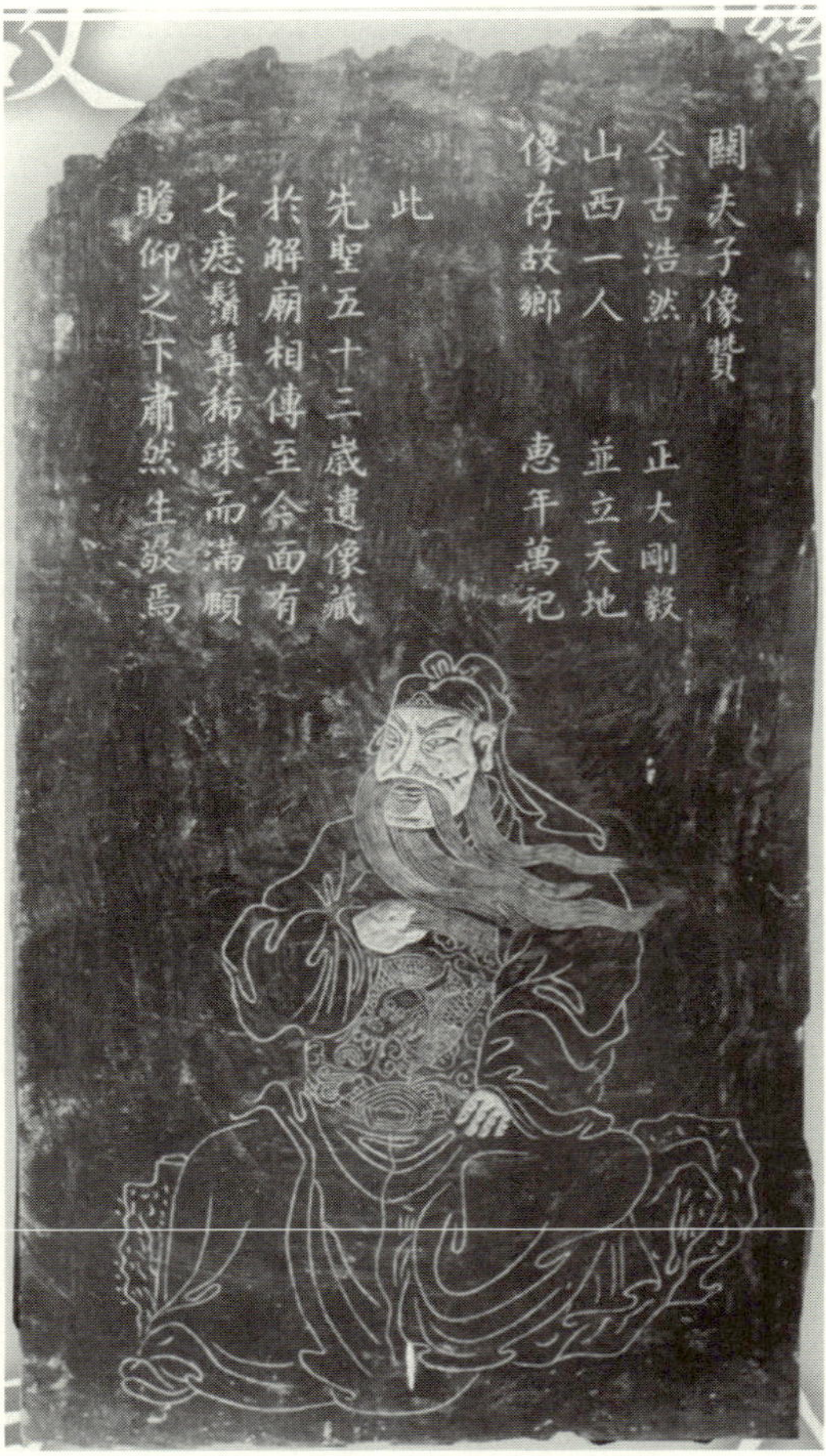
關夫子像贊
今古浩然　正大剛毅
山西一人　並立天地
像存故鄉　惠年萬祀
此
先聖五十三歲遺像藏
於解廟相傳至今面有
七痣鬚髯稀疎而滿頗
瞻仰之下肅然生敬焉

図⑪

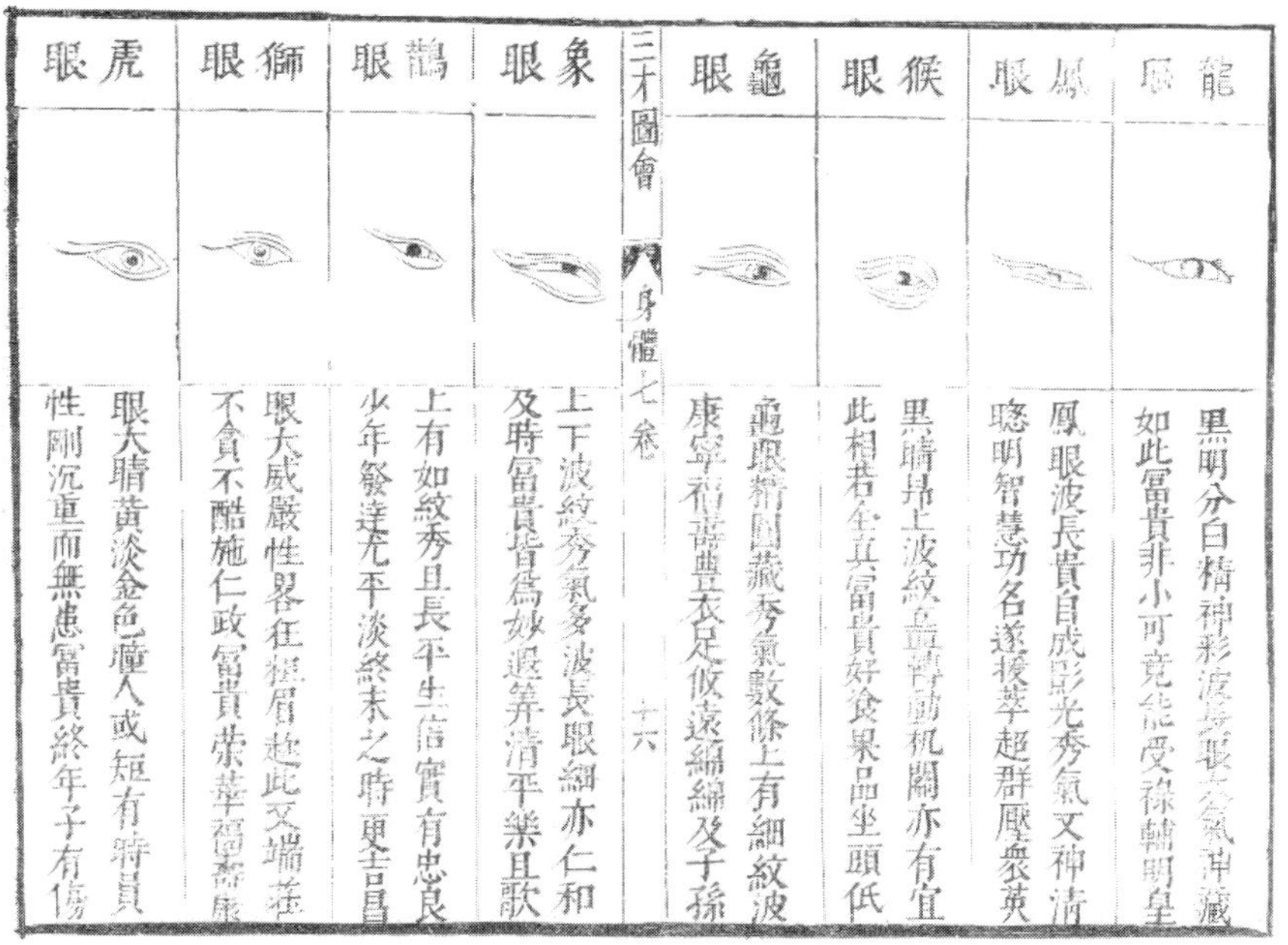

図⑫（『三才図会』身体七巻「人相類」）

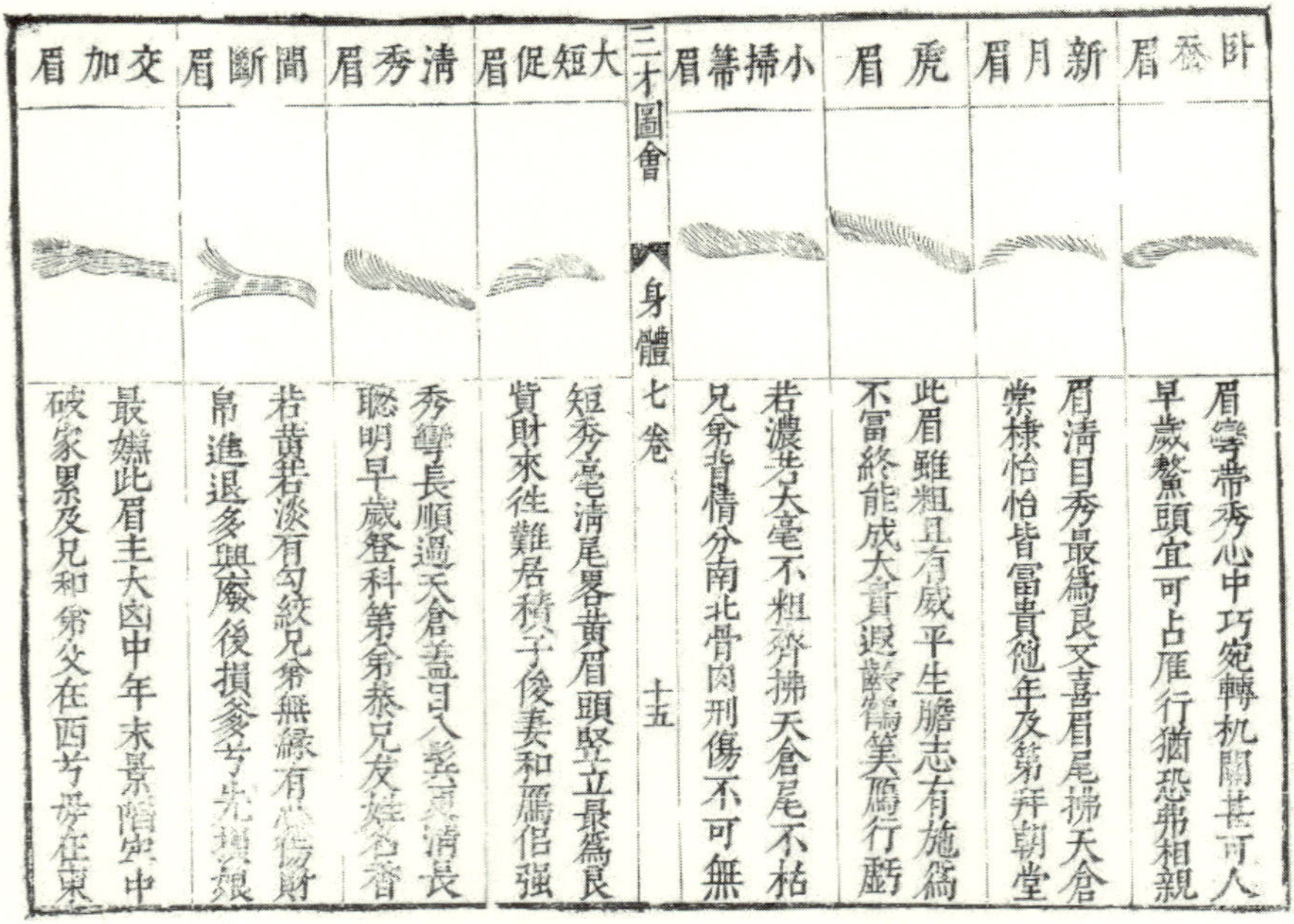

臥蚕眉
眉彎帶秀心中巧宛轉机關甚可人
早歳驚頭宜可占雁行猶恐弟相親

新月眉
眉清目秀最爲良又喜眉尾拂天倉
棠棣怡怡皆富貴從年及第拜朝堂

虎眉
此眉雖粗且有威平生膽志有施爲
不富終能成大貴遐齡鶴筭美爲行蹤

小掃箒眉
若濃若大毫不粗獰拂天倉尾不枯
兄弟背情分南北骨肉刑傷不可無

三才圖會　身體七卷　十五

大短促眉
短秀毫清尾略黃眉頭竪立最爲良
貲財來往難居積子後妻和厲侶強

清秀眉
秀彎長順過天倉蓋目入鬢更清長
聰明早歲登科第弟恭兄友姪名香

間斷眉
若黃若淡有勾紋兄弟無緣有損傷財
帛進退多興廢後損爹兮先損娘

交加眉
最嫌此眉主大凶中年末景陷空中
破家累及兄和弟父在西兮母在東

図⑬（『三才図会』身体七巻「人相類」）

清原宣賢の中国通俗小説受容 ――『蒙求聴塵』を題材として――

長尾　直茂

一、『蒙求聴塵』について

清原宣賢（一四七五～一五五〇）の筆に係る『蒙求』の仮名抄『蒙求聴塵』三巻（以下、『聴塵』自筆本）は、現在慶應義塾図書館（慶應義塾大学三田メディアセンター）に所蔵される。本書は、宋・徐子光の注釈が施された、いわゆる『蒙求』の新注本である『標題徐状元補注蒙求』を底本とした抄物で、特にその注釈部分に対して宣賢の講説（コメント）を附す。本書に関して、阿部隆一氏は『慶應義塾図書館蔵　和漢書善本解題』において、「所々引用文は後で書き入れるつもりであつたのか、ブランクのまゝにしてある所もあり、欄外の書き入れや、間々塗抹削除補訂の箇所もあるが、極めて整った浄書本である」（一）と記して、宣賢の講義用手控えとしての同書の特徴を解説する。そして、その成立時期に関しては、京都大学附属図書館清家文庫に所蔵される鼇頭本『標題徐状元補注蒙求』（巻中のみ巻頭題を『新刊徐状元補注蒙求』とする。以下、鼇頭本）に書き残された宣賢自筆の講義記録を援用して、「大永末から享禄二年にかけてゞあらうと思ふ」（二）と推定する。

一方、早川光三郎氏は、『聴塵』自筆本所載「落下暦数」条に、「今ノ大永三年ハ、天元甲子ヨリ、七兆令七万令八百四十一年ト算ヲ置也」との語があることに着目し、本書の撰述の始期が少なくとも大永三年に遡り得ることを指摘

する。[三]

以上を要するに、『聴塵』自筆本の撰述は大永三年（一五二三）頃に始まり、享禄二年（一五二九）頃に終わったということになり、それは宣賢の四九歳から五五歳にかけての時期に当たる（末尾に宣賢と『蒙求聴塵』をめぐっての関連年譜を附したので、適宜に参照されたい）。

右の『聴塵』自筆本の系統に属するテクストとして、京都大学図書館清家文庫所蔵本[四]、大東急記念文庫所蔵本[五]、成簣堂文庫所蔵本[六]、国会図書館所蔵本[七]等の『蒙求聴塵』鈔本が知られる。自筆本が伝存する以上、拙稿はこれに拠りつつ論述し、他のテクストには対照の必要がある場合にのみ言及する。

なお、『慶應義塾図書館蔵　和漢書善本解題』に引用され、『聴塵』自筆本と重要な関係を有する書である鼇頭本について言及しておく[八]。本書もまた清家文庫の所蔵に係り、宣賢が嫡男業賢をして宋・徐子光施注『標題徐状元補注蒙求』の本文を筆写せしめ、そこに頭注（まま脚注もあり）を附したものである。その巻末の講義記録に拠れば、宣賢は享禄二年六月から八月にかけて能登の守護畠山左衛門佐義総《よしふさ》（一四九一〜一五四五）の邸宅で『蒙求』巻上・中を講説した[九]。そして明くる享禄三年三月にふたたび畠山氏宅にて巻下を講説して、全巻を講じ終わったのである[一〇]。『蒙求聴塵』の撰述が大永三年頃に始まり、享禄二年頃に終わったと推定されることを勘案すれば、鼇頭本とのきわめて深い関係性が自ずと首肯されよう。実際に『聴塵』自筆本と鼇頭本とを対照させると、頭注として引用された記事が『聴塵』自筆本にも引用されること多く[一一]、明白に両者は互いに補完し合うがごとき意図を持って編纂された書であることが理解される。したがって、『聴塵』自筆本と鼇頭本とは現在は所蔵先も別れて別箇の書籍のごとくあるが、本来は一揃いの書籍として宣賢の机上にあったものと推定される。講義の準備、あるいは講義の席上においても、『標題徐状元補注蒙求』の本文を確認するに際して鼇頭本を用い、講説内容の確認の際には『聴塵』自筆本を用いるとい

う参看の方法が採られたのではないかと思われる。

さらに拙稿においては、宣賢の講義を聴いた第三者によって記録されたものに基づくと考えられる講義聞書もしくは筆録の抄をも適宜に参考資料として掲げる。先の早川氏の論考及び鈴木博氏の論考(一二)に拠れば、鈔本に建仁寺両足院所蔵本、陽明文庫所蔵本等多くのテクストがあること、刊本に古活字刊本とその覆刻である寛永十五年刊本のあることがわかる。こうした講義聞書の中から拙稿では、簡便に確認し得ることを考慮して、国会図書館所蔵の寛永十五年刊本(『抄物大系　蒙求抄』)を適宜参照することとした。

二、宣賢と『漢書』を題材とする通俗小説

『蒙求』巻上所載の「李陵初詩」は、漢の李陵が初めて五言詩を作ったという故事を四字句にしたものであり、ここに附された徐子光の注釈では、漢に還らんとする蘇武と李陵が詩の贈答を行う場面—俗に河梁の別れと称される—に言及する。引用された詩は以下の三首である。詩①・②が李陵の作、詩③が蘇武の作である。

陵以詩贈別曰(陵　詩を以て別《わかれ》に贈りて曰はく)、

①携手上河梁　手を携へて河梁に上る
游子暮何之　游子　暮に何くか之く
徘徊蹊路側　蹊路の側に徘徊して
恨々不得辞　恨々として辞すること得ず

②晨風鳴北林　晨風　北林に鳴く

耀耀東南飛　耀耀　東南に飛ぶ
浮雲日千里　浮雲　日に千里
安知我心悲　安くんぞ我が心の悲しみを知らん
武別陵詩曰（武　陵に別るる詩に曰はく）、
③双凫倶北飛　双凫　倶に北に飛ぶ
一凫独南翔　一凫　独り南に翔《かけ》る
子当留斯館　子　当に斯の舘に留るべし
我当帰故郷　我は当に故郷に帰るべし
一別如秦胡　一別　秦胡の如し
会見何渠央　会見　何ぞ渠央なる
愴悢切中懐　愴悢　中懐に切《しきり》なり
不覚涙霑裳　覚えずして涙　裳を霑《うるほ》す
願子長努力　願はくば子　長く努力《つとめよ》
言笑莫相忘　言笑　相忘るること莫れ
五言詩、蓋自此始（五言の詩は、蓋し此より始まる）。

（『標題徐状元補注蒙求』(二三) 巻上）

宣賢は、右の徐子光注の「陵以詩贈別曰〜」以下に次のような言説を附している。
与蘇武三首五言内一首也。此詩漢書ニハノセス、前相《サウ》漢書ニハノスル歟。

（『蒙求聴塵』[一四] 巻上）

李陵の作といわれる五言詩を「与蘇武詩三首」として輯録するのは『文選』であり、宣賢はその三首のうちから一首がここに挙引されることをいう。すなわち、『文選』巻二十九に輯録する李陵作の詩は、「良時不再至〜」で始まる一首目、「嘉会難再遇〜」で始まる二首目、そして「携手上河梁〜」で始まる三首目の三作品から成る。当然、宣賢が「内一首」と説くのは、徐子光注に引用された詩①「携手上河梁〜」が、『文選』の三首目の詩（後掲詩④）に該当すること、そして三首のうちからこの一首のみが選ばれたことをいうのである。しかしながら、この宣賢の講説にはいささか正確さを欠くところがある。

『文選』輯録詩の三首目は、以下の通りである。

④携手上河梁　手を携へて河梁に上る
游子暮何之　游子　暮に何くか之く
徘徊蹊路側　蹊路の側に徘徊して
悢悢不能辞　悢々として辞すること能はず
行人難久留　行人　久しく留ること難く
各言長相思　各長く相思ふを言ふ
安知非日月　安くんぞ日月に非ざるを知らんや
弦望自有時　弦望　自ら時有り
努力崇明徳　努力して明徳を崇くせよ
皓首以為期　皓首　以て期と為さん

（『文選』（一五） 巻二十九）

徐子光注に引用された詩①と『文選』輯録の詩④とを比較すると、詩①は詩④にはある五句目以降がない。徐子光注では、詩①と②とを分かつことなく連続する一首として引用するとも解されるが、宣賢は龍頭本において詩②の冒頭に朱の合点を附して句切れを生じさせており、これ以降を二首目と見なすことは明らかである（一六）。ゆえに宣賢の『文選』輯録三首の内の一首であるという講説は、徐子光注の詩①が五句目以降を欠いた四句の詩となっていることに言及しない点において説明不足である。

詩③については後にも触れるが、ここで本詩を輯録する類書や総集を確認しておけば、早いものとしては『藝文類聚』がある。巻二十九・人部十三・別上に見えており、詩③と対照すると六句目「渠」を「詎」に作り、七句目「悢」を「恨」に作るという異同を存する。また、『藝文類聚』輯録詩と全く同一の詩を、『古文苑』巻八に「別李陵」として輯録する。

さて宣賢の講説に戻り、「此詩漢書ニハノセス、前相漢書ニハノスル歟」という部分をいかに解釈すべきか、ということへと稿を進めてゆく。まず、宣賢が指示する「此詩」が問題となる。これより前に「与蘇武三首五言内一首也」とある以上、文脈的には李陵が蘇武に与えた詩①を指すと考えることが妥当であろう。ゆえに、「此詩漢書ニハノセス」と宣賢が述べるのは、徐子光注掲引の詩①を『漢書』には載せないことをいうものと解する。

それでは、「前相漢書ニハノスル歟」という一文は、いかに解釈すればよいのか。結論から先にいえば、私は「（この詩①は正史の『漢書』には載せておらず、）全相漢書には載せているようだ（一七）」ということを宣賢が述べようとしたのだと考える。この点について、以下考察する。

まず徐子光の引用する李陵の詩①はすでに確認した通り、詩句に異同を存するものの『文選』に収める。宣賢の言

に「此詩漢書ニハノセス」とあるごとく、詩①は『漢書』李陵伝あるいは蘇武伝にも載せてはおらず、かえって蘇武伝には李陵の詩として普く知られる「徑万里兮度沙幕〜」（後掲詩⑤）の一首を載せる。宣賢は詩①が『漢書』に載るものではないことをいい、続けて「前相漢書ニハノスル歟」と述べて詩①の出典を示したのである。

では、『前相漢書』とはいかなる書であるか。

まず『前相漢書』は、『全相漢書』の書き誤りではないか、と私は考える。宣賢の鈔本は講説用の手控えという性格ゆえのことか、筆写上の誤謬は少なくない（一八）。ゆえに、宣賢は本来『全相漢書』と記すべきところを書き誤ったものと解したい（よって以下、全相漢書と記す）。これを前提として考察をめぐらせば、以下の二つの推論が成り立とう。

第一の推論は、『全相漢書』を『漢書』に取材した〝全相平話〟の略称と解するというものである。漢代を舞台とする全相平話は、『新刊全相平話前漢書続集』（以下、前漢書平話続集）のみが伝存する。宣賢が当該箇処のコメントを書く際の、その念頭にあった書籍が上記のごとき書名の平話であったとするならば、『全相漢書』を『前相漢書』と書き誤る可能性は十分にある。

『前漢書平話続集』は三巻から成り、漢王朝の草創期を描く通俗小説である。劉邦の御代に始まり、三代皇帝である文帝の即位前後で話は終了する。「続集」と銘打つからには、これより前の時代を舞台とする『前漢書平話』の正集があったと考えることが妥当であろう。今や現存しない漢書平話に関しては、すでにかなりの研究成果があり、殊に大塚秀高氏の論文が裨益するところ大である。ゆえに大塚氏の成果を参照しつつ（一九）、『前漢書平話続集』以外の漢書平話について、いささか概説しておく。

漢書平話は「前漢書平話」と「後漢書平話」から成っていたと推測され、その「前漢書平話」部分の中で唯一現存

する『前漢書平話続集』の他に正集と別集があり、正集は前集と後集に分けられていたとされる。よって「前漢書平話」は前後続別の四集からなっていたものと推測される。そして、この「前漢書平話」四集に基づきながら明代の改変を経て成立した通俗小説が、『京本通俗演義按鑑全漢志伝』（一〇）（万暦十六年序刊。以下、全漢志伝）と『京板全像按鑑音釈両漢開国中興伝誌』（一一）（万暦三十三年刊。以下、両漢開国中興伝誌）であるという。『前漢書平話続集』と上記二種の通俗小説とを対比させると、『両漢開国中興伝誌』との間により密接なる関係性が認められ、刊年は『全漢志伝』よりも下りはしても、かえって『両漢開国中興伝誌』の方に古態を多く残存させていることがわかる。『両漢開国中興伝誌』巻三の途中から巻四に記された劉邦の御代から三代皇帝文帝の即位にかけての内容は、『前漢書平話続集』に基づくものと推定される。そして、『前漢書平話続集』の後を承ける別集が存在したとするならば、続集以後の前漢時代の話柄を取り上げた通俗小説であったはずであり、『両漢開国中興伝誌』もまたこの別集の話柄を踏まえた巻を有するはずである。しかし、現存する『両漢開国中興伝誌』巻五・六の内容は後漢時代の話柄へと移っており、別集が取り扱う時代であったはずの文帝の御代以降の前漢時代の記事を欠いている。一方、『全漢志伝』には上記の時代の記事を存しはするが、「前漢書平話」の別集を参照して書かれたとは考えられない（一二）。

以上の大塚氏の研究成果中で注目すべきは、「前漢書平話」に別集があったのではないかと推測する点である。遺憾ながら、内容に親近性のある『両漢開国中興伝誌』に当該する時代の内容がないため確たる徴證を欠き、それゆえに大塚氏の論考中でも積極的に言及されることが少ない別集ではあるが、仮に存在していたとするならば、その中に武帝時代の話柄として李陵と蘇武との詩の贈答が記されていた可能性は十分にある。以上を踏まえて、ここに第一の推論をまとめれば、宣賢の講説にいうところの「全相漢書」は、『全相前漢書平話』の別集であったのではないか、ということになる。

右の推論の傍証となる事実が存する。それは、宣賢が漢書平話の存在を知っていたということである。嘗て拙稿において、京都大学附属図書館清家文庫に所蔵する『漢書抄』のうち、『漢書帝紀抄』中に宣賢が「平話漢書」と記して、先述の『前漢書平話続集』を引用することを指摘した。（一三）そもそも『漢書帝紀抄』は、五山の禅僧である景徐周麟（一四四〇～一五一八）が明応頃に講義の手控として撰述した抄出本を、宣賢が借り受けて大永三、四年（一五二三～四）頃に自ら筆写したものと考えられる。（一四）つまり、宣賢は漢書平話という書物が存在することを、明らかに知っており、その通俗的な内容もまた承知していたのである。かくのごとき事実を併せ考えればこそ、宣賢記すところの「全相漢書」が、『全相前漢書平話』の別集であったと見なす蓋然性を認めることができよう。

第二の推論は、宣賢のいうところの『全相漢書』は、全ての丁に挿絵を有する（すなわち全相の）福建版で、『漢書』を題材とする小説である、例えば『全漢志伝』『両漢開国中興伝誌』等をかく称したのではないか、というものである。

『全相漢書』という呼称に関する一例を、ここに掲げる。静嘉堂文庫に所蔵される虎関師錬『聚分韻略』の末尾に附された「雑記」中に、『全相漢書』と出典を記す箇処が二箇所ある。（一五）この「雑記」が何人の手に成るものであるかは不明であるが、『聚分韻略』そのものは慶長十一年（一六〇六）に板行されたテクストであるので、「雑記」もまたその時期に備忘録的な抜萃として筆写されたものと考えられる。

右の内容に関わる指摘として、長澤規矩也氏の論考がある。その中で同氏は『全相漢書』を『前漢書平話続集』と見なして、全相平話が引用されることを記す。（一六）長澤氏の指摘は、おそらく以下の引用箇処に基づくものと考えられる。

肖何曰、臣観大王等、有如大一鵬一金翅。鵬日飛万里、群臣者副毛也（全相漢書。肖何、蕭何也。大王、高祖也。）

右の文章は、蕭何が高祖劉邦に対して韓信を将軍として登用することを薦める場面に出づる。ゆえに右の文章が、長澤氏が指摘した平話『前漢書平話続集』に依拠するものであるはずはない。すでに確認したごとく『前漢書平話続集』は項羽歿後の漢代を舞台とする小説であり、もし「前漢書平話」が典拠であるならば、当該の話柄は今や伝存しない正集に拠ったと考えざるを得ないからである。したがって、長澤氏が平話の引用が『聚分韻略』にあると指摘することについては、当該箇所を確認できないとするほかない。しかし、右の引用文と殆ど同じ文章を、先に掲出した『全漢志伝』『両漢開国中興伝誌』中に見出し得ることには注目せねばなるまい。

何曰、臣観大王等、有如一大鵬全翅。鵬日飛万里、群臣者副毛也。

（『全漢志伝』西漢巻一）[一七]

蕭何曰、臣観大王、如一大鵬全翅。日飛九万里、群臣者副毛也。

（『両漢開国中興伝誌』巻二）[一八]

両者の文章は『聚分韻略』の「雑記」中に引かれた文章とおおよそ同じであり、その意味で両者を出典と考えることができる。[一九] この場合、『全相漢書』という呼称は、『全漢志伝』『両漢開国中興伝誌』のごとき全丁挿絵入りの小説という意で用いられたものと解さねばなるまい。加えて、『全相漢書』という書名の使用例として、その年代にも着目しておきたい。既述の通り静嘉堂文庫所蔵の『聚分韻略』は、江戸時代初期の慶長十一年に板行されたテクストであり、「雑記」の筆写時期も同じ頃と考えられる。静嘉堂文庫所蔵の『聚分韻略』が刊行された前年に『両漢開国中興伝誌』が刊行され（万暦三十三年、すなわち慶長十年）、それより程遠からぬ元和二年（一六一六）に『全漢志伝』『両漢開国中興伝誌』は揃って尾張徳川家に伝えられたことが確認できる。[三〇] してみると、「雑記」に『全相漢書』と書き入れられた時期と『全漢志伝』『両漢開国中興伝誌』のごとき漢書を題材とする通俗小説が流布していた時期

とはきわめて近接しており、その点からも『雑記』中の『全相漢書』の意味するところは、やはり全丁に挿絵の入った福建版の『漢書』を題材とする通俗小説を指すと解すべきではなかろうか。

以上のごとく、『全相漢書』が『全漢志伝』『両漢開国中興伝誌』等の通俗小説を指すとするならば、ここに李陵と蘇武の挿話が、いかに描かれているかを確認せねばなるまい。先述の通り『両漢開国中興伝誌』には前漢の文帝即位より後の記事はないので、宣賢が話柄とする李陵と蘇武との別れの場面は存在しないが、『全漢志伝』には当該の記事がある。以下、これを見ておこう。

陵道罷、起舞作歌曰（陵 道ひ罷み、起ちて舞ひ歌を作して曰はく）、

⑤徑万里兮渡沙漠　万里を徑りて沙漠を渡り
為君将兮奮匈奴　君が将と為りて匈奴と奮ふ
路窮絶兮矢刃摧　路は窮り絶えて矢刃摧け
士衆滅兮名已隤　士衆滅びて名已に隤つ
老母死兮心遂灰　老母死して心遂に灰となる
雖報恩兮将安帰　恩に報いんと雖も将に安くにか帰せん

陵歌罷、復吟詩一首以贈曰（陵 歌ひ罷み、復た詩一首を吟じ以て贈りて曰はく）、

①携手上河梁　手を携へて河梁に上る
遊子暮何之　遊子 暮に何くか之く
徘徊岐路側　岐路の側に徘徊して
悢々不能辞　悢々として辞すること能はず

李陵詩畢、泣下数行。乃与蘇武決別、武惓々之情、不忍割捨。亦作詩一首以別陵曰（李陵 詩畢り、泣《なみだ》 数行下る。乃ち蘇武と決別し、武も惓々の情、割捨するに忍びず。亦た詩一首を作り以て陵に別して曰はく）、

③双凫倶北飛　双凫 倶に北に飛ぶ

一凫独南翔　一凫 独り南に翔る

子当留此館　子 当に此の館に留るべし

我今帰故郷　我は当に故郷に帰るべし

後之五言詩始於此也（後の五言詩は此に始まる）。

（『全漢志伝』西漢巻五）[三一]

この場面の冒頭部分は、『漢書』蘇武伝に依拠する。しかし、ここに掲げた詩⑤と蘇武伝所載詩とでは、若干の異同がある。[三二]李陵は詩⑤を歌い舞った後に、さらに一首を吟ずる。これは、前掲徐子光注に引かれた詩①と同一である。『文選』輯録詩とは異なり、詩が四句から成ることに注目すべきであろう。すなわち『全漢志伝』には、確かに徐子光注の詩①と同じ形で李陵詩が載っているのである。かくして宣賢が『全漢志伝』を披見したのであるとするならば、『蒙求聴塵』の撰述が始められた一五二三年（嘉靖二年）以前の『全漢志伝』のテクストが存在していたことになる。明代の通俗小説の刊行状況を考えた時、その可能性を認めてよいものと思う。

なお、詩①を承けて蘇武が作った詩が、徐子光注に引用されていた詩③である。この詩もまた四句から成り、徐子光注にはある残りの六句が省略されている。よって、徐子光注に載せる詩③と『全漢志伝』中の詩③とは同一のものとはいえず、[三三]この点においては徐子光注と『全漢志伝』とは一致しない。

以上、論述してきたことをまとめておく。

『蒙求』徐子光注に附された宣賢の「前相漢書ニハノスル歟」という講説は、『全相漢書』とあるべき書名を誤り書いたものであり、この書名の指し示すものは、今は伝存しない『全相前漢書平話』の別集であるか、あるいは『全漢志伝』のごとき全ての丁に挿絵を有する福建版の通俗小説であった可能性が考えられる。

三、『蒙求聴塵』に見る中国小説受容の痕跡ついて

自筆本中に、明確に中国の小説に言及した箇所がある。

巻上所載「蘇韶鬼霊」に登場する蘇韶について、徐子光は『三十国春秋』なる書を引いて説明する。これに拠れば、晋の中牟令であった蘇韶が死後に馬に乗って従弟節のもとに現れたので、節は幽冥の事を訊ねたところ、蘇韶は以下のごとく答えた。

韶曰、死者為鬼、倶行天地之中。在人間、而不与生者接。顔回・卜商今見為修文郎。死之与生、略無有異、死虚生実、此有異尓（韶が曰く、死者 鬼と為り、倶に天地の中《うち》に行く。人間に在りて、生者と接《まじ》はらず。顔回・卜商 今 見に修文郎為り。死と生と、略《ほぼ》異なること有ること無し、死は虚にして生は実なり。此異なること有るのみ）。

（『標題徐状元補注蒙求』巻上）[三四]

右の徐子光注に宣賢は以下のような言説を附している。

韶曰―修文郎ハ、文ヲ修スル郎也。剪灯新話ニ、地下修文舎人トアリ。才ナキ者ハ、此職ニハエキスト云。鬼灵ハ、鬼灵ト成テ、人ニアフト云。

（『蒙求聴塵』巻上）[三五]

宣賢は、孔子の門人であった顔回・子夏（卜商）があの世で修文郎をつとめているという箇所に敏感に反応する。しかし、その反応の仕方は、明経博士清原家の当主のそれとは思えぬものでもある。孔門の顔回・子夏が地下で修文郎になったという文章を読んで、宣賢は明・瞿佑撰するところの小説『剪燈新話』を想い起こしたのであった。これには、相応の理由が存する。

宣賢が「剪燈新話ニ、地下修文舎人トアリ」と記すのは、『剪燈新話』巻四に「修文舎人伝」があることをいうものである。この話に登場する主人公の夏顔（子夏と顔回を組み合わせた謎語）は博学多聞の人であったが不遇のうちに亡くなった。その後、夏顔は幽鬼となって友人の前に現れ、今はあの世で修文舎人という文官を勤めていることを、以下のごとく告げた。

乃言曰、地下之楽、不減人間。吾今為修文舎人、顔淵・卜商旧職也（乃ち言ひて曰く、地下の楽は、人間に減ぜず。吾今修文舎人為り、顔淵・卜商の旧職なり）。

夏顔の科白に「顔回と子夏とが以前に勤めた職である修文舎人」とあったことを、宣賢は『蒙求』の本条を読みつつ想い起したのである。これは何という博覧強記であろうか。しかし、『剪燈新話』という小説の書名を、手控え的な書冊とはいえ『蒙求』の注釈書に書くことは、明経博士家の学藝を体現する存在である清原宣賢の営為と考えた時、人を瞠目せしむるに十分である。ここには小説を通俗的で低級なものと見て、排除せんとする意識は全く看取されない。逆に、小説にまで目を配る、自らの博覧を誇ろうとする意識すら読み取れるように思う。こうした意識があってこそ、全相平話を正史の注釈書である『漢書抄』に引用するという営為もまた説明できよう。明経の博士家という家門が我々に想定させる、厳格で杓子定規な漢籍へのアプローチとは異なる、自由闊達な読書態度がそこにあった

ことをうかがわせるに十分である。そして、こうした中世博士家の学藝に対する姿勢は、『漢書』のごとき正史に属する書籍の注釈に、通俗的な小説を援用するという意味において、またそうした営みが中国においては決して行われぬという意味において、きわめて日本的な行為であったということができよう。

なお、『剪燈新話』が宣賢の事例に先立つ、おおよそ半世紀ほど前に読まれていた形跡のあることについては、早くに澤田瑞穂氏の報告がある。[三六] それに拠れば、景徐周麟—既述のごとく『漢書帝紀抄』の撰述者である—が文明十四年（一四八二）頃に『剪燈新話』所載の「鑑湖夜泛記」を題材として七絶を作っている。してみると、『剪燈新話』は十五世紀後半から十六世紀前半にかけての時期に確かに舶載されており、好事の人の目に留まっていたことが確認される。よって、今後この時期に作成された抄物や漢詩文の内容の詳細な検討によっては、更なる『剪燈新話』披見の痕跡を見出し得るものと考える。

最後に、『三国志演義』（以下、『演義』）受容の可能性をめぐって言及しておく。

宣賢が『蒙求聴塵』の撰述を始めた年が、明の嘉靖二年に当たることは再三述べた。この前年に、現存する最古の『演義』のテクストである『三国志通俗演義』（嘉靖本）が刊行されたことは、誰しもが知るところである。これまで、宣賢が『漢書』に取材する通俗小説を披見していたことについて論究して来た、その文脈上からいえば、宣賢が『演義』を読了したか否かの可能性についてもまた検討せねばなるまい。そこで一つの題材として、以下の例をめぐって考察を試みたい。

自筆本巻上所載の「孔明臥龍」に附された講説中には、以下のごときコメントが存する。

関羽—先主ノ内者ニハ、第一ト思ヘル、関羽・張飛等カ、コレヲソネム也。関羽ハ、長太刀《ナキナタ》シイタス者也。

（『蒙求聴塵』巻上）[三七]

三顧の礼を尽くして自陣に諸葛孔明を迎え入れた劉備は、日々親しく孔明と事を計って水魚の交わりを結び、それを旗揚げ以来の股肱の臣下である関羽・張飛は悦ばなかったという故事を話柄とする。ここで注目したいのは、「長太刀シイタス者也」とあることである。関羽が八十二斤の青龍偃月刀を得意の武器として縦横無尽の活躍をするということは、『演義』の中では誰しもが知るところであるが、周知の通り正史等の史書に記されたことではない。よって、関羽所用の武器が長太刀であるという情報を、宣賢は正史等の史書以外のものから得たことになる。では、宣賢は『演義』を読んで知ったのであろうか。

おそらく宣賢は、『演義』を読んではいなかったであろう。なぜならば、読了していたとするならば、必ずやここに〝青龍偃月刀〟と記したであろうことが推測されるからである。「長太刀」と書くことが、関羽所用の武器が小説世界において青龍偃月刀と呼ばれることを、宣賢が認知しないことを物語っており、おそらく「長太刀」という関羽の武器のイメージは、文字から成る資料に拠ってではなく視覚的資料に拠って形成されたであろうことをも推測させる。すなわち、『演義』を読みさえしておれば、宣賢は青龍偃月刀が関羽を象徴する武器であることを理解し、ここに「青龍偃月刀シイタス者也」とコメントしたはずであり、「長太刀」とは書かなかったであろうと考えられるのである。よって、宣賢は『演義』を読了していなかったと判断せざるを得ない。

視覚的資料としては、中国より舶載された絵画や小説の挿絵、あるいは彫像等が想定される。すでに建武期（一三三四〜八）の初め頃から関羽が大刀を揮う武将であることは本邦で認識されていた形跡があり、足利尊氏らの肖像画が大刀を所持する関羽像に似せて描かれたこと—すなわち大刀が関羽を表象する武具として認識されていたこと—を、拙稿において紹介したことがある。[三八] したがって、宣賢が『蒙求聴塵』を撰述していた時期には、大刀とともにある関羽像のイメージは一層の流布を見せていたものと推測され、関羽の肖像の重要なモチーフとして「長太刀」は認

知されていたものと考えられる。

さらに宣賢が、小説の挿絵で関羽の武器について知り得た可能性をめぐっては、『三国志平話』を挙げておきたい。宣賢が『三国志平話』の挿絵を見、その文章を読むことで関羽が長太刀遣いであることを知ったという可能性である。『三国志平話』の中では、関羽は「刀」を武器とする武将として描かれる。例えば、三国志中の名場面として知られる虎牢関の戦いで、張飛と呂布とが刃を交えるところに関羽が助太刀に入る場面において『三国志平話』には、「関公忿怒、縦馬輪刀、二将戦呂布」[三九]とあり、関羽が「刀」を振りまわして奮戦する様を描く。あるいは「百万軍中取顔良」故事として知られる場面においても、「雲長単馬持刀奔寨、見顔良」[四〇]とあって、やはり関羽は「刀」を手にしている。「刀」とあるだけで長太刀を想起することは難しいやもしれぬが、『三国志平話』の挿絵とともに味読すれば、「刀」を長太刀とイメージすることは容易である。『全相漢書』の存在を知る宣賢であればこそ、さらに『三国志平話』過眼の機会を得ていたと推測し得るのではあるまいか。

四、結びとして

以下、本稿で論述して来た内容をまとめておく。

宣賢は、大永三年の時点で『蒙求聴塵』の撰述を行っていた。それは明の嘉靖二年のことであり、折しも盛んに刊行され始めた通俗小説にも、宣賢は旺盛な興味を示していた。そのことを窺知させる事例として、『聴塵』自筆本に見える「前相漢書ニハノスル敟」という講説がある。この講説中の「前相漢書」は、『全相漢書』とあるべき書名を誤写したものと推測され、この書名の指し示すものは、今は伝存しない「前漢書平話」の別集であるか、あるいは

『全漢志伝』のごとき、全ての丁に挿絵を有する福建版の『漢書』を題材とする通俗小説であったと考えられる。さらに宣賢が、『剪燈新話』をも読了していたことが、『聴塵』自筆本の講説によって確認できる。また、関羽については、「長太刀」を愛用する武将というイメージを、中国より舶載された絵画や小説の挿絵、彫像等によって知り得た可能性が考えられる。

【宣賢と『蒙求聴塵』をめぐる関連年譜】

文明十四年（成化十八年、一四八二）景徐周麟、『剪燈新話』巻四所載の「鑑湖夜泛記」を読み、これを題材として七絶を作る。

明応年間（弘治五～十四年、一四九二～一五〇一）景徐周麟、『漢書帝紀抄』を撰述する。

永正十五年（正徳十三年、一五一八）景徐周麟歿。

大永　三年（嘉靖二年、一五二三）この頃、『蒙求聴塵』の撰述を始める。

同　　四年（同三年、一五二四）一〇月、鼇頭本によって『蒙求』巻上の講説を行う。

この頃（大永三～四年）、景徐周麟の手に成る『漢書帝紀抄』を借り受け、息子業賢とともにこれを筆写する。

享禄　二年（同八年、一五二九）この頃、『蒙求聴塵』の撰述を終える。

二月、出家し、法名を宗尤と名乗る。

六月から八月にかけて、能登畠山義総邸にて鼇頭本によって『蒙求』巻上・中の講説を行う。

同　三年（同九年、一五三〇）　三月、同じく能登畠山義総邸にて鼇頭本によって『蒙求』巻下の講説を行う。
天文十一年（同二十一年、一五四二）自宅において、鼇頭本によって『蒙求』巻中の講説を行う。
同　十四年（同二十四年、一五四五）四月から六月にかけて越前一乗谷慶隆院において、鼇頭本によって『蒙求』巻上・中・下の講説を行う。
同　十九年（同二十九年、一五五〇）七月、一乗谷にて歿する。享年七十六。

《注》

（一）『慶應義塾図書館蔵　和漢書善本解題』（慶應義塾図書館、一九五八年刊）、四三頁。
（二）注（一）掲引書において阿部氏は、宣賢が正三位に除せられたのが大永六年十一月十四日であり、その出家が享禄二年二月十一日であることを根拠とし、『聴塵』自筆本の撰述年次を「大永六年十一月以降享禄二年二月の間」（四四頁）と厳密に記した後に、鼇頭本の識語を勘案して、最終的には「大永末から享禄二年にかけてゞあらうと思ふ」（同前）と記す。
（三）早川光三郎「蒙求諸本考（その三）」（『滋賀大学教育学部紀要』第18号所収。一九六八年刊）に拠る。ちなみに当該箇所は巻中（59丁ウ）に見える。なお、早川氏の手に成る、新釈漢文大系58『蒙求　上』（明治書院、一九七三年刊）に附された「蒙求解説」は懇切丁寧なる『蒙求』概説書であるが、ここにも同書に関する言及がある。
（四）清家文庫本は残二巻（存巻坤、巻屯）の零本で、巻乾を欠く。外題に「蒙求抄」とあるが、各冊巻首には「蒙求聴塵」と題する。各冊巻頭に「船橋蔵書」、巻末に「船橋」の蔵書印を鈐する。識語は備えず、筆写者は不明。早川氏の前掲論文では、大東急記念文庫本に比べて、本テクストに脱字・誤字が少ないことを指摘する。
（五）三巻で、江戸初期の鈔本と推定される。各冊に「天得菴」なる蔵書印を鈐するが、巻上・中はそれを墨で塗抹する。巻上の

外題には「蒙求抄」とあるが、各冊巻首には「蒙求聴塵」と題する。識語はなく、誰の手になる鈔本であるかは不明。『聴塵』自筆本を底本として筆写されたものであるが、朱点・朱引・振り仮名を省略するなどの異同を存する。早川氏の前掲論文には、『聴塵』自筆本に比して脱字・誤字が多い旨の指摘がある。

（六）川瀬一馬『新修成簣堂文庫善本書目』（お茶の水図書館、一九九二年刊）に拠れば、本書は三巻で室町末期写、雲如和尚の筆に係る。各冊巻首に「蒙求聴塵」と記す一方で、各冊とも後筆の「知天下抄」と墨書外題がある。『聴塵』自筆本を底本として筆写されたものと推定されるが、本テクストも国会本と同様に自筆本のブランクが充填されている箇処が少なくない。また「或抄云」として、宣賢以外の人物の講説をも録している。徳富蘇峰の筆で、書帙の題簽に「雲如手鈔」と記されはするが、それを證する識語等は備えていない。『聴塵』自筆本に忠実な鈔本とはいい難いテクストである。

（七）三巻。外題には「蒙求抄」とあるが、巻上の巻首にのみ「蒙求聴塵上」と記す。蔵書印を鈐することもなく、識語も備えておらず、伝来は未詳。よって何人の手になる鈔本であるか不明。『蒙求聴塵』に関する諸氏の先行論文にも言及はない。国会図書館による、昭和四十八年十二月十五日の受入印記があるので、この時期に入庫したことのみ判明する。巻上のみ朱点、朱引がある。後に補入するためか所々に空白部分があることは『聴塵』自筆本と同じいが、そのブランクを国会本と『聴塵』自筆本とで具に対照すると、国会本ではブランクのままである箇処が、『聴塵』自筆本ではここに記事が補入されているところがある。紙幅の関係上、一例のみを示す。

『蒙求』巻上「賈誼忌鵩」の徐子光注にある「眼似」という字句に、『聴塵』自筆本（27丁オ）では「晋灼曰、異物志曰、有鳥～」という、『漢書』の三劉宋祁本よりの注文四〇字餘が録される。しかし、国会本には「晋灼曰、異物志」と記すばかりで、その後二行分ほどのブランクがある。おそらくこのブランクは自筆本に元来あったものを、そのまま筆写したため生じたものであり、『聴塵』自筆本は後にそのブランクが宣賢の補写によって充填されたものと考えられる。ちなみに鼇頭本には眉上に自筆本とほぼ同一の注記「晋灼曰、異物志曰、有鳥～」を録するので、『聴塵』自筆本は鼇頭本に書き留めてあった文を後に転写したことも考えられる。

概ね『聴塵』自筆本の補写充填箇所は字の排列が詰まっていたり、あるいは何字分かの余白を残していたりする、いかにも後に補写されたことが窺知される紙面となっていることが多い。以上から考うるに、国会本は『聴塵』自筆本が現在の形となる前段階で貸し出され、筆写されたテクスト（あるいはそれを祖本とする鈔本）と考えられる。また、国会本は『聴塵』自筆本の字体までも写そうとする箇所も多く、かなり厳密に謄写されたテクストである。

なお、以上四種の『聴塵』伝本の他に、穂久邇文庫にも鈔本が伝存することが、田中尚子「清原宣賢と〈三国志〉―『蒙求聴塵』を中心として―」（『中世文学』第四六号所収、二〇〇一年刊。後に『三国志享受史論考』収録）に紹介されるが、本テクストは未見。

（八）本書は重要文化財に指定される。なお、これとは別に清家文庫には、宣賢自筆とされる『標題徐状元補注蒙求』（本テクストもまた巻中の巻頭題には『新刊徐状元補注蒙求』とある）別本を所蔵する。同書は三巻から成り（各巻を上下に分かつ）、鼇頭本と同じく頭注を備え、加えて行間に墨筆あるいは朱筆の書き入れを有する。宣賢自筆であることを示す識語等の資料は添えられておらず、『聴塵』自筆本・鼇頭本との関連は未詳のテクストである。

（九）鼇頭本巻上の講義記録に宣賢の筆で、「享禄二年於能州畠山左衛門佐義総亭講之（割注：始六月廿七日終七月十八日、十三ヶ度）」、同巻中「享禄二年七月於能州畠山左金吾義総亭講之（割注：始十九日終八月朔、十一ヶ度）」とあることに拠る。

（一〇）鼇頭本巻下の講義記録に前注に同じく宣賢の筆で、「享禄三年三月於能州畠山左金吾義総亭講。去年下向之時、下巻不及講之、上洛。依結約、当年亦北征終此巻（割注：始十六日終廿二日、十二ヶ度）」とある。

（一一）逆に、『聴塵』自筆本ではブランクとなっているが、そのブランクの内容に相当するであろうと推測される記事が、鼇頭本の欄外に注釈として記される箇所も存する。おそらく後に鼇頭本に拠りつつ『聴塵』自筆本へと転写するつもりであったものと考えられる。いずれにせよ、両者が享禄の初期には一揃いの書籍として宣賢の座右にあったことは確かであろう。

（一二）鈴木博「清原宣賢の蒙求抄について」（『国語国文』第三九巻第九号所収、一九七〇年）、同「蒙求抄について」（『抄物資料集成』第七巻所収。清文堂、一九七六年刊）等を参照されたい。

（三）鼇頭本（11丁ウ〜12丁オ）に拠る。書き下し文は、同書に附されたヲコト点を参看しつつ作成した。以下、徐子光注の引用はすべて同書に拠る。

（四）『聴塵』自筆本巻上（18丁オ）に拠る。東急本・成簣堂本・国会本の当該箇処を検するに、文辞に異同はない。ちなみに寛永十五年刊本巻一では、当該箇所を「五言ノ詩ノ始ソ。蘇武ニ合タイト云ホトニ、胡人カ肴ヲ調テ、合ハスルソ。此詩ハ漢書ニハ、ノラヌソ」（26丁オ）とする。

（五）足利学校所蔵の宋版に拠る。引用に際しては、『日本足利学校蔵宋刊明州本六臣注文選』（人民文学出版社、二〇〇八年刊）を用いた。四四八頁。

（六）唐・欧陽詢撰『藝文類聚』や南宋・章樵校注『古文苑』においても、詩②「晨風鳴北林〜」以降を独立した別の詩として輯録する。しかし、いずれに輯載する詩も十四句から成る。ゆえに詩②に関しても詩①と同様に、原詩と考えられる作を四句に節略する形となっていることがわかる。詩②においては原詩の第一、二句と第十一、十二との四句を節略する構成となっている。なお、『藝文類聚』は汪紹楹校点の活字版（一九六五年）に拠り、『古文苑』は二十一巻本（四部叢刊所収本）に拠った。以下、同。

（七）この一文において、宣賢は「〜歟」という文末表現を疑問というよりは、内容を婉曲に伝えるための表現として用いるようである。例えば、同様の用法と見なし得る箇所が、同じく「李陵初詩」中にある。宣賢は「五言詩、蓋自此始」という箇処に講説を施し、「玉屑ニハ、五言ハ枚乗カラ始トアル歟」（『聴塵』自筆本巻上19丁オ）と記す。これは、『詩人玉屑』巻二に「五言は李陵・蘇武に起こる」とある後に、「或ひは枚乗とも云ふ」という異説を載せることに言及したものである。宣賢は『聴塵』自筆本に再三『詩人玉屑』を引用しており、おそらく同書を机辺に備えていたはずである。ゆえに、上記の内容を同書に就いて確認する術がなく、『詩人玉屑』に書いてあるのだろうか」と疑問を呈しているのではなく、実際に同書を披見してかく記したことが理解される。したがって、宣賢の「〜歟」という言い方は、疑問をあらわす表現の他に、断定を避けて、いささか婉曲に自説を述べる場合にも用いられた表現と解しておく。

ちなみに『時代別国語大辞典 室町時代編二』（三省堂、一九八九年刊）では、「か［歟・乎］」として立項し、終助詞の❸として「当面する事態に確信がもてなくて、自らの判断を保留したことを明示する」（3頁）と用法を説明し、さらにその下位区分㋑において「事態の帰結について、結論を留保し、断定を回避していう場合」（同）と説明する。

（一八）二例を挙げる。「李陵初詩」の直前の句「博望尋河」に、宣賢は杜甫の詩（「秋日夔府詠懐奉寄鄭監審李賓客之芳一百韻」）を「夔府詠懐詩」として引用する（『聴塵』自筆本巻上17丁ウ）。その劈頭「途中悲阮籍」とあるのは、「途中非阮籍」の誤りであり、これは同じ漢字音ゆえに「悲」と「非」を誤写したもの。また、「李陵初詩」の直後の句「田横感歌」中の「令客～」とある徐子光の文を「令各～」と宣賢は誤り引く（同前19丁ウ）。これも同漢字音ゆえの誤写である。

（一九）大塚氏の関連論文は多くあるが、ここでは主に「前漢書平話続集・全漢志伝・両漢開国中興伝誌輯校本（試行本）並びに研究」（『日本アジア研究』第4号所収。二〇〇七年刊）、「全漢志伝・両漢開国中興伝誌・漢書故事輯校本（試行本）並びに研究序説」（『同』第5号所収。二〇〇八年刊）、「両漢開国中興伝誌・全漢志伝版本源流考」（『同』第7号所収。二〇一〇年刊）等を参照した。

（二〇）名古屋市蓬左文庫所蔵。以下、本テクストを拙稿に引用するについては『古本小説叢刊』第五輯所収の影印版に拠り、当該箇処の頁数を記すこととした。

（二一）同じく名古屋市蓬左文庫所蔵。以下、本テクストを拙稿に引用するについては『古本小説叢刊』第二輯所収の影印版に拠り、当該箇処の頁数を記した。なお、『古本小説叢刊』第二輯前言が、本テクストの所蔵先を内閣文庫と記すは誤り。

（二二）注（一九）掲引の論考「全漢志伝・両漢開国中興伝誌・漢書故事輯校本（試行本）並びに研究序説」及び「両漢開国中興伝誌・全漢志伝版本源流考」等において、大塚氏は『全漢志伝』中に「別集」の存在を示唆する箇所が見て取れることを指摘はするが、結果としては、『全漢志伝』がこれに依拠しなかったであろうことを論證する。

（二三）拙稿「中世禅林における『新刊全相平話前漢書続集』の受容—清家文庫所蔵『漢書抄』への引用をめぐって—」（『漢文學 解

釋典研究』第十二輯所収。二〇一一年刊）を参照のこと。なお、ここにいう『漢書帝紀抄』は、清家文庫所蔵の『漢書抄』六冊のうち帝紀を取り扱った三冊を総称したものである。この三冊の中で、第四冊「漢書抄　高帝紀上下　恵帝紀　呂后紀」と第五冊「漢書抄　文帝紀　景帝紀　武帝紀　昭帝」に、『前漢書平話続集』の引用が見受けられる。

なお、右の拙稿では『漢書帝紀抄』における『前漢書平話続集』の引用については、景徐が行ったものであり、宣賢はそれをそのまま筆写したに過ぎないと推定した。しかしながら、本稿に記した通り、宣賢が『聴塵』自筆本中において「前漢書平話」の別集を引いて講説したとするならば、右の推論はいささかの変更を余儀なくされるよう思う。すなわち、宣賢が『漢書帝紀抄』を筆写した時期が大永三、四年（一五二三～四）頃であることは本文中で触れた通りであり、加えてこの時期に『聴塵』自筆本の撰述に従事していたことも既述のごとくである。同じ時期に宣賢が筆を把って成った鈔本二種に、同じく「前漢書平話」に関連するコメントが引用されることを考えれば、宣賢はその時期に何らかの形で「前漢書平話」を自ら披見し得る環境にあったと考える方が妥当ではないだろうか。しかしながら、この点に関しては裏付けとなる徴證を欠いており、推論に留めざるを得ない。今後の調査に俟ちたい。

（二四）大塚光信氏による「漢書抄」の解題（『続抄物資料集成』第十巻所収。清文堂、一九九二年刊）に拠る。

（二五）注（二三）掲引の拙稿の注（一九）において、この『聚分韻略』における引用について言及したことがある。本稿で言及しなかった更なる一例については、こちらを参照されたい。

（二六）長澤規矩也「最近約十年間に我国で発見された支那戯曲小説研究の資料」（『安井先生頌寿記念書誌学論考』所収、一九三七年刊。『長澤規矩也著作集』第一巻所収）に、「呂后斬韓信の一部分が、静嘉堂文庫所蔵の聚分韻畧の末に合綴せられた抜萃の中にも引かれてゐるのは面白い」とある。「呂后斬韓信」は『前漢書平話続集』の副題であるので、長澤氏の指摘は『聚分韻略』に『前漢書平話続集』が引かれることをいうものである。

（二七）注（二〇）掲引書、五六〇頁。

（二八）注（二二）掲引書、一〇六九頁。

(二九) 両者のうち『全漢志伝』の文章がより『聚分韻略』のそれに近いが、全く同一ではない。よって、出典として記された『全相漢書』は、やはり今は伝存しない「前漢書平話」の「前集」であると考える余地は残る。

(三〇) いずれのテクストも徳川家康の旧蔵本であり、元和二年（一六一六）に家康九男義直に譲られた、いわゆる「駿河御譲本」である。

(三一) 注（二〇）掲引書、八四八頁。

(三二) 一句目「漠」を漢書は「幕」に、四句目「已」を「以」に作り、五句目「老母死兮心遂灰」は、漢書では「老母已死」とする。

(三三) 既述の通り、詩③は類書・総集に見えるものも十句から成り、四句のみを掲出するものは『蒙求』古注の朝鮮本系統のテクストばかりである。池田利夫編『蒙求古註集成』（汲古書院、一九八八～九〇年刊）を検するに、慶安頃刊五山版、細合方明校「韓本蒙求」刊本、林述斎校「古本蒙求」が『全漢志伝』所載の詩③に同じく、全篇を四句とする。

(三四) 鼇頭本（72丁ウ）に拠る。

(三五) 『聴塵』自筆本巻上（83丁ウ）に拠る。東急本・成簣堂本は「剪灯新話」を「剪灯詩話」と書き誤る。寛永十五年刊本巻四には、「顔回ヤ、卜商ハ下ノ修文郎トナルソ。閻羅《エンラ》王ノ中ノテソ有ラウソ。オノナイ者ハ、此識ニハ、エイヌト云タソ。剪燈新話ニハ、地下修文舎人トアルソ」（48丁オ）とあって、『剪燈新話』を引用することは同様であるが、文辞はかなり異なる。

(三六) 澤田瑞穂「『剪燈新話』の舶載年代」（『中国文学月報』第三五号所収、一九三八年刊）。

(三七) 『聴塵』自筆本巻上（8丁オ）に拠る。国会本・成簣堂本の当該箇処を検するに、文辞に異同はない。東急本は「コレ」を「是」と書く等の内容に差し障りのない異同を存する。一方、寛永十五年刊本巻一では、当該箇所を「関羽—両人ノ、名大将ソ。先主ノ中ノ者ソ。関羽ハ、長刀《ナキナタ》使ノ、関山ソ」（6丁オ）とし、文辞が大いに異なる。殊に「関山」については不明。

(三八) 拙稿「中世禅林における関羽故事の受容—「百万軍中取顔良」故事と関羽所用の大刀をめぐる一考察」（『漢文學 解釋與研究』第五輯所収、二〇〇二年刊）。

（三九）内閣文庫のデジタルアーカイブに拠って確認したが、ここでは簡便に確認し得るものとして、『中国古典文学挿画集成（六）全相平話五種／三国志演義（宝翰楼本）』（遊子館、二〇〇九年刊）所収の影印版に拠って、その当該箇処の頁数を掲げておく。三六六頁。なお、天理図書館所蔵の『三分事略』も文辞は同様である（『古本小説叢刊』第七輯所収の影印版、三四頁）。

（四〇）前注掲引の影印版、三七一頁。なお、前注にも引用した『三分事略』は「顔」を「彦」という略字にする等の異同を存するが、文辞は同様である（『古本小説叢刊』第七輯所収の影印版、五〇頁）。

【附記】

本稿は、中国古典小説研究会の二〇一三年度大会（九月三日、於京都）において、「中世における中国通俗小説受容についての一報告」と題して行った研究発表を骨子とする。

狩野直禎先生　略年譜・著作目録

略年譜

一九二九（昭和　四）年一一月　八日、東京市芝区（現在港区）にて出生。

一九四二（昭和一七）年　四月　私立京華中学校入学。

一九四五（昭和二〇）年　一月　京都府立京都第一中学校転入学。

一九四七（昭和二二）年　三月　京都府立京都第一中学校卒業。

一九四七（昭和二二）年　四月　第三高等学校文科丙類入学。

一九五〇（昭和二五）年　三月　第三高等学校文科丙類卒業。

一九五〇（昭和二五）年　四月　京都大学文学部史学科東洋史学専攻入学。

一九五三（昭和二八）年　三月　京都大学文学部史学科東洋史学専攻卒業。

一九五三（昭和二八）年　四月　京都大学大学院（旧制）入学。

一九六〇（昭和三五）年　四月　聖心女子大学非常勤講師（小林分校勤務）。

一九六一（昭和三六）年　三月　京都大学大学院（旧制）退学（聖心女子大学就職のため）。

一九六一（昭和三六）年　四月　聖心女子大学助教授（小林分校勤務）。

一九六六（昭和四一）年　四月　聖心女子大学助教授（東京本校勤務）。

一九七一（昭和四六）年　四月　京都女子大学文学部教授。

一九七二（昭和四七）年　四月　京都女子大学大学院文学研究科指導教授。

一九八〇（昭和五五）年　四月　京都女子大学・短期大学部図書館長（一九八三年三月迄）。

一九八八（昭和六三）年　四月　京都女子大学文学部長（一九九一年三月迄）。

一九八九（平成　元）年　三月　一六日、京都女子大学・短期大学部学長代行（同六月一日迄）。

一九九三（平成　五）年　六月　二日、京都女子大学・短期大学部学長（一九九七年六月一日迄）。

一九九四（平成　六）年　三月　博士（文学）学位授与（京都大学）。

一九九六（平成　八）年　七月　フランス政府よりChevalier dans l'Ordre des Palmes Académiques 授与さる。

一九九七（平成　九）年　六月　一日、京都女子大学退職。

二〇〇〇（平成一二）年　五月　二二日、京都女子大学名誉教授。

二〇〇一（平成一三）年　九月　二六日、学校法人京都女子学園理事・評議員（二〇一二年十月五日迄）

この間、京都市立堀川高等学校音楽コース、立命館大学文学部、関西大学文学部、小林聖心女子学院高等学校、神戸女子短期大学、同志社大学、京都大学人文科学研究所、京都大学教養部、麻布高等学校、富山大学、京都大学文学部、関西学院大学文学部、神戸大学文学部、大阪大学教養部、追手門学院大学文学部、奈良大学、奈良女子大学文学部、龍谷大学文学部、鹿児島大学、大谷大学、京都橘女子大学にて非常勤講師。

朝日カルチャーセンター（神戸教室）〔史記〕、豊中市公民館〔三国志〕、毎日文化センター〔三国志・史記に学ぶ国家

の興亡、声に出して読む論語、中国史の流れがわかる五十話〕、NHK 京都文化センター〔戦乱から見た中国史、中国王朝を開いた十二人、中国史を彩った十二人、中国の歴史を育んだ十二の都市、中国の歴史を動かした十二人、中国の文化を創った十二人、三国志の知慧〕、NPO 法人大阪府北部コミュニティカレッジ〔三国志の世界を訪ねて〕に出講。

新村出記念財団理事、橋本循記念会理事、日仏東洋学会理事、京都日仏協会理事、三高自昭会理事（理事長代行）、三国志学会会長、平安書道会会長。

著作目録

著　書〔単著〕

諸葛孔明　一九六六（昭和四一）年　一月　人物往来社

諸葛孔明　三国時代を演出した天才軍師　二〇〇三（平成一五）年　五月　PHP研究所（PHP文庫）

제갈공명（옮김）　二〇〇四年　七月　리세기사

三国志の世界——孔明と仲達——　一九七一（昭和四六）年一〇月　清水書院（人と歴史シリーズ東洋5）

三国志の世界——孔明と仲達——　一九八四（昭和五九）年一〇月　清水書院（清水文庫）

史記　人間学を読む　一九七六（昭和五一）年　七月　学陽書房

「史記」の人物列伝　一九九八（平成一〇）年一〇月　学陽書房（人物文庫）

三国志の知恵　一九八五（昭和六〇）年　一月　講談社（現代新書）

三国智慧的啓示（楊耀禄・李星訳）　一九九〇年　五月　蘭州大学出版社

三国志　二〇一六（平成二八）年　一月　日本経済新聞社（日経ビジネス人文庫）

韓非子の知恵　一九八七（昭和六二）年　三月　講談社（現代新書）

「韓非子」の知恵　現代に活かす帝王学　二〇〇〇（平成一二）年　八月　PHP研究書（PHP文庫）

治世の人・乱世の人　一九八九（平成　元）年一〇月　学陽書房

三国時代の戦乱　一九九一（平成　三）年　七月　新人物往来社

後漢政治史研究　一九九三（平成　五）年　二月　同朋舎出版

孔子「論語」の人間学　一九九八（平成一〇）年一一月　学陽書房

「論語」の人間問答　登場人物のエピソードで読む　二〇〇二（平成一四）年　三月　PHP研究所（PHP文庫）

論語　二〇〇一（平成一三）年　七月　ナツメ社

論語　二〇一五（平成二七）年　七月　日本経済新聞社（日経ビジネス人文庫）

「中国の歴史」がわかる50のポイント　古代から現代中国までの流れが見える　二〇〇四（平成一六）年　七月　PHP研究所（PHP文庫）

中国「宰相功臣」18選　二〇〇八（平成二〇）年　三月　PHP研究所（PHP文庫）

〔共著〕

アジア史講座　第一巻「古典文化の展開」の項　一九五五（昭和三〇）年　六月　岩崎書店

東洋の歴史　第四巻「三国の鼎立」「西晋から東晋へ」「民族の大移動」「宗教と芸術」の項　一九六七（昭和四二）年　一月　人物往来社

中国の歴史　第四巻「三国の鼎立」「西晋から東晋へ」「民族の大移動」「宗教と芸術」の項　二〇〇〇（平成一二）年　五月　中央公論新社（中公文庫）

世界歴史シリーズ3　古代中国「清流と濁流」の項　一九六八（昭和四三）年　四月　世界文化社

世界の歴史　第四巻「三国の分立」「曹氏の一家」　一九六八（昭和四三）年　八月　集英社
「魏より晋へ」「五胡十六国」の項　のちに社会思想社　教養文庫

日本と世界の歴史3　古代　一九六九（昭和四四）年一二月　学習研究社
「豪族と後漢の政治」「三国の分立」の項

アジアの歴史　一九七八（昭和五三）年一一月　法律文化社
「文化史」「思想」「宗教」「学術」の項

漢書郊祀志訳註（西脇常記氏と）　一九八七（昭和六二）年　九月　平凡社（東洋文庫）

中国の群像　雄図飛翔：冒頓単于の項　一九九八（平成一〇）年　六月　講談社

영웅의여사처하의오험가이운루서후（강미혜）　二〇〇〇年　三月　솔줄꿀사

人物史記八　揚威西域：冒頓單于（王詩怡譯）　二〇〇二（民国九一）年　一月　思文堂

陳寿『三国志』―『三国志』は陳寿のアイデンティティ　二〇〇五（平成一七）年　一月
恒星社『人物列伝』第三講（歴史家と歴史書）

〔編纂〕

「君山文」　一九五九（昭和三四）年一〇月

「君山詩艸」　一九六〇（昭和三五）年　七月

狩野直喜「両漢学術考」　一九六四（昭和三九）年一一月　筑摩書房

狩野直喜「魏晋学術考」　一九六八（昭和四三）年　一月　筑摩書房
狩野直喜「支那文学史」　一九七〇（昭和四五）年　六月　みすず書房
狩野直喜「支那学文藪」（増補版）　一九七三（昭和四八）年　四月　みすず書房
狩野直喜「論語・孟子研究」　一九七七（昭和五二）年　三月　みすず書房
狩野直喜「漢文研究法」　一九七九（昭和五四）年一二月　みすず書房
狩野直喜「読書籑余」（増補版）　一九八〇（昭和五五）年　六月　みすず書房
狩野直喜「清朝の制度と文学」　一九八四（昭和五九）年　六月　みすず書房
狩野直喜「御進講録」　一九八四（昭和五九）年　六月　みすず書房
狩野直喜「支那小説戯曲史」　一九九二（平成　四）年　三月　みすず書房
狩野直喜「春秋研究」　一九九四（平成　六）年一一月　みすず書房

〔共編〕

新編東洋史辞典　一九八〇（昭和五五）年　三月　東京創元社

〔監修〕

すぐに役立つ四字熟語辞典　一九九七（平成　九）年　四月　日本文芸社

これで充分四字熟語　一九九九（平成一一）年　四月　日本文芸社
すぐわかる四字熟語　二〇〇四（平成一六）年　四月　日本文芸社

論　文

後漢末の世相と巴蜀の動向　一九五七（昭和三二）年　二月　東洋史研究一五—三
漢代遺跡の地名表（杉本憲司氏と共編）　一九五七（昭和三二）年一一月　東洋史研究一六—三
蜀漢国前史　一九五八（昭和三三）年　六月　東方学一六
蜀漢政権の構造　一九五九（昭和三四）年　七月　史林四二—四
最近の南北朝時代史研究　一九五九（昭和三四）年一〇月　東洋史研究一八—二
狆家苗の平定をめぐって　一九五九（昭和三四）年一二月　東洋史研究一八—三
後漢時代地方豪族の政治生活　一九六一（昭和三六）年一〇月　史泉二二
華陽国志の成立を廻って　一九六三（昭和三八）年一〇月　聖心女子大学紀要二一
茶馬貿易の終末　一九六三（昭和三八）年一二月　東洋史研究二二—三
後漢中期の政治と社会　一九六四（昭和三九）年一二月　東洋史研究二三—三
五胡時代の豪族　一九六六（昭和四一）年　五月　歴史教育一四—五
王莽の出自　一九六六（昭和四一）年一二月　聖心女子大学紀要二八

陳羣伝試論　一九六七（昭和四二）年　三月　東洋史研究二五―四

霍光より王莽へ（一）　一九六七（昭和四二）年一二月　聖心女子大学紀要三〇

李固と清流派の進出　一九六八（昭和四三）年　田村博士頌寿東洋史論叢

霍光より王莽へ（二）　一九六九（昭和四四）年　三月　聖心女子大学紀要三一・三二

三都賦札記（上）　一九六九（昭和四四）年一二月　聖心女子大学紀要三四

後漢末地方豪族の動向　一九七〇（昭和四五）年　三月　中国中世史研究（東海大出版会）

三都賦札記（下）　一九七〇（昭和四五）年一二月　聖心女子大学紀要三六

干宝とその周辺　一九七二（昭和四七）年　三月　古代学一八―一

後漢書南蛮伝小考　一九七四（昭和四九）年　三月　史窗三二

四川郫県出土漢代残碑　一九七五（昭和五〇）年　三月　史窗三三

古代巴蜀史の再構成　一九七五（昭和五〇）年　三月　東洋史研究三三―三

西晋時代の諸葛孔明観　一九七六（昭和五一）年　一月　史林五九―一

考古学上より見た古代の巴蜀　一九七六（昭和五一）年　三月　古代文化二八―三

第五倫伝考　一九七九（昭和五四）年　六月　東洋史研究三八―一

趙岐考　一九八〇（昭和五五）年一二月　史窗三八

諸葛孔明―政治家として―　一九八四（昭和五九）年一二月　懐徳五三

論政治家諸葛孔明　一九八六年　成都大学報一九八六―三（懐徳五三の漢訳）

楊震伝についての一考察　一九八五（昭和六〇）年　八月　古代文化三七―八

後漢和帝期についての一考察　一九八六（昭和六一）年一二月　神田喜一郎博士追悼中国学論集

王倹伝の一考察　一九八七（昭和六二）年　三月　中国貴族制社会の研究

劉陶伝の一考察　一九八八（昭和六三）年　三月　史窓四五

広漢発見の古代祭祀坑遺跡　一九八九（平成　元）年　三月　京都女子大学宗教・文化研究所研究紀要二

光武帝の政治方針　一九九一（平成　三）年　三月　史窓四八

後漢成立期の隴西　一九九二（平成　四）年　三月　史窓四九

後漢書列伝六十一朱儁伝訳稿　二〇〇一（平成一三）年　三月　史窓五八

諸葛瑾についての一考察　二〇一六（平成二八）年　五月　新村出記念財団設立三十五周年記念論文集

その他Ⅰ（三国志）

二つの三国志　一九六六（昭和四一）年一〇月　歴史研究（人物往来社）二五

わが著書を語る「諸葛孔明」　一九七一（昭和四六）年　二月　出版ニュース一九七一年二月中旬号

皇帝の起したクーデター　一九七六（昭和五一）年一二月　日本談義三一四（日本談義社）

三国鼎立の時代　一九八一（昭和五六）年　六月　歴史読本臨時増刊（新人物往来社）

相次ぐ諸葛亮の出版
一九八二（昭和五七）年　一月　東方七〇（東方書店）

諸葛家の人々
一九八四（昭和五九）年　一月　歴史読本二九—一

成都での一日
一九八四（昭和五九）年　三国志の旅

「人望」をつくる四つの決め手
一九八五（昭和六〇）年　六月
WILL 一九八五年六月（特集「三国志ビジネス学の宝庫」）

三国と諸葛亮国際シンポジウムに参加して
一九八六（昭和六一）年　三月
日中文化交流三九七（史窗四三に再録）

兵法三国志
一九八七（昭和六二）年　六月
らうんじ四八三（朝日カルチャーセンター）

官渡の戦い
一九八八（昭和六三）年　六月　歴史読本三三—一七

三国志に見る諸葛孔明像
一九八九（平成　元）年　一月　歴史読本三四—二

曹操
一九八九（平成　元）年　六月
フーズフートウデイ（新人物往来社）

曹操
一九九〇（平成　二）年　三月
歴史群像シリーズ⑰三国志上（学習研究社）

三国志の舞台を往く
一九九〇（平成　二）年　四月　歴史と旅一七—六（秋田書店）

赤心あふれる先主への思い
一九九〇（平成　二）年　四月　歴史群像シリーズ⑱三国志下

三国志の表と裏（陳舜臣氏と対談）
一九九〇（平成　二）年　七月　歴史読本ワールド
（陳舜臣対話集「三国志と中国」（文春文庫）に収録）

関羽と樊城攻防戦
一九九〇（平成　二）年　九月　歴史と旅一七—六

三国志について ⑴〜⑶　一九九〇（平成 二）年 二月〜一九九一（平成 三）年 二月　関西師友三八五〜三八七

三国時代の文化について　一九九一（平成 三）年 二月　観音文化講座だより四〇号（妙法院）

三国時代に「知謀の士」が輩出した理由　一九九一（平成 三）年一二月　歴史街道平成三年一二月（PHP 研究所）

希代の軍師は「情」と「情報」の人であった（陳舜臣氏と対談）　一九九一（平成 三）年一〇月　プレジデント一九九一—一〇（プレジデント社）

孔明の実行力　一九九二（平成 四）年 二月　歴史と旅

軍師徹底比較　一九九二（平成 四）年 五月　歴史群像シリーズ⑳群雄三国志（学習研究社）

曹操は何故帝位につかなかったのか　一九九三（平成 五）年 二月　歴史群像一九九三年二月

曹操の後継者育成と選択の視点　一九九三（平成 五）年 二月　歴史群像一九九三年二月

新興の三人が乱世を勝ち抜いた理由　一九九三（平成 五）年 七月　歴史街道平成五年七月

三国時代の戦乱の人材輩出の条件　一九九三（平成 五）年 八月　フレンドリー一〇四

歴史かくれ話「三顧の礼」　一九九四（平成 六）年 一月　歴史街道平成六年一月

歴史かくれ話「木牛流馬」　一九九四（平成 六）年 二月　歴史街道平成六年二月

諸葛亮・法正・蒋琬　一九九四（平成 六）年 五月　歴史読本スペシャル四六

諸葛孔明と耶律楚材（会田雄次氏、小松左京氏と鼎談）　一九九四（平成 六）年一〇月　プレジデント

三国志に見る敗者の研究「名門なるがゆえの欠点」　一九九五（平成七）年一月　歴史街道平成七年一月

「三国志」がアジア経済を活性化する―マレイシア「三国演義国際検討会に参加して」　一九九七（平成九）年一一月　歴史街道平成九年一一月

諸葛孔明と漢中　一九九八（平成一〇）年六月　別冊歴史読本

有源講座・三国志の知恵（一）～（五）　二〇〇一（平成一三）年四月～二〇〇一（平成一三）年八月　関西師友五〇九～五一三

わたしと三国志　二〇〇七（平成一九）年七月　三国志研究一

諸葛孔明の書　二〇〇八（平成二〇）年七月　財団法人新村出記念財団報一三

「三国志」　二〇〇八（平成二〇）年一一月　京都女子学園ホームカミングデイ

その他Ⅱ（史記・漢書）

悲劇の皇太子　一九七四（昭和四九）年五月　日本談義二八三

漢の高祖と皇太子　一九七四（昭和四九）年一二月　日本談義二九〇

亡国の宦官　一九八二（昭和五七）年二月　歴史読本二七―二

史記の人間学　一九八三（昭和五八）年二月　歴史読本二八―二

秦漢時代の巴蜀　一九八三（昭和五八）年二月　月刊百科二四四号（平凡社）

（秦漢時代的巴蜀）　一九八三（昭和五八）年一一月　歴史知識一九八三年六期（四川省社会科学院出版社）

項羽と劉邦―人国記ふうに―　一九八三（昭和五八）年　二月　FMG 七一
漢代史研究と考古学　一九八四（昭和五九）年　一月　ほの暗き海より 一
天下を賭けた二人の英雄　一九八五（昭和六〇）年　六月
現代視点中国の群像「項羽・劉邦」（旺文社）
秦始皇帝中国統一への軌跡　一九八六（昭和六一）年　一月　歴史読本三一―三
司馬遷の人生と史記　一九九〇（平成　二）年　一月　プレジデント一九九〇―一
（「史記の人間学」上　プレジデント社　に収録）
項羽と劉邦（会田雄次氏、尾崎秀樹氏との鼎談）　一九九〇（平成　二）年一二月　プレジデント一九九〇―一二
（「史記の人間学」下　プレジデント社　に収録）
滎陽・広武山攻防と韓信の動向　一九九一（平成　三）年　五月　歴史と旅一八―七
弱い劉邦の下に人材が集まった理由　一九九二（平成　四）年一〇月　歴史街道平成四年一〇月
張良（上・下）　一九九三（平成　五）年　一月
歴史群像シリーズ32・33項羽と劉邦（上・下）
樊噲（上・下）　一九九三（平成　五）年　一月
歴史群像シリーズ32・33項羽と劉邦（上・下）
胡亥・子嬰　一九九三（平成　五）年　一月
歴史群像シリーズ32　項羽と劉邦（上）
歴史かくれ話「秦漢の暦」　一九九三（平成　五）年　一月　歴史街道平成五年一月
趙高　一九九三（平成　五）年　一月
総集編中国四〇〇〇年人物百科（歴史読本特別増刊）

項羽と劉邦（会田雄次氏、林田愼之助氏との鼎談）　一九九三（平成　五）年　七月　ザ・ビッグマン（世界文化社）
項羽と劉邦　一九九四（平成　六）年　五月　項劉記事典（光栄）
法家思想で大帝国を築きあげた乱世の英雄「秦の始皇帝」　一九九八（平成一〇）年一一月　プレジデント一九九八—一一
項羽をめぐって（片山慶次郎氏との対談）　一九九九（平成一一）年一一月　観世一九九九年一一月号

その他Ⅲ（孔子・論語・儒家）

子路　一九六九（昭和四四）年　九月　日本談義二二七
三人行けば必ず我が師あり　一九七六（昭和五一）年一二月　芬陀利華
行うこと・学ぶこと—論語に見える学—　一九八二（昭和五七）年　五月　芬陀利華七九
最近の読書から—字引を使うということ—　一九八五（昭和六〇）年一二月　芬陀利華一一二
日に其の亡き所を知る　一九八七（昭和六二）年　五月　京都女子大学通信三二
古典に学ぶ　一九八八（昭和六三）年　三月　菩提樹六
孟子の浩然の気　一九九三（平成　五）年一〇月　ビジネスリーダー活学塾（プレジデント社）
論語に学ぶ—人物鑑定　一九九七（平成　九）年　九月　プレジデント一九九七—九
論語は日本人にいかに読まれたか　一九九八（平成一〇）年　六月　歴史街道一九九八—六
『論語』のすすめ（特集Ⅰ　論語のすすめ）　二〇〇二（平成一四）年　五月　しにか一三—六（大修館書店）

日本語に生きる論語　二〇一二（平成二四）年一一月三・一〇・一七・二四日
NHKラジオ第二放送（秋山和平アナウンサーと対談）

その他Ⅳ（諸子）

韓非　一九八三（昭和五八）年　六月　歴史読本二八―九

墨子が説く人材論　一九九〇（平成　二）年　七月　致知一九九〇―七（竹井出版）

墨子に学ぶ人材論の考察　一九九〇（平成　二）年一〇月
ザイーグル一九九〇―一〇（タナベ経営）

不知の知　一九九二（平成　四）年一二月　プレジデント一九九二―一二

心が軽くなる「割り切り」の哲学　韓非子　一九九七（平成　九）年　六月　歴史街道平成九年六月

「法家」思想で大帝国を築き上げた「乱世の奸雄」秦の始皇帝　一九九八（平成一〇）年一一月　プレジデント一九九八―一一

その他Ⅴ（人物）

祖父の追憶　一九四八（昭和二三）年　四月　東光五

痩身の人　一九六九（昭和四四）年　吉川幸次郎全集月報（筑摩書房）

先学を語る―狩野直喜博士（宇野哲人、倉石武四郎、吉川幸　一九七一（昭和四六）年　八月　東方学四二

次郎、三氏と共に）（「先学を語る」講談社　に収録）

那波先生の想い出　一九七一（昭和四六）年一〇月　史窓三〇

熊本に行くなら荒木精之さんに会ってくるように　一九八二（昭和五七）年　四月　日本談義四六四

狩野直喜　一九八六（昭和六一）年　三月　墨（芸術新聞社）

山田先生を悼む　一九八七（昭和六二）年　五月　京都女子大学通信二九

京都女子大時代の山田先生の思い出　一九八九（平成　元）年　四月　「人と人」（山田信夫教授追悼記念事業会）

狩野直喜　一九九一（平成　三）年　九月　しにか二―九（大修館書店（「東洋学の系譜」大修館書店に収録）

宮崎先生と「史記」と私　一九九一（平成　三）年一一月　宮崎市定全集月報二一（岩波書店）

思い出すことども　一九九六（平成　八）年　三月　宮崎市定博士追悼録（東洋史研究五四―四）

王昭君物語の成立　一九九八（平成一〇）年　二月　観世十一年二月

内藤湖南と狩野直喜の交友（一）　一九九八（平成一〇）年　湖南十九

君山の湖南に送った詩　一九九九（平成一一）年　湖南二十

村上嘉實先生を偲ぶ　二〇〇五（平成一七）年　五月　東方宗教一〇五

中国研究を通しての日仏交流―京大シノロジーの創立者狩野直喜の場合―　二〇〇八（平成二〇）年　ユニテ

「狩野君山とその交友」展の開催に寄せて　二〇〇八（平成二〇）年　八月

狩野君山の生涯とその学風（講演）　二〇〇八（平成二〇）年　八月　第三十回書論研究会大会記念冊「翰墨の縁」
書論研究会（思文閣）

阿藤伯海先生を偲びて（講演）　二〇一〇（平成二二）年　六月　浅口市教育委員会

祖父狩野君山と阿藤伯海先生　二〇一二（平成二四）年　八月　書論三八

狩野君山とその交友　二〇一二（平成二四）年　八月　書論三八

杉村君の白川静賞受賞を祝す　二〇一二（平成二四）年　八月　書論三八

楽羣社——湖南と如舟・雨山・君山の交游——　二〇一三（平成二五）年　湖南三三

祖父　狩野直喜が確立した中国学―郷土の先哲に学ぶ―　二〇一四（平成二六）年一〇月
知道会・濟々黌同窓会　学術思想シリーズ第二講

生誕一六〇周年・佐々友房先生の世界　鼎談　二〇一四（平成二六）年一〇月　知道会・濟々黌同窓会

関西大学所蔵の楽羣社詩集朱批本　二〇一五（平成二七）年　八月　書論四一

その他Ⅵ（序・跋）

狩野直喜『漢文研究法』解説　一九七九（昭和五四）年一二月　みすず書房

狩野直喜『読書纂余』解説　一九八〇（昭和五五）年　六月　みすず書房

狩野直喜『清朝の制度と文学』跋　一九八四（昭和五九）年　六月　みすず書房

狩野直喜『御進講録』跋　一九八四（昭和五九）年　六月　みすず書房

狩野直喜著　呉二煥訳『中国哲学史』への序文　一九八六（昭和六一）年　三月　みすず書房

漢書郊祀志　解説　一九八七（昭和六二）年　九月　平凡社（東洋文庫）

狩野直喜『支那小説戯曲史』跋　一九九二（平成　四）年　三月　みすず書房

狩野直喜『春秋研究』跋　一九九四（平成　六）年一一月　みすず書房

『新編自由寮史』刊行にあたって　二〇〇六（平成一八）年一二月　三高記念室

渡邉義浩著『三國志研究入門』への序文　二〇〇七（平成一九）年　七月　日外アソシエーツ

『戦中戦後三高小史』（上横手雅敬原著）刊行にあたって　二〇〇七（平成一九）年一二月　三高記念室

『新世界に生きる』―三高創立百三十五年記念講演会―刊行にあたって　二〇〇七（平成一九）年一二月　三高記念室

三国志学会監修『漢文講読テキスト三国志』への序文　二〇〇八（平成二〇）年　三月　白帝社

その他Ⅶ（雑）

アイスキャンディ　一九五九（昭和三四）年一二月　三高同窓会報一七号

四川と文化革命　一九六九（昭和四四）年　二月　月刊時事昭和四四年二月

本の話　一九七二（昭和四七）年　二月　日本談義二五六

馬王堆古墳　一九七二（昭和四七）年　七月　サンケイ新聞

揚子江流域の古代文化　一九七三（昭和四八）年　七月　日本談義二七三

吉田山に登るの記　一九七六（昭和五一）年　九月　三高同窓会報四七号

フランス旅行記　一九七九（昭和五四）年　三月　史窗三六

アニータとマリベール　一九七九（昭和五四）年　七月　京都女子大学通信

趙氏孤児　一九八〇（昭和五五）年　一月　日本談義三五〇

長篠・合肥・アラモ　一九八一（昭和五六）年　一月　日本談義三六二

上海~西安空の旅　一九八一（昭和五六）年
江南春雨（一九八一年京都女子大学史跡見学研修団訪中記）

驪山紀行　一九八二（昭和五七）年　一月　日本談義三七四

弁当仲間・高取先生追悼　一九八二（昭和五七）年　三月　史窗三九

長い目でみよう　一九八三（昭和五八）年一二月　葦六六（関西大学）

御進講録余話　一九八四（昭和五九）年　七月　みすず二八四（みすず書房）

狩野直喜の遺稿　一九八五（昭和六〇）年一一月　みすず三〇〇

広元之旅　一九八六（昭和六一）年　三月
旅游天府二八号（四川人民出版社）

近況報告　一九八六（昭和六一）年　三月　ほの暗き海より二

山の見えない盆地　一九八六（昭和六一）年　五月　京都女子大学通信一二六

近況と随想　一九八七（昭和六二）年　一月　経営者四八〇（経団連広報部）

古典を学ぶ旅　一九八七（昭和六二）年　六月　本一三一（講談社）

「十八史略」の人間学　一九八八（昭和六三）年　一月　謀計（経済界）
長孫皇后のこと　一九八八（昭和六三）年　四月　芬陀利華一三五
随想—後世畏るべし　一九八八（昭和六三）年　ほの暗き海より三
大学の空洞化を憂える　一九九〇（平成　二）年　八月　経営者四四—八
史学科四十周年を迎えて　一九九一（平成　三）年　三月　史窗四八
中国学徒の見た科学の進歩　一九九一（平成　三）年　三月
　自然科学論叢二三（京都女子大学自然科学保健体育研究室）
Victor Segalen のこと　一九九一（平成　三）年　三月　FJ Kyoto 10（京都日仏学会）
私の一冊「黄河の水」　一九九二（平成　四）年　七月　歴史街道平成四年七月
　（「心に残る一冊の本」PHP 研究所に収録）
文人とは・文人趣味とは　一九九二（平成　四）年　四月　墨スペシャル一一
歴史かくれ話「宦官」　一九九二（平成　四）年　九月　歴史街道平成四年九月
中国「皇帝」の実像　一九九二（平成　四）年一一月　歴史読本三七—一二
歴史用語の訳語について思うこと　一九九二（平成　四）年　AGORA 四（数研出版）
歴史かくれ話「纏足」　一九九三（平成　五）年　四月　歴史街道平成五年四月
「徳」なきリーダーは滅ぶ　一九九三（平成　五）年　七月　プレジデント一九九三—七
劉蘭芝の生涯　一九九三（平成　五）年　七月　芬陀利華一八〇
ビール二題　一九九三（平成　五）年　七月　京都ほろにがクラブ40周年記年誌

田村文庫の紹介	一九九三（平成 三）年 九月	京都女子大学通信三九
合縦連衡のパワーポリテックス（佐々淳行氏と対談）	一九九三（平成 五）年一〇月	プレジデント一九九三―一〇
学長室だより　夏休みを終わって	一九九三（平成 五）年一〇月	京都女子大学通信四八
学長室だより　新年を迎えて	一九九四（平成 六）年 一月	京都女子大学通信四九
中国科挙の受験地獄	一九九四（平成 六）年 二月	歴史街道平成六年二月
この数字が目に入らぬか（偏差値の正体）	一九九四（平成 六）年 四月	ボイス（PHP研究所）
学長室だより　新入生を迎えて	一九九四（平成 六）年 四月	京都女子大学通信五〇
歴史かくれ話『科挙』	一九九四（平成 六）年 七月	歴史街道平成六年七月
いや疑いは人間にあり	一九九四（平成 六）年一〇月	観世六一―一一
清閑余話　同級生	一九九四（平成 六）年一〇月	京都女子大学通信五一
発刊に寄せて	一九九五（平成 七）年 一月	博物館学年報一（京都女子大学博物館学芸員課程）
清閑余話　此の大切な出会い	一九九五（平成 七）年 一月	京都女子大学通信五二
青龍三年前後の東アジア	一九九五（平成 七）年 二月	青龍三年鏡シンポジウム「鏡が語る古代弥栄」（京都府竹野郡弥栄町）
清閑余話　思い出すこと―入学試験	一九九五（平成 七）年 六月	京都女子大学通信五三
清閑余話　履歴書に載らない職歴	一九九五（平成 七）年一〇月	京都女子大学通信五四
ヨーロッパの博物館見聞録	一九九六（平成 八）年 一月	博物館学年報二

清閑余話　再会　一九九六（平成　八）年　一月　京都女子大学通信五五
倭の五王時代の東アジア情勢　一九九六（平成　八）年　四月　歴史と旅二三―六
歴史かくれ話『詩　四言・五言・七言の形成』　一九九六（平成　八）年　五月　歴史街道平成八年五月
清閑余話　孔子と孔明―身長の話　一九九六（平成　八）年　六月　京都女子大学通信五六
時代を彩った文物と工芸　一九九六（平成　八）年　九月　クローズアップ中国五千年三（世界文化社）
芬陀利華二百号に思う　一九九六（平成　八）年一〇月　芬陀利華二〇〇
清閑余話　モーツァルトと王貞治　一九九六（平成　八）年一〇月　京都女子大学通信五七
知られざる王城崗　一九九六（平成　八）年一〇月　クローズアップ中国五千年一
王侯貴族の生活ぶり　一九九六（平成　八）年一一月　クローズアップ中国五千年二
時代を彩った仏教美術と至宝　一九九六（平成　八）年一〇月　クローズアップ中国五千年四
西安東郊の博物館　一九九七（平成　九）年　一月　博物館学年報三
清閑余話　ライン下りに思う　一九九七（平成　九）年　一月　京都女子大学通信五八
明清時代を代表する至高の美術工芸を愛でる　一九九七（平成　九）年　二月　クローズアップ中国五千年六
清閑余話　マレイシアに赴いて　一九九七（平成　九）年　六月　京都女子大学通信五九
私の好きな漢詩―赤壁の戦　一九九七（平成　九）年　七月　日中文化交流五九六
読むことと書くこと―心の教育への提言　一九九八（平成一〇）年　五月　文教図書
心の教育　一九九九（平成一一）年　情報通信九四号

澤村専太郎先輩の墓参（海堀昶氏との共著） 二〇〇一（平成一三）年 十月 三高同窓会報九四号

近況報告 二〇〇二（平成一四）年 六月 カシオペア二号

始めてビールを飲んだころ 二〇〇二（平成一四）年 四月 京都ほろにがクラブ50周年記念誌

シノロジーとシノワズリー 二〇〇七（平成一九）年一二月～二〇一四（平成二六）年一二月 F・J・KYOTO28号～35号

六十周年にあたって 二〇一二（平成二四）年 四月 京都ほろにがクラブ60周年記念誌

青島という町 二〇一二（平成二四）年 四月 京都ほろにがクラブ60周年記念誌

書評・紹介

唐代数青史の研究（多賀秋五郎） 一九五四（昭和二九）年 二月 史林三七—一

中国の家族と社会Ⅰ（オルガ・ラング 小川修訳） 一九五四（昭和二九）年 四月 東洋史研究一三—一・二

魏晋南北朝史論叢（唐長孺） 一九五七（昭和三二）年一一月 史林四〇—六

四川漢代画像磚芸術（劉志遠）・四川画像磚選集（重慶市博物館） 一九五九（昭和三四）年 九月 史林四二—五

秦漢史の研究（栗原朋信） 一九六一（昭和三六）年一二月 東洋史研究二〇—三

秦漢政治制度の研究（鎌田重雄）　一九六三（昭和三八）年　七月　東洋史研究二二―一
中国地方行政制度史（厳耕望）　一九六四（昭和三九）年　九月　東洋史研究二三―二
古代的巴蜀（童恩正）　一九七八（昭和五三）年　六月　東洋史研究三九―一
両漢思想の研究（田中麻紗巳）　一九八七（昭和六二）年　三月　史窓四四
水滸伝と日本人（高島俊男）　一九九一（平成　三）年　四月　プレジデント一九九一―四
コメント（岩本憲司）　二〇〇七（平成一九）年　四月　両漢における詩と三伝（汲古書院）

辞〔事〕典執筆

東洋史辞典、新編東洋史辞典（創元社）、アジア歴史事典（平凡社）、社会科学大辞典（鹿島研究所出版会）、ブリタニカ国際百科大事典（TBS ブリタニカ）、講談社百科事典（講談社）、学芸百科事典エポカ（旺文社）、世界人名辞典（旺文社）、世界伝記人名事典（ほるぷ出版）、ジャポニカ（小学館）、百科辞典（平凡社）、（現代日本）朝日人物学事典（朝日新聞社）、歴史事典（七）戦争と外交（弘文堂）

あとがき

三国志学会会長狩野直禎先生は、本年一一月八日にめでたく満八八歳をお迎えになられる。その米寿を記念して、先生の人と学問にそれぞれの形で関わりを持ち、大きな刺激を受けてきた後学の者たちが、三国志に関わる論考を執筆して成ったのが本書である。

狩野直禎先生は、一九二九年、東京都に生まれ、旧制の京都大学大学院を出られた後、聖心女子大学助教授を経て京都女子大学教授となり、学長まで勤められた。祖父は日本の中国学の開祖、狩野直喜先生である。狩野直喜先生の学問を今日学ぶことができるのは、直禎先生が編纂された多くの書物によるものであり、中国学が享受している学恩は大きい。

狩野直禎先生もまた、広い学問分野を持ち、幾多のご研究があるが、中国史のなかでも、時代的には後漢から三国時代（一世紀〜三世紀ころ）、地域的には巴蜀（現在の四川省）を中心とされている。専著である『後漢政治史の研究』は、後漢時代を日本で最初に本格的に扱った研究書で、後進の良き道標となっている。また、『諸葛孔明』『三国志の世界』といった三国志に関する著作はもとより、『史記 人間学を読む』『韓非子の知恵』『孔子「論語」の人間学』『中国「宰相功臣」18選』といった三国志以外の一般向けの著作も多い。先生は、学問の世界に閉じこもらず、ご自身の研究を社会に還元することに熱意を持たれている。

三国志学会は、二〇〇六年七月三〇日に設立され、本年で一〇周年を迎える。この間、狩野直禎先生は、会長とし

て本会を牽引され、三国志の研究・普及に尽力された。大会にお見えになると、一番前の席に座られ、報告者の話に聞き入られる。うかがったところによると、先生の師である吉川幸次郎先生に習われているのであるという。学会の会長が先頭に立って、熱心に耳を傾けてくださる学会は、多くはない。狩野直禎先生は、学会のあとの懇親会にも参加され、新入会員ともきさくに話を交わされる。三国志学会は、東洋史・中国文学・中国哲学といった枠を破るだけではなく、研究者に止まらず広く社会に開かれた学会である。会員もいつしか五〇〇名に近くなった。それには、先生の温厚な包容力のあるお人柄が、最大の力となっている。

中国との政治的な関係が難しくなり、日本人の対中国感情が悪化する中、両国が分かり合う架け橋としての三国志の役割は大きい。三国志を研究・普及していくことの前途は、けっして容易はない。しかし、それを推進していくことが、われわれ後進の責務であろう。先生には、いつまでもわれわれ後進の指導にあたっていただくことをお願いしたい。ますますのご活躍を祈る次第である。

二〇一六年九月一〇日

三国志学会

執筆者紹介（1生年・学歴、2現職、3主要論著）

●石井仁（いしい　ひとし）
1一九五八年生、東北大学大学院文学研究科博士課程単位取得満期退学。
2駒沢大学文学部歴史学科教授
3『曹操――魏の武帝』（新人物往来社、二〇〇〇年）、「虎賁班剣考――漢六朝の恩賜・殊礼と故事」（『東洋史研究』五九―四、二〇〇一年）、「参軍事の研究」（『三国志研究』一〇、二〇一五年）。

●伊藤晋太郎（いとう　しんたろう）
1一九七四年生、慶応義塾大学大学院文学研究科博士課程単位取得退学。
2二松学舎大学文学部准教授
3「関羽と貂蝉」（『日本中国学会報』五六、二〇〇四年）、「『関帝聖蹟図』と『孔子聖蹟図』」（『林田慎之助博士傘寿記念三国志論集』三国志学会、二〇一二年）。「『関帝聖蹟図』と『三国志演義』」（『三国志研究』九、二〇一四年）。

●大上正美（おおがみ　まさみ）
1一九四四年生、東京教育大学大学院文学研究科修士課程中国古典学専攻修了、博士（文学）。
2青山学院大学名誉教授、三国志学会副会長
3『阮籍・嵇康の文学』（創文社、二〇〇〇年）、『言志と縁情――私の中国古典文学』（創文社、二〇〇四年）、『六朝文学が要請する視座　曹植・陶淵明・庾信』（研文出版、二〇一二年）。

●大村和人（おおむら　かずひと）
1一九七六年生、東京大学大学院人文社会系研究科博士課程修了、博士（文学）。
2　高崎経済大学経済学部准教授
3　『梁代「艶詩」の再検討―楽府「相逢行」「長安有狭斜行」「三婦艶」に基づく考察―』（コンテンツワークス社・東京大学大学院人文社会系研究科博士論文ライブラリー、二〇一〇年）、「「都」への帰還―曹植「名都篇」再考」（三国志学会『三国志研究』第七号、二〇一二年）、「儒教王朝の廃墟に佇む文学―南朝梁・蕭綱の臨終作品について」（二松學舍大学東アジア学術総合研究所『東アジア学術総合研究所集刊』第四五集、二〇一五年）。

●小林春樹（こばやし　はるき）

1 一九五二年生、早稲田大学大学院文学研究科博士後期課程（東洋史）単位取得退学、文学修士。

2 大東文化大学東洋研究所准教授

3 『「天文要録」の考察』（大東文化大学東洋研究所、二〇一六年）。「三国時代の正統理論について」（『東洋研究』一三九、二〇〇一年）、「国教化実施以後儒教的神秘主義特徴和合理主義特徴」（『山東大学学報』二〇〇八―二、二〇〇八年）。

●沈伯俊（しん　はくしゅん）

1 一九四六年生、四川大学外文系。

2 四川省社会科学院研究員、中国『三国演義』学会常務副会長

3 『校理本三国演義』（江蘇古籍出版社、一九九二年）。『三国演義新探』（四川人民出版社、二〇〇二年）。『三国演義大辞典』（中華書局、二〇〇七年）。

●仙石知子（せんごく　ともこ）

1 一九七一年生、大東文化大学大学院文学研究科博士後期課程修了、博士（中国学）。

2 早稲田大学教育大学非常勤講師

3 『明清小説における女性像の研究――族譜による分析を中心に』（汲古書院、二〇一一年）、「明清小説に描かれた不再娶」（『東方学』一一八、二〇〇九年）、「中国小説における「女をさらう猿」の展開」（『日本中国学会報』六七、二〇一五年）。

●髙橋　康浩（たかはし　やすひろ）

1 一九七五年生、大東文化大学大学院文学研究科博士課程後期課程修了、博士（中国学）。

2 駒澤大学非常勤講師

3 『韋昭研究』（汲古書院、二〇一一年）、『全譯後漢書』列傳（七）（共著。汲古書院、二〇一五年）、「范陽の盧氏について ―盧植・盧毓と漢魏交代期の政治・文化―」（『東洋史研究』七五―一、二〇一六年）。

●長尾直茂（ながお　なおしげ）

1 一九六三年生、上智大学大学院文学研究科博士後期課程満期退学。

2 上智大学文学部教授

3 『新書漢文大系21　世説新語』（明治書院、二〇〇三年）、『吉嗣拜山年譜考證』（勉誠出版、二〇一五年）。

●中川諭（なかがわ　さとし）

1 一九六四生、東北大学大学院文学研究科博士課程修了、博士（文学）。

2 大東文化大学文学部中国学科教授

3 『『三国志演義』版本の研究』（汲古書院、一九九八年）、「上海図書館蔵『三国志演義』残葉について」（『三国志研究』二、二〇〇七年）、「《三国演義》〝煮酒論英雄〟的両個問題」（『二〇〇六明代文学論集』、二〇〇七年）。

●堀池信夫（ほりいけ　のぶお）
1一九四七年生、東京教育大学大学院博士課程中国古典学専攻単位取得退学、文学博士。
2筑波大学名誉教授、三国志学会副会長
3『中国哲学とヨーロッパの哲学者』上・下（明治書院、一九九六年～二〇〇二年）。『中国イスラーム哲学の形成―王岱輿研究』（人文書院、二〇一二年）。

●牧角悦子（まきずみ　えつこ）
1一九五八年生、九州大学大学院文学研究科博士課程修了、文学博士。
2二松學舍大学文学部教授
3『中国古代の祭祀と文学』（創文社、二〇〇六年）。『詩経・楚辞』（角川ソフィア文庫、二〇一二年）。「魯迅と小説―「速朽の文章」という逆説」（『神話と詩―日本聞一多学会報』一四、二〇一六年）

●矢田博士（やた　ひろし）
1一九六五年生、早稲田大学大学院博士課程単位取得満期退学。
2愛知大学経営学部教授
3「境遇類似による希望と絶望――曹植における周公旦及び屈原の意味」（『早稲田大学大学院文学研究科紀要』別冊一九、一九九二年）、「曹操「短歌行（対酒篇）」考――歌われなかった「月明星稀」以下の四句を中心に」（『中国詩文論叢』一三、一九九四年）、「曹植の「七哀」と晋楽所奏の「怨詩行」について――不可解な二箇所の改変を中心に」（『松浦友久博士追悼記念 中国古典文学論集』研文出版、二〇〇六年）。

●柳川順子（やながわ　じゅんこ）
1一九五九年生、九州大学大学院文学研究科中国文学専攻博士課程単位取得満期退学、博士（文学）。
2県立広島大学人間文化学部教授
3『漢代五言詩歌史の研究』（創文社、二〇一三年）、「曹植「贈丁儀」詩小考」（『林田愼之助先生傘寿記念 三国志論集』（汲古書院、二〇一二年）。「漢代鞞舞歌辞考―曹植「鞞舞歌」五篇を媒介として―」（『中国文化』七三、二〇一五年）。

●和久　希（わく　のぞみ）
1一九八二年生、筑波大学大学院人文社会科学研究科哲学・思想専攻修了、博士（文学）。
2日本学術振興会特別研究員PD、防衛大学校非常勤講師
3「王弼形而上学再考」（堀池信夫編『知のユーラシア』、明治書院、二〇一一年）、「辞人の位置―沈約『宋書』謝霊運伝論考」（『中国学の新局面』、日本中国学会若手シンポジウム論集、二〇一二年）、「言語と沈黙を超えて―王坦之廃荘論考」（『六朝学術学会報』一三、二〇一二年）。

●渡邉義浩（わたなべ　よしひろ）
1一九六二年生、筑波大学大学院博士課程歴史・人類学研究科修了、文学博士。
2早稲田大学文学学術院教授
3『三国政権の構造と「名士」』（汲古書院、二〇〇四年）、『三国志よりみた邪馬台国』（汲古書院、二〇一六年）、『全訳後漢書』（汲古書院、二〇〇一～一六年）。

狩野直禎先生米寿記念 三国志論集

二〇一六年九月一〇日発行

編者
発行者 三国志学会

〒162-8644 東京都新宿区戸山一―二四―一
早稲田大学 文学学術院 渡邉義浩研究室内
三国志学会事務局

http://sangokushi.gakkaisv.org/

発売 汲古書院
〒102-0072 東京都千代田区飯田橋二―五―四
電話 〇三(三二六五)九七六四

ISBN978-4-7629-9564-4 C3000